UNE
FAMILLE CHALONNAISE
ET SES ALLIANCES

Paul MONTARLOT

UNE

FAMILLE CHALONNAISE

ET SES ALLIANCES

BESANÇON

IMPRIMERIE JACQUES ET DEMONTROND

29, rue Claude-Pouillet, 29

1921

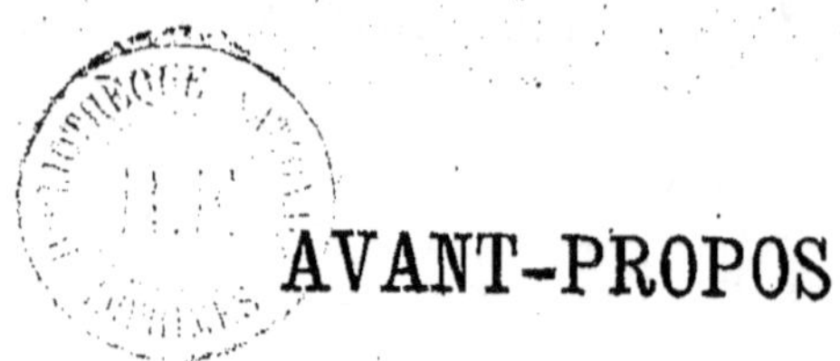

AVANT-PROPOS

Nos aïeux tenaient assez volontiers des livres de famille qui servaient d'archives à leur descendance ;
l'habitude s'en est perdue et il faut le regretter, car
l'histoire a fait plus d'une fois de fructueux emprunts
à ces notes journalières où la simplicité de la forme garantit la véracité du fond. Quand elles manquent, comme
chez les familles qui seront l'objet de cette étude, force
est bien de recourir à d'autres documents, si l'on ne veut
pas se résigner à n'enregistrer que des dates et des
filiations. Il y a mieux à faire, en effet, qu'une sèche
nomenclature; tout au moins peut-on essayer de repla-
cer les personnes dans l'atmosphère de leur époque, de
les encadrer autant que possible dans leur milieu social,
de fixer aussi quelques traditions orales qui tendent à
s'effacer. Absorbée par l'actualité, la génération en
cours n'accorde un peu d'attention à la mémoire des disparus qu'à la condition d'être pour ainsi dire, par une
sincère évocation du passé, le témoin de leurs actes et
parfois même la confidente de leurs pensées.

Beaucoup de familles chalonnaises ont laissé des tra-
ces de leur existence dans les annales de la cité, ainsi
qu'on peut s'en convaincre en consultant les archives
municipales ou simplement en feuilletant l'excellent
inventaire qui en a été dressé par Gustave Millot. Chaque
document toutefois, isolé méthodiquement dans une des
neuf séries où ses pareils, classés en cinq cent quarante-
sept liasses, se comptent par milliers, ne vise qu'un
fait, qu'un nom, qu'une date. Poursuivre avec ces élé-

ments la genèse d'une famille, ou la vie d'un individu dans ses phases successives, est une opération aussi laborieuse que la reconstitution d'une mosaïque réduite en morceaux dont les uns auraient été disséminés dans de nombreux tiroirs et les autres à jamais perdus. Si l'assemblage et le raccord de ces pièces n'exercent guère l'imagination de celui qui les entreprend, ils lui supposent du moins la pratique d'une vertu qu'enseignait à notre enfance l'antique jeu de patience.

Il y avait un choix à faire. Des raisons personnelles l'ont arrêté principalement sur une famille et accessoirement sur plusieurs de celles qui s'allièrent à elle. Quelque modeste qu'ait été la situation de ces lointains ancêtres, leur histoire n'est pas sans intérêt. La plupart ont rempli des fonctions publiques, échevin, procureur syndic, receveur des deniers communaux, greffier, notaire, procureur au bailliage, juge consul, etc., et, à ces différents titres, ils ont été mêlés plus ou moins directement aux événements de leur époque, dissidences religieuses, guerres civiles, contestations judiciaires, difficultés administratives, persécutions révolutionnaires, etc. Si leurs biographies n'apprennent aucun fait nouveau, elles projetteront néanmoins quelque lumière sur les conditions d'existence de plusieurs générations à demi noyées dans l'ombre des siècles.

Peut-être la précision des détails semblera-t-elle confiner à la minutie. A quoi bon, penseront quelques lecteurs, ces indications de parrains et de marraines, ces défilés d'assistants aux mariages? Ce ne sont pourtant pas des superfétations. Ces mentions révèlent l'entourage des familles; elles attestent ou confirment les relations de parenté, d'alliance ou même d'amitié; à côté des acteurs, elles mettent en scène et identifient un certain nombre de comparses qu'elles tirent de l'oubli. Les annotations qui visent des personnages appartenant à l'histoire et incidemment nommés n'ont pas été non plus ménagées ; mais ne convenait-il pas d'épargner au lecteur toute incertitude ou toute recherche? Au reste, chaque sujet a ses exigences propres. Si les historiens ont le droit de sacrifier les détails secondaires aux vues générales et aux tableaux d'ensemble, les chroniqueurs de familles bourgeoises ne jouissent pas du même privilège. La notoriété de ces familles n'a guère dépassé l'enceinte de leur ville natale; leur passage ici-bas n'a été, dans ce cercle étroit, qu'une série de menus faits, et les sources d'informations auxquelles il est loisible de puiser ne laissent échapper leur contingent que goutte à goutte. Les moindres particularités ont par suite une valeur. Que ce soit une alerte causée par des opérations militaires, une visite royale, une épidémie meurtrière, une intervention dans un litige, une résistance à la rapacité du fisc, ou tout simplement un acte dérivant des devoirs professionnels, ces incidents, observés de près, sont toujours caractéristiques de l'époque, caractéristiques de ses troubles incessants, de ses habitudes processives, de son méticuleux cérémonial, de ses rivalités d'influence, des misères économiques aussi et des calamités de toute nature dont chaque siècle a sa part. Si leur rappel laisse entrevoir au lecteur certains aspects de la société d'alors, ce sera l'excuse de ce travail, qui, au début, promettait d'être court et auquel le souci d'établir le contact des individus avec leurs contemporains a donné un développement imprévu.

UNE FAMILLE CHALONNAISE

ET SES ALLIANCES

PREMIÈRE PARTIE

I

FAMILLE COCHON

JEAN 1er

Le calvinisme à Chalon. — Gaspard de Saulx-Tavannes. — Guerre civile, pillages et massacres. — Incursion du duc de Deux-Ponts. — La Saint-Barthélemy. — Chabot-Charny. — Édits de pacification. — Les réformés à Châtenoy. — La Ligue. — L'édit de Nantes.

Les origines des familles bourgeoises s'enveloppent généralement dans une brume épaisse, et, si l'on réussit à la percer en partie, on se heurte fréquemment à des similitudes de noms, à des analogies de résidence, qui ne laissent pas de causer quelque indécision. Une famille Cochon était établie à Chalon-sur-Saône, dans le dernier tiers du xvie siècle, en même temps qu'une autre du même nom à Nolay (Côte-d'Or). Des érudits inclinent à croire qu'elles avaient le même auteur, un certain François Cochon. notaire à Brion, près d'Autun. lequel fut affranchi en 1493. Une branche de sa descendance se fixa à Nolay, où ses membres exercèrent pendant de longues années des emplois de bailli, lieutenant de juge, praticien, notaire, etc. Grâce à la protection du maréchal duc d'Aumont, seigneur du lieu, elle s'éleva assez rapidement dans la hiérarchie sociale. Plusieurs mariages l'allièrent aux plus notables familles du pays. En 1713, par exemple, Nicolas Cochon, docteur en médecine, fils de Vivant, lieutenant en la justice de Nolay, et de Françoise Charleut, épousa Marie Carnot, fille d'Odet et d'Anne Delarue. Il s'établit à Chalon, où il pratiqua son art avec succès, et il y mourut sans postérité en 1742, alors que venait de naître un autre futur médecin du même nom, issu d'une branche depuis longtemps chalonnaise. Ce qui laisse hypothétique cette parenté, d'ailleurs assez vraisemblable, des deux familles homonymes et voisines, c'est l'absence de toute pièce attestant nettement un point de contact. Quoi qu'il en soit et sans insister sur une question que des probabilités ne suffisent pas à trancher, on peut fixer en toute certitude à l'année 1584 l'époque à laquelle la famille chalonnaise se manifeste en la personne de Jean Cochon ou Couchon, comme on prononçait alors.

Né vers 1550 [1] et habitant rue Saint-Georges, Jean Cochon professait le culte réformé. Ce culte, qui s'était développé assez vite en France, y comptait en 1560 deux mille cent cinquante églises et environ trois millions d'adhérents, ce qui, sur une population d'à peu près vingt millions d'âmes, représentait une proportion de quinze pour cent [2]. Chalon n'avait pas échappé à cette invasion des doctrines calvinistes. Dès 1559, les réformés y tenaient leurs réunions au grand jour. Le gouvernement royal ne voyait pas ces dissidents d'un mauvais œil. Le chancelier de l'Hôpital croyait aux bons effets de la tolérance. Le 13 décembre 1560, à l'ouverture des Etats généraux, il émettait l'avis que ce n'est pas par la violence qu'on peut obtenir « paix et repos entre les personnes qui sont de diverses religions... Le couteau, ajoutait-il, vaut peu contre l'esprit... La douceur profitera plus que la rigueur... ». Un édit du 29 avril 1561 proclama, en consé-

(1) Cette date et plusieurs qui suivent sont conjecturales, mais assez vraisemblables. Les archives de l'Église protestante sont très incomplètes et, quant aux registres de catholicité, ils n'ont été conservés, et avec des lacunes, qu'à partir de 1658.

(2) Aujourd'hui le protestantisme compte en France environ neuf cents églises et cinq cent mille adhérents, soit le quatre-vingtième de la population.

quence, que tous les sujets étaient libres de prier comme ils
l'entendraient « à huis clos en leurs logis ». Les calvinistes
chalonnais s'en autorisèrent aussitôt pour convertir en temple une maison de la rue aux Fèvres, où deux de leurs ministres, Lamotte et Duprey, vinrent prêcher et administrer
les sacrements de baptème et de mariage. Ils ne s'en tinrent
pas là et, pendant le carême, ils occupèrent les halles et y
célébrèrent la Cène.

Trois mois après, en juillet, un autre édit faisait un appel
à la concorde et recommandait « à toutes personnes, de
quelque qualité ou condition qu'elles soyent, de vivre en
union et amitié et ne se provoquer par injures ou con-
vices, ne estre cause d'aucun [trouble ou sédition, soubs
quelque prétexte ou couleur que ce soit, de religion ou autre
et ce à peine de hart ». Et pour arriver à cet heureux résultat, l'édit défendait « tous conventicules ou assemblées publiques, avec ou sans armes, et de même les privées où se
feroient presches et administration [de sacrements en autre
forme que selon l'usage receu et observé en l'église catholique ».

C'était reconnaître, comme le précédent édit, la liberté de
prier en commun à huis clos. Une déclaration royale du
17 janvier 1562 alla plus loin dans cette voie ; les assemblées
furent autorisées hors des villes fermées et à la seule condition qu'il n'y eût ni port d'armes ni provocation. Dans l'enceinte des mêmes villes, des assemblées pouvaient être également tenues, mais à l'intérieur de maisons privées. Comme
l'ajoute ce document :

Pour entretenir nos subjects en paix et miséricorde, en attendant que Dieu nous fasse la grâce de les pouvoir réunir et remettre dans une mesme bergerie..., défendons à tous juges,
magistrats et autres personnes que lorsque ceux de la religion
nouvelle iront, viendront et s'assembleront hors des villes pour
le faict de leur religion, ils n'ayent à les y empescher, inquiéter,
molester, ne leur courir sus...

Et après avoir bien spécifié qu'en cas d'offense ou de sédition leurs auteurs seraient punis, l'édit conseille à tous « de se
comporter les uns avec les autres doucement et gracieusement ». L'avis était excellent, mais ne fut pas suivi. Déjà les

divisions religieuses, exploitées au profit de certaines ambitions personnelles, avaient suscité de graves désordres. En Bourgogne, le lieutenant de roi Gaspard de Saulx-Tavannes[1], représentant du gouverneur, généralement absent, qui était un prince de la maison de Lorraine, crut devoir prendre quelques précautions. Le 27 janvier, il imposa à tous les habitants de Chalon un service de guet et garde aux portes de la ville, avec ordre à la municipalité de leur fournir des armes dont ils lui rembourseraient le prix. Aucune exception n'était admise, même en faveur des gens d'église. Les vingt-cinq chanoines de Saint-Vincent durent acheter chacun au moins un corselet, et, des neuf chanoines résidants de Saint Georges, cinq se virent contraints de s'armer d'une hacquebute[2] et de se coiffer d'un morion. Quant aux curés de Saint-Jean-de-Maisel et de Sainte-Marie, on les invita à endosser un corselet et à se munir d'une pique, sauf à trouver un suppléant pour en faire usage. Cet équipement, ces veillées aux portes n'étaient nullement au goût des ecclésiastiques, et ils oublièrent assez volontiers de monter leur garde[3].

Le massacre de Vassy ouvrit, le 1er mars 1562, l'ère des guerres civiles ; mais l'assassinat du duc de Guise et la captivité du prince de Condé ne tardèrent pas à découronner les deux partis en lutte. Catherine de Médicis, alors régente de fait, mit les circonstances à profit et, par l'édit d'Amboise,

---

(1) Né en mars 1509, à Dijon, de Jean de Saulx, seigneur d'Orain, gruyer de Bourgogne, et de Marguerite de Tavannes ; lieutenant général en Bourgogne le 13 novembre 1556 ; maréchal de France le 28 novembre 1570 ; gouverneur de la Provence et amiral des mers du Levant en 1572, mort, le 19 juin 1573, en son château de Sully (arrondissement d'Autun). Les *Mémoires* publiés sous son nom et insérés dans la collection Michaud ont été rédigés par un de ses fils, Jean de Saulx, vicomte de Tavannes, chevalier d'honneur au parlement de Dijon. On y trouve beaucoup de faits dont l'histoire peut faire son profit, mais noyés dans de longues et fastidieuses dissertations sur l'art militaire, l'éducation des gentilshommes, l'origine de la noblesse, que l'auteur croit issue d'Abel et de Noé, tandis que les plébéiens descendraient « de Caïn et des serviteurs de Noé sortis de l'arche ».

(2) Nom primitif de l'arquebuse, espèce de petit canon monté sur un affût en forme de trépied.

(3) Archives municipales de Chalon, EE, 1. Les documents ci-après visés provenant en majeure partie de la même source, l'indication de cette source ne sera pas répétée ; les notes donneront seulement la cote.

daté du 12 mars 1563, autorisa dans une plus large mesure
l'exercice du culte réformé. Soucieuse avant tout de prévenir de nouveaux troubles, elle tentait d'obtenir la pacification des esprits en passant l'éponge sur les faits antérieurs,
ainsi qu'en témoigne cette phrase :

Ordonnons que toutes injures et offenses que l'iniquité du
temps et les occasions qui en sont survenues ont pu faire naître
entre nos sujets et toutes autres choses passées et causées de
ces présents tumultes demeurent estainctes, comme mortes, en-
sevelies et non advenues, défendant très étroittement, sous
peine de la vie, à tous nosdits sujets, de quelque état et qualité
qu'ils soyent, qu'ils n'ayent à s'attaquer, injurier ou provoquer
l'un l'autre par reproche de ce qui est passé, disputer, quereller,
ne contester ensemble du faict de la religion, offenser, n'outrager
de faict ne de parole, mais se contenir et vivre fraternellement
comme frères amis et concitoyens...

La reine était sincère quand elle signait ces lignes ; mais ce
n'était pas le respect de la liberté de conscience qui les lui avait
dictées. « En favorisant les huguenots — explique judicieuse-
ment Tavannes dans ses *Mémoires* — elle espéroit d'eux son
salut contre le gouvernement du triumvirat de Messieurs de
Guise, roy de Navarre et connestable [1], qu'elle soupçonnoit
vouloir enlever la couronne à ses enfants ». Et plus loin :
« Elle se servoit d'eux comme les hommes font des sangsues,
pour tirer le mauvais sang [2]. » Catherine se rendait compte
néanmoins des suppositions que pouvait éveiller sa politique de bascule. Ayant appris qu'on répandait en Bourgogne le bruit qu'elle prenait tantôt le parti de l'amiral de Coligny, tantôt celui des Guise, elle écrivit, le 25 mars, à Tavannes qu'elle n'avait en vue que le bien du royaume, et, faisant
allusion aux rumeurs en circulation, elle ajouta : « C'est ce
qui me fait vous prier d'en répondre à ceux qui vous diront
le contraire, et n'ajoutez foi à ceux qui vous diront des men-
songes. »

Ces concessions n'étaient pas sans danger. Tavannes les
désapprouvait, estimant que « vouloir maintenir la paix par

____

(1) Le connétable Anne de Montmorency, né en 1493, tué le 10 novembre 1567, à la bataille de Saint-Denis.
(2) *Mémoires*, pp. 255, 277.

divisions, c'est vouloir faire du blanc avec du noir [1] ». Il s'apercevait que, sous le voile d'une réforme purement religieuse, les meneurs du parti calviniste cachaient des tendances à une réforme politique et même à une révolution sociale. Les hérétiques se doublaient partout de factieux. Certains documents laissent croire qu'il aurait été question, dans un de leurs conciliabules à Chalon, « de jeter hors de la république les trois vermines qui sont les moines, la noblesse et les gens de longue robe servant à la justice du roi » ; qu'à Mâcon aussi, au milieu d'un prêche, des menaces auraient été proférées contre les riches. Ces manifestations déterminèrent Tavannes à faire ajourner l'enregistrement de l'édit par le parlement. Une députation des Etats de Bourgagne fut chargée de représenter au roi les raisons du sursis. Elle délégua à cet effet l'un de ses membres, le conseiller Bégat [2] ; mais la « remontrance » fut sans résultat et le roi, dominé par les circonstances, ordonna l'exécution de l'arrêt.

L'attitude de la cour n'avait fait qu'enhardir les protestants, qui y voyaient une preuve de faiblesse. Des bandes, recrutées surtout dans le Midi, occupèrent Lyon le 3o avril, passèrent le 3 mai à Mâcon, où elles firent une hécatombe des images saintes, entrèrent le 5 à Chalon et, dans la nuit du 22 au 23, en ouvrirent les portes à Charles du Puy de Monbrun [3]. On pouvait s'attendre aux pires excès de la part de ce féroce lieutenant du baron des Adrets. C'était lui et non son chef qui, ayant pris Mornas (Vaucluse), avait fait lier plusieurs habitants sur des pièces de bois et les avait abandonnés au courant du Rhône avec des pancartes piquées dans leurs corps et portant en italien cette inscription : « Gens d'Avignon, laissez passer ces marchands, ils ont

(1) *Mémoires*, p. 248.
(2) Jean-Baptiste Agneau-Bégat, né en 1523, à Châtillon-sur-Seine, de Nicolas Bégat et de Françoise Agneau ; reçu conseiller le 9 juin 1553 et président le 7 avril 1571 ; mort le 21 juin 1572.
(3) Né vers 1550, au château de Monbrun (Hautes-Alpes), d'Aymar du Puy, seigneur de Monbrun, lieutenant de roi en Provence, et de Catherine Parisot de La Valette. Il embrassa le calvinisme, se joignit en 1562 au baron des Adrets et lui succéda dans son commandement en 1564. Ayant repris les armes en 1573, il fut capturé deux ans après, condamné et décapité à Grenoble le 12 août 1575. Le nom est actuellement porté par les familles de la Baume du Puy-Monbrun et Parisot de La Valette-Monbrun.

payé les droits à Mornas ». Comme d'autres places, Chalon subit les violences d'une prise d'assaut ; l'abbaye de Saint-Pierre fut en partie démolie, le prieuré de Saint-Marcel assiégé et pillé, un quartier de la ville saccagé. Monbrun y mit d'ailleurs autant de formes que le plus scrupuleux comptable. Les objets d'or et d'argent enlevés des églises furent soigneusement inventoriés et pesés par des experts, en présence du lieutenant général au bailliage et des échevins. Quand le huguenot eut signé le procès-verbal le 25 mai, il fit charger le tout sur un bateau à destination de Lyon, avec ordre de déposer la cargaison à l'hôtel des monnaies. En même temps un onctueux pince-sans-rire, le ministre Guillotat, montait en chaire et expliquait aux Chalonnais ce que ferait gagner à leur salut ce retour à la pauvreté de la primitive Église. Ayant expédié son butin, Monbrun n'attendit pas l'arrivée de Tavannes, qui, à la tête de six cents cavaliers et de douze cents arquebusiers, marchait sur Chalon. Le 31 mai, il déguerpit et, le 2 juin, Tavannes occupa la ville.

De pareils actes de brigandage ne pouvaient demeurer impunis ; mais il ne fallait pas compter sur l'appui moral de la royauté, qui restait toujours hésitante entre les deux partis, les ménageant à tour de rôle et s'abstenant de toute intervention nettement caractérisée. Justement préoccupé d'assurer une répression, le parlement de Bourgogne évoqua l'affaire. Soixante-quatorze calvinistes furent condamnés à mort. Trois d'entre eux subirent leur peine, et leurs têtes, envoyées à Chalon, furent clouées sur des poteaux, l'une devant la porte de Beaune, une deuxième devant Saint-Vincent et la troisième devant l'église des Carmes [1], « pour servir d'exemples aux perturbateurs du repos public » [2]. Les soixante et onze autres accusés avaient

____

[1] Située sur la place Saint-Pierre, au coin de la rue du Port-Villiers, actuellement maison Gros.

[2] *Histoire civile et ecclésiastique, ancienne et moderne de la Ville et Cité de Chalon-sur-Saône*, par le P. Perry, 1659, p. 356. Né à Chalon en 1602 de Pierre et de Philiberte Penessot, Claude Perry, d'abord avocat, entra dans les ordres, fut chanoine de Saint-Vincent, puis, à partir de 1628, jésuite et professeur de rhétorique au collège de Dijon. Il mourut le 2 février 1686. Cf. également Archives de la Côte-d'Or, B, 3782.

pris la fuite ; on les exécuta en effigie. Un gibet fut dressé à Chalon sur la place du Châtelet « et leurs portraits mis en planchette ». Quelque temps après, en vertu de lettres du roi, l'arrêt fut rayé, le gibet abattu et le tableau lacéré. ·

La paix d'Orléans, en mars 1563, ramena un calme relatif. Le culte réformé pouvait dès lors être pratiqué dans une ville par bailliage, et ses sectateurs avaient la faculté d'y construire un temple, mais dans un faubourg. Ce ne fut encore qu'un entr'acte. Les partis reprirent les armes en 1567. Mâcon retomba, le 28 septembre, au pouvoir des calvinistes, qui y exercèrent d'atroces représailles, et, assiégés à leur tour, ne se retirèrent que le 4 décembre, à la suite d'une capitulation. Cluny fut également pillé et rançonné. En même temps, des ligues catholiques, prélude de la Ligue proprement dite, se formaient un peu partout sous le nom de confréries du Saint-Esprit, en vue, juraient les affiliés, « de soustenir de tout nostre pouvoir l'Eglise de Dieu, de maintenir nostre foy ancienne et le Roy, nostre sire, souverain naturel et tres chrestien seigneur, et sa coronne ». A Chalon, les confrères, dirigés par un « prieur » et un « sous-prieur », s'assemblaient dans l'église des Carmes. Tout en tolérant, en conseillant même ces associations, Tavannes, par une ordonnance du 30 avril 1568, recommandait à ses administrés « de se comporter modestement les uns avec les autres, sans aigreur ni souvenance des temps passés ». Dans le courant de septembre, appelé aux armées, il fut remplacé provisoirement, et plus tard définitivement, par Léonor Chabot, comte de Charny et de Buzançais [1], à qui il fit réserver la charge de grand-écuyer de France. Ce changement de personnes coïncidait avec un revirement dans la législation du culte. Un édit du même mois, daté de Saint-Maur, portait « interdiction et deffence de toute presche, assemblée et exercice d'autre religion que la religion catholique, apostolique et romaine », ajoutant que les mesures de tolérance consenties par les précédents édits avaient été arrachées à la reine-mère, « qui pour lors

---

(1) Né en 1527 de Philippe Chabot, seigneur de Charny et de Buzançais, lieutenant général en Bourgogne, et de Françoise de Longvy, dame de Pagny et de Mirebeau ; mort le 12 juillet 1597.

n'estoit pas la plus forte et contre son opinion, laquelle a toujours esté chrestienne ».

Là dessus, la guerre se ralluma et de nouvelles épreuves affligèrent la Bourgogne. Les catholiques n'avaient pas seulement affaire à la fraction de leurs compatriotes qui avaient adhéré à l'hérésie ; les Allemands étaient derrière ceux-ci, tout prêts à leur venir en aide. La Réforme les avait entraînés dans son orbite aussitôt que leurs princes y avaient aperçu un excellent prétexte pour s'approprier les domaines ecclésiastiques. Aucun sentiment religieux n'avait déterminé leur conversion. Tavannes la jugeait en deux mots : si elle s'était effectuée si facilement, c'est que « les Allemands sont plus grossiers qu'autres nations [1] », appréciation dont personne de nos jours ne contestera la justesse. Ce fut ainsi qu'au printemps de 1569, une armée de quatorze mille hommes, envoyée par l'électeur palatin Frédéric III et commandée par le comte palatin Wolfgang de Bavière, duc de Deux-Ponts [2], envahit le pays, pillant et brûlant tout. Le 29 avril, son avant-garde se montra sous les murs de Dijon. Des coups de feu furent tirés près de Chagny. Déjà la terreur régnait à Chalon. On signalait des éclaireurs à Virey, à Fragnes, à la Loyère, presque aux portes de la ville ; mais l'approche de troupes catholiques commandées par les ducs d'Aumale [3] et de Nemours [4] obligea cette armée à se retirer du côté d'Arnay-le-Duc. Elle poursuivit cependant sa marche, prit d'assaut, le 20 mai, la Charité et s'enfonça jusque dans le Limousin. Tavannes, qui venait de battre les protestants à Jarnac, avait projeté de rejoindre l'armée de Bourgogne, de prendre la direction des opérations et de manœuvrer de telle sorte qu'il forcerait le duc de Deux-Ponts à livrer bataille dans des conditions et sur un

(1) *Mémoires*, p. 97.

(2) Né le 26 septembre 1526. Il laissa deux fils, dont le cadet, Charles (1560-1600), comte palatin de Birkenfeld, fut l'auteur de la maison de Wittelsbach, qui régna sur la Bavière.

(3) Claude de Lorraine, né en 1526, troisième fils de Claude, comte d'Aumale, plus tard duc de Guise, et d'Antoinette de Bourbon ; nommé gouverneur de la Bourgogne le 16 juin 1550 ; tué en 1573, au siège de la Rochelle.

(4) Jacques de Savoie, né en 1531, de Philippe de Savoie et de Charlotte d'Orléans-Longueville ; colonel général de la cavalerie ; mort en 1585.

terrain choisis par lui. Il avait fait soumettre ce plan à l'agrément du roi par le chevalier de Lignerolles ; mais ce dernier fut retenu à la cour par les intrigues du cardinal de Lorraine[1], qui voulait réserver le commandement suprême aux deux ducs, dont l'un était son frère et dont l'autre avait épousé sa belle-sœur. Six semaines s'écoulèrent « et après on luy dit que sa proposition estoit bonne : sur quoy il respondit qu'elle l'avoit esté, mais maintenant qu'elle estoit inutile, que les reîtres avoient passé la Loire à la Charité [2] ».

A ce moment, une mort soudaine emporta le duc de Deux-Ponts. Certains ont conté qu'ayant enlevé d'Avallon deux cents bouteilles de vin, Wolfgang y avait fait trop largement honneur. Est-il plus exact, comme l'affirme la *Biographie générale allemande*, qu'il aurait succombé à l'absorption d'une boisson trop froide ? Peut-être les deux versions ne sont-elles pas contradictoires. Ce qui paraît constant, c'est qu'il fut pris, le 6 juin, d'une forte fièvre, continua, malgré son malaise, à chevaucher à la tête de ses troupes, se fit transporter en voiture, le 9, au village des Cars (arrondissement de Saint-Yrieix) et y mourut le 11. La campagne ne s'en prolongea pas moins sous la conduite du comte Pierre-Ernest de Mansfeld [3], général des armées du roi d'Espagne aux Pays-Bas, dont les forces se réunirent à celles de l'amiral de Coligny et elle ne se termina que par la bataille de Moncontour (3 octobre), qui amena la paix dite de Saint-Germain.

En 1570, ce fut Coligny qui vint camper devant Cluny et, le 20 juin, incendia l'abbaye de la Ferté-sur-Grosne. Le 23, il brûla de même l'église de Saint-Desert, qui, élevée sur une hauteur, ceinte de murs et flanquée de tours, constituait

(1) Charles de Guise, dit le cardinal de Lorraine, frère de Claude qui précède ; principal ministre du roi François II ; mort en 1574.

(2) *Mémoires de Guillaume de Saulx-Tavannes* (collection Michaud, p. 460), né en 1553 et fils aîné du maréchal ; marié, le 15 octobre 1576, avec Catherine de Chabot-Charny, fille du comte et de Françoise de La Baume-Montrevel ; mort en 1633.

(3) Né le 15 juillet 1517, neuvième fils du comte Ernest de Mansfeld et de Dorothée, comtesse de Salm ; capitaine général de la province de Luxembourg ; mort le 20 mai 1604, laissant plusieurs enfants, dont un fils naturel qui fut le fameux Ernest de Mansfeld.

un petit fort. Menacé toutefois par les troupes catholiques,
il s'échappa dans la nuit du 28 au 29 et gagna le Nivernais.
Le 8 août, une troisième paix suspendait les hostilités.
L'exercice public de la religion réformée était encore une
fois autorisé, et une amnistie générale couvrait toutes les
fautes commises de part et d'autre. L'incohérence de ces
décisions successives est bien faite pour inspirer des doutes
sur la sincérité du gouvernement. Les protestants s'en aperçurent le 24 août 1572.

La Saint-Barthélemy ne fit point de victimes en Bourgogne. Le 26 août, deux gentilshommes présentèrent à
Chabot-Charny deux lettres de la main du roi, lui enjoi-
gnant d'exécuter tous les ordres verbaux dont les porteurs
étaient chargés. En apprenant ce qu'on lui demandait, le
lieutenant-général s'empressa de convoquer son conseil.
Pierre Jeannin [1], ce fils d'un tanneur d'Autun, que son rare
mérite éleva plus tard jusqu'à l'administration des finances,
en faisait partie. Il déclara que « le roy n'avoit pu ordonner
ainsy le massacre de tant de ses sujets avec une mûre délibération » et émit l'avis que c'était le cas d'appliquer une
loi rendue par l'empereur Théodose, après le massacre de
Thessalonique, et défendant aux gouverneurs d'exécuter un
ordre contraire à la justice avant trente jours s'ils n'en
avaient obtenu dans l'intervalle une confirmation authen-
tique [2]. L'argument tiré de cette loi vieille de douze siècles
était plus ingénieux que juridique ; mais le conseil s'y rallia
tout de suite et résolut d'attendre. Rien n'était plus à propos
car, le surlendemain, un nouveau message apportait un
contre-ordre sous la forme d'une fallacieuse dépêche annonçant qu'un complot avait été réprimé et que justice était

---

(1) Né en 1542, avocat à Dijon et élu du tiers ordre ; nommé, le 19 juillet
1575, gouverneur de la chancellerie de Bourgogne, puis successivement
conseiller au parlement le 24 juillet 1579, président à mortier le 14 mars
1581 ; démissionnaire en 1602 et appelé au Conseil d'État par Henri IV,
qui en fit son conseiller intime ; ambassadeur en Hollande de 1607 à 1609 ;
contrôleur général des finances en 1611 ; mort à Paris le 22 mars 1623.

(2) En voici le texte : « Si vindicari in aliquos severius, contra nostram
consuetudinem, pro causæ intuitu, jusserimus, nolumus statim eos aut
subire pœnam, aut excipere sententiam, sed per dies XXX, super statu
eorum sors et fortuna suspensa sit. » *Codex Theodosianum*, Leipzig, 1738,
t. III, liv. IX, tit. XI.

faite. C'était bien la version donnée par la déclaration royale du 28 août, où on lisait : « Sa Majesté déclare que ce qui est ainsy advenu a esté par son exprès commandement, et non pour aucune cause de contrevenir à ses édits de pacification..., pour obvier et prévenir l'exécution d'une malheureuse et détestable conspiration faicte par l'admiral chef et auteur d'icelle et ses adhérents et complices, en la personne dudit seigneur roy. »

A Chalon, comme dans les autres villes de la province, on se borna à s'assurer des réformés. Ils furent invités à se constituer prisonniers à l'évêché, « ce qu'ils exécutèrent sans nulle contrainte et aussi ponctuellement qu'il leur fut commandé [1] ». Le 31 août, les habitants s'engagèrent par serment « à vivre en bon accord les uns avec les autres, tant ceux de la religion catholique que ceux de la religion nouvelle ». Les mesures de rigueur ou de précaution prises ailleurs paraissaient excessives. Quinze jours après la Saint-Barthélemy, le 8 septembre, Philippe de Monconys [2], capitaine gouverneur des ville et citadelle de Chalon, rendait compte de la situation à Chabot-Charny et lui demandait des instructions sur certains points. La réponse du lieutenant général peut être ainsi résumée : continuer à faire bonne garde ; s'abstenir jusqu'à nouvel ordre d'élargir aucun religionnaire, même ceux qui promettent de revenir à l'Église catholique ; saisir leurs armes et défendre à toutes personnes, notamment aux soldats de la citadelle, d'attenter aux propriétés quelconques, sous peine de mort [3].

Ainsi pas une goutte de sang ne fut versée, et la détention passagère des réformés, sollicitée par eux-mêmes, ne constitua qu'un acte de protection. Ce n'était pas d'ailleurs la fin des misères. La population succombait sous les charges. En mars 1574, Guillaume de Saulx-Tavannes, fils aîné du maréchal et lieutenant du roi en Bourgogne pendant les absences

_____

(1) PERRY, *op. cit.*, p. 368.

(2) Fils de Jean, seigneur de Monconys (aujourd'hui Montcony, arrondissement de Louhans), et de Colette de Lugny ; élu en juillet 1562, en vertu de lettres patentes de Charles IX, conférant aux habitants de Chalon le droit de nommer leur capitaine gouverneur. Sa famille s'éteignit avec Charles, baron de Monconys, assassiné le 17 août 1657.

(3) EE, 1.

de Chabot-Charny, son beau-père, entreprit, sur l'ordre de Charles IX, la visite des villes de la province, à l'effet « d'en reconnaître l'état et la police ». Il l'exécuta avec un esprit d'observation et une maturité de jugement qu'on n'attendait guère d'un jeune homme de dix-neuf ans. Les doléances qu'il consigna dans un long rapport, et dont il se fit l'interprète de vive voix au conseil même du roi, présentaient la situation sous un jour attristant. A Chalon, on se plaignait amèrement des « impositions, tailles, subsides, emprunts qui ont réduit tout le peuple à mendicité, non seulement les artisans, mais aussi ceux qui estoient les plus aisés ou par biens amassés avec leur industrie ou déchéances laissées par leurs aïeux ». Les mouvements incessants de troupes étaient une autre cause de ruine. « Les passages des gens d'armes mettoient les pauvres villageois, affligés d'infinies calamités, au dernier désespoir. » Les emprunts tarifés par le gouvernement étaient hors de toute proportion avec les ressources des contribuables. Il était arrivé plus d'une fois que la cote assignée à tel ou tel équivalait à ce qu'il aurait pu amasser en dix ans de son revenu ou de son commerce. Et il n'y avait rien à objecter. Voulait-on recourir aux voies judiciaires ? « Les clameurs et les plaintes estoient vaines et stériles... La multitude des officiers et bien souvent l'ignorance et peu d'expérience de ceux qui estoient pourvus des offices mettoient la confusion et le désordre à la justice, la rendoient plus chère et subjecte aux longueurs et corruption et à tous mauvais artifices (1). »

Ces charges écrasantes n'étaient même pas compensées par une sécurité relative. On continuait à vivre sous la perpétuelle menace d'une attaque. Une ordonnance de Chabot Charny, du 27 octobre 1575 prescrivait, par exemple, « à tous les habitants, ecclésiastiques ou laïques, privilégiés ou non, de faire, chacun à leur tour et à leur rang, la garde des portes de la ville pendant le jour et, pendant la nuit, la ronde par les rues et sur les murailles, sous peine d'une

______

(1) Cf. *Mémoires de Guillaume de Saulx-Tavannes*, p. 466 ; *Visite des villes de Bourgogne, correspondance de Saulx-Tavannes*, publié par L. Pingaud (*Mémoires de l'Académie de Dijon*, 1877, p. 292).

amende de quarante sols ». Dix-sept mois après, on faisait encore guet et garde ; mais l'ennemi du moment, c'était la peste. Le 2 avril 1577, défense était faite de laisser entrer dans la ville aucune personne venant de Lyon, « soit gentilhomme, soit marchand, soit batelier » ; défense aussi à tout habitant de Chalon d'aller à Lyon et de fréquenter ceux qui en viendraient, « à cause du mal contagieux qui règne en ladite ville [1] ».

L'année suivante vit une autre alerte. Le 10 juillet, Henri III manda au duc de Mayenne [2], alors gouverneur de la Bourgogne, de veiller avec plus de soin que jamais à la sûreté des villes, à cause des menées de son frère le duc d'Anjou, qui, malgré ses remontrances, s'était mis à la tête des Flamands révoltés contre Philippe II et cherchait à se tailler là une principauté. Ce fut comme précédemment une mobilisation générale. On assigna aux chanoines de Saint-Vincent la garde d'une porte ; mais ils firent la sourde oreille et, aux invitations réitérées du procureur syndic, ils opposèrent leurs privilèges et l'absence d'« éminent péril », ainsi qu'en fait foi un procès-verbal du 14 juillet. Les chanoines de Saint-Georges ne montraient pas plus d'ardeur à remplir leurs devoirs militaires. Quatre sommations lancées contre les uns et les autres n'eurent pas raison de leur résistance. La municipalité, sans plus tarder, réclama l'intervention de Chabot-Charny, qui, au vu de sa requête du 21 juillet, enjoignit aux chanoines de faire le guet et garde. Cette fois ils parurent céder, « attendu le péril éminent » et toujours sous la réserve de leurs privilèges. La justice de la mairie n'en réprima pas moins leur première insoumission. Par sentence du 29 juillet, elle condamna le chapitre de Saint-Vincent à deux écus d'amende et celui de Saint-Georges à un demi-écu pour n'avoir pas fait garder la porte le 17 juillet, puis tous deux à 25 sols et 30 sols pour y avoir également manqué les 17 et 18. Les « vénérables doyens et chapitres » n'attendirent pas plus tard que le 24 pour s'ab-

---

(1) EE, 1.

(2) Charles de Lorraine, né le 26 mars 1554 de François, duc de Guise, assassiné en 1563, et d'Anne d'Este ; nommé gouverneur le 7 mars 1570 ; mort à Soissons le 3 octobre 1611.

stenir de la garde de nuit. Quelques jours après, ils eurent gain de cause. Le 4 août, une ordonnance de Chabot-Charny les exempta de cette garde de nuit. Restait la garde de jour. La lutte sur ce point se termina par un accommodement, dont le savant rédacteur avait évoqué, pour échauffer le zèle des récalcitrants, les ombres glorieuses de Mucius Scævola, de Tiberius Gracchus et de Scipion l'Africain [1].

Un des premiers actes de Henri III avait été un édit de pacification connu sous le nom de paix de Beaulieu, rendu le 6 mai 1576, qui assurait aux protestants le libre exercice de leur culte, l'admission à tous les emplois, etc., et recommandait l'oubli du passé dans les mêmes termes que l'ordonnance de 1562. Deux autres édits, l'un à Pontoise, de septembre 1577, et l'autre à Blois, du 26 décembre 1580, le confirmèrent en 1581. S'inspirant de ces édits, les réformés de Chalon adressèrent une supplique au roi pour être autorisés à pratiquer leur religion dans un des faubourgs de la ville ou dans l'un des villages voisins, Eschavannes ou Saint-Côme. Une ordonnance royale du 5 septembre renvoya l'affaire à l'examen de Chabot-Charny en l'invitant à désigner lui-même le lieu. Là-dessus les réformés lui demandèrent de contraindre le maire à laisser loger en ville leur ministre. Le lieutenant général, assez embarrassé, transmit la requête, le 24 février 1582, aux officiers du bailliage, les chargea d'indiquer le lieu et pria la municipalité de lui faire connaître les raisons qui la déterminaient à s'opposer à l'installation d'un ministre dans la ville. Ces raisons lui parurent, sans doute, convaincantes, car, le 21 mars, il désigna le bourg de Cuisery [2], distant de 35 hilomètres.

Les réformés s'y établirent, mais ne tardèrent pas à se plaindre. En janvier 1884, ils réitérèrent leur demande. Chabot-Charny, à qui elle fut renvoyée, se décida, le 26 avril, à désigner Châtenoy-le-Royal [3], avec permission au ministre de résider où bon lui semblerait. Le maire et les échevins protestèrent de nouveau; mais ce fut en vain. Acceptant Châtenoy, les réformés présentèrent, le 30 juin, au lieute-

---

(1) FF, 90.
(2) Arrondissement de Louhans.
(3) Canton nord de Chalon.

nant général du bailliage [1] une requête ayant pour objet de faire connaître leur prise de possession de ce village. Les signataires étaient des notables de la ville, Job Bouvot, avocat [2], Joseph Didier, praticien, Jean Girard, chirurgien, *Jean Couchon*, Guillaume Millot et Claude Masson. Le premier avait débuté brillamment au barreau. Issu d'une famille de robe, Job Bouvot avait étudié le droit à Bourges, sous le célèbre Cujas, et ses plaidoiries, sa science de juriste allaient lui acquérir une grande réputation en même temps que sa modération lui valait les sympathies des catholiques. Le 1ᵉʳ juillet, en conformité d'une ordonnance du magistrat, Joseph Desbois, greffier du bailliage, se transporta à Châtenoy et dressa un procès-verbal où il exposa :

Que le dimanche 1ᵉʳ juillet 1584, au lieu appelé le Buisson Picart, commune de Chastenoy-en-Royaume, il a vu faire l'exercice de la religion prétendue réformée par Mᵉ Jérôme Salme ; que celui-ci a fait le prêche accoutumé de dix à onze heures du matin ; après quoi il a procédé à un mariage et à un baptême, en présence des personnes de la R. P. R., tant hommes que femmes, serviteurs, servantes et villageois de Chalon, Buxy, Givry, Etroye et autres lieux, au nombre d'environ quatre cents personnes, parmi lesquelles le greffier a remarqué Emiland Didier, seigneur de la Grand'Maison, gentilhomme ordinaire de la Chambre du roi de Navarre, Jehan Cornillat, chirurgien à Givry, Toussaint Rouelle, de Buxy, Job Bouvot et Edme Janthial [3], avocats, Jehan Girard, chirurgien, Marc Delacroix, docteur en

---

(1) Philippe de Montholon, seigneur de Montjay et de Bey en partie, fils de Guillaume, second avocat général au parlement. La famille tirait son nom du village de Montholon, canton d'Autun, que des actes des XIIIᵉ et XIVᵉ siècles appelaient aussi Montholon, *villa quæ vocatur Mons Tholonus.*

(2) Né en 1558, à Chalon, de Pierre, avocat, et d'Anne Guide ; reçu avocat le 15 juin 1580 ; député de ses coreligionnaires aux synodes de Gap (1603) et de Privas (1612) ; auteur des *Arrêts du parlement de Bourgogne* (1623) et d'un *Commentaire sur les coutumes de Bourgogne* (1632) ; mort en 1636.

(3) A cette famille appartinrent : François Janthial, notaire et procureur à Laives de 1521 à 1541 ; Jean, grenetier au grenier à sel de Chalon, échevin en 1660-1601 et 1604-1605, maire en 1621-1623 ; Philippe, son fils, né le 7 septembre 1627, pourvu en 1650 de la cure de Rosey, où il mourut le 17 décembre 1680 ; Samuel, avocat, député en 1628, comme « ancien », au synode de Charenton ; Jacques, premier maire à vie, de 1692 à 1700 ; Jean, maître particulier des eaux et forêts vers 1720 ; Antoine, né en 1711, son fils et son successeur ; l'abbé Louis, fils de ce dernier, né en 1742, condamné à mort, le 8 thermidor, par le tribunal révolutionnaire.

médecine [1], *Jehan Couchon*, Guillaume Bricard, notaire à Givry, etc. [2].

Les Chalonnais eurent encore à traverser une période exceptionnellement difficile, la Ligue, dont le duc de Mayenne s'était constitué le chef après l'assassinat du duc et du cardinal de Guise ses frères. On sait quelle lutte ce prince soutint contre le roi de Navarre, dont le poignard de Jacques Clément avait fait, le 2 août 1589, l'héritier de la couronne. Peu d'époques présentent une pareille complexité d'incidents tragiques, un pareil enchevêtrement d'intrigues, de rivalités sanglantes, d'ambitions égoïstes, qui, pour leur satisfaction, ne reculent pas devant un appel à l'étranger. Chalon fut pendant plusieurs années un centre d'opérations et une place de réserve pour Mayenne au cas où il échouerait dans sa campagne. Peut-être les Chalonnais n'accordèrent-ils pas beaucoup d'attention au fantôme de roi créé par lui, à ce vieux cardinal de Bourbon proclamé Charles X et mort au bout de six mois d'un règne illusoire que l'histoire n'a pas pris la peine d'enregistrer. Ils avaient assez à faire de répondre aux réquisitions que le duc ne leur ménageait pas. Au dire du P. Perry, « la ville n'en pouvoit plus et estoit tellement exténuée qu'elle ressembloit à un schelet décharné ». Elle avait dû entretenir 3.000 à 4.000 hommes et s'endetter ainsi de 26.989 écus [3]. Malgré leurs souffrances, les habitants demeuraient fidèles à la Ligue. Les fréquents séjours de Mayenne et son habituelle aménité lui maintenaient leurs sympathies. S'ils conservaient le souvenir cuisant des dévastations et des pillages opérés par les bandes protestantes venues du Midi, ils n'en vivaient pas moins en bonne intelligence avec ceux de leurs concitoyens ralliés à la secte calviniste, Certains notables, cependant,

----

(1) Né en 1550 à Pont-de-Vaux (Ain), il avait étudié la médecine à Valence et vint l'exercer avec succès à Chalon, où il mourut en 1634. Très versé dans les langues anciennes, il avait composé des *Observations* sur la médecine, rédigées en latin.

(2) GG, 3. Une liste dressée, maison par maison, en cette même année, par les curés des différentes paroisses, établit que les catholiques comptaient 740 feux et les protestants 87. Ceux-ci ne représentaient donc que le huitième de la population.

(3) CC, 19.

restaient méfiants, même hostiles. Ils croyaient bien apercevoir derrière Mayenne la main de l'Espagne, une main qui semait adroitement les doublons et les pistoles dans la ville et jusque dans la campagne, et ils soupçonnaient non sans raison que le zèle catholique des Ligueurs masquait surtout les orgueilleux desseins de la maison de Lorraine, toute prête à faire asseoir un des siens sur le trône de France.

L'abjuration de Henri IV, le 15 janvier 1593, et son entrée à Paris, le 22 mars 1594, ruinèrent ces espérances. Quand Mayenne, déjà battu à Arques et à Ivry, l'eut été une troisième fois, le 15 juin 1595, à Fontaine-Française, dans son propre gouvernement, l'alarme régna de nouveau en Bourgogne. La vision d'un siège hanta même l'imagination des Chalonnais. Dès le 10 juin, ordre leur avait été donné « de se réunir à la cathédrale pour aller de là en procession à l'église des Cordeliers, où sera faite une prédication ; et que chacun s'y prépare avec la plus grande dévotion qu'il pourra [1] ». Le 1er juillet, il leur fut enjoint « d'aller en personne, avec leurs serviteurs ou leurs servantes, travailler aux fortifications de la ville ». Même ordre, le 19 : on se munira de pioches, de pelles et de paniers et, sous la conduite des « dixeniers », on remuera la terre huit heures par jour. A la même date, défense, sous peine de mort, de sortir de la ville sans passeport, et, le mois suivant, interdiction d'en exporter des grains. Tout s'arrangea cependant en douceur. Mayenne avait adressé, le 28 juin, une protestation de dévouement au roi, et il obtint, par l'entremise du président Jeannin et — ce qui était peut-être plus efficace — par celle de Gabrielle d'Estrées, une trève, qu'il signa, le 25 septembre, au château de Taizé [2]. En attendant de plus sérieux avantages, il reçut la permission de se rendre à Chalon. Son entrée n'y manqua pas d'une certaine solennité. Les habitants lui prêtèrent serment de fidélité et il leur fit l'honneur d'accepter d'eux un don de 500 écus. Une paix générale, conclue le 24 janvier 1596, au château de Folembray (Aisne), lui valut le gouvernement de l'Ile-de-France,

(1) EE, 7 ; FF, 1.
(2) Commune de Saint-Remy, canton sud de Chalon.

moins Paris, la concession pour six ans de trois places de
sûreté, Chalon, Seurre et Soissons, et en outre une indemnité de 2.640.000 livres. Sa révolte se soldait par un bénéfice
net. Deux ans après, les Chalonnais prêtaient un nouveau
serment de fidélité, mais cette fois au roi Henri IV, définitivement reconnu [1].

L'édit de Nantes (avril 1598) assura la pacification religieuse. Si l'ordre n'avait pas été compromis à Chalon, on le
devait surtout au bon esprit de la population. La fraternité
n'y était pas alors une formule abstraite, gravée, comme
une trompeuse enseigne, au fronton des édifices administratifs. Elle trouvait son application journalière dans la cordialité qui réglait les rapports des habitants entre eux. Déjà
Saint-Julien de Balleure avait signalé l'heureux caractère de
ses contemporains. « Tous les Chalonnais, remarquait-il, se
traitaient de cousins, et la ville ne paraissait qu'une famille [2]. » Un avis de la municipalité pris en exécution de
l'édit de Nantes concourut à maintenir ces excellentes dispositions. Le 8 mars 1599, le maire fit publier à son de trompe
« ordre à tous les manants et habitants, tant de la religion
catholique, apostolique et romaine que de la religion prétendue réformée, de s'entretenir en bonne union et intelligence les uns avec les autres, sans tomber en querelles, disputes et divisions pour la défense de leurs religions, et s'injurier, provoquer et appeler à querelle les uns avec les autres
sur ce subject, dont puisse survenir sédition ou scandale, à
peine contre les contrevenants d'estre punis à la rigueur des
éditz et ordonnances du roi et comme infracteurs d'iceux [3] ».
L'année suivante, une ordonnance d'Étienne Bernard [4],

---

(1) BB, 11 ; FF, 154.

(2) Même observation de J.-A. Rigoley de Juvigny, à la suite d'une notice
sur le médecin poète Claude de Pontoux : « Il y a peu de villes en France où
l'esprit de société et l'attachement pour ses compatriotes soient aussi bien
établis. » (*Les Bibliothèques françaises de La Croix du Maine et de du Verdier*,
1772, t. III, p. 360.) A peu près à la même époque, Courtépée rendait ce témoignage aux Chalonnais : « Ils ont conservé un aimable caractère de politesse et de générosité qui rend le séjour de la ville délicieux aux étrangers. »

(3) GG, 3.

(4) Né le 15 mars 1553, à Dijon ; avocat, député en 1588 aux États de
Blois, où il joua un rôle important ; maire de Dijon en 1593 et pourvu la
même année d'une charge de conseiller au parlement ; président en 1594

lieutenant général au bailliage, rendue en exécution d'un arrêt du conseil privé du roi et datée du 25 septembre 1600, permit aux réformés de bâtir un temple au faubourg d'Eschavannes [1].

Jean Cochon mourut vers 1620. Il avait vu tous les fléaux se déchaîner sur son pays, la guerre civile, les ravages causés par les deux factions en lutte, les mutuelles et barbares représailles, l'imminence d'une invasion, la peste à plusieurs reprises, notamment en 1565, la disette aussi à la suite du cruel hiver de cette même année. Ses croyances le protégeaient apparemment contre les excès de ses coreligionnaires ; mais ceux-ci n'y regardaient pas de bien près et, quand ils saccageaient la ville, il y avait pour tout le monde, catholiques ou réformés, des éclaboussures à recevoir. Tout ce qu'on sait de Jean, en dehors de sa participation aux manifestations calvinistes, c'est que lors d'une saisie pratiquée sur un sieur Antoine Baron, corroyeur, il se rendit adjudicataire, le 11 février 1606, moyennant un prix de 800 livres, d'une maison sise rue aux Fèvres et, par derrière, d'un jardin qui s'étendait jusqu'au mur d'enceinte de la ville.

JEAN 2^e

Une tibériade. — Passage de Louis XIII. — La perte en Bourgogne. — Menées de Gaston d'Orléans. — Sièges de Dole et de Saint-Jean-de-Losne : Gallas, Condé. Rantzau. — Retraite des Impériaux. — Entrée de Condé. — Passage de la reine Christine. — Obsèques du maréchal d'Uxelles. — Passage de Louis XIV. — Procès au sujet de la tour de Marcilly.

Jean, 2e du nom, fils du précédent, né vers 1585, et domicilié comme son père rue Saint-Georges, était maître peintre et arpenteur géomètre, Un procès engagé entre la dame veuve Bataille de Mandelot et la ville de Chalon, au sujet

de la chambre de justice de Marseille ; reçu lieutenant général au bailliage de Chalon le 2 juin 1597 ; mort subitement le 23 mars 1609, laissant treize enfants de son mariage avec Marguerite Paradin, fille de Jean, médecin, lequel était lui-même fils d'un notaire de Louhans et frère de l'historien Guillaume Paradin.

(1) GG, 48.

de l'étendue de leurs juridictions respectives, lui donna l'occasion d'exercer ses multiples talents. Il dressa un procès-verbal d'arpentage le 31 janvier 1617, et y joignit une « tibériade », qui est ainsi décrite dans l'*Inventaire des archives* (1) :

... C'est un croquis lourdement tracé et grossièrement enluminé, où sont indiquées en chiffre les distances respectives des lieux y figurés, les limites auxquelles s'étendent la justice de la ville de Chalon et celle d'Éléonore de Robertet, veuve de Messire François de Mandelot, dame de Saint-Loup, Lux, Varennes, Sevrey, Saint-Remy, Droux et Mépilley. On voit se dessiner la Saône, la petite rivière de Droux, des prés, des bois, des vignes et des champs labourés, une potence, une croix de pierre, un pont de bois, une ferme isolée, la porte Saint-Jean de Maisel, les villages de Saint-Côme, Droux avec un moulin, Lux, Sevrey, Mépilley et le château de Saint-Loup. Les clochers, les maisons et autres édifices y sont représentés très naïvement comme dans un paysage.

Les calvinistes recommençaient à s'agiter. En 1621, assemblés à la Rochelle et mécontents de certaines mesures, ils prirent les armes. Le gouvernement, désireux de prévenir une extension du soulèvement, prescrivit aux autorités du royaume, par un édit daté à Noyon du 27 mai, de faire prêter aux réformés un serment de fidélité au roi et de « non-adhésion à ceux de la Rochelle, tant en leurs propres noms qu'en ceux de leurs coreligionnaires non-comparants dont ils ont les pouvoirs ». Les réformés de Chalon, Louhans, Buxy et Chagny se conformèrent exactement à cet ordre, y compris leurs ministres, Théophile Cassegrain, de Chalon (2), et Théodore Dunoyer, de Buxy (3). Des procès-verbaux

---

(1) DD, 34. Aux XVIe et XVIIe siècles, on nommait ainsi en Bourgogne tout plan ou vue cavalière.

(2) Né à Étampes, il desservit successivement les églises de Dijon en 1586, Pont-de-Veyle en 1597-1601, Dijon de nouveau en 1604, Chalon de 1609 à 1626. Il mourut en 1637, ayant abjuré le calvinisme.

(3) Ces Dunoyer exercèrent longtemps leur ministère à Buxy. Noé Dunoyer, dénommé « sieur de Joncy » et qualifié d' « ancien », avait représenté l'Église de cette ville au 23e synode. Héliodore, fils de Michel Dunoyer, succéda, comme ministre, à son père et fut député en 1637 par le colloque de Chalon au 27e synode, tenu à Alençon. Il eut lui-même pour successeur son fils Michel, dont une fille, Jeanne, abjura, car on trouve aux registres paroissiaux de Givry l'acte de son mariage en 1701 avec Eustache Lambert, procureur au bailliage de Chalon.

dressés les 23 et 24 juin, 3, 16 et 17 juillet, constatèrent l'accomplissement de la formalité par devant le lieutenant général Jean Bernard, seigneur de Sainte-Hélène et de Baudrières. On y trouve la signature de Jean Cochon, peintre, celles aussi de Claude et Pierre Cochon, tous deux procureurs, qui paraissent avoir été ses frères, mais dont ces signatures seules révèlent l'existence. Le mouvement s'arrêta vite, et, l'année suivante, Louis XIII accorda aux réformés pour villes de sûreté la Rochelle et Montauban.

Ce ne fut qu'une trève. Richelieu, entré au conseil, s'attacha aussitôt à réduire les dissidents à n'être plus qu'une communauté religieuse, au lieu d'être, comme ils le prétendaient, un parti politique et même un État dans l'État. La prise de la Rochelle, le 30 octobre 1628, assura le succès définitif de ce plan. Elle fut fêtée dans toute la France. Le 12 novembre, les Chalonnais la célébrèrent avec beaucoup d'entrain. On tira le canon et force pétards ; on alluma des feux de joie ; des repas s'organisèrent en plein air, et la satisfaction publique s'affirma par de copieuses lampées. A la chute du jour, les maisons s'illuminèrent, mais il est à croire que Jean Cochon ne s'associa nullement à ces démonstrations et qu'aucune lanterne ne brilla ce soir-là au-dessus de sa porte.

Le 3 février 1629, il vit arriver Louis XIII, qui se rendait en Lombardie pour secourir Charles de Gonzague, duc de Nevers, à qui l'empereur refusait l'investiture du duché de Mantoue, dont la mort de son cousin Vincent II l'avait fait héritier. A deux cents mètres de la porte de Beaune, le roi quitta son carrosse et monta à cheval. Les magistrats l'attendaient « en habit de velours noir à petit ramage, avec manteau de drap doublé de panne ». Ce fut le capitaine des Enfants de la ville (1), un jouvenceau de dix ans, qui ouvrit le feu des harangues par un compliment en vers « proportionné à son âge ». Non contente d'avoir dressé sur le passage de Sa Majesté quatre arcs de triomphe, la municipalité avait érigé une statue colossale, Hercule brandissant sa

(1) Compagnie d'environ trois cents tireurs formée vers 1620 et recrutée dans la jeunesse.

massue et foulant aux pieds un Cerbère à deux têtes. Cette figure symbolisait Louis XIII écrasant le protestantisme. Si babitués que soient les souverains aux plus exorbitantes flatteries, il semble que le roi dut éprouver tout de même quelque surprise de se voir transformer en demi-dieu et assimiler au fabuleux vainqueur de l'hydre de Lerne ; mais il était blasé sur ces manifestations. Déjà la prise du dernier rempart des huguenots avait été célébrée en prose, en vers, en latin, en italien, même en grec. Les panégyriques pullulaient sous des titres aussi polyglottes qu'admiratifs, *Chant de victoire, Cantique royal, Triumphator magnificus, Chronogrammata, Pantathlon*, etc. [1]. On voit que, dans ce concert, les congratulations chalonnaises n'étaient pas seules à forcer la note.

La ville fit au roi une autre politesse ; elle lui offrit douze médailles en or avec dédicace latine « à 'l'invincible domp-teur de l'anarchie rochelaise », et, en outre, « vingt-six feuillettes de vin clairet très exquis et très excellent », tiré de la cave du baron de Rully. Ce furent les médailles qui charmèrent surtout Louis XIII. Comme le maire, qui était alors Claude-Enoch Virey [2], se tenait près de lui pendant son dîner, « le roy eut la bonté de luy dire que, depuis son départ de Paris, il n'avait point receu de present qui lui fût plus agréable » : « J'ay cru, Sire, repartit le maire, que ces gentillesses vous agrééroient plus que des pièces d'un corps plus solide et plus massif » [3].

La réception entraînait d'autres libéralités, celles-là au profit de la suite du roi, qui, en ces circonstances, se montrait particulièrement avide et même insatiable. Ce fut, sans

(1) Bib. Nat., Lb^{36}, 2633 à 2719.

(2) Né en 1566, à Sassenay (canton de Chalon), docteur en droit, secré-taire particulier, pendant vingt ans, du prince de Condé ; maire de Chalon en 1627-1629 et 1631-1634 ; anobli, en décembre 1629, en récompense des services qu'il avait rendus au roi, notamment « à sa joyeuse entrée en la ville de Chalon » ; auteur de pièces de vers ; mort le 24 juillet 1636. De son mariage avec Jeanne Biot, il avait eu Jean-Christophe, qui fut maître des comptes à Dijon, et Marie, qui épousa Pierre Saumaise de Chasans, conseiller au parlement, et lui donna de nombreux enfants, dont sept fils. Armoiries : *Deux traits d'or en sautoir, la pointe en haut, en champ de gueules ; écartelé d'or, semé de fleurs de lys, d'œillets et de roses rouges et de gueules.*

(3) Cf. PERRY, *op. cit.*, p. 446-448.

doute, assez dispendieux, à en juger par ce qui se passa à Mâcon, lorsque Louis XIII quitta cette ville le 8 février. Un témoin a noté qu'au départ « on distribua aux huissiers, tambours, trompettes, valets de pied, cochers, exempts des gardes écossaises, huissiers de l'antichambre, porte-chaises, gardes de la porte, fifres, gardes écossaises, archers de la porte, avertisseurs, gardes de M. le grand prévôt de l'hôtel, 428 livres 18 sols, qui eurent bien de la peine de s'en contenter, prétendants leur estre deub davantage » [1].

La fête n'eut pas de lendemain. Elle coïncidait avec l'invasion de la peste en Bourgogne. A cette époque, on groupait volontiers sous la même étiquette diverses fièvres malignes frappant toute une région ; mais, cette fois, c'était bien la peste d'Orient avec ses symptômes caractéristiques, bubons à l'aine et sous les aisselles, taches noires produites par une hémorragie cutanée et dénommées charbons, chairs tombant en pourriture, etc. Importée de Lyon, où elle fit, dit-on, soixante mille victimes, elle prit de l'extension au printemps de 1629. Le 9 mars, elle était signalée aux portes de Chalon. Vainement le maire établit-il, d'accord avec l'assemblée générale des habitants, une sévère quarantaine destinée à prévenir l'entrée des personnes et des marchandises : le 19, le fléau éclatait dans la ville. A partir du 3 mai, les prédications, les plaidoiries et autres opérations motivant un rassemblement furent suspendues. Tout conspirait pour développer l'épidémie, l'étroitesse des rues, où ne soufflait jamais un air pur, les tas d'ordures et de fumier qui s'y étalaient librement, la fréquente insalubrité de maisons qui, avec leurs étages superposés en encorbellements, semblaient se pencher comme pour soustraire à leurs hôtes la vue du ciel et l'action bienfaisante de la lumière, l'ignorance, en un mot, des règles les plus élémentaires de l'hygiène. Le 17 juin, à la suite d'une procession générale et d'une grand'messe, la municipalité fit un vœu solennel à saint Charles Borromée, s'engageant à célébrer, chaque année, sa fête du 4 novembre

---

(1) Extraits de documents recueillis par le lieutenant particulier Bernard et conservés aux Archives départementales. M. Armand Bénet en a publié, en 1884, plusieurs fragments dans ses *Notes historiques sur la ville de Mâcon*.

par un service et une procession qui auraient lieu la veille.
Ce recours à une intervention céleste était assurément
louable, mais il eût été bon de compléter la pieuse manifestation par quelques coups de balai et quelques seaux d'eau.

Atténuée l'hiver, la peste reparut au printemps de 1630 et
fit « un grand ravage des plus notables bourgeois, qu'elle
emporta ». Quatre-vingts chefs de famille succombèrent. En
1631, ce fut un autre motif d'inquiétude. Gaston d'Orléans,
jaloux de l'empire que Richelieu exerçait sur son frère, s'efforçait de soulever les provinces et s'avançait même vers la
Bourgogne, à la tête d'une armée de dix mille hommes, composée en majorité d'Allemands, Croates, Albanais et autres
pillards. Une ordonnance royale du 14 juin enjoignit aux
Chalonnais, comme à tous leurs voisins, de faire exactement
guet et garde, et de fermer leurs portes au prince révolté.
Des mesures de précaution furent aussitôt prises en vue
d'une attaque [1]. Elle ne se produisit pas. Le 14 juin, le duc
sommait Dijon de le laisser entrer ; on lui répondit par une
canonnade assez bien nourrie pour qu'il jugeât à propos de
ne pas insister. Le 20 il était à Nuits, le 23 à Couches, le 26
à Digoin, où il traversait la Loire. Ayant trouvé partout un
accueil réfrigérant, craignant aussi l'approche d'une armée
royale, il se détermina à gagner le Languedoc, où finit misé-
rablement son aventure.

Les fléaux ne laissaient guère de répit aux Chalounais. A
la suite de l'hiver rigoureux de 1636, les blés, les fruits et
les légumes manquèrent en grande partie. Les denrées atteignirent des prix insolites, et un « mal contagieux », qui
n'était pas la peste, mais une sorte de fièvre pernicieuse, se
répandit dans la ville et aux alentours. De graves préoccu-
pations s'ajoutaient encore à celle-là. La période française de
la guerre de Trente Ans s'était ouverte l'année précédente.
On avait à combattre l'empereur, le roi d'Espagne et le duc
de Lorraine [2]. Le 23 mai, le prince de Condé [3], gouver-

(1) BB, 1.
(2) Charles IV, né le 5 avril 1604 de François, comte de Vaudémont,
et de Christine de Salm, mort le 18 septembre 1675. Il avait succédé en
1624 au duc Henri, son oncle, dont il avait épousé la fille, Nicole, et à plusieurs reprises il fut dépouillé de ses États.
(3) Henri de Bourbon-Condé, né en 1588, marié en 1609 avec Charlotte-

neur de la Bourgogne, investit Dôle, capitale de la Franche-Comté, qui appartenait alors à la branche espagnole de la maison d'Autriche. Un traité dit la Paix des Dames, conclu avec la France et signé le 8 juillet 1522 à Saint-Jean-de-Losne, stipulait bien la neutralité de la province pendant les guerres qui seraient engagées entre les deux rois, mais le gouvernement français avait passé outre sous prétexte que l'empereur y levait des troupes et violait ainsi la convention. « Pour mieux dire, — comme le reconnaît un contemporain, le marquis de Montglat, — la bienséance de cette province et la facilité que le cardinal [Richelieu] trouvait à en faire la conquête, furent le vrai sujet de cette infraction [1], » Devant Dôle, Condé éprouva une résistance inattendue de la part des habitants, d'autant plus attachés à leur souverain que celui-ci ne réclamait d'eux aucuns subsides. Les bombes qui pleuvaient sur la ville les avaient d'abord effrayés, car ces engins n'étaient en usage que depuis deux ans, « invention, écrit un historien du siège [2], ajoutée, à notre âge, aux autres que l'enfer a vomies pour l'extermination du genre humain ». Les assiégés finirent cependant par s'y habituer et firent plusieurs sorties. Dans le même temps, une armée de trente-deux mille hommes, commandée par le célèbre Jean de Weert, entrait en Picardie et occupait rapidement les vallées de la Somme et de l'Oise. Ses éclaireurs galopaient jusque sous les murs de Compiègne. Paris était terrifié. Les bourgeois fuyaient et allaient semer l'épouvante dans les provinces. Le gouvernement, qui n'avait à peu près rien à opposer aux envahisseurs, invita Condé à terminer le siège de Dôle, soit par la force, soit par un accord, soit même

Marguerite de Montmorency, âgée de quinze ans, que Henri IV, grand-oncle du prince, poursuivit d'obsessions si compromettantes que son mari fut obligé de l'emmener à Bruxelles, d'où il ne revint qu'après la mort du roi. Claude-Enoch Virey, son secrétaire, l'accompagna dans cet exode et en fit le sujet d'un de ses poèmes, *L'Enlèvement innocent ou la retraite clandestine de Mgr le Prince avec Mme la Princesse, sa femme, hors de France*, 1609-1610. Henri de Bourbon-Condé fut le père du Grand Condé et mourut en 1646.

(1) *Mémoires du marquis de Montglat*, collection Michaud, 3ᵉ série, t. V, p. 42.

(2) Jean Boivin, conseiller, puis président au parlement de Dole, qui publia en 1637 *Le Siège de la ville de Dôle*.

« par une honnête retraite », en tout cas à diriger sur la Picardie la meilleure partie de ses troupes et de son artillerie. Le prince demanda un délai jusqu'au 15 août, date à laquelle il se décida pour l' « honnête retraite », et l'opéra si discrètement, à la faveur de la nuit, que personne ne s'en aperçut. Le jour même, le duc de Lorraine, à la tête de troupes détachées de l'armée du feld-maréchal Gallas [1], entrait à Dôle.

Ces troupes se répandirent aussitôt dans la Bresse chalonnaise. Le 16 août, fidèles à leur tactique traditionnelle de meurtre et de pillage, elles brûlèrent Cuiseaux et massacrèrent les habitants de plusieurs villages environnants ; le 17, elles poussèrent une pointe sur Ciel, où se tenait une foire, et égorgèrent les inoffensifs étrangers qu'elle avait attirés ; le 18, elles prirent Verdun-sur-le-Doubs, et là encore firent de nombreuses victimes pour le seul plaisir de tuer. Leur cavalerie s'avança même jusqu'à Mervans, à cinq lieues de Chalon. On devine quelle alarme régna dans cette ville. Condé et l'autorité multiplièrent les précautions : ordre aux habitants qui étaient au dehors de rentrer dans les trois jours, « attendu que les ennemis tentent de s'emparer de la province » ; ordre aux propriétaires des maisons sises au faubourg d'Eschavannes de les démolir incessamment, « sinon les échevins les feront brûler, même le temple des religionnaires prétendus réformés », etc., etc. Craignant peut-être que l'opinion publique n'interprétât la destruction de ce temple comme un acte d'hostilité vis-à-vis des protestants, le prince avait ajouté en marge de l'ordre : « Sera sursis à demollir le temple de ceux de la R. P. R. jusques a une pressente necessité ». Il faut supposer que cette nécessité se présenta, car l'édifice, situé « à une portée de mousquet » du pont d'Eschavannes, fut jeté bas. Des semaines s'écoulèrent ainsi dans l'énervante attente d'une agression.

<hr>

(1) Mathias, comte Gallas, né à Trente le 16 septembre 1584, mort à Vienne le 25 avril 1647. Promu feld-maréchal le 15 décembre 1631, il reçut en 1634, après l'assassinat de Waldstein, le commandement en chef des armées impériales. Il gagna sur les Suédois la bataille de Nordlingen le 6 septembre 1636 ; mais son incursion en Bourgogne aboutit à une déroute et, en novembre 1644, le général suédois Torstenson prit sur lui une éclatante revanche près de Magdebourg.

Tout à coup, le 23 août, sur un rappel de Gallas, les Impériaux se retirèrent; mais ce n'était qu'une manœuvre. Vers le 10 septembre, le feld-maréchal déboucha lui-même sur les confins de la Bourgogne et de la Franche-Comté, avec une armée évaluée à cinquante mille hommes, et, après un temps d'arrêt dû soit à des ordres supérieurs, soit à l'espérance de voir venir des propositions de paix, il investit Saint-Jean-de-Losne, le 25 octobre, de concert avec le duc de Lorraine. Tout était à redouter de ces reîtres et de leur chef. On se souvenait qu'en 1630 Gallas, entré dans Mantoue, avait livré cette ville, pendant trois jours, aux horreurs du massacre et du pillage, accomplissant ainsi une exécution militaire que les historiens ont notée comme une des plus effroyables des temps modernes. Toutes les chances paraissaient être de son côté. La place, décimée par une épidémie, comptait à peine cinq cents habitants en état de porter les armes et de prêter main-forte à la garnison, composée de huit compagnies du régiment de Conti, mais réduite par la maladie à deux ou trois cents hommes valides. L'intrépidité de ces défenseurs suppléa à leur petit nombre. Le 26, une sommation de capituler leur fut adressée par le duc de Lorraine, qui, ayant donné ses instructions au messager, avait ajouté en riant :

« Dis-leur de ma part qu'ils aient à me préparer mon déjeuner pour demain matin dans leur ville, sans quoi je leur en servirai d'ici avec mes canons. »

Les assiégés prirent bien la plaisanterie et, quand ils eurent déclaré au messager qu'ils étaient prêts à périr plutôt que de se rendre, ils le chargèrent d'informer le duc qu'il n'eût pas à se déranger; on lui porterait son repas à domicile :

« Dis à M. de Lorraine que nous répondrons à ses canons avec notre artillerie et que nous lui servirons de notre mieux et dans son camp le déjeuner qu'il nous demande. »

La canonnade ne se fit pas attendre, mais son tir était mal réglé, et ce fut surtout la Saône qui encaissa les boulets. Des bombardements opérés les 27 et 28 octobre n'ébranlèrent pas le courage des habitants. Le 3 décembre une lutte acharnée s'engagea des deux côtés du fossé de la contrescarpe que l'ennemi avait réussi à atteindre. Deux assauts tentés les 1ᵉʳ et 2 novembre se heurtèrent encore à une héroïque résistance et, quand Gallas voulut brusquer l'attaque, forcer le passage de la brèche que son artillerie avait pratiquée et qui, selon Montglat, « n'étoit pas raisonnable », ses soldats, visés par d'habiles tireurs, criblés de pierres, arrosés d'huile bouillante, n'osèrent plus avancer, « en sorte que les officiers les picquoient de la pointe de leurs épées pour les empescher de reculer ». En même temps la Saône commençait à déborder. A la tombée de la nuit, le maréchal de camp Josias de Rantzau [1], dépêché le 25 octobre par Condé, parvint à s'introduire dans la ville, avec de l'eau jusqu'à la ceinture, et une vigoureuse sortie, exécutée aussitôt, délogea les Impériaux de la contrescarpe. A court de vivres, menacé par l'inondation, intimidé aussi par les acclamations, les sonneries de trompettes et les roulements de tambour qui avaient salué l'arrivée de Rantzau, Gallas n'attendit pas le lendemain pour lever le siège, et, dans la nuit même, il battit en retraite avec une telle précipitation qu'il abandonna la majeure partie de son matériel et de ses bagages. « Il luy fallut, dit le P. Perry, boire cet affront avec bien moins de plaisir qu'il n'avoit bu du vin de Bourgogne. » Quand il atteignit le Rhin, il put constater que cette campagne lui avait coûté plus de dix mille hommes.

La « belle défense », dont le vocable a été associé au nom de la petite ville, sauvait la situation. Elle avait empêché la jonction des deux armées ennemies et donné aux Parisiens le temps de se reprendre. Cinquante mille hommes s'apprêtaient à défendre la capitale; mais Jean de Veert n'osa pas courir les chances d'une bataille et se retira en Picardie. La région qui avait été occupée par Gallas présentait un spectacle navrant. C'était la ruine pour longtemps, « tous les villages ayant été brûlés et la campagne tellement déshabitée qu'elle ressembloit plutôt à un désert qu'à un

(1) Né le 18 octobre 1609, à Bothkamp (Holstein), passé en 1635 au service de la France ; promu maréchal de France le 30 juin 1645 ; mort à Paris le 14 septembre 1650. Il avait perdu dans ses campagnes un œil, une oreille, un bras et une jambe.

pays qui eût jamais été peuplé ». Les Allemands avaient passé par là et c'est tout dire. Ils n'avaient même pas épargné les Comtois. Ceux-ci, ainsi que le rapporte Monglat, « avouoient qu'ils ont plus souffert des Impériaux, quoique de leur parti, qu'ils n'ont fait des Français, leurs ennemis, dans tout le reste de la guerre » Gallas avait subi là un échec retentissant et il n'échappa au verdict d'un conseil de guerre que grâce à l'intervention de Ferdinand III, alors roi des Romains et à la veille de ceindre la couronne impériale. Les Allemands le considèrent malgré tout comme un de leurs plus grands hommes de guerre, et leur *Biographie générale*, qui lui a consacré une notice de six cents lignes, a pris soin de passer sous silence la fuite piteuse de Saint-Jean-de-Losne, se bornant à mentionner incidemment « une incursion infructueuse (*unfruchtlos*) en France [1] ».   Un célèbre publiciste du temps, Samuel Pufendorf, a eu cependant la franchise de reconnaître que Gallas était « le premier général du monde... pour perdre une armée ».

En 1639, Chalon revit Louis XIII. Le roi s'y arrêta, le 1er mai, en allant à Grenoble pour se concerter avec la duchesse de Savoie, sa sœur [2], au sujet des hostilités qu'avaient engagées contre celle-ci ses deux beaux-frères, le cardinal Maurice de Savoie et le prince Thomas de Carignan, attachés au parti de l'Autriche. Il séjourna même toute une semaine, logé dans le bel hôtel que Claude-Énoch Virey s'était fait construire rue Saint-Georges [3], sur un emplacement de la vieille enceinte qui lui avait été concédé par lettres royales du 9 juillet 1615. La ville eut encore à recevoir la même année un prince de dix-huit ans dont personne ne pouvait soupçonner la glorieuse destinée, Louis de Bourbon, duc d'Enghien, le futur grand Condé. Elle paraît s'être préoccupée surtout de son alimentation, si l'on en juge par les cadeaux qu'elle lui offrit, douze dindons, vingt-

---

(1) *Allgemeine deutsche Biographie*, 1878, t. VIII, pp. 319-351.

(2) Christine de France, née le 10 février 1606, mariée le 16 février 1619, avec Victor-Amédée de Savoie, qui régna de 1630 à 1637 ; chargée, pendant la minorité de son fils Charles-Emmanuel, de la régence, qu'elle conserva jusqu'à sa mort le 27 décembre 1663.

(3) Cet hôtel est occupé aujourd'hui par la sous-préfecture.

deux douzaines de perdreaux, quatre douzaines de cailles, deux douzaines de tourtes, un grand pâté, une carpe, un jambon de Mayence, sans parler des gâteaux et fruits. Il y avait de quoi satisfaire les appétits les plus exigeants.

Ces coûteuses entrées se renouvelaient à de brefs intervalles. Le 22 décembre 1641, ce fut le tour du prince de Condé. Les magistrats, en costume et à cheval, se rendirent au-devant de lui et, comme le rapportent les auteurs anonymes de *L'Illustre Orbandale* [1], « ils le rencontrèrent à la tête de quatre-vingts gentilshommes du pays qui l'accompagnoient, dans une prairie que le ciel avoit couverte de neige pour témoigner de la candeur de sa vie, l'innocence de ses mœurs et sa fidélité pour son grand monarque Louis XIII ». Cette fidélité avait été tardive, car la candeur du prince ne l'avait pas empêché de cabaler assez ouvertement contre la régente Marie de Médicis pour que le gouvernement royal jugeât bon de l'enfermer, en septembre 1616, à la Bastille, puis, un an après, au château de Vincennes, d'où il n'était sorti que le 20 octobre 1619, Mais les temps avaient changé et trois arcs de triomphe virent passer le rebelle d'autrefois, La ville avait même retapé l'Hercule qui avait servi lors de l'entrée de Louis XIII. Cette fois, rapporte le P. Perry, « il sortoit de sa bouche des chaînons de fil d'archal, si déliés au reste qu'à peine on les voyoit, et s'alloient tendre aux oreilles de quinze ou seize figures habillées de diverses façons. Il tenoit de la main gauche sa massue en bois et faisoit un geste de la droite comme s'il eût voulu parler ».

Des périodes de misère succédaient à ces réceptions où la ville faisait largement les honneurs de ses victuailles. Les passages de troupes étaient un des fléaux de l'époque. Les campagnes surtout, sans police, sans défense efficace, en souffraient cruellement. Comme l'exposaient en 1649 les habitants de Saint-Desert, paroisse voisine de Chalon : « Par le moyen des fréquens passages et logemens des gens de guerre qui y ont vescu à discrétion, et avec les désordres et oppressions que chacuns sayt, ils ont esté tellement

_____

(1) *L'Illustre Orbandale ou Histoire ancienne et moderne de la Ville et Cité de Chalon-sur-Saône*, 1662, t. I, p. 757. Ouvrage attribué au minime Léonard Berthaut et au libraire imprimeur Pierre Cusset.

opprimés qu'ilz en restent comme entièrement ruynés. Ce qui est sy vrai que les biens d'une partie des meilleures familles ont esté despuis peu vendus par décret, les aultres estant à présent en cryées et le surplus desdites familles tellement obérés et engagés qu'à peyne se trouverait-il dans le village deux ou trois familles qui puissent dire posséder quelque chose en propre... » Et il n'y avait pas de résistance possible. Les troupes rançonnaient leurs hôtes et, quand ceux-ci ne leur donnaient pas pleine satisfaction, ils découvraient entièrement leurs maisons. Vainement la commune traitait-elle avec les commandants et s'engageait-elle à fournir chaque jour une somme déterminée ; les soldats n'en continuaient pas moins à vivre aux dépens des habitants et à exiger d'eux de l'argent. La conséquence de ces violences était l'abandon du pays pour les uns, la ruine pour les autres et des dettes croissantes pour la paroisse, réduite à contracter des emprunts dispendieux [1].

En 1652, le pays fut éprouvé par une terrible disette, à laquelle se joignit une « fièvre pestilentielle ». Quatre années s'écoulèrent pendant lesquelles la guerre se traîna dans les Flandres avec des alternative de revers et de succès. Le passage d'un ex-souveraine apporta, en 1656, une distraction momentanée aux Chalonnais. Venant de Rome, dont elle avait fait sa résidence après son abdication, la reine Christine de Suède se rendait à Fontainebleau, où la cour avait accepté de la recevoir. Elle arriva en bateau le 24 août, à quatre heures du soir, débarqua sur la rive de la prairie de Droux et fut saluée par les Enfants de la ville. A la harangue de leur capitaine, elle répondit par quelques mots de remerciement, « avec une gayeté caressante et majestueuse », rapporte le P. Perry. Au dire de *L'Iilustre Orbandale*, dont les auteurs ont épuisé pour le récit de cette réception toutes les hyperboles de leur prétentieuse rhétorique, « ses dernières paroles furent suivies d'un étonnant prodige, qui fut de voir, par une décharge de toute cette infanterie, l'onde et l'air tout en feu, mais en feu de joye. Il

____

[1] Cf. *Procès-verbal de la visite des feux* (1-3 avril 1649), publié par E. DEMAIZIÈRE, *Annales de l'Académie de Mâcon*, 3ᵉ série, t. XIX, 1920.

semblait que ce lourd élément fût tout embrasé du feu de son allégresse et que la Saône, peu éloignée du feu de cette décharge et qui porte un corps diafane et transparent, receut les espèces de ces rayons enflammés, afin d'en représenter encore une fois la beauté [1] ».

La reine monta en carrosse et trouva à la porte de la ville le maire et les échevins, qui lui en offrirent les clefs, au bruit d'une nouvelle mousqueterie et des acclamations populaires. Une chaise à quatre porteurs l'attendatt, tapissée de velours bleu, garnie de passementeries d'argent et surmontée d'un dôme orné de même. Elle fut ainsi conduite à l'évêché, où le lieutenant général du baillage [2] lui fit son compliment, sans préjudice de ceux qu'elle reçut du doyen du chapitre de Saint-Vincent et des officiers de la citadeile. Elle n'eut pas à se plaindre du repas qui suivit. Ainsi que le note le P. Perry, « on n'avoit rien épargné tant en viandes exquises, rares poissons, beau linge, flambeaux, fruits, qu'excellentes confitures et autres choses qu'on jugeoit devoir être présentées pour la régaler magnifiquement [3] ». Le prestige d'une tête couronnée ou l'ayant été, la réputation de haute intelligence que la fille de Gustave-Adolphe s'était acquise avaient ébloui les Chalonnais. Aux yeux du vieil historien, Christine était « l'une des plus ravissantes merveilles du siècle, tant pour les excellentes qualités de son bel esprit que pour son heureuse conversion à la foi catholique ». Et il ajoutait : « Tous les sçavans l'ont louée et ont conceu si haute idée de son mérite qu'ils l'ont appelée la dizième des Muses et l'ornement de son sexe. » Peut-être, si le séjour de l'ex-reine s'était prolongé, ses admirateurs auraient-ils entrevu les ridicules de cette excentrique personne qui, répudiant l'ha-

____

(1) T. Ier, p. 736-738.

(2) Jacques-Auguste Virey, seigneur du Tartre et de Gommerans. Ayant épousé une fille de Jean Bernard, lieutenant général au bailliage, il avait succédé à ce dernier le 8 août 1653. Il exerça sa charge jusqu'en 1670 et fut maire de Chalon en 1666-1667, c'est-à-dire — et cette observation s'applique par avance à toutes les indications analogues — du 23 juin 1666, date fixe des élections, au 23 juin 1667, jour où expirait le mandat annuel, sauf renouvellement.

(3) AA, 22 ; BB, 25 ; PERRY, *op. cit.*, pp. 488-490.

billement féminin, paradait en justaucorps et faisait assaut
de pédantisme avec les gens de lettres. Il ne leur aurait pas
fallu longtemps non plus pour s'étonner de la liberté de
ses manières, qu'elle outrait souvent jusqu'à l'indécence.

Il n'y a pas lieu de suivre Christine à Fontainebleau où,
bientôt génante, elle devint tout à fait odieuse quand elle
eut fait tuer Monaldeschi ; mais on peut relever en passant
un détail moins connu. En 1661, séjournant depuis dix mois
à Hambourg, l'ex-reine eut la velléité de traverser la France
pour regagner Rome. Louis XIV ne se souciait nullement de
la revoir. Une délibération du conseil secret tenu le 12 mai
porte ceci : « Sur ce que M. de Thou, ambassadeur pour
le roi en Hollande [1], a écrit que la reine Christine y devait arriver dans peu de temps, S. M. a ordonné à M. de
Brienne [2] de mander audit sieur de Thou de s'employer
à empêcher que la reine Christine ne passe pas par le
royaume, et de lui insinuer de prendre le chemin d'Allemagne pour l'Italie ». Des instructions dans ce sens furent
transmises à l'ambassadeur ; mais le roi ne les trouva pas
encore assez nettes. Pour mettre à l'aise son représentant et
écarter définitivement l'itinéraire projeté, qu'une simple
« insinnation » n'aurait peut-être pas suffi à modifier, il
ajouta, le 19 mai : « Mander à M. de Thou qu'il dise en toute
extrémité à la reine de Suède, s'il ne pouvait pas la détourner
par autre voie du voyage de France, que le roi ni les reines
ne lui donneront point la main, en quelque lieu que ce puisse
être : à quoi il pourra ajouter tout ce qu'il jugera à propos
et de plus pressant, Sa Majesté lui en donnant un pouvoir
absolu [3] ».

A cette époque, les questions de préséance tenaient une
place énorme dans la vie publique, Chalon le constata une
fois de plus à l'occasion des obsèques de son gouverneur,
Louis-Chalon du Blé, marquis d'Uxelles, comte de Bussy et

---

[1] Jacques-Auguste de Thou, baron de Meslay-le-Vidame, né en 1609,
président aux enquêtes du parlement de Paris, ambassadeur en 1657, mort
en 1677.

[2] Henri-Auguste de Loménie, comte de Brienne, secrétaire d'État aux
affaires étrangères.

[3] *Mémoriaux du Conseil secret de* 1661, publiés par Jean de Boilisle,
Paris, 1905, t. Ier, pp. 293 et 299.

de Ténarre, seigneur de Cormatin [1], etc. Né le 25 décembre
1619, il avait succédé en 1629 à son père tué au siège de
Privas, reçu le commandement d'un régiment d'infanterie
et pris part à vingt-deux campagnes. Une blessure dont il
fut atteint le 10 août 1658 l'emporta le 17. La veille même,
Mazarin avait demandé pour lui d'urgence un brevet de
maréchal de France, qui fut déposé sur son cercueil. Son
corps, ramené à Chalon, fut mis en chapelle à l'église des
Capucins. Le 13 septembre, au départ du cortège funèbre,
une première difficulté éclata, sur le pont-levis de la porte
de Beaune, entre les chanoines de Saint-Vincent et ceux de
Saint-Georges. Ces derniers soutenaient que, leur église
étant la paroisse du marquis, c'était là que le service devait
être célébré. Sur l'opposition formelle de Messieurs de
Saint-Vincent, le corps, porté en procession tout autour de
la ville, fut déposé dans l'église cathédrale, et Messieurs de
Saint-Georges n'eurent d'autre ressource que d'en faire
dresser acte en vue de se pourvoir contre une résistance
qu'ils jugeaient attentatoire à leurs droits.

Un nouveau différend marqua l'entrée du convoi à Saint-
Vincent. Le maire et les échevins se placèrent dans le
chœur à gauche, selon l'usage, et les officiers du bailliage à
droite, lesquels étaient précédés de sergents pourvus de la
baguette de justice. Les chanoines, toujours soucieux de
maintenir leurs privilèges, aperçurent là un empiètement
sur le territoire où s'exerçait leur propre justice, et essayè-
rent d'interdire à ces sergents l'entrée du chœur ; mais
ceux-ci tinrent bon. « Tout cela ne se passa pas sans bruit »,
rapporte un bourgeois, et il y eut même « quelques coups
donnés », ajoute un vicaire de Saint-Georges, l'abbé Pierre
Vivian. La prétention des chanoines n'était d'ailleurs pas
nouvelle. Ils l'avaient déjà émise quand un nouveau maire
venait solennellement prêter serment en l'église cathédrale ;
mais un arrêt du parlement, rendu en 1659, leur donna tort.

(1) La famille du Blé tirait son nom d'un hameau de Massy (canton de
Cluny), Ublé, actuellement Zublé. Ce fut Louis XIII qui, pour reconnaître
les services militaires de Jacques du Blé, père de Louis-Chalon, érigea en
marquisat la terre d'Uxelles, que Pétrarque du Blé avait acquise par son
mariage, en 1537, avec Catherine de Sercy, et celle de Cormatin, que les du
Blé possédaient depuis 1235.

Ce ne fut pas le dernier incident de cette journée. Une demi-douzaine d'anciens magistrats s'étaient installés dans le chœur au-dessus des officiers du bailliage, lesquels s'en trouvèrent extrêmement formalisés. Enfin des bourgeois qui se mettaient d'ordinaire du même côté s'indignèrent aussi de voir leurs places occupées par quelques avocats [1]. On peut se demander si, dans ce conflit de mesquines rivalités, il y eut une seule pensée pour le défunt.

Le passage de l'ex-reine de Suède avait eu surtout un succès de curiosité. L'entrée de Louis XIV, le 20 novembre 1658, offrit un plus réel intérêt. Le roi était alors dans toute la fleur de la jeunesse. On songeait à le marier. Deux ans auparavant, il avait été question d'une alliance avec l'infante Marie-Thérèse ; mais celle-ci n'avait qu'un frère de faible santé, et le gouvernement espagnol tenait à ménager une héritière à la couronne. En vue d'emporter son consentement, Mazarin combina une entrevue, à Lyon, avec la princesse Marguerite de Savoie, petite-fille de Henri IV et cousine germaine du roi. Le 26 octobre, Louis XIV quitta Paris. La reine mère et le cardinal l'accompagnaient et avec eux le duc d'Anjou, que l'histoire dénomme plutôt Monsieur, la Grande Mademoiselle rentrée en faveur l'année précédente, la comtesse de Soissons, née Olympe Mancini, qu'un récent mariage venait d'allier à la maison de Savoie, et aussi cette Marie Mancini dont le charme avait fait battre le cœur du jeune roi. L'imposant cortège séjourna à Dijon du 5 au 19 novembre. Ce ne fut avantageux ni pour les finances de la province ni pour le prestige de la monarchie. Les États de Bourgogne avaient été convoqués à l'effet de voter un don gratuit au roi, et ils faisaient traîner leur délibération en longueur pour éviter qu'une fois le don accordé, le parlement ne fût contraint d'enregistrer divers nouveaux édits qui, visant la bourse des contribuables, n'avaient pas son agrément. Le gouvernement déjoua ce calcul par une manœuvre qui ne fit pas honneur à sa bonne foi. Michel Le Tellier, ministre de la guerre, avisa les États

---

(1) AA, 23 ; GG, 17. Cf. Notes d'Antoine Chappuis, procureur et notaire à Chalon de 1656 à 1668, publiées par L. Lex sous ce titre : *Journal de famille des Chappuis.* (*Annales de l'Académie de Mâcon*, t. XIX, p. 331.)

que, s'ils faisaient le don, le roi n'insisterait pas. Ils le
votèrent sur cette assurance et, le lendemain même,
Louis XIV, tenant un lit de justice, imposait au parlement
l'enregistrement des édits.

La cour arriva à Chalon le 20 novembre, vers quatre
heures du soir. Tous les habitants étaient sous les armes.
Un grand portique avait été érigé à la porte de Beaune et
décoré « du portrait d'une belle femme qui représentoit la
ville de Chalon et avoit au-dessous de ses piez le fleuve de
la Saône peint en grisaille et appuyé sur une cruche dont il
sortoit une rivière ; elle portoit dans une de ses mains deux
clefs, l'une d'or, l'autre d'argent ; en l'autre, elle portoit un
cœur dont il sortoit trois fleurs de lys ». Déjà lors de son
passage à Chalon en 1494, Charles VIII avait reçu le même
hommage, mais sous une forme plus attrayante. Il lui avait
été offert « par une fille représentant la cité, accompagnée
de deux belles filles, un cœur d'or du prix de cent escus,
lesdictes filles habillées de drap de soye le plus honorable-
ment possible » (1).

Il eût été surprenant que le cérémonial ne créât pas de
compétition entre les autorités. Ce fut la présentation des
clefs — effective et non plus en peinture, — qui en fournit
l'occasion. Le maire, Pierre d'Hoges (2), estimait que cet
honneur lui revenait de droit ; mais le capitaine gouverneur
de la ville, « haut et puissant seigneur Messire Louis Chalon
du Blé, marquis d'Uxelles (3) », âgé tout juste de dix ans,
fils aîné du gouverneur récemment inhumé, avait la même
prétention. Le roi dénoua le différend avec beaucoup d'à-
propos. Quand le maire fit le geste de remettre les clefs au
jeune marquis, « Sa Majesté lui dit : Elles sont bien entre
vos mains, vous pouvez les garder » (4).

(1) BB, 1.
(2) Né en 1590 de Pierre, ex-secrétaire du feu duc d'Anjou, frère du roi,
et de Rolline Gonon ; arrière-petit-fils de Gilbert Duge, valet de chambre
de Charles VIII, dont ce prince avait reconnu « les bons services et soins »
en le nommant, le 21 août 1489, « gruyer ès villes d'Autun, Chalon et Charolles ». Pourvu en 1627 de la même charge, il fut élu maire en 1650-1652,
1658-1660, et 1669, année de sa mort.
(3) Né le 29 août 1648 de Louis-Chalon et de Marie de Bailleul ; blessé
le 1er août 1669, au siège de Candie, et mort le 20.
(4) PERRY, op. cit.

Des appartements avaient été préparés pour le roi à l'évêché, que la mort de Messire Jacques de Nuchèze venait de rendre vacant. Louis XIV s'arrêta d'abord à l'hôtel du lieutenant général du bailliage, Jacques-Auguste Virey, affecté au logement de la reine mère. Là, dans une salle du rez-de-chaussée, toutes les autorités se présentèrent successivement à lui, le chapitre, les officiers du bailliage, le maire et les échevins. Quand chaque compagnie eut débité son compliment, le roi monta chez la reine ; les compagnies l'y suivirent et les compliments recommencèrent. La ville offrit ensuite ses cadeaux aux illustres voyageurs, des boîtes de confitures pour la reine et « quantité de bouteilles de vin blanc et clairet pour le roi ». Le cardinal Mazarin fut également mis à même d'apprécier la finesse des crus chalonnais. La Grande Mademoiselle et la comtesse de Soissons eurent aussi leur part dans la distribution des confitures. Ce n'étaient pas les seules largesses auxquelles la circonstance obligeait la ville ; d'anciens usages l'astreignaient à offrir des dons en argent aux officiers de la maison royale. Aussitôt après la récéption, M. de Sainctot, maître des cérémonies [1], et M. de Pin, son auxiliaire, s'étaient transportés chez le procureur syndic et y avaient dressé la liste des bénéficiaires; mais comme ces gratifications comportaient quelque latitude, les officiers municipaux se montrèrent très ménagers des finances communales et n'hésitèrent pas à biffer un certain nombre d'articles sur le mémoire qui leur fut présenté, « en quoy ils firent fort sagement, remarque le P. Perry, parce qu'il est certain que les gens de cour ne sont jamais satisfaits, et plus on leur donne, plus ils veulent avoir ». On s'en aperçut à Mâcon le surlendemain, comme vingt-neuf ans auparavant, lors du passage de Louis XIII. Quand les magistrats eurent adressé leurs hommages au cardinal Mazarin, « ils furent arrestés par les officiers de la

---

(1) Nicolas Sainctot, né en 1632, fils de Nicolas, maître des cérémonies, à qui il succéda dans sa charge le 18 janvier 1655 ; pourvu, le 23 août 1691, d'une charge d'introducteur des ambassadeurs, qu'il remplit jusqu'au 9 décembre 1709 ; mort le 4 janvier 1713. Il eut pour successeur son fils cadet, Nicolas-Sixte, dit le chevalier de Sainctot, qui conserva la charge jusqu'en 1742.

maison du roi qui prétendoient qu'on leur devoit faire les mêmes gratifications que si le roi faisoit sa première entrée solennelle, ce qui obligea les échevins à leur distribuer, à cause de leur importunité, 516 l. 14 s., et comme il s'en présentoit beaucoup, ils furent contraints de leur dire qu'ils croyoient que ce qu'ils demandoient ne leur étoit point deubt [1] ».

Le lendemain, Leurs Majestés allèrent faire leurs dévotions au monastère de la Visitation [2] et, après dîner, elles remontèrent en carrosse, au bruit du canon qui saluait leur départ [3]. Le projet de mariage était condamné d'avance à ne pas aboutir. Aussitôt que la nouvelle s'en était répandue, le roi d'Espagne, rassuré sur la dévolution de son héritage par la naissance d'un second fils, avait envoyé à Lyon don Antonio Pimentel del Prado, qui y arriva sans bruit le 28 et vit secrètement Mazarin. L'accord fut vite conclu. Dans la soirée du 29, le cardinal annonça à la reine qu'il n'y avait plus qu'à rompre. Le roi avait trouvé la princesse Marguerite assez à son goût. Quelques remarques désobligeantes de sa mère suffirent pourtant à l'en détacher. La reine s'ouvrit alors à la duchesse de Savoie et lui affirma que la paix ne pouvait être obtenue que par un mariage avec l'infante. Quelle que fût sa déception, Madame Royale — comme on l'appelait — accepta de bonne grâce ce dénouement de l'entrevue, ajoutant même qu'« elle n'était pas si attachée à ses intérêts qu'elle les voulût préférer au bonheur et au repos de tous les peuples ». Elle quitta Lyon le 8 décembre. En même temps, Pimentel, simulant une arrivée, engageait ouvertement la négociation qui aboutit, neuf mois après, au traité des Pyrénées et donna à la France l'Artois, le Roussillon et une reine [4].

Ce fut l'occasion de nouvelles réjouissances. A Chalon, lecture de ce traité fut faite dans les divers quartiers par François Martel, notaire royal et greffier de la mairie [5],

(1) Cf. A. Bénet, *op. cit.*
(2) Situé rue de la Visitation, aujourd'hui rue de l'Obélisque.
(3) Sur cette visite royale, cf. AA, 22 ; BB, 16, 91.
(4) Cf. *Mémoires de Montglat*, pp. 335-337.
(5) En exercice de 1651 à 1658, échevin en 1663-1665.

accompagné du procureur syndic, du receveur des deniers communaux et du chevalier du guet, encadrés eux-mêmes par sept sergents de ville. Cette heureuse conclusion de longues hostilités ne pouvait que plaire à une population épuisée par la guerre, et cependant l'allégresse était-elle bien spontanée? On peut en douter si l'on se reporte aux deux lettres signées de Louis XIV et datées d'Aix, 3 février 1660, par lesquelles, en notifiant le traité, il recommandait à ses sujets d'allumer des feux de joie, de tirer le canon « et en outre de donner toutes les marques de réjouissance que la chose requiert [1] ».

L'année précédente avait vu naître une contestation qui soulevait des questions de propriété assez épineuses. Neuf ans auparavant, les Jésuites s'étaient fait donner par le roi, en vue d'agrandir leur collège, une partie des murailles de la ville — 4o toises — et deux vieilles tours dont l'une dite tour de Marcilly [2], sise au bas de la rue aux Fèvres, entre cette rue et les murailles, formait la limite de la concession. Ce fut le sujet d'un long procès. La tour de Marcilly avait été l'apanage des Damas et sa possession était attachée au titre de vicomte de Chalon [3] que portèrent, depuis le commencement du XIII° siècle, quatorze générations de cette famille. Jean-Baptiste de Thésut [4], alors titulaire de la vicomté, prétendit que cette tour lui appartenait. Elle avait été, alléguait-il, cédée par le duc Philippe le Bon, à Erard Damas [5], seigneur de Marcilly, vicomte de Chalon, et ven-

(1) AA, 94.
(2) Ainsi nommée de la baronnie de Marcilly-lès-Buxy (arrondissement de Chalon), qui était passée aux Damas par le mariage, en 1208, de Hugues Damas de Consan avec Jeanne de Bourgogne.
(3) Le titre de comte appartenait à l'évêque : mais l'autorité qu'il en tirait ne s'étendait que sur la moitié de la ville, plus neuf paroisses et huit hameaux. Elle était exercée par un bailli dont les sentences, en cas d'appel, étaient portées devant le parlement.
(4) La famille de Thésut fait remonter son origine à Girard, possesseur, au XIV° siècle, du fief de ce nom au Mont-Saint-Vincent. Elle fut anoblie par lettres de mars 1586, en la personne de Louis de Thésut, avocat à Chalon, et ce « en récompense des services qu'il avait rendus depuis vingt ans, tant en qualité de maire de Chalon qu'autrement, mésme aux derniers troubles » où il s'était « vertueusement employé à la conservation de la ville sous l'obéissance du roi ». Armoiries : *d'or, à la bande de gueules, chargée de trois sautoirs d'or.*
(5) Né en 1363 de Hugues Damas et de Philiberte de Crux ; lieutenant

due en 1614, par un descendant de ce dernier, Jean Damas, à Françoise Languet, veuve de Robert de Pontours, dont le réclamant avait épousé une petite-fille, Anne Bernard.

Le litige fut porté devant le parlement de Grenoble en vertu d'un arrêt du Conseil d'Etat du 1er septembre 1659, fondé sur ce que Jean Baptiste de Thésut avait plusieurs parents ou alliés au parlement de Dijon, son père, qui en était le doyen, deux beaux frères, le président et le conseiller Bernard, deux cousins aussi, Jacques de Thésut, seigneur de Laus, et Charles-Bénigne de Thésut, seigneur de Ragy, Au vu d'une commission rogatoire envoyée de Grenoble, Louis Quarré, lieutenant général en la chancellerie [1], nomma deux experts et désigna le « maître arpenteur géomètre » Jean Cochon pour dresser une tibériade, Les Jésuites ne voulaient pas d'experts et soutenaient que l'œuvre du maître peintre suffirait à éclaicir l'affaire. La visite des lieux s'effectua néanmoins les 24 et 25 mai 1661 [2]. Y assistèrent le lieutenant général et son greffier, Claude Myard, François Martel, procureur du conseiller de Thésut, Samuel Janthial, son avocat, le R. P. Jacques Chambos, recteur du collège, et Etienne Girard, son procureur. Il faut supposer que le cas prêtait à la discussion, car il se trouva un avocat, Me Nicolas Canat, savant juriste et auteur de *Commentaires sur la Coutume de Bourgogne*, pour démontrer, dans une lettre adressée, le 20 juin, à l'un des Pères Jésuites, qu'aucune des deux tours revendiquées par sa Compagnie n'était la tour de Marcilly [3].

Jean Cochon mourut vers 1655, laissant trois enfants, Salomon 2e, Philippe 1er et Jeanne, qui suivent. Quoiqu'il eût vécu en un temps singulièrement troublé, on peut croire que ce fut avec une certaine philosophie. Un de ses contemporains, qui se trouvait être un de ses proches voisins, a

général en Mâconnais et Auxerrois ; gouverneur du Nivernais en 1418 ; mort en 1447. La branche dont il faisait partie s'éteignit en 1748 avec Antoine-François Damas de Marcilly, dit le marquis de Thianges.

(1) Juridiction particulière à la Bourgogne, qui connaissait spécialement de l'exécution des actes et contrats notariés. Elle fut réunie en 1749 au bailliage.

(2) FF, 40.

(3) BB, 75.

laissé un intéressant journal qu'un érudit a eu la bonne fortune et l'heureuse idée de publier [1]. Ce Noé Lacroix, sergent royal au bailliage et chancellerie, notait volontiers, entre 1610 et 1631, les faits dont il était témoin. Eh bien ! en ce simple et véridique livre de famille, dont l'auteur, écrivant pour les siens, ne songeait certes pas à poser devant la postérité, rien ne trahit l'inquiétude, ni l'abattement. Evidemment les bourgeois de ce temps savaient se plier aux conditions d'existence que leur imposait la force majeure des événements. Accoutumés aux fréquentes alertes, en contact non moins fréquent avec les pires fléaux, ils acquéraient, dans cette ambiance de graves périls et de continuelle insécurité, une réelle force de résistance. La bonne humeur, qu'ils ne perdaient jamais, maintenait leur moral en équilibre et, à la moindre accalmie, ils avaient bien vite oublié les mauvais jours.

SALOMON 1er

Son mariage. — Grève des procureurs. — Dénombrement des calvinistes. — Leurs assemblées à Buxy.

Salomon 1er du nom paraît être le fils de Pierre Cochon, qui était probablement le frère de Jean 2e et dont on ne connaît que la signature au bas du serment de fidélité à Louis XIII. Il exerça la profession de praticien, c'est-à-dire d'agent d'affaires ressortissant à la justice. Il remplit aussi l'office de greffier en la chancellerie. Ayant pris femme à Dijon, il eut, à cette occasion, des démêlés avec l'autorité municipale de Chalon. Celle-ci ne voyait pas sans méfiance le développement du culte réformé. En 1648, elle adressa au roi un mémoire où elle représentait comme un grave danger pour la ville « l'augmentation constante du nombre, de la puissance et de l'audace des protestants ». Elle exposait, en conséquence, les mesures qu'elle avait cru devoir prendre en vue

[1] *Journal de Noé Lacroix, Chalonnais*, publié d'après le manuscrit original par A. de Charmasse, *Mémoires de la Société d'histoire et d'archéologie de Chalon-sur-Saône*, t. VII (1888), pp. 23-89.

de prévenir l'installation à Chalon d'individus pratiquant
cette religion qui n'étaient pas nés dans le bailliage, et
elle citait à l'appui un cas récent, celui d'un jeune avocat
Salomon Rey de Morande [1], originaire du bailliage de Mont-
cenis, qui, venu à Chalon pour y plaider une affaire, s'obsti-
nait à y rester. Le maire et les échevins lui avaient refusé
l'incolat ; mais il s'était pourvu contre leur décision devant
le lieutenant général du bailliage et, comme la sentence avait
été simplement dilatoire, il en avait appelé au parlement de
Grenoble, dont une chambre dite de l'Édit [2] et comprenant
un ou deux conseillers protestants avait été créée spécialement, à la fin du xvie siècle, pour juger des affaires entre
catholiques et protestants.

Le mariage de Salomon Cochon motiva une plainte
semblable. Le maire et les échevins avaient reçu du prince
de Condé l'ordre de ne laisser établir aucune personne dans
la ville sans une information préalable au sujet de sa moralité et de sa fidélité au roi. N'ayant pas été avisés de l'union
que Salomon venait de contracter, ils l'invitèrent à réparer
cette omission ; mais ils avaient affaire à forte partie, et le
nouveau marié les traîna devant deux juridictions, ainsi que
l'établit un arrêt du Conseil d'Etat du 15 juin 1647 [3].

Aux termes de la supplique municipale rappelée par cet
arrêt :

... Il est arrivé qu'un praticien de lad. ville de Chalon, homme
litigieux et fascheux habitant, faisant profession de la religion
prétendue réformée, nommé Salomon Cochon, ayant espousé en
la ville de Dijon la fille d'un praticien nommée Françoise Jolicar,
s'est permis d'introduire sa femme en lad. ville de Chalon, par
une fierté et une arrogance insupportable, sans en donner seulement advis aux supplians, comme font tous les habitans de
lad. ville qui prennent femme ès dehors, voulant en cela enfrein-

<hr>

(1) Député en 1656, comme « ancien » de Chalon, au 28e synode. Sa
famille revint au catholicisme. En 1735, un Rey de Morande était procureur
au bailliage de Charolles ; un deuxième, institué en 1749 curé de Joncy ;
un troisième, curé de Neuvy en 1805 ; un quatrième, directeur de l'enregistrement à Besançon sous le premier Empire, etc.

(2) Il n'y avait pas de chambre analogue au parlement de Dijon ; c'est
pourquoi les appels du bailliage de Chalon étaient portés à Grenoble. La
chambre de l'Édit fut supprimée en 1669.

(3) GG, 3, carton I.

dre l'ordre et police d'icelle ; que lesd. s^{rs} magistrats demandèrent aud. Cochon de réparer et que sa femme eût à se retirer
de la ville jusqu'à ce qu'elle eût donné cognoissance de lieu
d'où elle venoit, lequel on auroit pu sçavoir avec facilité,
comme ont fait plusieurs personnes de qualités plus relevées qui
ont demeuré depuis plusieurs années ou ont acquis l'incolat en
ladite ville. Néantmoins ledit Cochon, insoumis et mauvais
citoïen, au lieu de s'adresser à Monsr le Prince pour recevoir
ses ordres ou au s^r de Machault, intendant de la justice, police
et finances, séditieusement et contre le devoir d'un bon habitant, en a voulu faire une affaire d'Estat, et soubs prétexte
qu'il fait profession de la religion prétendue réformée, s'est
adressé à la Chambre de l'Edit de Grenoble. Il a obtenu commission pour informer contre lesd. supplians de leur action et les
faire assigner en lad. Chambre...

Et la supplique dénie la compétence de cette juridiction,
attendu que l'affaire n'a rien à voir avec les croyances religieuses et intéresse simplement la police de la ville. L'arrêt
de Grenoble, ajoute-t-elle, n'a pu être obtenu que par surprise. Ce fut aussi l'avis du Conseil d'Etat, qui statua ainsi :

Le roy en son Conseil renvoye ladite requeste au sieur de Machault, conseiller ordinaire en son Conseil, intendant de justice,
police et finances en Bourgogne, pour estre prononcé sur icelle
incontinent et comme il aurait pu faire auparavant lesdits arrêts
et commission du parlement de Dijon et de l'édit de Grenoble (1).

A cette pièce et portant la même date, fait suite un commandement d'exécution au nom du roi. Faute d'autres documents, on ne saurait dire ce qu'il en advint ; mais il y a
tout lieu de croire que Salomon fit les justifications nécessaires, car sa femme ne cessa pas d'habiter Chalon.
Si Salomon avait réellement le caractère litigieux que lui

---

(1) Le résumé de ce document donné par l'*Inventaire des Archives*
contient deux erreurs : il attribue à la femme de Salomon « une fierté et une
arrogance insupportable », alors que ce reproche s'adresse à son mari, et il
qualifie de conseiller au parlement le sieur de Machault, qui n'y a jamais
siégé. Né en 1587, Louis de Machault, seigneur de Fleury, exerça les fonctions d'intendant à Dijon de 1635 à 1638 et, après la mort de son successeur,
de 1644 à 1651. Pourvu d'une présidence au Grand Conseil, il mourut à
Paris le 28 mars 1667. Avant lui, les intendants étaient simplement des
commissaires chargés de missions temporaires. Ce fut Richelieu qui, par
l'édit de mai 1635, en fit des fonctionnaires sédentaires.

prête la municipalité, il ne dut pas voir sans inquiétude une grève singulière, celle des procureurs au bailliage. L'exercice de leur profession avait été longtemps libre. Ce fut seulement en 1572 que Charles IX, en vue de réduire leur nombre et aussi dans un intérêt fiscal, créa, par un édit du mois de juillet, des titres d'office et obligea ceux qui voudraient s'en faire investir à prendre des lettres de provisions. Il semble que cette prescription ne fut pas toujours appliquée ou ne reçut pas d'exécution dans certains ressorts, A Dijon, le parlement avait de tout temps donné l'investiture aux procureurs. Ce fut une stupeur générale, quand un arrêt du Conseil, daté du 23 mars 1662, édicta une amende de 200 livres contre les procureurs qui ne justifieraient pas, dans les deux mois, de provisions royales, et leur défendit, sous peine d'être taxés de faux, de postuler avant de les avoir obtenues, Aussitôt, les procureurs, d'un commun accord, abandonnèrent les audiences, et le cours de la justice se trouva interrompu.

A Chalon, comme dans les autres bailliages de la province, l'irritation de la basoche se traduisit de même. Le 8 août, tous les membres de la communauté désertèrent le palais. Le 11, une déclaration royale les avisa que, dans le cas où ils ne demanderaient pas de lettres de provisions dans le délai prescrit, ils encourraient l'interdiction et, par surcroît, une amende de 400 livres. Comme ils n'en tenaient nul compte, les officiers du bailliage se pourvurent devant le parlement; mais cette haute juridiction partageait quelque peu le mécontentement de ses auxiliaires. L'arrêt du Conseil lui paraissait toucher à ses droits en la dépouillant d'une investiture consacrée par un long usage. Elle ferma les yeux sur les réunions tumultueuses des grévistes et n'eut pas un mot de désapprobation pour leur conduite.

Cependant la suspension de la justice ne pouvait se prolonger sans de graves inconvénients. Le parlement finit par se ranger du côté de l'autorité royale et, par un arrêt du 5 janvier 1664, rendu à la requête des officiers du bailliage de Chalon, il enjoignit aux procureurs de reprendre l'exercice de leurs charges sous peine de mesures qui pareraient à leur abstention. Ce fut encore sans effet, et le différend ne prit fin que grâce à une transaction. Une déclaration royale du mois de novembre concéda aux procureurs en fonction la liberté de prendre ou non des lettres de provisions et ne les soumit à une amende qu'au cas où ils refuseraient de postuler. Le 10 janvier 1664, un des plus anciens, Mᵉ Jean Brusson [1], se présenta à l'audience et se déclara prêt se conformer à la volonté du roi, sous cette réserve qu'il bénéficierait de la déclaration. Ce n'était pas l'avis de la communauté au moins ce jour-là : mais son opposition faiblit assez vite. Le lendemain, cinq autres procureurs, Louis Guerret [2], Jacques Villedieu [3], Pierre Sire, Jean Bérard [4] et Guillaume Besuchet [5], accompagnés de Brusson, parurent au tribunal et firent une déclaration analogue. Enfin, le 15 janvier, un second arrêt du parlement invita les récalcitrants à reprendre l'exercice de leurs charges sous peine d'une amende de 100 livres. Cette décision mit un terme au conflit. Le 19, les deux syndics de la communauté, Pierre Brondeault et François Boyaud [6], s'avancèrent à la barre et, au nom de leurs confrères, annoncèrent qu'ils se soumettaient à la volonté royale et à l'arrêt du parlement, tout en se réservant de profiter personnellement du bénéfice de la déclaration du 11 novembre. Le 21, ce fut une rentrée générale [7]. Ainsi finit cette manifestation qui, prolongée pendant cinq mois, avait arraché une concession, mais entraîné, par contre, une autre grève, celle des honoraires.

Le calvinisme cessait peu à peu de recruter des adhérents à Chalon. Un procès-verbal, dressé, le 28 septembre 1668, par les soins de la municipalité, constata que le nombre des familles de réformés domiciliées dans la ville n'excédait pas trente-trois, dont les familles Cochon, Bouvot, Poulet, Cons-

(1) Échevin en 1639-1640, 1653-1654 et 1666-1667.

(2) En exercice de 1648 à 1672.

(3) En exercice de 1643 à 1676, échevin en 1654-1656. Avant lui avaient été élus échevins Pierre Villedieu, en 1573-1574 et 1591-1592 ; François, en 1631-1632 et 1645-1646 ; Nicolas, en 1648-1649.

(4) Échevin en 1691-1692.

(5) En exercice de 1652 à 1672, échevin en 1680-1682. Armoiries : *d'azur, à un chevron d'or, accompagné en chef de deux oiseaux au naturel, et en pointe d'un arbre de sinople.*

(6) Échevin en 1674-1676.

(7) *Journal de la famille des Chappuis*, pp. 333-336.

tant, Fournier, Plantamour, etc. Ces réformés projetaient alors la construction d'un temple au bois de la Brosse, en la châtellenie de Germolles. Ils en avaient obtenu la permission en 1664; mais il était intervenu depuis cette époque un autre arrêt sur la matière qui n'avait pas désigné l'endroit. Or, la mairie, le syndic du clergé et l'intendant s'accordèrent à proclamer, les 10 et 13 novembre, que l'emplacement de la Brosse avait des inconvénients et même des dangers. A leur avis, le temple de Buxy devait suffire et, s'il en était autrement, ils admettaient que les réformés en bâtissent un à Perrigny (canton de Bourbon-Lancy), comme les y avait autorisés un arrêt du Conseil du 18 février 1656, confirmatif d'une ordonnance du prince de Condé datée de 1637. Aucune décision n'ayant été prise par les intéressés, le syndic du clergé adressa au roi, en janvier 1677, une requête tendant à ce qu'il leur fût interdit d'établir un second prêche dans le diocèse, en quelque lieu que ce fut et particulièrement au bois de la Brosse. Les réformés n'eurent plus d'autre ressource que de se réunir plusieurs fois par an à Buxy pour y célébrer avec leurs ministres la Cène, seul sacrement qu'ils acceptaient avec le baptême; mais les habitants de ce bourg finirent par s'en émouvoir et en vinrent à solliciter des Etats de Bourgogne le vote d'un fonds spécial qui serait affecté à l'entretien d'un prédicateur destiné à contre-balancer le prosélytisme de ces ministres [1].

Salomon laissa trois enfants : 1º Élisabeth, qui paraît ne pas s'être mariée; — 2º Pierre; — 3º Françoise, née en 1651, qui épousa, le 12 juin 1668, Aymé Constant, bourgeois, né en 1638, de Jean, marchand, et de Jeanne Venot, et qui eut au moins une fille, Jeanne-Pierrette, baptisée le 21 août 1676; parrain, Pierre Cochon, son oncle, qui précède; marraine, Jeanne Venot, femme de Jean Riboudeau.

(1) Archives de la Côte-d'Or, c. 3030, fol. 47.

SALOMON 2e

Ses deux filles. — Famille Poulet. — Jeanne Cochon et son legs
à l'Église protestante.

En même temps que Salomon 1er vivait un autre Salomon qu'il y a tout lieu de croire, ainsi que Philippe qui suit, fils de Jean 2e. Qualifié de marchand dans certains actes, de bourgeois dans d'autres, il épousa Suzanne Placard, dont il eut deux filles, Judith et Adrienne. Celle-ci contracta mariage avec Josué Poulet, arpenteur juré, et eut cinq enfants : 1º Françoise, née le 19 juillet 1671 et baptisée le 26 ; parrain, Aymé Constant, son cousin par alliance ; marraine, Françoise Rampon ; — 2º Salomon, baptisé le 14 mars 1674 ; parrain, Salomon Cochon, son grand-père ; — 3º Aymée, baptisée le 21 octobre 1676 ; parrain, Philippe Cochon, qui suit, son grand-oncle ; marraine, Aymée Chisseret, veuve de Jacob Cusin, chirurgien à Couches ; — 4º Théodore, baptisé le 1er décembre 1683 ; parrain, Théodore Bouvot, avocat en parlement ; marraine, Jeanne Girard, femme de Pierre Plantamour, marchand ; — 5º Jeanne, qui mourut en 1687, sur la paroisse Saint-Georges et qui fut inhumée avec les prières de l'Église catholique, à laquelle son père s'était converti.

Une sœur de Salomon et de Philippe, Jeanne Cochon, testa en 1652 et légua une somme de cent livres à l'Église protestante. Ses frères cohéritiers négligèrent d'acquitter ce legs et même d'en payer les intérêts, que la défunte avait fixés à 5 livres. Quand la révocation de l'édit de Nantes eut attribué à l'hôpital de Chalon les biens de l'Église protestante, un procès fut intenté au nom de cet établissement et, quelques années plus tard, Salomon se vit contraint de verser le montant dû legs, qui se trouva ainsi plus que doublé par les intérêts échus depuis 1652 [1].

La date de sa mort, postérieure à 1685, n'est pas connue. Son existence n'avait pas été troublée comme celle de ses

[1] Archives de l'Église protestante.

ascendants, par les discordes intestines et les invasions
étrangères. A partir de la majorité de Louis XIV, les factions s'étaient assoupies. Réduits à l'état de secte religieuse,
les calvinistes se tenaient tranquilles. « Je ne suis pas
mécontent du petit troupeau, disait Mazarin dès 1666 ; s'il
broute de mauvaises herbes, du moins il ne s'écarte pas. »
Solidement assise, la royauté maintenait l'ordre au dedans,
en même temps que, par une habile politique et d'heureuses
opérations militaires, elle agrandissait le domaine de la
France. Si elle faisait de trop fréquents appels à la bourse
des contribuables, elle leur épargnait en revanche les tribu-
lations qu'avaient subies presque sans arrêt leurs devanciers.

PHILIPPE 1er

Son mariage et sa descendance. — Familles Carlot et Fournier

Philippe, 1er du nom, frère de Salomon 2e, naquit vers
1625 et mourut le 13 décembre 1688. Il était praticien et
faisait en même temps du commerce. Ayant épousé, vers
1652, Suzanne Carlot, fille de Jean, marchand [1], il eut un
fils, Salomon 3e, qui suit, et une fille, Anne, qui se maria
le 2 décembre 1690, avec Pierre Fournier, procureur et
notaire royal, fils de Jean, négociant, et de Marie Piffaut.
De cette union naquirent deux filles : Suzanne, qui épousa
Jean-Baptiste Dubois, « officier dans les milices », et Marie,
qui fut en 1732 la marraine de l'ingénieur Émiland Gauthey.

(1) A cette famille ont appartenu : Antoine Carlot, vicaire à Saint-Jean-
de-Maisel en 1584 ; Denis, marchand, qui maria en 1599 sa fille Jeanne à
Pierre Desbois, notaire à Chagny ; Philibert, notaire à Saint-Germain-du-
Plain de 1650 à 1653 ; Louis, praticien ; Jean, membre du consistoire ;
Jean-Baptiste, qui, en 1685, lors de la révocation de l'édit de Nantes, se
réfugia à Neuchâtel (Suisse), ces trois derniers domiciliés à Buxy.

SALOMON 3e

Ce qu'était le commerce d'épicerie. — Salomon se convertit au catholicisme. — Sa résistance au paiement de la taille. — Son procès avec le
fermier des octrois de la Saône. — Son exemption des logements militaires. — L'hiver de 1709 et l'épidémie consécutive.

Salomon, 3e du nom, né vers 1655, était épicier. Le
commerce des denrées venues d'Orient, poivre, cannelle,
gingembre, safran, aromates divers, avait alors une grande
importance. Faut-il rappeler que les Médicis devaient leur
richesse à l'épicerie et, par voie de conséquence, leur supré-
matie politique à cette même richesse ? Aucun des épiciers
de Chalon ne connut assurément pareille fortune ; mais on
anrait tort de confondre leur négoce de grande envergure
avec celui des modestes boutiquiers qui détaillaient leurs
marchandises. Des statuts réglementaient les droits et les
devoirs de la corporation. Il ne suffisait pas pour y entrer
d'être né Français ou naturalisé tel ; il fallait subir au
préalable trois années d'apprentissage, auxquelles succédaient six années de stage chez un « maître », et finalement
un examen, passé lequel le candidat était à son tour déclaré
maître.

En 1682, Salomon abjura le protestantisme ainsi que sa
famille [2]. Quel fut le mobile de sa conversion ? Une volonté
sincère de revenir à la foi de ses ancêtres ? Un pressenti-
ment des persécutions que devait entraîner, trois ans après,
la révocation de l'édit de Nantes ? Depuis 1681 et surtout
en juillet 1685, des déclarations du roi et des arrêts du
Conseil d'État se succédaient, restreignant méthodiquement
toutes les libertés laissées aux protestants. Exclusion des
fonctions d'asséeur, de notaire, de procureur, d'huissier
des justices royales et seigneuriales, interdiction d'exercer
les professions d'avocat, de médecin, de chirurgien, d'apothicaire, défense aux catholiques de choisir des protestants
pour experts, et aux ecclésiastiques de leur affermer leurs

(1) Au registre paroissial de Saint-Vincent pour l'année 1688, s'ajoute
in fine un « Mémoire des paroissiens », avec le chiffre de leurs offrandes
variant entre 1 livre et 5 livres. On y trouve : « M. Cochon, 5 livres ».

biens, défense aux protestants d'engager des domestiques
catholiques, défense aux mêmes de s'assembler sous prétexte de prières publiques, interdiction d'exercer leur culte
dans les localités où il y avait moins de dix familles adhé-
rentes, défense aussi par la mairie à tout protestant de venir
résider dans la ville sous peine d'expulsion et de poursuite
contre l'habitant qui lui aurait loué, etc., toutes ces mesures,
grosses de menaces, faisaient présager l'orage qui s'abattit
sur les réformés en octobre 1685. Le regrettable édit n'eut
cependant pas de conséquences judiciaires dans la province
de Bourgogne[1]. La population y inclinait à la tolérance ;
mais il faut bien reconnaître qu'elle était plutôt hostile aux
réformés et qu'elle accueillit avec une évidente satisfaction
le coup qui les frappait. Tout en respectant leur liberté de
conscience, elle se refusait, et non sans raison, à leur laisser
prendre une influence hors de toute proportion avec leur
petit nombre.

L'abjuration de Salomon lui facilita l'obtention d'une
commission de contrôleur au grenier à sel. Cet office était
à peu près une sinécure, comme la plupart de ceux que
créait l'ancien régime et qu'il vendait à beaux deniers comp-
tants, n'y cherchant pas autre chose que des ressources
pour un trésor constamment obéré. On a calculé que, de
1683 à 1709 seulement, il fut institué quarante mille de ces
offices. Ainsi que l'écrivait dès 1659 le P. Perry : « C'est une
adresse des ministres de les multiplier et de faire de nouvelles taxes pour avoir de l'argent. » Pratiques vicieuses,
sans doute ; mais sied-il à la démocratie du xxe siècle de les
blâmer, alors qu'elle-même entretient à grands frais des
myriades de fonctionnaires parasites ? La vénalité des offices
offrait au moins un avantage. Leurs titulaires n'étaient pas,
comme aujourd'hui, de simples commis amovibles, révoca-
bles, sujets dociles du pouvoir qui les a nommés, et toujours
incertains du lendemain. Ayant payé ces offices, ils en
étaient propriétaires aussi bien que de leur maison ou de
leur jardin. Ils jouissaient, par suite, d'une indépendance

(1) Cf. *La France protestante*, par les frères Haag, 1847 et 1888. Dans les
listes de réformés massacrés, emprisonnés ou bannis de 1686 à 1767, on ne
trouve pas un seul individu ayant appartenu à la Bourgogne.

que notre époque ne connaît pas. Si le rendement pécuniaire était misérable, le titre flattait leur amour-propre et,
à défaut d'autres bénéfices, il leur conférait, avec une par-
celle d'autorité, quelques exemptions.

Une des plus appréciées parmi ces exemptions était celle
de la taille, dont chaque année le Conseil du roi déterminait
le montant. La Bourgogne, comme d'autres provinces, avait
obtenu un abonnement, et sa part contributive se trouvait
ainsi fixée à une somme qui, en principe, devait être inva-
riable, mais qui, en fait, par suite de diverses circonstances,
grossissait d'année en année. Aucun impôt n'est sympathique, mais celui-là le semblait d'autant moins qu'il pesait
lourdement et presque entièrement sur les classes les moins
aisées. Non seulement le clergé et la noblesse, propriétaires
de la majeure partie du sol, non seulement les membres des
corps judiciaires et les bourgeois de plusieurs villes franches
n'y étaient pas soumis, mais cette dispense s'étendait à une
foule de titulaires d'offices dont les noms seuls font sourire,
chauffe-cire au présidial, contrôleurs jurés des porcs, ins-
pecteurs des pierres de taille, peseurs de farine, visiteurs
de beurre frais, essayeurs de beurre salé, châtreurs des
chiens du roi, etc., sans parler de ceux qui prétendaient à la
même exemption comme meuniers de seigneurs ou bâtards
de nobles.

Ce fut surtout d'un autre motif qu'excipa Salomon pour
se dérober au payement de l'impôt. A la requête de Jacques
Clerc, notaire royal à Saint-Laurent [1], agissant comme
tuteur des enfants de Nicolas Bordot, receveur des deniers
communaux, décédé en 1685, commandement lui avait été
fait, le 10 décembre 1688, d'avoir à payer 62 l. 10 s. pour
les tailles des années 1682, 1683 et 1684. Ardent, comme son
père, à défendre ses droits, il signifia, deux jours après, ses
moyens d'opposition, consistant surtout en ce qu'ayant

[1] Faubourg de Chalon, qui prétendait alors à une certaine autonomie.
Dans des temps plus reculés, il députait aux États généraux, avait un
échevin, des receveurs particuliers d'impôts, un hôtel des monnaies et
même, de 1362 à 1430, un parlement qui jugeait les causes d'appel pour le
comté d'Auxonne et les terres d'outre-Saône. Érigé en commune au commencement du xviiie siècle, Saint-Laurent fut annexé à celle de Chalon
par lettres patentes du 22 janvier 1790.

abjuré en 1682 la religion réformée, il était, en vertu d'une
déclaration du roi, exempt de tailles pour trois ans, et que,
de plus, il avait obtenu, après cette abjuration, une commission de contrôleur au grenier à sel. Jacques Clerc répliqua avec assignation au bailliage. Par sentence de cette
juridiction en date du 23 décembre, il fut ordonné que
Salomon justifierait d'abord de l'arrêté du Conseil exemp-
tant les contrôleurs du grenier à sel et aussi de la déclaration royale qui déchargeait de la taille pendant trois ans
les nouveaux convertis. En même temps, Jacques Clerc
présentait requête au bailliage à l'effet de faire contraindre
le maire et les échevins à prendre fait et cause pour lui
contre Salomon; mais ce dernier appela de la sentence du
23 décembre; l'affaire demeura en suspens devant le parlement et, le 13 avril 1689, un billet émané de cette haute
juridiction avisa les héritiers Bordot d'avoir à s'abstenir de
toute poursuite contre le défendeur à raison de son abjuration (1).

La même année, Salomon, conjointement avec René Boulanger et autres commerçants de Chalon, intenta une action
contre Philippe Pernin, grenetier au grenier à sel, qui s'était
rendu adjudicataire, le 7 septembre, des droits d'octroi sur
la Saône. Ces commerçants avaient envoyé diverses marchandises à la foire de Verdun-sur-le-Doubs. Le 22 octobre,
Pernin les fit saisir en garantie du paiement des droits et
sans se soucier autrement des privilèges des habitants de
Chalon. Sommé, le même jour, d'avoir à donner mainlevée
de cette mesure, il n'y consentit qu'à la condition d'être
préalablement payé des droits. Les intéressés s'exécutèrent,
mais en déclarant formellement au fermier que c'était uniquement pour faire lever la saisie et qu'ils se réservaient de
l'actionner en restitution dès qu'ils seraient moins pressés.
A l'issue de la foire, le 7 novembre, ils lui firent sommation
de procéder au pesage des marchandises qu'ils ramenaient et
de leur rendre le montant de tout le poids qu'ils n'avaient
pas vendu. Les abus étaient, sans doute, assez fréquents et
suffisamment caractérisés, car, le 8 mai 1690, le maire et les

(1) FF, 63.

échevins faisaient signer une protestation contre « les exactions habituellement commises par Philippe Pernin au préjudice des habitants de Chalon, et ce au mépris des ordonnances qui confirmaient leurs privilèges ». Sommation lui était faite en même temps « de renoncer à la perception d'aucun droit sur lesdits habitants [1] ».

En cette même année 1690, Salomon, veuf d'une première femme, se remaria, le 5 février, en l'église Saint-Vincent, avec Pierrette Durusseau, fille de feu Pierre, apothicaire à Verdun-sur-le-Doubs, et de Jeanne Barbier. A la cérémonie nuptiale assistèrent Philippe Cochon, 2ᵉ du nom, né du premier mariage, Jean-Baptiste Durusseau, greffier en chef de la maîtrise des eaux et forêts [2], frère de la mariée, Edme Cusset [3], bourgeois.

Non content d'exercer le négoce et de contrôler le sel, Salomon avait acquis d'un sieur Jean Battault, le 14 décembre 1691, l'office de greffier des bâtiments et de l'écritoire, qui consistait à assister aux visites ordonnées par la justice pour les ouvrages de maçonnerie, charpente, etc., et à en dresser des procès-verbaux. Il estima qu'en cette qualité il devait être exempté du logement des gens de guerre. S'il avait un droit, il était assez fondé à le faire reconnaître. Souvent, ainsi qu'il a été dit ci-dessus, les troupes traitaient leur étape en pays conquis. Les sobriquets seuls dont s'affublaient ces hôtes incommodes, Sans-façon, Boute-en-train, La Terreur, Frappe-d'abord, Sans-quartier, Boit-sans-soif, etc., sonnaient mal aux oreilles bourgeoises, et alors même qu'ils se présentaient sous les noms plus engageants

---

(1) FF, 63.

(2) Ayant ensuite acheté, en 1693, d'Antoine Pugeault, le double office de substitut et de procureur en la mairie, offices identiques à celui de procureur syndic et créés par édit royal de 1690, il céda en 1695 celui de substitut à Chrysostôme Desbois, procureur au bailliage, et se défit de l'autre en 1707 pour acquérir l'office de procureur du roi au bailliage temporel de l'évêché. Diverses pièces tirées des archives municipales (FF, 19 et 104) indiquent qu'il était entiché des préséances et peu mesuré dans ses paroles. Son nom présente dans les actes quelques variantes, du Russeau, Durousseau, Duruisseau. Armoiries : *d'azur, à une ancre d'or et un soleil d'argent brochant sur le tout.*

(3) Né le 25 janvier 1661 et fils de Pierre Cusset, libraire, un des auteurs de *L'Illustre Orbandale.*

de Cupidon, la Douceur, Bonne-Pensée, Joli-Cœur, Brin
d'amour ou Belle-Humeur, l'habitant avait tout à craindre,
invectives, larcins, extorsion de vin ou d'argent, coups de
botte et même de sabre. Quand le maire se plaignait de ces
procédés, des officiers lui répondaient avec nonchalance :
« Il faut bien aux cavaliers quelques petites pièces d'argent
pour faire ferrer leurs chevaux et raccommoder leurs
brides. » D'autres y mettaient moins de formes. Aux représentations de l'officier municipal, le lieutenant de Monchou-
rant, lieutenant au régiment du Perche, répliquait qu'il se
moquait de lui « comme d'une savate » et, entre deux affreux
jurons, le traitait de coquin, bougre, jean-f... Certains
n'avaient pas honte de se livrer aux mêmes excès que la
soldatesque. En décembre 1703, le chevalier de Tourville,
appartenant au régiment de Vexin, brutalisait un cabaretier
et sa femme pour leur arracher de l'argent, adressait aux
magistrats de « sales » injures et tirait même l'épée contre
eux ; en janvier 1705, au cours d'une rixe suscitée par ses
valets, Louis de Turenne, sieur du Breuil, capitaine au régiment de Bourgogne, se colletait, dans la cuisine de l'hôtel
des *Trois-Faisans*, avec le frère de l'hôtelier ; en mars 1719,
un officier du 3º bataillon de Picardie battait jusqu'au sang
et faisait blesser grièvement par ses hommes l'hôtelier du
Bon-Chrétien et sa femme, etc. Sur la plainte des victimes,
les magistrats dressaient acte des faits, mais n'osaient
jamais suivre sur leurs procès-verbaux [1].

On comprend sans peine que les habitants qui pouvaient
se soustraire à de pareilles vexations n'en manquaient pas
l'occasion. En janvier 1692, Salomon adressa à l'intendant
d'Argouges [2] une requête tendant à ce que la ville lui
remboursât le prix de deux logements de cavaliers appartenant aux régiments de Mérinville et de Maulevrier. Il
prétendait obtenir aussi une condamnation à l'amende contre
l'échevin Pierre Lescuyer-Corbabon [3], qui les lui avait

(1) Sur ces violences, cf. EE, 8 ; GG, 45.
(2) Florent d'Argouges, marquis du Plessis et d'Argouges, maître des
requêtes en 1676, intendant à Moulins, puis en 1689 à Dijon, d'où il fut
rappelé en 1694 ; mort le 2 avril 1704.
(3) Né d'Emmanuel Lescuyer, sergent général de Chalon, et d'Isabelle

imposés. Une ordonnance de l'intendant fit droit, le 26 janvier, à sa réclamation. Aussitôt le maire et les échevins protestèrent. Salomon, alléguaient-ils, n'était que le commis de Jean Battault ; mais une deuxième ordonnance, apposée le 6 février, au bas d'une nouvelle requête du plaignant, leur défendit de l'astreindre aux logements de guerre et les condamna à lui rembourser 13 livres pour les deux logements antérieurs, comme aussi à lui payer 29 l. 12 s. d'indemnité pour ses frais de voyage à Dijon.

Il faudrait ne pas connaître les habitudes procédurières de l'époque pour croire que l'affaire se termina de la sorte. Les officiers du bailliage, François Delavigne [1], lieutenant particulier, et Pontus Chaudeau [2], procureur du roi, dressèrent, le 17 février, un certificat attestant que Salomon, ayant professé ci-devant la religion prétendue réformée, n'avait ni présenté ses lettres de provision de l'office de greffier de l'écritoire, ni prêté serment en cette qualité, comme le prescrivait un récent arrêté du conseil privé. Avec le rigoureux formalisme d'alors, il y avait de quoi changer la face du procès. Munis de ce certificat, le maire et les échevins firent opposition à l'ordonnance et demandèrent la restitution des sommes qu'ils avaient dû verser. Le 8 mars, l'intendant admit cette opposition et déclara que les parties seraient assignées devant lui. Salomon confia le soin de ses intérêts à un savant jurisconsulte, Me Jean-Baptiste Fromageot, avocat et professeur de droit à Dijon, pendant que la municipalité produisait un supplément de pièces, Enfin, au mois de mai, le maire et les échevins ne se bornèrent plus à demander que leur adversaire fût sujet au logement des gens de guerre ; ils prièrent, en outre, l'intendant « de pourvoir sur

Corbabon, fille de Philibert, marchand ; échevin en 1691-1693 et 1706-1707.

(1) Marié, le 25 août 1684 avec Françoise de Pontoux, fille de Claude, avocat, et de Marie-Odette Morel. Armoiries : *d'argent, à un cep de vigne au naturel, feuillé de sinople et fruité de sable, accolé d'azur à un pont à trois arches d'argent sur lequel il y a un arbre d'or.*

(2) Née ne 1655 de Louis, conseiller au bailliage, maire de Chalon en 1675-1677 et 1691-1692, et de Françoise Berthauld ; d'abord avocat, puis, de 1683 à 1707, procureur du roi au bailliage ; marié, le 28 avril 1682, avec Marie Chiquet, fille de Jean, bourgeois, et de Constance Mondangé. Armoiries : *de sinople, à un chaudron d'or.*

les menaces, les faux bruits et les calomnies qu'il avait répandus contre eux ». Aucun document ultérieur n'indique comment se dénoua le différend.

Fort de son droit ou de ce qu'il jugeait tel, Salomon formula en 1697 une nouvelle réclamation. On lui avait imposé, ainsi qu'à plusieurs experts jurés, le logement d'officiers et de soldats appartenant aux régiments de Lessart, de Mauroy, de la Corogne, de Clancarty et de la Marine. Les requêtes, sommations, répliques et dupliques recommencèrent. Une ordonnance du subdélégué, rendue le 16 mai, prescrivit d'envoyer les pièces à l'intendant, qui statuerait ; mais comme il n'y en a jamais trop, les 'demandeurs en fournirent de supplémentaires le 5 juin, et la municipalité le 27 [1].

Salomon s'intéressait à de grosses affaires. En août 1705, il s'était rendu adjudicataire avec Bénigne Villot et autres associés, pour 100,000 livres, des octrois accordés à la ville par arrêt du conseil d'État en date du 15 juillet précédent. Naturellement un procès s'ensuivit, mais ce ne fut pas Salomon qui le souleva. Un sieur Louis Colas, notaire et procureur au bailliage [2], qui exerçait, depuis le 8 décembre 1699, l'office de contrôleur des deniers patrimoniaux, dons et octrois de la ville, avait adressé aux commissaires provinciaux une requête tendant à ce que les adjudicataires lui payassent 3 deniers pour livre du prix de leur adjudication. Ceux-ci, alléguant que l'acquittement de ces droits incombait à la municipalité, réclamèrent, en février 1706, la mise en cause du maire et des échevins. Leur demande eut un plein succès. Le 2 juin suivant, un jugement de l'intendant Pinon [3] condamna la mairie à payer à Colas les 3 deniers, objet du litige, soit 87 l. 10 s. par an jusqu'à la fin du bail, et mit tous les frais à sa charge, soit 221 l. 8 s.

On trouve aussi aux archives municipales la mention d'une autre affaire à laquelle participa Salomon, la vente

----

(1) FF, 93.

(2) En exercice de 1699 à 1734 ; échevin en 1700-1702 et 1709-1711. Armoiries : *d'azur, à un coq d'or.*

(3) Anne Pinon, vicomte de Quincy, né en 1652, maître des requêtes en 1686, intendant d'Alençon en 1702, de Poitiers en 1703, de Dijon en 1706-1710.

d'une certaine quantité de vin à fournir à des troupes campées sous Chalon le 31 août 1707. Les sieurs Claude Myard [1], Claude Charnoy [2], Guillaume Mailly [3] et les Pères Minimes concoururent à cette livraison, dont le prix monta à 581 l. 10 s. Il s'agissait, sans doute, de ravitailler un corps détaché de l'armée du maréchal de Villars qui opérait dans le nord. La situation du pays était alors des plus critiques. Les Impériaux entraient en Provence pendant qu'une flotte anglaise assiégeait Toulon. L'arrivée de renforts écarta provisoirement l'invasion ; mais l'épuisement des populations était à son comble, et les revers prolongés qu'avaient subis nos armes contrastaient douloureusement avec les prospérités passées du règne,

Salomon mourut au plus fort de cette désastreuse période, le 12 août 1709. Après un service funèbre à Saint-Georges, son corps fut inhumé dans l'église des Carmes. Peut-être avait-il été, comme beaucoup d'autres, emporté par l'épidémie qui avait succédé à un hiver exceptionnellement rigoureux. Le 6 janvier, la température s'était brusquement abaissée jusqu'à un point correspondant à — 22° et, dès le jour suivant, une couche de glace, qui atteignit bientôt 70 centimètres, couvrit toutes les rivières. Ce froid se prolongea jusqu'au 24 janvier. Le dégel finit par se produire ; mais, au milieu de février, la température retomba au même degré que précédemment, et les champs disparurent de nouveau sous l'abondance des neiges. Un peu plus tard, un vent furieux chassa ces neiges dans les creux et dans les sillons. Les blés, que rien ne protégeait plus, gelèrent en

(1) Receveur des consignations. Armoiries : *de gueules, à une chenille d'or.*

(2) Échevin en 1702-1705 et 1706-1709 ; plus tard contrôleur au grenier à sel.

(3) Né à Chalon le 25 novembre 1642, fils de Guillaume, contrôleur au grenier à sel ; maître particulier des eaux et forêts du Chalonnais en 1673 ; maire en 1674-1675 ; plus tard trésorier de France en la généralité de Bourgogne, seigneur de Breney et du Verger ; bisaïeul d'Antoine Mailly, marquis de Châteaurenaud, qui fut député de Saône-et-Loire à la Convention et aux Anciens. Sa nombreuse descendance est actuellement représentée par les familles de Riocour, de Dortan, de Reculot, Guillemaut, Bizet, Garnier, Faure, Guigot et Gresset. Armoiries : *de gueules, à un chevron d'argent, burelé, ondé d'azur, accompagné de trois lis d'argent, tigés d'or, deux en chef et un en pointe, accolé d'azur, à deux coutelas d'argent, emmanchez d'or, passez en sautoir, les pointes en bas.*

grande partie et l'humidité consécutive au second dégel pourrit le surplus. Une famine s'ensuivit. Le gouvernement taxa le prix du pain ; mais, comme il arrive toujours en pareil cas, la marchandise se fit rare et la spéculation s'en empara[1]. Ému de la détresse générale et n'obtenant rien de l'intendant, le parlement de Bourgogne s'assembla pour en délibérer. Ce fut le plus ancien des présidents à mortier, Antide de Migieu, marquis de Savigny, qui présida la séance. Louis XIV en fut très irrité et reprocha au parlement d'empiéter sur les attributions de la police. Le président fut même mandé à Paris par une invitation dite *veniat* en langage du palais, et reçut du roi une sévère admonestation, « une forte vespérie », dit Saint-Simon[2], mais, grâce à l'intervention du prince de Condé, il fut néanmoins renvoyé à son siège. Le résultat final se réduisit à l'établissement de nouvelles taxes, dont le produit, destiné à soulager les malheureux, alla s'engloutir dans les caisses du trésor royal.

La disette influa gravement sur la santé publique. Des fièvres pernicieuses s'étaient d'ailleurs déclarées dès le commencement de l'hiver. Elles furent étudiées par un médecin renommé, le docteur Jacques Moreau, qui publia, la même année, le résumé de ses observations[3]. Dans la ville, la mortalité avait été tout à fait anormale et, dans la seule paroisse de Saint-Vincent, le nombre des décès supérieur de plus de quatre fois à la moyenne des autres années, deux cent trois contre quarante-quatre en 1708 et quarante-neuf

----

(1) Cette année-là, le prix de l'hectolitre de blé, vendu par bichets ou par boisseaux, équivalait dans la région à 21 francs de notre monnaie, alors qu'en 1705 il avait été de 5 fr. 70 et qu'en 1711 il ne dépassa pas 10 francs. Quant au pain, qui revenait en temps normal à 6 centimes le kilo, il atteignit pendant la disette un prix quatre fois et demie supérieur.

(2) *Mémoires*, édition de Boislisle, t. XVII, pp. 199-202.

(3) Né le 15 mai 1647, à Chalon, d'Aminadab, receveur du bailliage, et de Françoise Masson, il fut un des élèves du célèbre Guy Patin et publia plusieurs savantes dissertations médicales dont les théories, nouvelles pour l'époque, contrariaient les pratiques routinières de ses confrères et lui valurent leur animosité, notamment un *Traité chimique de la véritable connaissance des fièvres pourprées et pestilentielles*, Dijon, 1683, et *Lettre qui contient un véritable éclaircissement sur la cause des fièvres continues arrivées depuis juillet jusqu'en novembre* 1709, Nancy, 1709. Il mourut à Chalon le 4 juin 1729. Armoiries : *tranché d'azur sur gueules, à une bande ondée d'argent, chargée d'une tête de Maure de sable, tortillée d'argent.*

en 1710. La seule inspection du registre révèle le désarroi de l'ecclésiastique qui le tenait. A partir du 3o novembre 1708, des feuillets entiers sont restés en blanc. Ailleurs, les actes sont incomplets. On en trouve cent dix, dont vingt se suivant, où le rédacteur s'est borné à mentionner le quantième du mois et, en marge, le nom du défunt en laissant des blancs qui n'ont jamais été remplis. Était-ce le temps qui lui manquait? Ou n'est-il pas plus probable qu'il évitait le contact des familles éprouvées par le fléau?

PHILIPPE 2e

Son mariage. — Sa descendance. — Guillaume, curé de Santilly ;
son différend avec Louis Desir.

Philippe, fils du précédent, né vers 166o, épousa, le 11 septembre 1791, en l'église Saint-Vincent, Marie Roussot, née le 4 février 1664, de Pierre, maître chapelier, et de Françoise Carlot. Assistaient au mariage : Suzanne Carlot, veuve Philippe Cochon, mère de l'époux ; Salomon Cochon, frère de celui-ci ; Pierre Fournier, son beau-frère ; Gabriel Métail [1], maître chapelier, et Guillaume Métail, son fils [2], beau-frère de la mariée.

Comme Salomon, Philippe cumulait le commerce avec l'exercice d'un office, celui de greffier en la châtellenie. Son nom apparaît seulement dans les pièces d'une saisie-arrêt pratiquée entre ses mains. Il mourut au début de l'année 1702, et sa femme, le 6 juillet 1709, emportée, sans doute, par l'épidémie régnante. Neuf enfants étaient nés de leur mariage.

1° Salomon 3e qui suit, né le 8 juin 1692, tenu sur les fonts baptismaux par Salomon Ier son grand'père, et Anne Roussot, femme Guillaume Métail, sa tante.

---

(1) Marié 1° avec Anne Morel ; 2° le 17 juin 1674, avec Louise Roussot.
(2) Né le 15 mars 1663 de Gabriel et d'Anne Morel ; marié, le 27 novembre 1685, avec Anne Roussot ; veuf en 1697 et remarié, le 13 janvier 1710, avec Anne Mornieux, fille de Félix-Joseph, orfèvre, et d'Anne Lhermite, dont un fils, posthume, Guillaume, né le 17 novembre 1715.

2° Antoinette, née le 8 juin 1693; parrain, Claude Guenot, marchand; marraine, Antoinette-Aimée Boulanger, fille de René, négociant.

3° Suzanne, née le 17 juin 1694; parrain, Gabriel Métail; marraine, Suzanne Carlot, veuve Philippe Cochon, grand'mère de l'enfant.

4° Guillaume, né le 26 octobre 1695; parrain, Guillaume Métail; marraine, N. femme Simon Dupas. Entré dans les ordres, il fut pourvu en 1729 de la cure de Santilly (canton de Buxy). En janvier 1739, à l'arrivée de Louis Desir[1], qui avait acquis, dans cette paroisse, quelques mois auparavant, le fief de Fortunet, il fit enlever de l'église le banc des précédents seigneurs. Desir, froissé, consulta des avocats pour savoir s'il ne pourrait pas l'assigner en rétablissement de ce banc et si le curé ne devait pas lui donner l'eau bénite et les fabriciens lui offrir le pain bénit avant tous les autres fidèles. Sur un avis peu favorable à sa prétention, il n'insista pas. On lui avait fait observer que la concession du banc était personnelle et révocable et qu'à l'égard des autres droits honorifiques, ils n'étaient dus qu'aux patrons des églises et aux seigneurs hauts justiciers.

En 1749 surgit une autre querelle. La cure ayant besoin de réparations, les habitants louèrent à Desir une partie de sa maison, c'est-à-dire deux chambres hautes et un cabinet, moyennant soixante livres par an. Comme ces réparations n'étaient pas terminées à l'expiration de l'année, le curé resta dans les lieux. Le 27 juillet 1750, à la suite d'une sommation demeurée infructueuse, Desir assigna Philibert Jussiau, échevin et collecteur de la paroisse, devant le bailliage de Mâcon, auquel ressortissait cette paroisse. Guillaume ne s'en émut pas et fit savoir qu'il ne sortirait que quand cela lui plairait. L'intendant[2] évoqua l'affaire et rendit, le 18 no-

(1) Né le 13 juin 1684 de Louis Désir, écuyer, procureur du roi au siège royal de Saint-Gengoux, et de Jeanne Mouton; acquéreur en 1739 de la terre de Fortunet, qu'il reprit de fief, suivant arrêt du 15 avril 1746; marié avec Jeanne Villot; mort le 24 juillet 1769. Armoiries : *d'azur, à trois roses d'or, posées deux et une.*

(2) Jean-François Joly de Fleury, président au Grand Conseil en 1746, intendant de Bourgogne en 1749, conseiller d'État en 1761; mort le 13 décembre 1802.

vembre 1755, une ordonnance qui condamnait les habitants à payer 120 livres à Desir et mettait les dépens à leur charge [1].

Guillaume desservait, en outre, à Tournus et moyennant un traitement, la chapelle Saint-Clair, qui avait été élevée en 1377, aux frais d'une dame Delaforest, sur le terrain de l'ancienne léproserie [2].

5° Philippe 3°, qui suit, né le 26 janvier 1697 ; parrain, Philippe Delacroix, bourgeois ; marraine, Élisabeth Gateau, femme de Jean-Baptiste Durusseau, procureur du roi en la mairie.

6° Jean, né le 2 janvier 1698 ; parrain, Jacques Villedieu, ancien procureur et notaire ; marraine, Jeanne Godard, veuve de Guillaume Dumont, marchand.

7° Anne, née le 19 mai 1700 ; parrain, Jean Verneau, ancien receveur des deniers communaux [3] ; marraine, Anne Lambert, femme de Michel Musy, marchand.

8° Pierre, né le 3 juin 1701 : parrain, Pierre Andouard, greffier en chef de la justice consulaire [4] ; marraine, Jeanne Demontherot, fille de feu Jean, bourgeois. Il fit du commerce et mourut le 24 janvier 1751, laissant de son mariage avec Françoise Sordet, de Saint-Germain-du-Plain, une fille, Jeanne-Marie, qui tint d'abord une école de petites filles, en vertu d'une permission à elle accordée, le 8 avril 1760, par l'évêque Henri de Rochefort d'Ally [5], et contracta ensuite mariage, le 5 février 1776, avec Claude Jacquet, épicier, fils d'Étienne, décédé, et de Marie Mornieux.

9° Jean-Baptiste, fils posthume, né le 22 août 1702, qui eut pour parrain « noble monsieur Jean de Cabrol, directeur général des octrois de la Saône » et pour marraine Élisabeth Gateau, femme Durusseau.

---

(1) Archives particulières de M. le docteur Désir de Fortunet.
(2) Cette chapelle, dont un quartier de la ville a conservé le nom, fut détruite à la fin du xviiie siècle.
(3) En fonction de 1669 à 1674.
(4) Armoiries : *d'azur, à une ancre d'or.*
(5) CC, 14.

SALOMON 4ᵉ

Il est reçu apothicaire. — Statuts de cette corporation. — Élu échevin. —
Son intervention dans l'affaire Jomard. — Séjour à Chalon de la duchesse du Maine. — Passage de la reine de Sardaigne et d'une ambassade
ottomane. — Désaccord entre la municipalité et les Jésuites qui tenaient
le collège. — Mariage de Salomon. — Détresse de la Bourgogne. — Remontrance du parlement. — François Rolland, Jean Delacroix, procureurs au bailliage, et les élections de l'an VII.

Né le 8 juin 1692, à Chalon, de Philippe 2ᵉ et de Marie
Roussot, Salomon 4ᵉ du nom embrassa la profession d'apothicaire. Elle ne correspondait pas exactement à celle de
pharmacien, qui l'a remplacée définitivement en 1777 et
dont les attributions ont été strictement délimitées. Sauf en
certains cas où l'apothicaire remplissait le rôle d'assistant
médical, c'était un commerce qui avait tenu de l'épicerie
jusqu'à l'édit de juin 1514 et qui se confondait encore dans
une certaine mesure avec la droguerie. A Chalon, le règlement et les statuts de la corporation, formulés à diverses
reprises depuis l'ordonnance d'août 1484, avaient été renou-
velés les 20 mars 1603 et 15 mai 1638. Ils imposaient un assez
long stage :

On ne recevra aucuns à maîtrise qui n'ait atteint l'âge de vingt-
cinq ans ou approchant, qu'il ne fasse apparoir avoir demeuré
pour le moins trois ans en apprentissage dudit mestier de pharmacie dans la province ou en une ville fameuse des autres provinces ; qu'il ait servy les maîstres apothicaires trois ans depuis
son apprentissage et d'iceux trois ans qu'il ait demeuré six mois
au service chez un maistre de la présente ville, afin que chacun
soit mieux informé de ses mœurs et bonne conservation.

Ce n'était là qu'un prologue. Restait à obtenir le *dignus
es intrare*. Quand l'aspirant aura fait les justifications vou-
lues,

Il sera examiné en la maison commune et interrogé par les
derniers maistres tenant boutique, sur ce qui concerne l'élection,
préparation et mixtion des médicaments, par trois divers examens qu'il subira en présence de tous les médecins... Et après
sera conduit ledit aspirant ès-lieux champestres où croissent les
simples les plus nécessaires pour icelui estre interrogé en pré-

sence desdits sieurs médecins et maistres dudit art, pour après,
sur le rapport fait par led. jurés et autres, s'il est trouvé capable,
estre receu à faire chef d'œuvre ou renvoyé à autre temps.

Ce chef-d'œuvre consistait à préparer cinq compositions
telles qu'un emplâtre de diachylum *cum gummis*, un sirop
de cheveux de Vénus, un onguent d'Agrippa, une thériaque
d'Andromaque, des pilules d'Hermodactyle, etc., tous médicaments inscrits dans un catalogue en latin qui faisait suite
au règlement et comprenait deux cent dix-huit articles dont
les noms seuls étaient de nature à impressionner les malades,
huile de scorpions, poudre de vipère, électuaire de suc de
roses, onguent diapompholigos, sirop des Berbères, etc.

Une dernière condition — celle-là *sine qua non* — était la
profession de la religion catholique. Des huguenots, sans
doute, avaient exploité des officines ; mais, en 1645, les apothicaires chalonnais, mus par l'intérêt public, stimulés aussi
par leur intérêt personnel, avaient sollicité le prince de
Condé d'ordonner que les aspirants à la maîtrise ne fussent
reçus que s'ils professaient la religion catholique, apostolique et romaine. Cette requête avait été entérinée
par le prince, et l'ordonnance fut toujours observée depuis
lors [1].

Salomon ne vit pas, comme ses ancêtres, éclater la peste ;
mais il fut témoin des précautions qui furent prises à l'effet
d'en conjurer l'invasion. Elle avait commencé en 1720 à
Marseille et enlevé quarante mille habitants, presque la
moitié de la popnlation. A Chalon, l'autorité prescrivit,
le 26 janvier 1721, des prières publiques pour détourner le
fléau et interdit, avec les bals et repas de corps de garde,
tous les genres de spectacles, « représentations de comé-
dies, marionnettes, danse de corde et autres ». Elle fit garder aussi les portes de la ville, afin d'empêcher l'entrée de
vagabonds ou d'étrangers venant des régions contaminées.
Ce fut l'occasion de nouvelles querelles entre la mairie et le
clergé tant régulier que séculier, qui refusait de se confor-

---

(1) Cf. *Ordonnances faites par les maires, eschevins, bourgeois et habitans
de la ville et cité de Chalon par vertu et autorité des privilèges à eux concédés
pour la police et sur le faict de tous les mestiers et marchandises...* Chalon,
chez Philippe et Blaise Tan, imprimeurs et libraires de la ville, 1678.

mer à cette mesure et à qui furent signifiées, les 11 et 20 décembre 1720, deux sommations d'avoir à se charger de la garde d'une des portes de la ville à son choix [1].

Le 23 juin 1736, Salomon reçut le mandat d'échevin et le remplit jusqu'à pareille date de 1738. Au cours de son exercice, il se trouva mêlé à une singulière affaire. Une demoiselle Anne Jomard, locataire d'une maison rue aux Fèvres, l'avait convertie, dès 1734, en un refuge où, comme au Bon-Pasteur de Dijon, elle recevait les filles de mœurs légères avec l'espoir de les amender. L'évêque, François de Madot [2], avait vu cette œuvre d'un bon œil et autorisé Anne Jomard à établir une chapelle. Au printemps de 1738, un abbé Capitain, maître de musique de la cathédrale, insista beaucoup auprès d'une veuve Boiteux, née Marie Robert, pour qu'elle fît entrer dans cette maison sa nièce Catherine Robert, dont la conduite donnait lieu à de graves reproches, et, comme cette femme s'y refusait, il l'y contraignit en la menaçant de faire déporter la jeune fille à l'étranger. Une fois enfermée dans la maison, celle-ci y demeura prisonnière. Trois mois s'écoulèrent sans qu'il lui fût permis d'en franchir le seuil. Un Minime, le P. Claude Pollet, eut l'occasion de faire à ce sujet quelques observations à Capitain. L'abbé les prit assez mal et se targua d'avoir tout pouvoir. Le 24 mai, en écrivant à Salomon de lui envoyer un lénitif contre la goutte qui le retenait au lit, le P. Pollet l'avisa de ce qui se passait rue aux Fèvres et lui demanda protection pour les femmes Robert contre ce Capitain qui les « opprimait. »

L'autorité municipale fut ainsi saisie. La veuve Boiteux sollicita de son côté l'intervention du maire, qui se rendit, le 2 juin, dans la maison et fit élargir aussitôt Catherine Robert. Il remarqua que l'établissement avait des allures de communauté et, d'accord avec les échevins, il le signala, le 13 juin, au secrétaire des commandements du prince de Condé, en demandant qu'on mît un frein au zèle immodéré

____

(1) FF, 22 ; BB, 30, 63.

(2) Né à Guéret en 1675, sacré évêque de Belley le 18 octobre 1704, transféré le 28 décembre 1711 au siège de Chalon, dont il prit possession le 4 juin 1712 ; mort le 7 octobre 1753.

de la demoiselle Jomard. De son côté, celle-ci s'adressait au comte de Saint-Florentin [1], « secrétaire d'État des commandements et finances de S. M. », et se plaignait hardiment de la manière « scandaleuse » dont la municipalité avait enlevé la fille Robert.

En même temps, l'évêque mandait, à l'instigation de Capitain, le supérieur des Minimes et le P. Pollet. Interpellant vivement le premier :

« Je suis surpris, lui dit-il d'un ton où perçait l'irritation, que votre religieux se mêle des affaires de mon diocèse. »

Le P. Pollet n'attendit pas que le prélat s'adressât à lui :

« Je ne savais pas, répondit-il froidement, que les affaires du sieur Capitain fussent celles du diocèse. »

Et il maintint énergiquement tout ce qu'il avait écrit à Salomon. Capitain, qui était présent, en resta si confondu qu'il n'osa souffler mot. Alors l'évêque se tira d'embarras en admonestant tout le monde. Il blâma Capitain d'avoir proféré des menaces et Pollet de les avoir divulguées.

Le maire et les échevins adressèrent à l'intendant [2] un mémoire dans lequel ils démentaient toutes les assertions d'Anne Jomard et demandaient des instructions précises pour la suppression de cette communauté déguisée. Leur démarche eut l'assentiment de l'intendant, qui leur exprima, par lettre du 18 août, l'avis d'arrêter l'entreprise. Enfin, le 14 septembre, ce fut le prince de Condé lui-même qui transmit à la municipalité les intentions du roi, c'est-à-dire la révocation de la permission donnée à Anne Jomard d'avoir une chapelle, la défense de poursuivre l'établissement d'une communauté et, en cas de refus, l'expulsion de son obstinée fondatrice [3].

La situation de Chalon sur la grande route de Paris à

(1) Louis Phélypeaux de la Vrillière, comte de Saint-Florentin, né en 1705, secrétaire d'État en 1729, ministre d'État en 1751, créé duc de la Vrillière en 1770, démissionnaire en 1775 après quarante-six ans de ministère ; mort le 27 février 1777.

(2) Pierre Arnault de La Briffe, chevalier, marquis de Ferrières, né le 20 juillet 1678, conseiller au parlement de Paris en 1699, maître des requêtes en 1704, intendant à Caen en 1709 et à Dijon en 1712, mort en fonction le 7 avril 1740.

(3) Sur cette affaire, cf. BB, 30, 34, 73, et GG, 57.

Lyon lui valait, comme on l'on a déjà vu, des visites princières. Peut-être ne faut-il pas compter celle, très involontaire, qu'y fit l'ambitieuse duchesse du Maine. On connaît
ses intrigues secrètes, son entente avec Cellamare à l'effet
de fomenter des troubles et de supprimer la régence au
profit du roi d'Espagne Philippe V, petit-fils de Louis XIV.
Arrêtée à Paris, en même temps que son mari à Sceaux, le
29 décembre 1718, elle fut conduite à Dijon et enfermée au
château. Six mois après, on la transféra à Chalon. Elle
obtint alors, pour des raisons de santé, la permission de
résider au château de Savigny-lès-Beaune, où elle reçut
l'hospitalité du propriétaire, le marquis de Migieu, président au parlement de Bourgogne [1]. Le 31 juillet 1719,
des chevaux et des voitures furent réquisitionnés pour le
transport de ses bagages [2]; mais elle ne quitta Chalon que
le 13 août. Son séjour à Savigny fut court et, après avoir
encore passé plusieurs mois au château de Champlay, près
de Joigny, elle fut autorisée, en janvier 1720, à regagner
son château de Sceaux, où, s'entourant de gens d'esprit, elle
tint une petite cour jusqu'à sa mort, en 1753.

Au mois de mars 1737, le passage de la reine douairière
de Sardaigne [3], accompagnée du prince de Carignan [4] et
de la comtesse d'Armagnac [5], fit parler la poudre, et l'hommage de la ville se traduisit par l'offre d'un bel assortiment
de confitures, sans parler des vins que les gens de la suite
furent appelés à déguster. Quelques années après, un autre
passage excita plus vivement la curiosité; ce fut celui de
Zaïd effendi, ambassadeur extraordinaire de la Turquie et

(1) BB, 69. Acquis du président Bouhier par le président Antide de
Migieu, le domaine de Savigny était passé en 1677 au fils de ce dernier,
Antoine-François, dont le petit-fils le transmit, en 1783, à sa fille unique,
Mme Richard de Montaugé. Celle-ci ne laissa aussi qu'une fille, Mme de La
Loyère, dont les descendants possèdent encore le domaine.

(2) BB, 49.

(3) Anne-Marie d'Orléans, dite Mlle de Valois, née le 27 août 1669 de
Philippe d'Orléans, frère du roi, et d'Henriette d'Angleterre ; mariée, le
19 avril 1684, avec Victor-Amédée II, duc de Savoie, puis roi de Sicile en
1713 et de Sardaigne en 1718.

(4) Victor-Amédée de Savoie, prince de Carignan, comte de Soissons,
né le 29 février 1690, mort le 4 avril 1741.

(5) Françoise-Adélaïde de Noailles, née le 1er septembre 1704, mariée le
12 mai 1717 avec Charles de Lorraine, comte d'Armagnac.

pacha à trois queues, chargé de présenter à Louis XV les
compliments du sultan Mahmoud Ier. La 28 novembre 1741,
au déclin du jour, les Chalonnais, avisés par des tambouri-
nades, se précipitèrent dans les rues que devait traverser le
cortège et s'entassèrent derrière la milice formant la haie.
Une salve d'artillerie salua l'arrivée de l'ambassadeur. En
tête chevauchaient les gens de la maréchaussée de Bourgogne et Bresse, puis de M. de Jonville [1], que le roi avait
délégué au-devant de l'Excellence ottomane, enfin Zaïd
effendi et, derrière lui, cavalcadant ou se prélassant dans de
spacieux carrosses, soixante-dix Turcs, officiers, secrétaires,
drogmans et valets, qu'accompagnaient plusieurs gentilshommes français. Jamais on n'avait vu à Chalon une pareille
collection de turbans. La maison assignée à l'ambassadeur
était l'hôtel construit, rue Saint-Georges, par Claude-Énoch
Virey, où Louis XIII avait été reçu en 1639 et qui était
maintenant occupé par Philippe-Marie Masson, seigneur
de Saint-Marcellin et de la Serrée, ancien lieutenant criminel au bailliage [2]. Ce dernier, alors en villégiature, à
Givry, se souciait peu de l'honneur que la municipalité faisait à ses appartements, et ce fut d'assez mauvaise grâce
qu'il lui en laissa la disposition. Là s'échangèrent les politesses d'usage. Au discours du maire, Zaïd effendi répondit
fort civilement et en un français très correct. La cérémonie
se termina par l'offrande de cadeaux, savoir : « Deux paniers
remplis de diverses confitures, un autre panier de gâteaux
et un quatrième de pâtisseries de toutes les espèces, orné de
fleurs et de découpures. » Zaïd effendi se déclara très charmé
de la réception. Il quitta la ville, le lendemain, dans le

(1) François-Chaillon, seigneur de Jonville, maître des requêtes, envoyé
extraordinaire à Gênes en décembre 1739, mort en 1765. C'était un digni-
taire du Grand-Orient de France, où il portait en 1761 les titres pompeux
de substitut général de l'ordre, chef des grades éminents, commandeur et
sublime prince du royal secret, sans préjudice de son affiliation au Conseil
des Empereurs d'Orient et d'Occident récemment fondé, qui était un des
plus importants régimes maçonniques, Sa famille était attachée depuis
longtemps au service de la cour. A la fin du xvie siècle, son aïeul, Pierre
Chaillon, avait la charge de secrétaire de la chambre du roi.

(2) Né de Philippe-Marie, écuyer, lieutenant criminel au bailliage, et de
Françoise Chalot ; pourvu en 1698 de la même charge, qu'il exerça jusqu'en 1732 ; mort en 1754. Armoiries : *d'azur, à la truelle d'or.*

même appareil, au milieu de la foule, qui ne pouvait se
lasser de contempler l'exotique défilé [1].

Le nom de Salomon et celui de son frère Philippe paraissent à diverses reprises dans les pièces d'une affaire
concernant les rapports de la municipalité avec les Jésuites.
Ceux-ci avaient projeté dès 1604 d'avoir une maison à
Chalon, mais ils se heurtaient à l'opposition des réformés.
Ce fut Job Bouvot qui reçut mission de faire valoir auprès
du gouvernement les raisons qui militaient, suivant ses
coreligionnaires, contre cet établissement. Une délibération
municipale du 24 juillet 1608 appela néanmoins les Jésuites
à tenir le collège ; mais elle ne reçut pas d'exécution. A la
suite d'une autre délibération du 23 novembre 1617, une
ordonnance royale du 6 septembre 1618 autorisa les Pères.
L'hostilité du parlement de Dijon, celle aussi des réformés,
toujours influents à Chalon, arrêtèrent encore la conclusion
de l'affaire. En août 1632, des lettres patentes du roi renouvelèrent l'autorisation ; mais ce fut seulement à la date du
26 juin 1634, sous la pression du prince de Condé, qu'un
traité fut passé entre la ville, représentée par son maire,
Barthélemy Magnien [2], et les autres officiers municipaux,
d'une part, et le P. Jean Filleau, provincial de la Compagnie pour la province de Lyon, d'autre part.

Des divergences se produisirent à plusieurs reprises entre
les parties contractantes. En 1716, leurs relations étaient
particulièrement tendues. Le maire et les échevins avaient
dû demander des consultations à deux avocats de Dijon,
Mes Barthélemy Bryois et Jean Mellenet, « au sujet des
difficultés amenées par le manque de respect des Pères envers les magistrats et par leur refus de faire jouer une pièce
de théâtre à la distribution des prix le 22 juin ». Le conseil
communal, saisi de l'incident, fit notifier, le 28, aux Jésuites,
une délibération prise la veille, qui transférait la distribution à l'hôtel de ville et les sommait de remettre les compositions des élèves. Ils y répondirent par des protestations de
soumission et de dévouement qui enveloppaient une som-

(1) Voir pour plus de détail, aux *Mémoires de la Société Eduenne*,
t. XXXVIII, p. 303, l'article de M. Georges Valat.
(2) Maire en 1634-1635, 1645-1646 et 1649-1650.

mation de rapporter cette décision, mais la municipalité déchira l'exploit.

Une adroite intervention du P. Joseph de Galliffet [1], alors provincial de la Compagnie, rétablit provisoirement l'harmonie. Un traité fut conclu, le 21 juillet, entre lui et le P. Jean Mambrun, recteur du collège, d'un côté, et les maire, échevins et syndic, de l'autre. Au nombre des clauses était celle-ci : lorsque les magistrats iront au collège pour assister à une représentation ou à une distribution de prix, le recteur ou, en son absence, son suppléant sera tenu de venir les recevoir à la principale porte, de les accompagner jusqu'aux places à eux destinées et de les « entretenir » pendant toute la cérémonie. Les Jésuites devront faire placer sur l'estrade « une table décente et des sièges convenables pour lesdits magistrats [2] ».

Telles étaient les conventions. Les Jésuites, paraît-il, ne s'y conformèrent pas toujours. En 1736, la ville faisait rédiger des mémoires contre eux par les avocats Bataillard [3] et Besuchet [4]. Le 22 juin 1737, un procès-verbal constata qu'ils n'avaient pas fait représenter une pièce de théâtre, contrairement à leur « devoir [5] ». Les Pères prétendaient cependant avoir de bonnes raisons pour s'abstenir, et ils développaient particulièrement celles-ci dans leur mémoire : le régent de rhétorique chargé d'écrire les pièces peut n'être pas poète ; souvent ses écoliers ne sont pas aptes à déclamer ; souvent aussi les parents des élèves ne veulent

---

(1) Né le 2 mai 1663, près d'Aix, de Jacques de Galliffet, écuyer, seigneur de Tholonet, etc., président au parlement de Provence, et de Marguerite d'Augustine de Septèmes ; novice en 1678, successivement recteur à Vesoul, à Lyon, à Grenoble, provincial des Jésuites de Lyon en 1716, élu en 1722 assistant du général de l'Ordre à Rome et en 1742 recteur du collège de Lyon, où il mourut le 1er septembre 1749 ; auteur de nombreux ouvrages, entre autres d'un traité *De cultu Sacrosancti Cordis Dei ac Domini Jesus Christi*.

(2) GG, 53.

(3) Laurent Bataillard, échevin en 1739-1742 et 1758-1760.

(4) Paul-François Besuchet, échevin en 1717-1719, 1732-1727 et 1735-1737.

(5) Voici les titres de quelques-unes des pièces antérieurement représentées : *Achœus*, tragédie (1665) ; *Le triomphe d'Apollon*, « tragédie ornée d'intermèdes, musique, symphonie et danses » (1723) ; *Géta*, « tragédie, suivie du *Triomphe de la discorde*, ballet » (1736). GG, 53.

pas faire la dépense de ces jeux annuels, qui de plus « débauchent » ceux-ci en les forçant de passer deux mois à apprendre la danse et la déclamation ; enfin les décors que la ville a fait faire sont « tellement laids que l'on n'ose s'en servir. » A ces objections, qui semblent assez judicieuses, le maire et les échevins répondaient qu'on est toujours assez poète — ce qui n'est pas bien sûr — pour faire une tragédie ; que les écoliers ne perdent pas leur temps en déclamant des vers français : « le geste, le ton, la prononciation, à quoi ils se forment dans leur langue, leur serviront toujours, au lieu que, sortis du collège, ils ont vite oublié le latin, le grec aussi bien que les figures de rhétorique et les arguments de logique ».

Cinq ans après, de nouvelles difficultés compliquèrent une situation déjà critique. Le 25 novembre, il fut dressé un procès-verbal « relatant de graves actes d'irrévérence commis par les Jésuites envers le maire et les échevins lorsque ces magistrats se sont, selon l'usage, présentés au collège pour assister à la harangue latine que le Père professeur de rhétorique doit faire publiquement chaque année après la rentrée des classes ». Le 30, le conseil décida de se pourvoir contre ces congréganistes et de les obliger à se conformer au cérémonial fixé par le traité de 1716. Une procédure s'engagea. Il fut produit, entre autres pièces, un mémoire signé par le maire Gauthier de Chamirey et un autre « pour les maire, échevins et habitants », qui porte la date du 20 février 1738 et les signatures des sieurs Jean Boisselier, bourgeois [1], Salomon Cochon, Jean-Chrysostome Desbois, procureur et notaire [2], Claude Delachaux, avocat [3], tous quatre échevins, Charles-Antoine Dardelin, notaire [4], procureur syndic, et Jean Gras [5], procureur au bailliage. Ce dernier mémoire se terminait ainsi : « Les Révérends Pères parviendront à leur but de se débarrasser du joug importun

---

(1) Échevin en 1732-1733 et 1737-1739.
(2) En exercice de 1694 à 1752, substitut du procureur syndic en 1698, échevin en 1711-1714, 1727-1729, 1736-1738, 1745-1747.
(3) Échevin en 1737-1739.
(4) En exercice de 1730 à 1747, échevin en 1732-1734.
(5) Échevin en 1730-1732.

des magistrats, qui viennent, disent-ils, les tracasser dans leur maison; ils se rendront les maîtres absolus dans le collège et peut-être ensuite dans la ville [1]. »

Une haute influence arrêta le conflit. L'intendant de La Briffe s'entremit et tout d'abord enjoignit aux Jésuites de désapprouver leurs « irrévérences » du 25 novembre 1737. Fixant les distributions de prix au mois d'août, il ordonna qu'elles commenceraient par la représentation d'une pièce de théâtre ou d'une pastorale devant durer une heure au moins, et ajouta qu'il y aurait tous les cinq ans « un grand jeu », c'est-à-dire une tragédie ou une comédie en cinq actes, avec danses et musique. même un ballet, si faire se pouvait. Par acte notarié du 6 août, les officiers municipaux et les fondés de pouvoirs des Jésuites promirent de se conformer désormais à cette décision. Un procès-verbal dressé à l'issue de la distribution des prix constata l'entente des deux parties en cause. Les échevins et le syndic y déclarèrent en termes fort courtois que, le 19 août, ils avaient assisté, « avec la fleur de la population de la ville et des villages voisins », à la distribution des prix, laquelle avait été précédée d'une comédie en trois actes et en vers intitulée *L'Impatient* « avec fort agréable symphonie au commencement et dans les entr'actes ». Les magistrats avaient été reçus à la grande porte du collège par la communauté des Jésuites, tous en grands manteaux et bonnets carrés, et ils n'avaient eu qu'à se louer de la politesse et des gracieusetés de ces Révérends Pères envers eux. Était-ce fini ? On peut en douter car, le 13 août 1745, Me Bryois donna encore une consultation à la municipalité au sujet de la représentation dramatique.

Le 14 avril 1739, Salomon épousa, en l'église Saint-Jean-de-Maisel, Anne Disson, fille majeure des défunts Pierre Disson, receveur des fermes du roi, et Jeanne Bretenet. La veille, un contrat reçu par Me Reverdy, notaire, « en la maison de la d^lle Marguerite Disson, au faubourg Saint-Jean de Maisel », avait réglé les conditions pécuniaires de cette union. Aux termes de l'acte; le futur se constituait « la

---

somme de dix mille livres, tant en ses biens paternels et
maternels échus, la maison qu'il occupe rue Saint-Vincent,
un cinquième d'une autre maison située rue aux Fèvres,
que meubles, argent comptant et autres effets provenant de
ses épargnes ». Quant à la future, ses apports consistaient
« en un bâtiment situé rue des Tanneurs, au faubourg Saint-
Jean-de-Maisel, en valeur de trois mille livres ; plus mille
livres dues par Philibert Disson, son frère aîné, provenant
du legs fait en sa faveur par dame Claude Reboulet, sa
tante ; trois mille livres dues par Jean Disson, son frère
cadet ; pareille somme de trois mille livres due par les héritiers de M⁰ Pierre Gauthey, notaire royal et procureur au
présidial ; sa garde-robe et ses nippes, en valeur de deux
mille livres, faisant toutes lesdites sommes celle de douze
mille livres ».

De nombreux parents et amis avaient apposé leurs signatures au bas du contrat. C'était du côté du marié : Guillaume Cochon, curé de Santilly, et Pierre, ses frères ; Anne,
sa sœur ; Élisabeth Lardet, veuve Philippe Cochon, sa belle-
sœur ; Suzanne Fournier, sa cousine, femme de Jean-Baptiste Dubois, officier dans les milices ; Françoise Tardy,
femme de Pierre Cochon, huissier en la justice consulaire [1] ;
Benoît Mouton, avocat [2], et Marie de Remeru [3], sa femme ;
Pierrette Agron, veuve de Jacques de Remeru, lieutenant en
la maîtrise des eaux et forêts ; Pierre Lambert, avocat en
parlement, et Jeanne-Marie Deroche, sa femme ; Guillaume
Graveteau et Philibert Ricard, maîtres apothicaires, etc.
Du côté de la mariée : ses deux frères, Philibert Disson,
trésorier des troupes à Chalon, et Jean Disson, bourgeois ;
Philiberte Sordet, femme de ce dernier ; Marguerite Disson,

---

(1) Ce Pierre Cochon appartenait à la famille de ce nom établie à Nolay,
Si l'assistance de sa femme au contrat ne prouve pas la parenté, elle constitue cependant une certaine présomption.

(2) Né en 1671, mort en 1749.

(3) *Alias* Derémeru. Ancienne famille dont ont fait partie : Loys, procureur syndic de la ville en 1521 ; Louis, notaire à Chalon en 1530 ; Philippe, praticien, marié en 1583 avec Aimée Delacroix, fille de Benoit,
praticien ; Philiberte, mariée en 1644 à François Depize, banquier ; Jacques, lieutenant en la gruerie, époux d'Anne-Marie Masson, dont Antoine,
né en 1712 ; Jean, lieutenant au régiment Mestre-de-camp-dragons, mort
en 1741.

tante paternelle ; Catherine Degand, veuve Salviet, tante à la mode de Bretagne ; Jean-André Reboulet, écuyer, contrôleur ordinaire des guerres, oncle [1] ; François Gauthier, avocat, cousin, et Anne Guillaume, sa femme ; Claude Gacon, procureur au présidial, alors échevin et député aux États de la province ; Philibert Chiquet, écuyer [2] et Joséphine Petit, sa femme ; Pierrette Cusset, veuve du sieur Giraud, directeur au bureau des carrosses et diligences ; Noël-Antoine de Chezjean, directeur, et Toussaint de Lachasse de Saint-André [3], contrôleur au même bureau ; Pierre Jacquemet, capitaine général des fermes du roi au département d'Auxonne ; Antoine Millard, procureur du roi en la maîtrise des eaux et forêts [4], etc.

Des nuages s'amoncelaient à l'horizon politique. La guerre de la succession d'Autriche (1740-1748) réduisit la Bourgogne, comme d'autres régions, à une véritable détresse. Le 21 avril 1747, dans une lettre adressée à Rigoley de Mypont, secrétaire en chef des États de la province, le maire de Chalon, Louis-François Gauthier de Chamirey, protestait contre les charges qui accablaient la ville et dont une des plus lourdes était l'incessant passage de troupes [5] :

... Nous avons eu, depuis le mois d'août dernier, près de six cents prisonniers hollandais [6], pour lesquels il se monte tous les jours une garde de quarante hommes de milice bourgeoise qui veillent à leur sûreté... Nos habitants se trouvent épuisés de toutes façons et sont aujourd'hui dans la dernière misére. Notre communauté, pour la plus grande partie, n'est composée que de manœuvres qui vivaient de leur travail journalier et qui sont privés de cette ressource par ces soldats hollandais, qui, ayant leur liberté dans la ville, font tous les ouvrages de main à beaucoup plus bas prix que ne pourraient faire les premiers...

(1) Né en 1677, mort en 1749.

(2) Armoiries : *d'azur, à un chevron d'or, accompagné de trois roses d'argent, deux en chef et une en pointe, et un chef échiqueté de gueules et d'argent de trois traits.*

(3) Né en 1694, marié en 1736 avec Marie Giraud, mort en 1782.

(4) Pourvu de sa charge en 1734 ; marié à Louise-Lazare Virely, dont Marie, née en 1737.

(5) Archives de Saône-et-Loire, *fonds de Bourgogne*, F, 506.

(6) Exactement 634 hommes provenant de la garnison de Mons et arrivés le 27 août 1746, sous l'escorte de cent habitants qui étaient allés en armes les attendre à Champforgueil.

Et une disette aggrave la situation. Il faut payer 3 livres 16 sous la mesure de froment, dont le poids est de 3o livres, « et les autres denrées à proportion, jusqu'aux légumes, dont les prisonniers hollandais font une consommation excessive ».

Les années suivantes furent plus désastreuses encore. La guerre de Sept Ans (1756-1763), qui coûta à la France 1.350 millions et la perte de ses colonies, mit le comble à la gêne publique. En 1760, le parlement de Dijon, par l'organe de son premier président [1] et de ses présidents à mortier, se plaignait au chancelier de France de la surcharge d'impôts « tout à fait incompatibles avec la misère des peuples de la province, la rareté de l'argent, la cherté des grains et l'interruption du commerce ». En 1763, le parlement, se constituant de nouveau l'organe des doléances communes, adressa au roi d'énergiques remontrances à l'occasion d'un édit rendu à la fin d'avril, qui jetait, disait-il, « dans l'accablement les sujets déjà épuisés par les impôts qu'ils ont été obligés de supporter pendant la durée de la guerre... ».

Votre parlement ne pouvait, sans manquer à son devoir, se dispenser d'exposer de nouveau l'affligeant tableau de leur misère, le poids et la durée des impôts, la cessation du commerce, l'avilité du prix des denrées occasionné par la rareté de l'espèce numéraire ... Dans les campagnes désolées, le nombre des indigents égale presque celui des habitants; le cultivateur le plus laborieux trouve à peine dans un travail assidu une ressource pour sa subsistance et pour celle de sa famille; épuisé par les impôts, on le verra laisser inculte une partie de ses terres... Il ne faudra que jeter les yeux d'un autre côté pour trouver des fermiers qui ne peuvent payer le prix de leurs fermes, des propriétaires qui retirent à peine des produits de leurs fonds de quoi subvenir à l'entretien que cette sorte de bien exige, des rentiers qui ne peuvent se procurer le paiement des rentes qui leur sont dues et ne peuvent à leur tour acquitter celles qu'ils doivent... Vos peuples gémissent non seulement sur les impôts, mais encore sur leur emploi ; l'excès incroyable auquel les dettes de l'État

---

(1) Claude-Philippe Fyot de La Marche, chevalier, marquis de La Marche, comte de Bosjean, baron de Montpont, né le 12 août 1694, à Dijon de Philippe, président à mortier. et de Magdeleine de Mucie ; reçu premier président le 15 juin 1745 ; mort en 1768,

ont été portées suppose une énorme dissipation dans les
finances (1)...

Le parlement mettait le doigt sur la plaie. Les impôts,
sans doute, étaient excessifs et pesaient principalement sur
les classes les moins fortunées ; mais ce qui exaspérait surtout les contribuables, c'était l'inégalité de la répartition,
les vices criants d'un régime financier où les frais atteignaient jusqu'à 5o % de l'actif à recouvrer, enfin le gas-
pillage des ressources du pays au profit d'avides courtisans
et d'indignes favorites.

La remontrance demeura sans effet. D'ailleurs, les corps
judiciaires qui transmettaient et commentaient de semblables plaintes excédaient visiblement leur compétence.
Chargés d'enregistrer les édits fiscaux, c'est-à-dire d'affirmer
leur authenticité, ils n'avaient pas mission de les contrôler,
pas plus qu'un notaire appelé à certifier une signature au
bas d'un acte ne saurait s'arroger le droit de critiquer le
contenu du même acte. On sait où cette opposition systématique conduisit les parlements et comment, dix ans après, le
chancelier Maupeou y para d'un trait de plume, en suppri-
mant leurs offices.

Les exigences fiscales semblaient d'autant plus lourdes
que les années étaient mauvaises. En 1766, les légumes,
avariés par les gelées, manquèrent à peu près. On fit des
prières publiques pour obtenir la cessation des pluies, et,
lors du carême, l'évêque fut sollicité d'accorder la permission d'user d'aliments gras trois jours par semaine, « vu la
cherté du beurre et des œufs ». En 1768, des prières publiques eurent encore lieu le 3 septembre, et, en 1770, il y
eut disette de blé dans le Chalonnais (2).

Salomon ne vit pas la fin de ce trop long règne, dont les
abus et les scandales frayaient la route à la Révolution. Il
mourut le 4 août 1773. De son mariage étaient nés cinq
enfants, savoir :

1° Marguerite-Sophie, née le 5 juin 1728, qui eut pour
parrain Benoît Mouton, avocat, et pour marraine Marie-

(1) Archives de Saône-et-Loire, *fonds de Bourgogne*, F, 2.
(2) BB, 55, 56.

Magdeleine Disson, sa tante. Elle épousa en 1760 François
Rolland, né le 9 novembre 1741, à Chalon, de Jean-Baptiste,
maître cordonnier, originaire de Saint-Jean-de-Vaux, et
d'Anne Rigaud ; successivement procureur au bailliage,
défenseur officieux et avoué ; échevin en 1777-1779 ; rayé,
le 19 novembre 1793, de la liste des membres de la Société
populaire, à la suite d'un scrutin épuratoire ; élu, le 17 janvier 1794, membre du tribunal de conciliation ; nommé, le
14 mars 1802, juge de paix du canton sud de Chalon ; mort
le 23 février 1803, laissant les trois enfants qui suivent :

A). Anne-Marguerite, née le 11 novembre 1761, morte
avant 1800. Elle se maria le 27 août 1782 avec Jean Delacroix, procureur au bailliage, né le 31 octobre 1752 de Bonaventure, « bourgeois résidant au bourg de Branges [1] », et
de Jeanne-Marie Laurent. Les témoins furent, du côté de
l'époux, Pierre Commaret [2], avocat, et Philibert Lafouge [3],
procureur au bailliage. Le 17 février 1790, lors de la formation de la première municipalité constitutionnelle, Jean
Delacroix fut élu procureur syndic de la commune. Il s'acquitta de ces fonctions avec une intelligence et une activité
qu'atteste une délibération flatteuse du conseil général en
date du 7 juillet 1791. Aux élections des 10, 11 et 12 septembre suivant, il fut désigné le premier comme administrateur du district, et, le mois suivant, un autre choix l'appela à siéger en qualité de juge au tribunal. En 1793, alors
qu'il était vice-président du directoire du district, la Société

(1) Canton de Louhans.
(2) Né en 1748, à Montret (arrondissement de Louhans), de Jean et de
Pierrette Constantin ; avocat à Chalon en 1784 ; élu, le 2 septembre 1791,
président du tribunal criminel ; destitué et même arrêté en décembre 1793
pour cause de modérantisme ; élargi le 11 août 1794 et rétabli dans sa
présidence, qu'il exerça jusqu'en 1798 ; élu en avril 1799 député au Conseil
des Anciens par une assemblée scissionnaire dont les opérations furent
annulées ; nommé juge à Mâcon en 1800, magistrat de sûreté à Chalon en
1803 et président du tribunal de Charolles en 1811 ; mort en fonctions le
5 janvier 1822. Il avait épousé, le 24 mai 1785, Suzanne Chrétien, née en
1763, de Jean notaire à Chalon, et d'Anne Lafoy ; il en eut cinq fils et une
fille.
(3) Né le 8 mai 1747, à Chalon, d'Antoine, boucher, et de Pierrette Prin,
élu en 1788 procureur syndic adjoint et, le 1er juin 1790, secrétaire de l'administration départementale, juge de paix du canton nord de Chalon en
1794 ; mort le 1er février 1808.

populaire déclara, dans sa séance du 14 octobre, « qu'il n'avait pas la confiance des citoyens [1] ». Il donna aussitôt sa démission, qui fut acceptée le 4 novembre.

La réaction qni suivit la Terreur le ramena aux affaires, et, le 17 vendémiaire an IV (19 octobre 1795), il retrouva un siège au tribunal civil du département, Lors des élections législatives de germinal an VII (avril 1799), sa candidature présentait de grandes chances de succès ; mais une scission se produisit dans le corps électoral le 22 germinal (11 avril), à la suite de fraudes et de violences commises par les meneurs du parti avancé. 256 électeurs sur 464 se réunirent dans un local séparé et procédèrent à des élections. Le 26, Jean Delacroix fut désigné par 123 voix sur 210 votants pour entrer au conseil des Cinq-Cents. Ainsi que les six autres élus, il offrait par son caractère et ses antécédents de sérieuses garanties à la cause de l'ordre ; mais, en ce temps-là, comme d'ailleurs en d'autres, c'était plutôt un motif d'exclusion. Les Jacobins tenaient la corde, et une lettre de l'ex-législateur Garchery au ministre de l'intérieur explique leur succès par ces réflexions, qui, au bout de cent vingt ans, n'ont rien perdu de leur justesse :

Tout le monde sait que la masse peu éclairée et peu fortunée du peuple, réunie et délibérant des choix. est facile à égarer. Il ne faut que déclamer un peu contre le malheur des temps, lui parler de contributions, de réquisitions, de guerres, de nouvelles levées, s'apitoyer sur son sort, lui donner à entendre que les gouvernants sont les auteurs de la misère publique, que les « patriotes » seuls peuvent la faire cesser et ramener l'abondance et l'aisance générale. Avec quelques raisonnements dans ce sens, cinq ou six factieux coalisés dans la foule suffisent pour captiver l'opinion de la multitude.

On voit que, si les hommes changent, les procédés sont toujours exactement les mêmes. En présence de la décision des électeurs, il s'agissait de savoir de quel côté inclinerait le gouvernement. On ne tarda pas à être fixé. Le 28 floréal (17 mai), les opérations de l'assemblée scissionnaire furent annulées, et les candidats si faussement qualifiés « patriotes »

(1) Deuxième registre de la société, folio 357. Ce registre et le premier registre du comité chalonnais de salut public appartiennent à un particulier qui a bien voulu en donner communication à l'auteur de cette étude,

trouvèrent seuls place aux deux Conseils, que le 18 Bru_
maire balaya un peu plus |tard. C'était d'autant plus cho_
quant que quatre des élus dissidents avaient obtenu sensiblement plus de voix que deux des élus de l'autre assemblée.
On ne pouvait se moquer plus ouvertement d'une majorité.

Compris dans la réorganisation du Consulat, Delacroix
fut confirmé dans ses fonctions de juge par arrêté du 5 juin
1800. En 1809, il se vit appeler, sans aucune sollicitation
de sa part, à la présidence du tribunal de Mâcon, qu'il
exerça jusqu'en 1816. C'était un homme doux et modeste,
qui fit preuve en toute circonstance de sagesse et de capacité. De son mariage il avait eu quatre enfants : *a*) Jeanne-
Marie-Adélaïde, née le 6 août 1783 ; — *b*) Sophie, née le
29 novembre 1780, dont le parrain fut son oncle l'abbé
Pierre Delacroix, alors vicaire à Boyer (canton de Sennecey) (1), et la marraine sa grand'mère Rolland, née Marguerite-Sophie Cochon ; — *c*) François-Désiré-Bonaventure, né
le 28 janvier 1787, dont un fils fut successivement juge de
paix à Tramayes (1848), à Lugny (1851), à Verdun-sur-le-
Doubs (1856), à Louhans (1859) et, finalement, à Mâcon
(1868-1878) ; — *d*) Françoise-Claire, née le 5 avril 1788, qui
eut pour parrain André Prat, frère utérin de Jean Delacroix, et pour marraine Françoise Rolland, sa tante.

B). Françoise, née le 20 mai 1771 ; parrain, Joseph Clerc,
maître en pharmacie ; marraine, Françoise Disson, femme
Patuel, tante de l'enfant.

C). Philibert, né en 1772, marié avec N. Darassin. Il fut
nommé, le 6 messidor an V (24 juin 1797), bibliothécaire de
la ville, en remplacement de Jean-François Mielle, Minime
défroqué, qui avait été convaincu d'avoir détourné et vendu
à son profit des livres provenant des couvents (2) ; mais il ne

---

(1) Il fut ensuite curé de Verjux, canton de Verdun, refusa le serment
en 1792 et, ayant obtenu un passeport, se retira à Genève. Inscrit indûment
comme émigré sur la liste du 6 pluviôse an II, il ne parvint qu'en 1799 à s'en
faire rayer.

(2) Il avait été, du 31 mai au 31 décembre 1792, le premier président
de la Société populaire récemment formée, et, à partir du 27 février 1794,
adjoint au maire. Ayant jugé prudent de se faire oublier, il s'était retiré à
Paris en juillet 1797. L'année suivante, il s'associa à la reconstitution du
collège Sainte-Barbe, entreprise par Victor de Lanneau, et dirigea cet établissement avec lui jusqu'en 1801.

conserva pas longtemps l'emploi. Le coup d'État du 18 fructidor (4 septembre) eut pour conséquence l'élimination des fonctionnaires qui n'avaient pas donné de gages à la faction jacobine, et le jeune bibliothécaire fut remplacé à son tour, le 17 vendémiaire an VI (8 octobre), par un autre défroqué, Pierre Georgerat [1].

2° Philibert, qui suit, né le 11 septembre 1741.

3° Élisabeth, née le 19 décembre 1742. Elle paraissait si faible quand elle vit le jour, que le chirurgien accoucheur. Claude-Esprit Paccard [2], s'empressa de l'ondoyer. Ce ne fut qu'une alerte. Le lendemain, le baptême lui fut administré. Son oncle, Jean Disson, fut son parrain, et sa tante par alliance, Élisabeth Lardet, veuve de Philippe Cochon, sa marraine. Elle épousa, le 19 février 1770, François Bretin, avocat à Nuits, fils de François, commerçant en cette ville, et de Jeanne Sanois. Furent présents au mariage : Bretin père, Pierre Bretin, frère de l'épouse, Marguerite-Sophie Rolland, née Cochon, sœur de l'épouse, le docteur Philibert Cochon, son cousin, etc.

---

(1) Né à Beaujeu (Rhône) le 3 février 1726 ; d'abord pénitent du tiers ordre de Saint-François à Charolles, il était directeur du collège de cette ville, quand il fut élu, le 4 avril 1791, curé de Toulon-sur-Arroux et, à la suite de son refus, aumônier de l'hôpital de Chalon, enfin vicaire de la paroisse Saint-Vincent. Il devint, en 1793, président de la Société populaire, puis administrateur du district et, après le 9 thermidor, fut momentanément détenu comme terroriste. Le coup d'État de fructidor le remit en place. Nommé bibliothécaire, il opta, quinze jours après, pour un siège de juge au tribunal civil. Il mourut le 20 décembre 1798.

(2) Né en 1710 d'Étienne, maître chirurgien, et de Bernarde Dardelin ; marié en 1742 avec Élisabeth Josserand et en 1744 avec Pierrette Duvivier ; mort en 1780. Il était frère de François-Louis Paccard, avocat, dont le fils, Antoine-Marie, fut député à l'Assemblée constituante.

PHILIPPE 3e

Élu procureur syndic. — Ouverture de la foire. — Poursuites devant la chambre de police. — Abjuration de la famille Plantamour. — Denis Renaud. — L'ingénieur Gauthey. — Antoinette Cochon et l'œuvre des Dames de la Miséricorde. — La veuve Philippe Cochon en procès avec ses vignerons.

Philippe 3e du nom, né le 26 janvier 1697, et frère cadet de Salomon 4°, exerçait le double office de notaire et de procureur au bailliage. Il fut élu procureur syndic en 1727 et, comme tel, provoqua deux améliorations. Sur sa réquisition, l'assemblée municipale vota le remplacement de l'ancienne horloge de la ville, épuisée par de longs services, et il fut entendu que la nouvelle horloge ne se bornerait pas à sonner l'heure; elle sonnerait aussi les quarts et la demie. Une autre proposition non moins bien accueillie fut celle d'acheter une pompe à incendie et soixante seaux en cuir bouilli garnis d'osier. Les deux décisions reçurent, le 3 septembre 1727, l'approbation de l'intendant [1].

A partir de cette même année, l'ouverture de la foire de la Saint-Jean se fit avec un pompeux cérémonial. Le procureur syndic y figurait en robe de moire violette à larges manches, doublure et revers de taffetas, cravate à long rabat et chapeau bordé de fourrure [2]. Le maire et les échevins, costumés de même, partaient à cheval [3], avec lui, de l'hôtel de ville, le 26 juin, à huit heures du matin, et gagnaient l'esplanade de la Gloriette [4]. Là se dressaient de nombreuses loges où les tapisseries des Flandres, les soies d'Arras, les dentelles de Malines et de Valenciennes, les toiles de Rouen, les draps de Bruges, de Namur, de Limoges, de Toulouse, voisinaient avec les produits variés de la Bourgogne et du

(1) DD, 20.
(2) Il reste de Philippe Cochon un portrait à l'huile, qui appartient à un de ses arrière-petits neveux et où ce costume se trouve exactement reproduit, moins le chaperon.
(3) Cette équitation ne plaisait pas à tous les magistrats ; à partir de 1756, ils firent leur tournée en carrosse.
(4) En 1730, cette esplanade fut convertie en promenade et plantée d'ormes et de tilleuls alternés qui ombragèrent deux larges allées.

Lyonnais, pelleteries, futailles, orfèvrerie, poterie de cuivre et d'étain, etc. Un trompette et des sergents de mairie en habit bleu galonné d'argent, culotte et bas écarlates, précédaient le cortège. Parfois, le lieutenant général et le procureur du roi s'y joignaient et marchaient à la droite des officiers municipaux. On se rendait ainsi dans les quartiers assignés aux différents genres de marchandises, et là le maire faisait prêter aux jurés d'arts et métiers le serment d'examiner et apprécier consciencieusement ces marchandises. En revenant, les magistrats passaient sur la place Saint-André [1] et contournaient la fontaine avant de rentrer à l'hôtel de ville.

Philippe Cochon faisait partie du cortège en 1728; mais son rôle ne se réduisait pas à une promenade d'apparat. Les deux jours précédents, il s'était livré à une inspection préliminaire ; accompagné de l'étalonneur juré, il avait procédé à la vérification des poids et mesures. Le 26 juin, un incident, dont il fut témoin, se produisit au cours de la tournée municipale. Il était d'usage que les jurés des vanniers offrissent une baguette blanche à chaque membre du cortège. Quand le sieur Moutet, juré de la corporation, en eut donné une au lieutenant général, Claude Coulon, celui-ci, pour tout remerciement, l'en frappa sur la tête en disant : « Tiens, voilà pour t'apprendre à ne pas me servir le premier [2] ! » Ce geste brutal, dont la qualité de son auteur aggravait l'inconvenance, indigna l'échevin Vorvelle, qui protesta vivement et engagea Moutet à former une plainte [3].

La poursuite des contraventions aux règlements de police appartenait exclusivement au procureur syndic. Il relevait les tromperies sur la marchandise vendue, l'encombrement de la voie publique, les violences légères, les mauvais propos, etc. Il veillait également à la stricte observation du repos dominical. Diverses amendes furent ainsi infligées par

(1) Plus tard place de Beaune.
(2) HH, 4.
(3) Charles Vorvelle, né en 1688, avocat en parlement, juge-garde des entrepôts du sel en 1720, lieutenant des traites foraines en 1736, échevin en 1727-1731 et en 1752-1754, juge, de 1754 à 1771, de la seigneurie de Rosey ; élu en 1729 prieur de la confrérie de Saint-Yves, qui comprenait les magistrats, gradués et avocats du bailliage ; mort le 11 juillet 1776.

Philippe à des individus pour avoir pratiqué leur industrie ou même un travail quelconque pendant la grand'messe, au cordier Crestin pour avoir fait du boudin, au perruquier Hugon pour avoir poudré des perruques, au vinaigrier Alin pour avoir fait crier de la moutarde par son fils, etc. [1].

Des infractions d'une nature très différente fournissaient au procureur syndic l'occasion d'exercer ses talents oratoires. N'arriva-t-il pas un soir qu'un particulier, logé sur la rue de la Visitation, vida par sa fenêtre un certain vase, et qu'un autre fit le même geste rue de la Gravière ? Ces aspersions n'étaient pas seulement contraires à l'ordonnance de police qui défendait, sous peine d'amende, « de jeter ou faire jeter eau immonde, puante et vilaine, tant de nuit que de jour, par les rues, soit par fenestres, goullots ou autres conduits » ; elles avaient eu les plus regrettables conséquences. Comme le précisèrent les conclusions du procureur syndic, dans le premier cas, l'habit vert olive et le chapeau de Mᵉ Pierre Greuzard, notaire royal [2], avaient été entièrement gâtés, et de même, dans le second cas, la grande livrée de Bernard Gallier, cocher de Messire Quarré [3], seigneur de Mercurey, ancien conseiller au parlement de Bourgogne. Ce n'étaient pas là des méfaits isolés. Philippe eut encore à requérir contre un nommé Philibert Fernoux, « coutumier d'épancher ses urines par sa fenêtre entre neuf et dix heures du soir [4] ». Reste à savoir si une amende de 20 sols suffit à conjurer de nouveaux épanchements.

Les fonctions dont était revêtu Philippe l'exposaient quelquefois à des injures. Le 16 avril 1728, un boulanger nommé Jean Lefol, enfermé pour vingt-quatre heures dans la prison municipale, à raison d'une condamnation, vociférait : « Le procureur Cochon mérite son nom ; je le tuerai n'importe où ; n'ayant qu'une mort à faire, je lui logerai trois balles dans le ventre ; sinon, que le diable m'emporte corps et âme. » Et,

(1) FF. 23.
(2) En exercice de 1725 à 1733.
(3) Jean Quarré, seigneur de Livron, Mercurey, Etroyes, fils d'Abraham, conseiller au parlement, seigneur de Givry, Poncey, Corti ambles, Dracy, etc. et de Madeleine Bernard ; pourvu de sa charge le 21 décembre 1690 ; nommé conseiller honoraire en 1714.
(4) FF. 23.

comme il était juste que chacun eût son compte dans ce déballage, il ajouta : « L'échevin Vorvelle est un chien qui vendrait Dieu. » Le procureur syndic se pourvut devant le lieutenant criminel pour obtenir une réparation [1].

En cette année 1728 commença un procès qui greva singulièrement les finances de la ville. A l'occasion d'un concours organisé au mois d'août par les Chevaliers de l'Arquebuse et accompagné de réjouissances, joutes sur la Saône, danses publiques, feux d'artifice, etc., des cabaretiers, des rôtisseurs s'étaient établis sur le pâquier compris entre le canal de la Gloriette et la citadelle. La location de leurs places rapporta 48 livres, que toucha le receveur des deniers communaux. Le 28 août, Philippe avisa de cette recette les officiers municipaux réunis en conseil à l'hôtel de ville. Ce fut un bénéfice désastreux. Les Bénédictins de Saint-Pierre réclamèrent ces 48 livres comme ayant été perçues sur un terrain qui leur appartenait, attendu qu'il faisait partie du fonds dotal de leur ancienne abbaye, démolie pour la construction de la citadelle. La ville résista. Tout en reconnaissant aux religieux le droit de justice sur ce terrain, elle soutenait que le pâquier lui appartenait de temps immémorial. On plaida là-dessus pendant seize ans. Ce qu'il se consomma

> De dits, de contredits, enquêtes, compulsoires,
> Rapports d'experts, transports, et d'interlocutoires,

échappe à tout calcul. Déboutés de leurs prétentions le 7 juin 1732, par une sentence du bailliage, les Bénédictins en appelèrent au parlement qui, par arrêt du 11 juillet 1746, leur donna également tort. La municipalité triomphait ; mais ces multiples instances lui avaient coûté cher. Son avocat, Me Nicolas Bataillard [2], lui réclamait cinq mille livres pour la rédaction de plusieurs mémoires. Il est vrai que, dans dans celui de 1732, il avait évoqué les souvenirs de la Rome des Césars, des rois de Bourgogne et même des conciles tenus dans « l'illustre Orbandale ». La municipalité trouva

_____

(1) FF, 10.
(2) Échevin en 1729-1300 ; marié avec Marguerite Lévesque, dont une fille, Marie, qui épousa, le 24 février 1756, Jean-Baptiste Sancy, avocat, échevin en 1770-1772, député en 1789 à l'Assemblée constituante.

la note au-dessus de ses prévisions et offrit trois mille livres ; seulement, quand il s'agit de les verser, elle s'aperçut que sa caisse sonnait le creux. Assignée par Bataillard, elle en fut encore pour 750 l. 11 s. de frais. Si elle sortit de ses embarras, ce fut grâce au bon vouloir de l'intendant, qui l'autorisa à prélever le montant de ces dépens sur le produit des octrois revenant à l'État[1].

Philippe fut échevin de 1734 à 1736. Comme notaire il figura en 1737 dans une cérémonie religieuse. L'ancienne famille chalonnaise des Plantamour appartenait au culte réformé. En 1735, Jean-Baptiste Plantamour avait abjuré à son lit de mort, ainsi qu'en témoigne son acte de sépulture. Deux ans après, sa vieille tante abjura de même *in extremis*. Ainsi que pour Jean-Baptiste, un procès-verbal de cet acte fut dressé et inséré avant l'acte de sépulture. Deux témoins avaient été appelés par l'autorité ecclésiastique en vue d'établir le libre consentement de la mourante. L'un était Philippe Cochon, l'autre Guillaume Michelin, également procureur et notaire. L'acte d'abjuration fut dressé comme il suit[2] :

Je soussignée Plantamour, fille majeure, âgée d'environ quatre-vingt-deux ans, contrite et humiliée de cœur, je reconnais et confesse, en présence de la Sainte-Trinité, de toute la Cour céleste et de tous ceux qui sont icy présens et témoings, que j'ai péché mortellement en m'attachant aux hérétiques et en croyant leurs hérésies et particulièrement celle de Calvin. Mais aujourd'huy, par la grâce de Dieu, rentrant en moy même, je condamne, j'abjure, je maudis et anathématise librement, de mon plein gré, de mon propre mouvement, sincèrement et de tout mon cœur, les susdites hérésies et toutes autres, quelles qu'elles soient et puissent être. Je professe, suis et veux mourir dans tous les sentiméns de l'Église romaine. Je confesse de cœur et de bouche et promets que, dans la suite et toujours, je conserveray sincèrement la même foy que la Sainte Église romaine tient, garde et enseigne journellement, promettant et jurant tout ce que je viens de dire et prononcer. Dieu me soit en aide et ses saints Evangiles.

Suit le certificat de l'abjuration :

[1] FF, 81.
[2] GG, 23.

L'an 1757, le 17 janvier, jour que l'Église solennise la fête de Saint Antoine, confesseur abbé, sur environ neuf heures du matin, dans la chapelle Notre-Dame-de-Pitié de l'église paroissiale et collégiale de Saint-Georges, en présence de Mes Philippe Cochon et Guillaume Michelin, tous les deux procureurs et notaires au bailliage de Chalon, et d'une nombreuse assemblée, je soussigné docteur en théologie, curé de Saint Georges, déclare que lad. dllo Plantamour, fille majeure, demeurant sur la paroisse, âgée d'environ quatre-vingts ans, a renoncé aux erreurs de Calvin et toutes autres, ayant fait entre nos mains l'abjuration ci-dessus et, après en avoir reçu l'absolution, s'étant sincèrement reconnue et confessée de ses péchés dont elle a pareillement reçu l'absolution, paroissant contrite, humiliée et repentante de ses erreurs et fautes, — nous avons dit la Sainte Messe et offert le redoutable sacrifice de nos autels, pendant lequel, après différens actes de retour à Dieu, ayant reconnu, dit hautement et publiquement que J. X. Nre Seignr étoit présent sur nos autels et que son corps, son sang, son âme et sa divinité étoient sous les espèces du pain et du vin par la vertu des parolles de la consécration que le prêtre prononce à la Ste Messe, nous luy avons donné le Corps admirable du fils de Dieu, qu'elle a receu en communiant avec beaucoup de piété et des sentimens pleins de religion et à l'édification d'un grand concours de peuple. En foy de quoy et de tout ce que dessus j'ay signé avec les témoings cy-dessus dénommés. [Signé] BRUNET, curé de Saint-Georges, COCHON, MICHELIN.

La famille Plantamour ne s'arrêta pas dans la voie des abjurations. En 1738, Philippe-Désiré Plantamour, fils de Philippe, « conseiller privé du roi de Pologne Auguste II », renonça de même au calvinisme en l'église de Saint-Jean-de-Maisel, et en 1743, Madeleine Guyon, Suissesse d'origine, veuve de Jean-Baptiste Plantamour, suivit l'exemple donné par son mari.

Philippe Cochon eut un jour à verbaliser contre les Jésuites. Comme il a été rapporté ci-dessus, des délibérations du conseil de ville, en date des 23 décembre 1655 et 28 mai 1731, avaient imposé à ces religieux l'obligation de faire représenter une pièce de théâtre avant la distribution des prix. Ils s'en abstinrent en 1737, et ce fut Philippe qui en prit acte le 22 juin [1].

Il mourut le 4 septembre 1738, « après avoir — porte l'acte de sépulture — reçu avec édification les sacrements

(1) FF, 98.

de l'Église ». Il avait épousé en 1722 Élisabeth Lardet, fille de Vivant, maître boulanger, et de Magdeleine Vernardet, et en avait eu les cinq enfants ci-après :

1° Magdeleine, née le 23 février 1723 ; parrain, Salomon Cochon, son oncle ; marraine, Magdeleine Lardet, née Vernardet, sa grand'mère. Elle fut elle-même marraine, le 19 mai 1732, de Vivant-Denis Lardet, fils tardif de cette grand'mère. Le 30 septembre 1767, elle épousa Denis Renaud, avocat en parlement et propriétaire d'un domaine à Bissey-sous-Cruchaud (canton de Buxy), fils de Pierre, bourgeois de Bosjean (arrondissement de Louhans), et de Françoise Chevrot. Au contrat signèrent son oncle Salomon et son cousin germain le docteur Philibert ; ses sœurs, Suzanne et Antoinette, et un cousin, Émiland-Marie Gauthey, sous-ingénieur des ponts et chaussées, propriétaire lui-même d'une petite maison de campagne à Bissey.

Ce dernier allait devenir une des plus éminentes personnalités de la province. Il appartenait à une famille d'origine écossaise que l'occupation anglaise, au XV° siècle, avait amenée et fixée en Bourgogne. Né le 3 décembre 1732, à Chalon, sur la paroisse de Saint-Jean-de-Maisel, de Pierre, docteur en médecine, et de Louise Lafouge (1), il fut d'abord professeur de mathématiques à l'école des ponts et chaussées, où il avait fait ses études sous la direction de Perronet, puis, à partir de 1758, sous-ingénieur et enfin, le 29 juillet 1782, ingénieur en chef de la province de Bourgogne. On lui doit le beau pont de Navilly, l'église de Givry, où s'accuse l'influence de Soufflot, le gracieux hôtel de ville de Tournus, achevé en 1778, le palais des États, à Dijon, etc. ; mais son œuvre la plus importante est le percement du canal du Centre, qui, joignant la Loire à la Saône sur un parcours de 116 kilomètres, réunit le bassin de l'Atlantique à celui de la Méditerranée. Il en dressa le projet à ses frais dès 1779. La compagnie chargée de l'entreprise ne trouva pas alors les fonds nécessaires, et il fallut attendre l'année 1783 pour commencer les travaux. Gauthey les dirigea

______

(1) Il eut pour parrain Émiland Lafouge, fils de N. Lafouge, receveur au grenier à sel, et pour marraine Marie Fournier, petite-fille de Philippe Cochon, premier du nom.

constamment, avec autant de ténacité que d'intelligence, et
eut la satisfaction de les voir heureusement terminés en
1791. Au mois de janvier 1793, le canal fut mis complètement en eau et, l'hiver suivant, ouvert à la navigation.

Dès le début, les États de Bourgogne avaient demandé
pour lui au ministre Amelot et au prince de Condé des lettres d'anoblissement et le cordon de Saint-Michel, ordre
spécial qui ne comptait qu'une centaine de titulaires et qui
était réservé aux représentants des sciences et des arts.
A cette requête Amelot répondit que, le roi ayant déclaré
sa volonté de ne conférer l'ordre qu'à des personnes jouis-
sant de la noblesse transmissible, il importait que Gauthey
fût au préalable anobli. Il se disait prêt d'ailleurs à soutenir
au conseil cette demande d'anoblissement. L'affaire traîna
en longueur. En 1786, le baron de Breteuil, alors ministre
de la maison du roi, promit de faire bientôt un rapport à ce
sujet; mais le vœu des États rencontra une nouvelle exception dilatoire. Le roi décida que la demande ne recevrait de
solution qu'après l'achèvement des travaux du canal. « S. M.,
écrivait le ministre, examinera ainsi jusqu'à quel point les
services du sieur Gauthey pourraient, sans qu'il en résulte
d'inconvénient, mériter une grâce qu'il est de règle de
n'accorder qu'à un très petit nombre de personnes employées dans les ponts et chaussées du royaume [1] »; mais
quand les travaux touchèrent à leur terme, on était en
pleine révolution, et l'heure avait passé des anoblissements
et des croix de Saint-Michel.

Créé en 1791 inspecteur général des ponts et chaussées,
Gauthey remplit ces fonctions jusqu'à sa mort, survenue le
15 juillet 1806. Une rue de Chalon porte son nom, et l'obélisque de la place de Beaune, érigé à l'extrémité de ce qui
fut le bassin central avant l'établissement du chemin de fer,
commémore l'achèvement de sa grande entreprise.

Denis Renaud n'eut pas d'enfants et mourut en juillet
1792. Il avait testé le 10 juin 1787 et complété ses dernières
volontés par un codicille, daté du 30 mai 1791, au profit de

____

[1] Archives de la Côte-d'Or, C. 3356, 3357 et 3365. Au 1er janvier 1789,
l'ordre de Saint-Michel comptait 90 chevaliers, dont 4 seulement, Perronet
entre autres, appartenaient au corps des ponts et chaussées.

sa petite nièce Thérèse Montarlot et en présence de deux témoins dont l'un fut l'ingénieur Gauthey. Sa femme lui survécut jusqu'en 1817. Le 19 mai 1800, elle avait fait donation, avec réserve d'usufruit, à son cousin le docteur Philibert Cochon, du domaine de Bissey, qui lui avait été légué, ainsi que de fonds à Saint-Désert et à Granges, qu'elle possédait indivisément avec sa sœur Suzanne, associée à sa libéralité :

2° Philibert, né le 21 février 1724 ; parrain, Philippe Delacroix, bourgeois ; marraine, Suzanne Cochon, sa tante. Mort jeune.

3° Suzanne, née le 17 mars 1725 ; parrain, Pierre Dorey, maître boulanger ; marraine, Suzanne Cochon ;

4° Marie, née le 22 mai 1726 ; parrain, Jean-Baptiste Gras, procureur au bailliage [1] ; marraine, Marie Gauthey, fille de Philibert, notaire [2] ; morte sans alliance le 15 août 1809 ;

5° Antoinette, née le 10 mars 1727 ; parrain, Claude Gacon, procureur au bailliage [3] ; marraine, Antoinette Amiot, femme de Pierre Demontherot, aussi procureur [4]. Elle ne se maria pas et consacra sa vie au soutien d'une œuvre de bienfaisance. On sait qu'en 1623 saint Vincent de Paul, revenant de Marseille, où il avait étudié la condition des forçats et non, comme certains l'ont prétendu, pris volontairement la chaîne de l'un d'eux, avait séjourné trois semaines à Mâcon et organisé une association charitable qui servit de type à d'autres associations similaires en vue de soulager les pauvres, surtout ceux qu'on dénomme pauvres honteux [5]. Ce fut le but que se proposèrent, à partir de

(1) Échevin en 1730-1732.
(2) En exercice de 1700 à 1731.
(3) Échevin en 1738-1740 et 1751-1753.
(4) Échevin en 1725-1727. On trouve avant lui Jean Demontherot, échevin en 1684-1685, Joseph en 1694-1695, et, après lui, Charles en 1728-1731, 1747-1751. Armoiries : *d'azur, à un chef de gueules.*
(5) On lit dans une lettre de saint Vincent de Paul à Mme Le Gras, née Louise de Marillac, sa digne auxiliaire, canonisée le 13 mai 1920 : « Quand j'établis la Charité à Mâcon, chacun se moquait de moi ; on me montrait au doigt par les rues, croyant que je n'en pourrais jamais venir à bout ; et quand la chose fut faite, chacun fondait en larmes de joie, et les échevins de la ville me faisaient tant d'honneur au départ que, ne le pouvant porter, je fus contraint de partir en cachette pour éviter cet applaudissement. »

1636, les Dames de la Miséricorde. L'association chalonnaise, administrée par un comité de vingt et une dames, comprenait une présidente, des conseillères et des distributrices, auxquelles s'adjoignait un receveur-trésorier, De 1778 jusqu'à sa mort, Antoinette Cochon remplit l'office de distributrice avec une inlassable activité. La Révolution apporta le trouble dans l'œuvre comme partout ailleurs. Le receveur-trésorier était alors Pierre Canat [1], avocat en parlement et, depuis le 30 novembre 1778, juge bailli du marquisat de Sennecy. L'émigration de deux de ses fils lui valut d'incessantes persécutions, consignation à domicile pendant le dernier trimestre de 1792, saisie de meubles, mise sous séquestre, deux mois de détention au printemps de 1793, réincarcération au 11 octobre de la même année, emprisonnement aussi de sa femme, née Marie-Claudine Balay, qui ne prit fin que le 14 novembre 1794 [2]. Pendant sa détention, ce fut Antoinette qui géra seule les finances de l'association.

Les convoitises administratives ne tardèrent pas à se manifester. Le 21 avril 1793, la Société populaire arrêta qu'il y avait lieu de s'informer « de l'emploi que faisait la citoyenne Cochon des deux mille francs par an destinés à soulager les infortunés [3]. » C'était un avertissement Antoinette en tint compte et distribua aux pauvres presque tout l'argent qui lui restait en caisse. Rien n'était plus à propos, car elle reçut un jour la visite de commissaires du district, qui lui signifièrent d'avoir à se dessaisir des titres et capitaux appartenant « à la cy-devant congrégation des Dames de la Miséricorde ». La qualification de l'œuvre était volontairement inexacte; personne ne pouvait ignorer que la société se composait uniquement de femmes du monde presque toutes mères de famille et ne constituait à aucun

---

(1) Né en 1730, à Chalon, de Charles, avocat, et de Claudine Gauthey ; marié le 3 juillet 1758 ; élu trésorier de la Miséricorde le 17 juin 1787. Son troisième fils fut vice-président du tribunal de Chalon et père d'Étienne-Marcel Canat, archéologue distingué, qui releva le nom de Chizy, précédemment porté par une branche éteinte de la famille. Un frère de ce dernier, Paul (1824-1904), a laissé des descendants. Armoiries : *d'azur, semé de croissants d'argent, coupé de gueules, à une chausse-trape d'or.*

(2) Deuxième registre de la Société populaire, fol. 157.

(3) Cf. *Notice historique sur l'association des dames de la Miséricorde*, par Henri Battault, Chalon, 1878, pp. 133-151.

titre une congrégation. Antoinette fit la sourde oreille et ne livra rien. Cette abstention lui attira, le 5 mars 1794, une seconde visite, celle des officiers municipaux, désireux de s'emparer des contrats de rente et de confisquer l'argent des pauvres. Ils trouvèrent peu de chose et, rentrés à l'hôtel de ville, dressèrent le procès-verbal suivant de leur glorieuse expédition :

Cejourd'hui 15 ventôse an II de la République une, indivisible, démocratique, les citoyens officiers municipaux de la commune de Chalon soussignés, assistés du citoyen secrétaire de la municipalité, savoir faisons qu'en vertu de la délibération du conseil général de ce jour, nous étant transportés chez la citoyenne Cochon, distributrice des aumônes sous le titre des ci-devant dames de la Miséricorde, rue de la Constitution, nous lui avons demandé en quoi consistaient ces aumônes et comment s'en faisait la distribution, s'il y avait des fonds affectés auxdites aumônes. Il nous a été répondu avoir une constitution de rente de 1000 livres sur les citoyens Cochet et Roche, souscrite au profit des pauvres de la Miséricorde le 10 frimaire an II de la République ; une autre au capital de 600 livres, souscrite par le citoyen Tisseyre chez Grassot, notaire ; que les distributions d'aumônes en sont faites sans inscription aux pauvres honteux et sur la délibération verbale des Sœurs de la Miséricorde ; que ladite citoyenne Cochon a reçu un remboursement du citoyen Narjoux de la somme de 700 livres qui ont été employées au soulagement des pauvres ;

Attendu que le citoyen Canat, receveur de cette aumône, est actuellement en état d'arrestation et qu'elles n'ont aucuns titres entre mains et aucuns fonds ; qu'il ne leur reste dudit remboursement que 96 livres, qui ont été déposées entre les mains desdits officiers municipaux, ayant déclaré n'avoir aucune autre somme en leur puissance et que le citoyen receveur n'a point rendu de compte depuis les environs de Pâques 1792. En foi de quoi, etc.

Enfin c'était toujours 96 livres extorquées à l'œuvre et volées aux pauvres. Sans se soucier de ces ineptes tracasseries, Antoinette continua à secourir secrètement les malheureux et, quand, en 1795, l'œuvre se reconstitua peu à peu, elle en demeura l'auxiliaire toujours dévouée. Elle mourut à Chalon, Grande Rue, le 17 février 1797.

Élisabeth Lardet, veuve de Philippe Cochon, eut affaire à deux débiteurs récalcitrants, les frères Claude et Jean

Douhairet, vignerons à Mortières, paroisse de Moroges. Comme ils négligeaient de lui payer les arrérages de quatre contrats de rente et, en outre, le fermage des terres et vignes situées sur Saint-Desert, elle dut en venir à une saisie. Quand l'huissier Antoine Chaussier se présenta, le 3 novembre 1747, à Mortières, Claude Douhairet refusa nettement de s'acquitter de sa dette. Là-dessus l'huissier, désireux d'assurer un gage à sa cliente, descendit à la cave, où il trouva un sieur Labry, qui le somma de se retirer. Vainement excipa-t-il de son mandat : « A l'instant, — porte son procès-verbal, — ledit Labry, avec le fils aîné dudit Douhairet, maurois pris et maurois jetté contre un tonneau, lequel maurois talé la cuisse si fort que j'en estois boitteux et qu'elle est meurtrie, suivant que je l'ay fait examiner aux tesmoins et maurois fait du sang dans la main. Et maurois tiré des violences hors de la cave et ledit Labry se seroit emparé de la clef et, que, sans le secours de mes tesmoins, il maurois peut-être laissé sur place, raison pourquoy j'ai esté obligé de me retirer avec mes assistans .. » L'affaire s'engageait mal ; elle se termina pourtant à l'amiable. Le 15 avril 1748, par contrat reçu Laurent, notaire à Givry, Claude Douhairet céda à sa créancière quelques petits fonds sur Saint-Desert et Moroges, dont la valeur se compensa avec le montant de sa dette.

<hr>

PHILIBERT

DOCTEUR EN MÉDECINE

Mandrin en Bourgogne. — Chalon pendant la Révolution. — Plantation d'un arbre de la liberté. — Fête de l'Etre suprême. — Réaction thermidorienne. — Le représentant Boisset. — Manœuvres du Directoire pour fausser les scrutins. — Habitudes et goûts du docteur Philibert. — Le théâtre. sous la Révolution. — L'état du département à la veille du 18 brumaire. — Mort de Philibert.

Philibert Cochon, né le 11 septembre 1741, à Chalon, de Salomon, apothicaire, et d'Anne Disson, eut pour parrain son oncle Philibert Disson, trésorier des troupes, et pour marraine sa tante Anne Cochon, fille de Philippe 2e. Il assista dans son enfance à une véritable panique. Le 11 décembre 1754, ordre fut donné à tous les habitants de s'armer et de s'assembler au premier appel de la générale et du tocsin [1]. Ce qui avait provoqué l'alerte, c'était la nouvelle de l'entrée de Mandrin en Bourgogne. Au sortir de Seurre, où il avait pillé le bureau des fermes, le célèbre contrebandier était arrivé à Beaune, le 18 décembre, vers midi, à la tête d'une soixantaine de cavaliers, et, après avoir tué ou blessé plusieurs bourgeois qui essayaient une défense, il s'était fait remettre par le maire une somme de 20.000 livres, dont il lui donna gravement reçu, non sans avoir vidé une bouteille de son meilleur vin et trinqué avec lui. Il partit, avant quatre heures, dans la direction de Chagny, mais près de Corpeau, il changea brusquement de route, passa la nuit à la Rochepot et fila dès l'aube sur Autun, où il entra sans coup férir et allégea de 9.000 livres les caisses publiques. Sachant que des troupes étaient à sa recherche, il quitta la ville assez vite. La fatigue de ses hommes l'obligea toutefois à s'arrêter à Brion [2]. Le lendemain matin 20 décembre, les détachements envoyés contre lui et empruntés aux régiments de Fischer et de Bauffremont l'atteignirent au hameau de Guenand [3]. La soudaineté de leur attaque le contraignit à prendre la fuite, laissant sur le carreau une douzaine d'hommes et quarante-deux chevaux. Chalon en fut quitte pour la peur. Au reste, les rafles du légendaire « capitaine général des contrebandiers de France », comme il s'intitulait, touchaient à leur terme. Trahi par l'un des siens le 10 mai 1755, découvert sous un amas de fagots à Rochefort-en-Novalaise [4], il fut emmené à Valence, condamné à mort le 24 et roué vif le 26.

Reçu maître ès arts libéraux le 20 juillet 1760 à l'université d'Avignon et, en 1762, docteur en médecine à la faculté de Montpellier, Philibert Cochon épousa, le 30 octobre 1768, Anne Desaint, née le 17 décembre 1733, à Chalon, de Claude, imprimeur-libraire, et de Claudine Michelin. Leur avoir

---

(1) BB, 64.
(2) Canton de Mesvres, arrondissement d'Autun.
(3) Commune de Brion.
(4) Canton de Montélimar (Drôme).

réciproque était modeste. Suivant le contrat reçu le 29 par
François Salomon, notaire, l'époux apportait un capital de
8.000 livres et une bibliothèque estimée 300 livres ; l'épouse,
une dot de 10.000 livres, dans laquelle était comprise pour
2.000 livres la valeur de son « troussel », plus des « bagues
et joyaux » estimés 600 livres.

Aucun événement notable autre que la naissance de cinq
enfants ne marqua les vingt premières années du ménage ;
tout au moins les traditions de famille n'en ont point conservé le souvenir. Le 7 mars 1789, le docteur fut élu, avec
son confrère Charollois, député de la corporation des médecins et, le 1er novembre, membre d'un conseil provisoire en
attendant l'organisation de la municipalité. Il traversa la
Révolution à peu près sans encombre. Les Chalonnais suivaient le mouvement ; mais leur naturel, où le bon sens
s'alliait à une bienveillance innée, répugnait aux excès.
Chez eux, l'effervescence révolutionnaire se traduisait surtout en déclamations dans les clubs. On prêtait des serments
solennels de haine à la tyrannie, on se laissait aller à de
naïfs attendrissements devant les arbres de la liberté, on
s'asseyait à des banquets civiques assaisonnés de chansons
plus ou moins patriotiques ; mais ce qui caractérisait l'opinion dans les six premiers mois de la Constitution républicaine, c'était une sincère aversion contre les fauteurs de
désordre. Les occasions de l'exprimer ne manquaient pas.
Le 21 septembre 1792, le conseil du district signalait des
actes de brigandage intolérables. Les gardes nationaux de
Fontaines, par exemple, se portaient dans différentes communes sous prétexte d'abattre les girouettes, qu'ils considé-
raient comme des signes de féodalité. Ils s'introduisaient
ainsi dans les maisons et perquisitionnaient surtout à la
cave. Au début de ces expéditions, ils buvaient le vin sur
place, mais ils jugèrent bientôt plus avantageux de le faire
amener à Fontaines, où ils le lamperaient à loisir. Le 4 octobre, autre plainte au conseil du département. Cette fois,
c'étaient les grenadiers cantonnés à Chalon qui maltraitaient
les vendeurs du marché et pillaient leurs étalages. Ils
s'étaient aussi rendus à Saint-Germain-du-Plain, un jour
de foire, et y avaient commis « des excès de tout genre »,

menacé même « de couper des têtes ». L'administration du
district déplorait ces méfaits et, aux réunions de la Société
des Amis de la Liberté et de l'Égalité, plus simplement
Société populaire, des manifestations se produisaient contre
Robespierre, que ses membres traitaient de conspirateur [1],
contre Marat et Danton, qu'ils accusaient également « d'être
de concert avec quelques autres fauteurs pour porter dans
les départements la division et l'anarchie ». Le 27 décembre,
une adresse en ce sens était délibérée par le conseil général
du département et envoyée à la Convention. « Notre confiance est en vous, y lisait-on. Les Marat, les Robespierre
se sont acquis non seulement notre souverain mépris ; bien
plus, ils nous sont en horreur ; bien plus, nous osons dire
qu'ils sont indignes d'être parmi vous... » Et les signataires
s'offraient, eux et leurs administrés, à prêter leur concours
pour l'expulsion des deux brebis galeuses. Cette hostilité
s'accentua au point que la Société populaire décida à l'unanimité qu' « elle suspendait toute correspondance avec les
Jacobins de Paris jusqu'à la radiation de plusieurs membres
de leur société, tels que les Marat, Robespierre et leurs
partisans ». Et le 28 avril 1793, comme un Jacobin de
passage, introduit dans la salle, « se répandait en éloges
pompeux sur Marat », un grand tumulte éclatait, et l'auteur
de ce panégyrique, lestement empoigné, était traîné au
district.

Les sautes de vent sont parfois brusques. Celle qui se
produisit dans l'esprit de la Société populaire fut d'une
soudaineté déconcertante. Dès le 13 du même mois d'avril,
la Convention avait décrété Marat d'accusation pour provocation au pillage et au meurtre, attentat à la souveraineté
populaire, etc. Le 24, l'Ami du peuple se présenta au tribunal révolutionnaire et bénéficia d'un acquittement. Une
couronne fut posée sur sa vilaine tête ; des citoyens réfractaires au dégoût le prirent sur leurs épaules, et ce fut dans
cet appareil qu'il fit son entrée à la Convention. Le dénouement du procès fut accueilli avec un enthousiasme imprévu

---

(1) A la séance des Jacobins, du 11 novembre 1792, « la société de Chalon-
sur-Saône se plaint que la Société appuie le conspirateur Robespierre ».
(AULARD, *La Société des Jacobins*, t. IV, p. 473.)

par la Société populaire de Chalon et, le 8 mai, tout juste dix jours après la manifestation du 26 avril, elle délibéra l'envoi d'une lettre « au citoyen Marat pour lui témoigner la satisfaction de la Société sur la victoire qu'il a remportée sur ses ennemis ». Elle décida en même temps qu'au lieu du journal de Brissot, *Le Patriote français*, elle souscrirait désormais à celui de Marat. Ce ne fut pas pour longtemps ; le 13 juillet, le couteau de Charlotte Corday coupait court à la publication et, le 10 août, la Société, douloureusement affectée, votait l'achat d'une couronne « pour honorer les cendres du vertueux Marat jusqu'à ce qu'elle eût pu se procurer son buste [1] ». Le même jour, elle instituait un comité de surveillance composé de cinq membres. Si elle négligea d'acheter le buste, le culte de Marat n'y perdit rien. La municipalité avait eu la même pensée et, le 20 frimaire (30 novembre), elle invitait le comité à se rendre à la maison commune « pour assister à l'inauguration des bustes de Brutus, Marat et Pelletier [2] ».

Déjà une fête civique avait eu lieu. Le 25 brumaire (15 novembre), la Société populaire avait célébré la plantation d'un arbre de la Montagne. Il faut emprunter le récit de cette manifestation au compte rendu original, dont il convient aussi de respecter l'orthographe. Tous les sans-culottes s'étaient coiffés du bonnet rouge, « cette emblème de la liberté ». Ils n'étaient pas les seuls :

Les citoyennes affiliés à la Société n'ont pas montré moins d'ardeur, et on les a vus, ceintes de bonnet tricolore [3], accompagner et embelir le cortège ... On s'est mis en marche au son de la caisse et d'une musique nombreuse, et l'on est arrivé sur la

---

(1) Deuxième registre de la Société, fol. 396.
(2) Le Peletier de Saint-Fargeau.
(3) Le 20 septembre, la Société populaire avait réclamé de la municipalité un arrêté « qui forcerait les citoyennes de la ville à porter la cocarde tricolore et qui proscrirait les rubans verts et violets » (2ᵉ registre, fol. 330). Le lendemain même, un décret de la Convention, rigoureux jusqu'à l'extravagance, imposait le port de la cocarde à toutes les femmes. La première fois qu'une d'elles serait trouvée sans cocarde, elle serait punie de huit jours d'emprisonnement ; la seconde fois, elle serait regardée comme suspecte et enfermée jusqu'à la paix. Enfin, dans le cas où une femme arracherait la cocarde d'une autre, elle serait condamnée à dix ans de réclusion. (*Moniteur* du 23 septembre.)

place de la Révolution, lieu désigné pour la plantation de l'arbre ;
les cris de Vive la Montagne, Vive la Convention, Vive la République, ont retenti pendant toute la marche, et c'étoit à qui chan-
teroit le plus de couplets patriotique ; enfin la joie a été général,
et chacun a rit, jusqu'à l'aristocrate ; mais on a su cependant dis-
tinguer les ris du cœur de la grimace de la bouche ; nous ne nous
y laisserons pas prendre.

Arrivé sur la place, la troupe a formé le bataillon quarré et
l'arbre majestueusement élevé au bruit de l'artillerie et des acclamations du peuple. Pendant que des jardiniers républiquains
recouvraient l'arbre chéri d'une terre qu'ils arrosoient des larmes
de joie qui tomboient de leurs yeux et de la sueur qui découloit
de leurs visages, des flames qui s'élevoient jusqu'aux nûe annon-
çoient qu'on bruloit deux voitures de titres féodaux. La journée
du 10 août en ayant déjà vu bruler autant, nouveau cris de joye
à l'aspect de ce bucher antiféodal. Nouvelles acclamations de
Vive la Montagne, Vive la Convention ! Législateurs, Montagnards dont nous avons célébré la fête, que n'en avez-vous été
les témoins !

La cérémonie achevé, on s'est remis en marche, toujours en
chantant, et l'on est allé saluer par des décharges d'artillerie
l'arbre de la Liberté, celui de la Réunion. Ici le maire Pion [1],
monté sur la palissade qui garantit cette arbre, le serrant contre
son cœur et montrant au peuple la verdure dont ses branches
sont encore couvertes, a fait un discours par lequel, en appelant
la surveillance à l'égard des ennemis du dedans, il recommande
l'union entre les patriotes, seulle faisant notre force, nous ren-
dant invinsible. « C'est sous le vocable de l'union, a t-il dit, que
l'arbre que j'embrase a été planté, et il a bien repris. Quelle
bonne augure pour celui que nous venons de planter ! Jurons de
le deffendre jusqu'à la mort. » Mil voix se sont aussitôt fait entendre et ont porté à la Montagne le serment que nous avons
tout fait de lui rester fidel.

La Société regagne ensuite le siège de ses séances. Des
membres chantent « des couplets que le Dieu de la liberté
leur a inspirés » ; d'autres discourent ; finalement :

Un membre rappelle à la Société un crime énorme qui a été
commis, il y a quatre ou cinq mois, au sujet d'un arbre que les
sans-culottes avaient déjà planté à l'honneur de la Montagne et
que des scélérat ont coupé ; il a demandé non-seulement qu'on
juré de nouveau de défendre celui qui a été planté aujourd'hui,
mais qu'on fasse serment de rechercher de nouveau et de dénon-

____

(1) Nommé maire, le 4 novembre 1793, par arrêté de Reverchon, et
remplacé le 10 novembre 1795.

cer et de livrer au tribunal révolutionnaire les impies qui ont porté une main sacrilège sur le premier, ce qui a été fait...

L'arbre planté le 5 novembre ne suffit pas à satisfaire l'enthousiasme populaire. Le 8 germinal an II (28 mars 1794), les « citoyénnes patriotes » se présentèrent au comité de surveillance et déposèrent sur le bureau « un arbre haut d'environ six pieds, placé sur une montagne artificielle faite avec autant de goût que d'habileté, environnée de figures de guerriers avec un petit étendard tricolore ». Une jeune citoyenne demanda la parole et débita avec un beau sérieux le discours suivant :

Citoyens, des maux sans nombre, des trahisons affreuses menaçaient de plonger dans le chaos le chef-d'œuvre du génie humain, la République française. Nos braves montagnards, toujours occupés du soin de conserver et perfectionner leur ouvrage, ont aperçu l'écueil. Au moment même où ils dévoilent ces horribles complots aux yeux de l'univers étonné, les traîtres sont saisis, démasqués et sur le bord de la tombe. Prêtres orgueilleux, nobles insensés, ambitieux de tous les États, voilà votre destinée ! Tous vos projets s'évanouissent comme une vapeur au lever du soleil et disparaîtront avec vous. Montagne, sainte Montagne à jamais précieuse à tous les bons Français, gloire te soit rendue à perpétuité. Pardonne à nos faibles mains d'avoir osé tracer ton image. Notre intention est bonne, elle est pure, tu la sanctionneras. Nous voulons en décorer l'auguste enceinte où douze de tes enfants, l'élite de nos braves sans-culottes, veillent par tes ordres à l'épurement et à la sûreté de ces cantons. Fiers d'être les organes d'une partie de tes décrets, ils travaillent sans relâche à se rendre dignes de leurs modèles. Nous ne venons pas ici pour faire leur éloge. On n'a jamais encensé que des personnages vains et ridicules ou de froides idoles. Les patriotes sont au-dessus de toutes ces faiblesses. Notre unique but est de les assurer de la plus sincère amitié et de toute notre reconnaissance.

Le président Biot [1], pâtissier traiteur de son état, goûta

____

(1) Yves-Joseph Biot, né le 6 janvier 1759, à Chalon, de Claude, maître cordonnier, et de Joséphine Guinaux ; officier municipal le 17 février 1790 ; membre du comité de Salut public autorisé par Reverchon, le 16 septembre 1793, et composé de 33 membres dont 12 de Chalon et 21 des cantons ; président de la Société populaire le 21 octobre ; juge au tribunal le 4 novembre ; démissionnaire le 11 janvier 1794 ; inscrit en 1809 sur la liste des cent plus imposés de Chalon.

fort cette précoce éloquence. « Ayant témoigné à cette jeune citoyenne combien le comité était sensible au patriotisme qu'elle sait développer dans un âge aussi tendre, il lui a été demandé et accordé le baiser fraternel. » Quand Biot eut encore célébré les mérites de la Montagne, il invita les assistants « au souper patriotique où tous les vrais patriotes sont conviés d'une manière fraternelle et où chacun contribuera par les aliments ordinaires convenables aux sans-culottes [1] ». C'était là comme ailleurs l'épilogue obligé et même l'élément essentiel de ces manifestations. Un jour que David traçait un programme de fête patriotique, Danton lui signala une lacune. « Il faut, lui dit-il, que la fête soit mangeante [2]. » Les Chalonnais n'étaient pas gens à méconnaître ce principe.

Il semble que le culte de l'arbre de la Montagne ne répondait pas encore complètement aux aspirations des âmes et en particulier que le chômage du décadi était souvent oublié. Les administrateurs du district s'en préoccupèrent et jugèrent bon de battre le rappel sous la forme d'une adresse datée du 3 germinal an II (23 mars 1794) et où on lisait :

... Celui-là serait ennemi de la République, qui travaillerait les jours de décadi, n'assisterait point à la lecture des lois : indifférence ou mépris pour elles est un crime. Citoyens, réunissons-nous tous au pied de l'arbre de la Liberté les jours de décadi ; jurons d'exterminer tous nos ennemis, tous ceux qui veulent nous faire rétrograder dans la Révolution ; chantons les hymnes de la Liberté, et que la cloche de nos temples ne sonne plus pour nous rappeler ces *Oremus* insignifiants du cagotisme sacerdotal.

Cependant une religion se préparait. Le 18 floréal (27 mai), Robespierre fit proclamer par la Convention l'existence de l'Être suprême. Ce fut l'occasion, le 20 prairial (8 juin), de pompeuses mises en scène [3]. A Chalon, un amphithéâtre

(1) Premier registre du comité de Salut public, fol. 277.
(2) *Mémoires de Barras*, publiés par G. Duruy, 1895.
(3) On trouva, placardée aux portes de Notre-Dame, le quatrain suivant :
  De par Monseigneur Robespierre,
  Maître du ciel et de la terre,
  Il est désormais libre à Dieu
  De reprendre place en ce lieu.
L'auteur était un citoyen Étienne-Michel Boucher-Duclos, né en 1762,

avait été élevé pour recevoir les manifestants. Il n'y eut pas seulement un discours « analogue à la fête », il y eut aussi « un hymne chanté par un chœur de jeunes citoyennes, une musique nombreuse et brillante ». Comme le porte le procès-verbal :

L'agent national a mis le feu à un groupe placé au bas de l'amphithéâtre, représentant les ennemis de la félicité publique. Sur ses débris a paru s'élever une jeune personne figurant la Sagesse. De nouveaux chants se sont fait entendre, et le peuple répétait les finales avec attendrissement.

Le cortège se rend ensuite sur la place de la Montagne et, après quelques autres simagrées plus ou moins symboliques, il gagne le cours Brutus. Un roulement de tambour prescrit le silence, et le président du tribunal civil, Jean-Baptiste Moyne [1], prend la parole. Déjà, sous sa présidence, à la date du 26 novembre 1793, la Société populaire avait invité le district : « 1° à enlever des églises les vases et ornements qui servaient aux ridicules cérémonies des prêtres et à embêter le peuple ; 2° à faire détruire tout ce qui peut faciliter les représentations de ces scènes fanatiques et dangereuses... ; 5° à faire annoncer la veille du décadi prochain une réunion pour y entendre, au lieu du mensonge, les principes de morale universelle, de probité, et le langage du vrai républicain ». Et comme il fallait un officiant pour inaugurer le nouveau culte, la Société avait arrêté son choix sur Moyne, qui promit de présenter au prochain décadi « des réflections de morale universelle et instruction générale [2] ». Il est regrettable que le texte de ces précieuses

attaché à l'habillement des troupes. On l'impliqua dans la conspiration dite du Luxembourg, et il fut condamné à mort le 19 messidor (7 juillet 1794), avec cinquante-neuf autres accusés.

(1) Né le 4 juin 1745, à Cuiseaux (arrondissement de Louhans), de Jean-Baptiste, praticien, et de Marie Nicolot ; avocat à Chalon ; élu, le 29 octobre 1790, juge au tribunal ; le 21 novembre 1793, président de la Société populaire et, quelques jours après, président du tribunal ; consigné à Jomicile comme terroriste à la suite du 9 thermidor ; nommé, le 25 octobre 1794, agent national, puis, le 14 février 1795, commissaire du Directoire près l'administration municipale ; remplacé le 2 août ; nommé accusateur public près le tribunal criminel en avril 1797 ; élu, le 11 avril 1798, député aux Cinq-Cents ; mort le 4 mai 1799.

(2) Deuxième registre de la Société, fol. 414.

« réflections » ne nous ait pas été conservé ; mais laissons
parler le procès-verbal :

Le président du tribunal a prononcé un discours dans lequel il
a développé les preuves démonstratives de l'existence de l'Être
suprême ; il a aussi présenté les raisonnements les plus convain-
cants de l'immortalité de l'âme. Il a montré les abus effrayants
de la doctrine des athées et, par une ingénieuse application des
principaux événements de notre Révolution, il a su rendre sensibles à la multitude les heureuses conséquences qui découlent des
principes religieux et des sentiments patriotiques pour la durée
de la République. Un serment unanime de verser notre sang pour
la maintenir a été prononcé par l'orateur, et tous les assistants
ont juré une haine implacable à la tyrannie.

Le canon tonne ; des acclamations succèdent au chant de
la *Marseillaise*,

Et le peuple se retire en ordre avec la plus douce émotion.
Chaque famille s'est réunie, ou plutôt l'Être suprême n'a vu
dans toute l'assemblée qu'une famille réunie pour lui rendre
hommage à la vue des beautés de la nature, sous la voûte d'un
ciel pur et serein, temple le plus majestueux et le plus digne de la
Divinité, qui compte autant d'autels qu'il y a de cœurs patriotes
dans l'étendue de la République et particulièrement dans notre
cité...

A cette époque, Philibert Cochon avait de bonnes raisons
pour ne point partager cette allégresse ni croire à cette
fraternité. Son fils, réputé suspect et placé sous le coup
d'un mandat d'amener, avait dû aller se cacher à Lyon. Il
était lui-même en difficulté avec le comité de surveillance,
qui lui réclamait un certificat de civisme, et quand il le lui
eut présenté le 9 floréal (28 avril), ce comité ajourna sa
décision au 20 prairial (8 juin). Le docteur eut à produire en
outre un certificat établissant, à la date du 17 floréal (4 mai),
qu'il demeurait depuis 1786 « rue Jean-Jacques Rousseau,
maison de la citoyenne Bataillard », ce que le comité savait
mieux que personne.

Quatre mois après, la Terreur prenait fin et le comité,
épuré, demandait, le 3o fructidor (21 septembre), l'enlèvement de l'échafaud, dont la permanence offrait aux yeux
« un spectacle fatigant pour les âmes sensibles ». La chute
de l'abominable régime avait provoqué une joie dont le

représentant Joseph Boisset [1], investi, le 9 fructidor (26 août), d'une mission dans le département, se fit l'interprète. Le 26 vendémiaire an III (17 octobre), il écrivait au Comité de salut public :

L'âme douce et vertueuse pourra désormais respirer sous l'ombrage des principes. Les citoyens paisibles ont vu disparaître les jours de sang ; le fleuve désorganisateur qui roula dans ses ondes les forfaits et les vices a remonté jusqu'à sa source et s'est perdu dans de vastes abîmes... Déjà l'agriculteur sourit à vos projets et pousse avec plus de courage la charrue ; ses cheveux blanchis par le travail se jouent sur son front couvert de rides, et la gaieté s'imprime dans tous ses traits. Vous dire comment elle a été reçue, votre adresse, par les départements de Saône-et-Loire et de l'Ain, peindre les sentiments divers qui agitaient toutes les âmes, vous tracer les élans de la joie et de la sensibilité sont au-dessus des forces humaines. J'ai vu les larmes des citoyens s'échapper en torrents de leurs paupières brûlantes ; j'ai vu les patriotes se jeter dans les bras l'un de l'autre...

Ne croirait-on pas lire l'amplification d'un médiocre élève de troisième, ramassant tous les lieux communs, toutes les métaphores incohérentes qui traînent sur les bancs du collège, l'ombrage des principes, le fleuve désorganisateur, les torrents de larmes, etc. Mais Boisset n'était pas seulement un ridicule phraseur ; la peur l'avait toujours conduit à servir le parti dominant et il y apportait un zèle exagéré qui se traduisait naturellement par des mesures contradictoires. Ayant fait élargir, au cours de sa mission, plusieurs nobles du département de l'Ain, il avait été l'objet d'une dénonciation. Pour fermer la bouche à ses accusateurs, il s'empressa de mander à la Convention, de Marcigny (arrondissement de Charolles), le 7 frimaire (27 novembre), que « depuis un mois il donnait dans les bois une chasse à quelques prêtres réfractaires [2] ». C'était encore, à ce moment-

(1) Né le 7 octobre 1748 à Montélimar ; représentant de la Drôme à la Convention, où il vota la mort du roi, la mise en jugement de la reine, des Girondins, etc. Dans ses missions, il agit toujours selon le vent qui soufflait. Élu aux Cinq-Cents le 19 octobre 1794 et aux Anciens le 17 avril 1798, il rentra, après le 18 brumaire, dans sa ville natale, où il obtint en 1801 l'emploi d'inspecteur des poids et mesures. Nommé ensuite conseiller de préfecture à Lyon, le 14 avril 1813, il y mourut le 15 septembre suivant.

(2) Lettre lue à la séance du 16 frimaire (6 décembre) ; cf. *Moniteur* du 18.

là, une des meilleures notes à inscrire à l'actif d'un représentant.

Les élections de l'an VI, savamment « cuisinées », ramenèrent au pouvoir les Jacobins et, avec eux, la violence, l'oppression et la sophistication des scrutins. Le revirement administratif qui s'ensuivit valut une avanie au docteur Cochon. Le 1ᵉʳ fructidor (18 août 1798), alors qu'il était médecin de l'hôpital civil et militaire, il fut brusquement destitué par la municipalité, qui ne le trouvait pas en suffisante communion d'idées avec elle.

Les élections de l'an VII (avril 1799), furent un nouveau succès pour le même parti. Barras conte dans ses *Mémoires* [1] comment le Directoire les avait « manœuvrées ». Rewbell redoutait beaucoup le renouvellement de la législature et, dans une conférence avec ses collègues, il déclarait qu'il fallait prendre des moyens et que tous lui semblaient bons pour conjurer l'orage. Talleyrand, présent à la scène, demanda la permission de prendre la parole pour dire qu' « en tout la question est dans le succès ; qu'en Angleterre on n'influence pas seulement les élections par l'opinion, mais qu'on y déploie tous les moyens que donne l'argent... Ainsi le Directoire ferait peut-être bien de remettre des fonds importants à des hommes de confiance qui les distribueraient, suivant leur entente, à tous les hommes qui, au dehors comme au dedans des corps électoraux, pourraient y obtenir quelque autorité et servir la cause du gouvernement... » Le Directoire, vite persuadé, dressa aussitôt une liste de quatre-vingt-onze bénéficiaires, qui reçurent des sommes variant de 3oo à 7.2oo francs [2] et s'élevant à un total de 185.281 francs. Dans cet « état nominatif des fonctionnaires ou agents particuliers auxquels il a été remis des fonds pour manœuvrer les élections », on trouve la mention suivante : « Desseignes [3], comᵐᵉ cˡ de

_____

(1) Tome III, p. 197.

(2) Sauf Treilhard, alors président du Directoire, qui empocha trente mille francs.

(3) Louis Dessaigne, né à Cluny le 21 décembre 1762, homme de loi, administrateur du district de Mâcon en 1790-1791, puis du département de septembre 1791 à décembre 1792 ; commissaire du Directoire près l'administration municipale du canton de Cluny en 1795 et ensuite près l'admi-

Saône-et-Loire : 2.000 f. » Une note apprend que huit de ces agents eurent la délicatesse de renvoyer tout ou partie de l'argent. A peine est-il besoin d'ajouter que les choix furent nécessairement conformes non pas à l'opinion des électeurs, mais aux intérêts de la faction dirigeante, qui craignait à un égal degré les royalistes et les anarchistes.

Le docteur Cochon avait eu cinq enfants : 1° Anne, née le 29 janvier 1769, qui eut pour parrain Claude Desaint, son aïeul paternel, et pour marraine Anne Disson, femme Salomon Cochon, sa grand'mère paternelle Elle épousa Jean-Claude Martin, qui suit ; — 2° Claudine, née le 18 mars 1770 et morte en octobre 1773 ; parrain, Salomon Cochon ; marraine, Claudine Michelin, femme Desaint, sa grand-mère ; 3° Guillaume, qui suit ; — 4° Jeanne-Françoise, née le 17 juillet 1772 ; parrain, François Rolland, procureur au bailliage, son oncle par alliance ; marraine, Jeanne Michelin, veuve Philibert Grassot, sa tante. Elle épousa Joseph-Désiré Montarlot, qui suit. — 5° Marguerite, née le 12 octobre 1773 ; parrain, Charles Boulanger, son cousin ; marraine, Marguerite Desaint, religieuse hospitalière, sa grand'tante. Elle mourut sans alliance en janvier 1823.

En dernier lieu, le docteur Cochon habitait un petit hôtel situé à l'entrée de la place de Beaune, presque en face de la rue de la Trémoille. Le certificat de civisme qui lui fut délivré le 9 floréal an II donnait de lui ce signalement : « Age, 52 ans ; taille, 5 pieds, 3 pouces, 9 lignes [1m65c] ; cheveux et sourcils blancs ; yeux noirs ; nez gros et large ; bouche petite ; menton rond ; front découvert ; visage rond et coloré. » Évidemment le docteur n'était pas beau ; mais, comme le révèlent deux miniatures et un buste conservés par ses descendants, il avait un regard vif et spirituel, une bouche souriante, une physionomie sympathique. Sa science médicale et le désintéressement qu'il témoignait dans l'exercice de son art lui avaient concilié l'estime et l'affection publiques. On trouve sur ses livres de comptes les noms des familles les plus notables de la région, Riollet de Morteuil,

nistration centrale du 5 mars au 15 juillet 1799 ; conseiller général de 1800 à 1830 ; maire de Buffières (canton de Cluny) de 1811 à 1835 ; mort le 19 mai 1846.

Perrin de Corval, Guerret de Grannod, Gauthier de la
Tournelle, Carra de Rochemur, Bernigaud de Chardonnet,
de Corberon, de Suremain, de Beuverand, de Moyria,
d'Aligny, de Beaurepaire, etc. Il avait d'ailleurs l'esprit
assez étendu pour que la médecine ne l'absorbât pas tout
entier. Ami des livres, il s'était monté une bibliothèque dont
la vente après son décès atteignit 9.000 francs. Son *ex-libris*
portait des armoiries parlantes : *d'azur, au chevron d'or,
accompagné de deux étoiles d'argent en chef et d'un por-
celet de même, surmontant un croissant en pointe.* Ce
n'était là qu'une simple fantaisie destinée à l'illustration de
l'*ex-libris*.

Le docteur avait aussi le goût des médailles antiques et
des monnaies étrangères. Ses principales distractions étaient
les cartes, où la chance le favorisait rarement, et le théâtre.
Ce n'est pas que, depuis la Révolution, ce dernier divertis-
sement remplît toujours son but. Beaucoup de pièces impo-
sées par les administrations et répétées à satiété finissaient
par distiller un mortel ennui. Une des plus fréquemment
jouées était le *Brutus* de Voltaire, dont plusieurs tirades
répondaient aux passions du moment, celle-ci par exemple :

> Si dans le sein de Rome il se trouvait un traître
> Qui regrettât les rois et qui voulût un maître,
> Que le perfide meure au milieu des tourments,
> Que sa cendre coupable, abandonnée aux vents,
> Ne laisse qu'un nom plus odieux encore
> Que le nom du tyran que Rome entière abhorre !

Et cette autre où se formulent les mêmes menaces :

> Mais quand nous connaîtrons le nom des parricides,
> Prenez garde, Romains, point de grâce aux perfides,
> Fussent-ils nos amis, nos frères, nos enfants.
> Rome, la liberté, demandent leur supplice,
> Et qui pardonne au crime en devient le complice.

C'est en vertu de ces principes qu'avec une inflexibilité
sauvage Brutus ordonne la mort de son fils Titus, accusé
d'avoir aspiré à la royauté. Quand on lui apprend l'exécution, ce bon père ne trouve que ces mots :

> Rome est libre. Il suffit. Rendons grâces aux dieux.

La Convention patronnait la pièce. Un décret du 2 août 1793 soumettait les entrepreneurs de spectacles à l'obligation de faire représenter trois fois par semaine, et pendant trois mois de l'année, *Brutus, Guillaume Tell* et *Caïus Gracchus*, avec menace « de fermer tout théâtre sur lequel seraient représentées des pièces tendant à réveiller la honteuse superstition de la royauté ». « *Brutus*, dira-t-on, toujours *Brutus !* Eh bien ! oui, toujours *Brutus*. Et malheur à celui qui se lassera d'apprendre le langage de la Liberté ! » Ainsi s'exprimait le « commissaire observateur de l'esprit public » Latour-Lamontagne dans son rapport du 18 septembre au ministre de la police. Un de ses précédents rapports (11 septembre) émettait le vœu « que des pièces républicaines forment seules le répertoire des théâtres... Brûlons, s'il le faut, les chefs-d'œuvre des Molière, des Regnard, etc. ; les arts y perdront quelque chose, mais à coup sûr les mœurs y gagneront [1] ».

Le principal mérite de *Brutus*, aux yeux des Jacobins, était de produire des effets de suggestion. Comme l'affirmait à la Convention un représentant d'Eure-et-Loir, Jean-François Delacroix, proscripteur des Girondins et spoliateur éhonté de la Belgique : « Par le spectacle, on échauffe l'esprit du peuple. Il n'est personne qui, en sortant d'une représentation de *Brutus*, ne soit tenté de poignarder le scélérat qui tenterait d'asservir son pays. » Pensait-il de même le jour où Robespierre, également suggestionné, l'envoya à l'échafaud avec Danton et autres, sous le fallacieux prétexte d'avoir voulu rétablir la monarchie?

Certains vers de *Brutus* inquiétaient cependant les détenteurs du pouvoir. Un rapport de l'abbé Grégoire, daté du 24 frimaire an III (14 décembre 1794) [2], nous apprend que, malgré ses provocations au meurtre, cette tragédie subit des interdictions. N'y trouvait-on pas ces deux vers dont

---

(1) Quelques lignes plus haut, le même observateur signalait le péril que faisait courir à la République une tragédie de Luce de Lancival, *Mucius Scævola*. Le rôle de Porsenna lui paraissait « extrêmement dangereux ». Pourquoi ? Parce que « c'est un roi humain, généreux, qui, par ses vertus, force les Romains eux-mêmes à l'estime et à l'admiration ». (Arch. nat., F7 3688³.)

(2) Bib. nat., Le, 1097.

l'application était trop facile au lendemain de la loi des suspects?

> Arrêter un Romain sur de simples soupçons,
> C'est agir en tyrans, nous qui les punissons.

Une autre tragédie de Voltaire, *Mahomet*, eut par moments le même sort à raison de ce distique :

> Grands dieux! Exterminez de la terre où nous sommes
> Quiconque avec plaisir répand le sang des hommes.

Là encore, il y avait matière à réflexion pour les auditeurs.

La représentation de *Mérope* fut aussi défendue en 1793, parce que, dans cette pièce, la reine de Messénie pleure la mort de son époux et que cette situation pouvait rappeler celle d'une autre reine, alors prisonnière au Temple et portant un deuil identique. *Caïus Gracchus* même, où Marie-Joseph Chénier glorifiait l'esprit révolutionnaire, avait un hémistiche de trop. « Des lois et non du sang! », s'écriait le tribun au moment où le peuple allait écharper le consul Opimius, et le public applaudissait avec une persistance dont se préoccupaient les Jacobins.

La réaction du 9 thermidor eut sa répercussion au théâtre. Parmi les pièces qu'elle inspira, on en découvre une dont l'auteur était originaire de Saône-et-Loire et qui avait pour titre : *Hippolitte et Éliza ou les Victimes du terrorisme*, drame en trois actes et en prose du citoyen Mauclerc, de Chalon-sur-Saône, officier de santé, musique du citoyen Deschamps, officier de santé ». La trame [1] en est d'une simplicité enfantine et le style éminemment poncif. Elle eut néanmoins les honneurs de l'impression [2].

---

(1) Hippolitte et Éliza se marient. L'officier public reçoit leurs serments et leur offre galamment une guirlande de fleurs. « Que les roses qui la composent, dit-il, deviennent l'emblème des jours heureux que vous goûterez dans l'intérieur de votre ménage ». Mais les nouveaux époux s'aperçoivent assez vite que tout n'est pas rose sous le régime républicain. En descendant « de l'autel de l'hyménée », ils se heurtent à des gendarmes qui arrêtent Hippolitte comme « complice de l'infâme Pitt ». On l'emprisonne. Il s'évade la nuit et se cache dans un bois. Un ami l'y découvre, perché sur un arbre, et lui apprend la chute de Robespierre, en même temps que survient la tendre Éliza, porteur d'un ordre de mise en liberté.

(2) A Grenoble, chez Durand, libraire, place de la Constitution, 27 floréal an III (12 mai 1795).

Si l'on en croit une note de l'auteur, celui-ci avait été arrêté à Grenoble, détenu cinq mois et transféré à Chambéry. d'où il avait réussi à s'évader la veille du jour où il devait être envoyé au tribunal révolutionnaire. Les pièces conçues dans le même esprit ne tinrent pas longtemps la scène. L'ombrageuse surveillance du Directoire y mit ordre. Jamais, sous aucun régime, la censure ne s'était exercée avec une pareille rigueur. Un soir, à Chalon, un musicien de l'orchestre entama l'air du *Réveil du peuple* [1], chant antirévolutionnaire composé après le 9 thermidor, et s'arrêta court à la troisième mesure. Était-ce, comme il l'allégua, en adressant ses excuses au public, l'effet d'une simple distraction? N'avait-il pas eu plutôt une intention malicieuse? L'histoire n'a pas approfondi ce mystère. En tout cas, la répression du crime ne se fit pas attendre. Le 6 pluviôse an IV (26 janvier 1796), Reverchon, alors en mission dans le département, ferma le théâtre Il avait un cliché tout prêt pour ces exécutions : « Instruit que le théâtre de Chalon est un foyer de corruption où le royalisme verse le scandale sur toutes les institutions républicaines ; que l'air du *Réveil des assassins* y est joué par l'orchestre. au mépris des arrêtés du Directoire exécutif, etc. [2]. » L'administration municipale protesta vivement par une délibération du 12 pluviôse ; mais celui qui cria le plus fort fut l'entrepreneur Jacques Galland. Aux termes du traité qu'il avait passé, le 17 décembre 1778, avec les officiers municipaux, il s'était engagé à construire la salle de spectacle conformément aux plans de l'ingénieur Gauthey et sans autre rémunération que la jouissance pendant vingt-neuf ans [3]. Cette interdiction, qu'aucun trouble n'avait justifiée, lui causait un grave préjudice.

(1) Paroles de Jean-Marie Souriguières, dit de Saint-Marc, et musique de Gaveaux. La dernière strophe inquiétait surtout les terroristes. Adressée aux mânes de leurs victimes, elle se terminait par ce serment :

> Oui, nous jurons sur votre tombe,
> *Par notre pays malheureux,*
> De ne faire qu'une hécatombe
> De ces cannibales affreux.

(2) Arch. de Chalon, registre des délibérations municipales, V, fol. 137 et 138.

(3) DD, 20.

Au reste, le coup d'État de fructidor an V (4 septembre 1797) mit fin à ces timides attaques contre les Jacobins redevenus les maîtres. Ce fut encore un des beaux temps de la censure. L'administration considérait le théâtre comme une prédication laïque, une institution destinée à la propagation de la foi républicaine. A Chalon, un arrêté municipal du 13 frimaire an VI (3 décembre 1797) posa en principe « que les spectacles sont une sorte d'école publique où les mœurs doivent s'épurer et l'esprit républicain se perfectionner ». Par suite et pour atteindre ce noble but, « on chantera *La Marseillaise* avant l'ouverture du spectacle et avant le départ ». Le choix des pièces ne sera pas abandonné à la fantaisie du directeur. Il y en aura toujours une qui sera « un sujet patriotique ou tiré des événements de la Révolution [1] ». Enfin venait une importante prescription : « Le mot de *Monsieur* sera banni de la pièce ; celui de *citoyen* lui sera substitué ».

Le directeur, dont le principal souci était de ne pas ennuyer les spectateurs, ne se conforma pas toujours au programme tracé par l'arrêté. Le 21 nivôse (10 janvier 1798), l'administration municipale détailla les griefs qu'elle avait contre lui. Ils consistaient : « 1° en ce qu'on n'avait jamais chanté l'hyme des Marseillais ni aucune autre chanson patriotique avant ni entre les pièces ; 2° en ce qu'on n'a jamais joué que le seul hymne des Marseillais; qu'on l'a répété jusqu'à satiété sans donner les autres airs patriotiques tels qu'ils sont recommandés par les arrêtés du Directoire exécutif des 18 et 27 nivôse et 24 pluviôse de l'an IV ; 3° en ce qu'il est arrivé très souvent que les musiciens attendaient le moment où la toile devait être levée pour commencer à

---

(1) Comme sujet « patriotique » et propre « à épurer les mœurs », le commissaire observateur Dugas vantait, dans son rapport du 20 septembre 1793, une pièce jouée au théâtre de la rue de Louvois et intitulée *La journée du Vatican ou le souper du pape.* Or qu'y voyait-on ? Les ambassadeurs de Russie, d'Angleterre, d'Autriche et de Turquie se gourmant à l'issue d'un conseil, le pape ivre et dansant avec Mme de Polignac, sous les yeux de cardinaux en goguette, enfin l'abbé Maury et le cardinal de Bernis agrémentant cette scène édifiante de couplets égrillards. La pièce, traduite de l'italien par le citoyen Giraud et imprimée en 1790, avait été représentée pour la première fois le 15 août 1793. Cf. Arch. nat., F⁷ 3688³ ; *Moniteur* du 3 septembre 1793.

jouer les airs républicains, ce qui fait que souvent on n'a pas joué une strophe entière et quelquefois même on n'en a pas joué du tout; 4° en ce que, malgré l'invitation, portée en l'arrêté du 13 frimaire, de donner les pièces patriotiques connues sous le nom de *L'Heureuse Décade, La Parfaite Égalité, Brutus, Le Dernier Jugement des rois* [1], ou autres pièces semblables, analogues à des sujets républicains et propres à inspirer l'amour du gouvernement et de la liberté, il n'a été joué qu'une seule pièce de ce genre dans laquelle des républicains aussi éclairés que sévères ont trouvé des mots dangereux. »

Des mots dangereux! mais il y en avait toujours et partout. Là où l'auteur n'avait pas songé à glisser la moindre allusion, le public en découvrait une, et ses applaudissements suffisaient souvent pour faire interdire la pièce. *Phèdre* même alarmait la police. Quand Hippolyte termine le deuxième acte par ce vers :

Mettons le sceptre aux mains dignes de le porter,

elle y voyait une excitation au rétablissement de la royauté.

Quant, au cinquième acte, Aricie, acceptant de fuir avec Hippolyte, s'écrie :

Et la fuite est permise à qui fuit ses tyrans,

c'était une apologie de l'émigration [2].

---

(1) *Le Tu et le Toi ou la parfaite Egalité*, représenté au théâtre National, était une comédie de Dorvigny dont le thème était le tutoiement obligatoire. Un ancien conseiller, M. Gourmé, qui aspire à la main d'Adélaïde Francœur, s'indigne d'entendre le père de celle-ci, un « excellent patriote », exiger de son jardinier qu'il le tutoye. Sa stupeur redouble quand le même patriote, au retour de son commis qui a fait campagne, oblige sa fille à tutoyer le jeune homme et à lui donner le baiser fraternel. Conclusion : M. Gourmé est évincé et le commis épouse. Quant au *Dernier Jugement des rois*, c'était une farce écœurante où tous les rois, jugés par une Convention européenne de sans-culottes et déportés dans une île déserte, se querellent et se battent comme des crocheteurs pris de vin, jusqu'à ce que l'éruption d'un volcan les mette tous d'accord en les engloutissant. La pièce était l'œuvre d'un érudit, Sylvain Maréchal, qui, dans certains cas, n'avait manqué ni d'esprit ni de grâce, mais que les passions révolutionnaires et antireligieuses avaient complètement dévoyé.

(2) Rapport du bureau central du 8 nivôse an V (29 décembre 1796), Arch. nat., BB³ 36.

Jamais la censure n'eut l'épiderme plus chatouilleux. Elle obligeait les directeurs de théâtre à faire corriger par d'obscurs plumitifs les pièces classiques dont certains vocables sonnaient mal à ses oreilles : « Nous vivons sous un prince ennemi de la fraude », dit l'Exempt au dernier acte de *Tartufe*, et trois fois les mots de prince, de monarque, reviennent sur ses lèvres. Croirait-on qu'on eut la sottise de saboter ce passage et d'y adapter la justice de la République [1]?

De pareilles niaiseries avaient pour seul résultat d'impatienter le public et de lui faire saisir le moindre prétexte pour manifester son hostilité. Un rapport de police, par exemple, constate avec indignation que, le 18 avril 1798, au théâtre de la rue de Louvois, « les spectateurs de la pièce nouvelle : *Ne pas croire ce qu'on voit*, ont reporté jusqu'aux fonctionnaires les plus respectables cette allusion aux sites les plus giboyeux :

> Force canards dans les fonds
> Et sur les hauteurs quelques buses.

Le 28 août, un autre « observateur de l'esprit public » note que, « dans un théâtre, la qualification de *citoyen* a été très applaudie parce qu'elle était donnée à un brigand et, par conséquent, dans une intention qui ne laissait aucune équivoque ». Le 1er août 1799, au théâtre Favart, où se jouait une comédie de Marsollier, *Adèle et Dorsan*, on avait battu longuement des mains à l'audition de ces deux vers ;

> Puissions-nous vivre tous assez
> Pour voir tous ces brigands chassés ! [2]

---

(1) Rapport du même bureau du 15 prairial an V (3 juin 1796), *ibid.* Cf. le *Courrier des spectacles* du 8 messidor (26 juin) : « Ce ne sont plus Corneille, Racine, Voltaire, que l'on va entendre au théâtre ; on n'y reconnaît plus leurs ouvrages. Des écrivains inconnus ont osé retoucher ces chefs-d'œuvre que l'Europe entière avait en vain regardés comme immortels. Défigurés tels qu'on nous les montre, il n'est pas un homme de goût qui ne souffre de voir ôter une pensée forte, un vers expressif, pour y substituer une phrase insignifiante. » La mise en scène elle-même n'échappait pas à ces manipulations. En juin 1793, à Toulouse, ainsi qu'on le lit dans un rapport de Jean-François Cailhava, auteur de pièces de théâtre, « on jouait *Brutus* et un acteur avait mis une cocarde sur son casque ».

(2) Arch. nat., BB³ 90.

En Saône-et-Loire, les susceptibilités n'étaient pas moindres. Des noms propres épouvantaient l'administration centrale. Le 7 pluviôse an VI (26 janvier 1798), elle raye du répertoire une comédie en trois actes de l'enragé sans-culotte Monvel, intitulée *Raoul, sire de Créqui*, parce que les noms de Créqui et de Craon pouvaient, comme l'observe également la police parisienne, « alarmer l'oreille et l'œil des républicains ». Le 22 pluviôse (10 février), le district de Chalon frappe d'une pareille interdiction une autre pièce, *La Chaste Suzanne* [1]. L'épisode biblique y était traité fort irrévérencieusement, mais les premières représentations à Paris avaient coïncidé avec le procès du roi, et des applaudissements aussi nourris que significatifs avaient salué cette apostrophe aux deux vieillards : « Vous avez été ses dénonciateurs, vous ne sauriez être ses juges ». C'était, transporté sur la scène, le mot fameux de Desèze à la Convention : « Je cherche partout des juges et je ne vois que des accusateurs ». Le 31 janvier 1793, la pièce disparut de l'affiche par ordre supérieur, et deux de ses auteurs furent même arrêtés. Si *La Chaste Suzanne* revit le feu de la rampe dix jours après, ce fut grâce à des coupures et à des corrections qui enlevaient aux spectateurs tout prétexte à découvrir des allusions.

Il fallait pourtant occuper le public chalonnnais, et alors force était d'en revenir à l'éternelle *Marseillaise* ou au *Chant du départ*. Ces deux airs, aux termes de l'arrêté municipal, devaient être « non seulement joués, mais chantés soit avant l'ouverture du spectacle, soit entre les deux pièces ». Tant pis si leur agaçante répétition rebute les spectateurs, ceux-ci ne sont pas là pour s'amuser, l'objet du théâtre étant avant tout « d'épurer les mœurs et de perfectionner l'esprit républicain [2] ». Peut-être quelques-uns murmuraient-ils en sortant ces deux vers de *Brutus* :

> Est-il donc, entre nous, rien de plus despotique
> Que l'esprit d'un État qui passe en république ?

(1) Registre des délibérations municipales, VII, fol. 29. Cette pièce, œuvre de Barré, Radet et Desfontaines, avait été représentée pour la première fois, au Vaudeville, le 5 janvier 1793.

(2) *Ibid.*, VI, fol. 261, 279.

A la même époque, un autre spectacle — celui-là trop réel et profondément alarmant — s'offrait aux yeux de tous les citoyens que n'aveuglaient ni l'intérêt personnel ni l'esprit de parti ; c'était le spectacle de la décomposition sociale à laquelle l'inepte gouvernement du Directoire conduisait progressivement le pays. Sur tous les points du territoire, en Saône-et-Loire comme ailleurs, les agents mêmes du pouvoir en arrivaient à constater le dégoût du présent, l'avilissement de l'autorité, la détresse financière, la dilapidation systématique, bref tous les symptômes qui présagent l'agonie d'un régime. Une incurable lassitude avait envahi toutes les classes de la société. La violation des lois, le pillage des deniers publics, les scandales de toute nature étaient d'une pratique si courante que l'accoutumance avait blasé l'opinion. Rien ne la secouait plus. Le 22 juin 1798, l'ex-député Chamborre, récemment nommé commissaire du Directoire près l'administration centrale, laissait échapper cet aveu : « Les propriétaires et habitants des villes supportent la République comme un mal inévitable auquel il faut se soumettre ». Cette administration n'imposait ni confiance, ni respect, ni obéissance. Ses cinq membres ne faisaient que passer comme des figurants de cinéma. Chaque mouvement dans le jeu de bascule qui constituait toute la politique du gouvernement entraînait des démissions ou des destitutions. Faut-il citer un exemple entre beaucoup d'autres ? Nommé, le 4 mai 1798, commissaire du pouvoir exécutif près l'administration centrale, Vondière est remplacé, le 21 du même mois, par Chamborre. Celui-ci est remplacé à son tour, le 14 août, par Carteron, lequel est remplacé lui-même, le 23 février 1799, par Duroussin, qui n'accepte pas, et ensuite par Dessaigne, installé le 5 mars. Ce dernier cède la place, le 15 juillet, à Roberjot, qui la quitte le 23 mars 1800, date de l'installation du premier préfet de Saône-et-Loire. Et il en était de même ailleurs. Quelle assiduité, quel sentiment de responsabilité, quel souci des besoins de la région et de ses intérêts à longue échéance pouvait-on attendre de fonctionnaires éphémères dont l'exercice n'excédait pas quelques mois et parfois même quelques semaines ?

Un des traits de l'anarchie d'alors, c'était, au milieu d'un débordement de crimes et d'attentats de tous genres, l'impuissance des tribunaux, trahis par le mauvais vouloir ou l'incapacité de leurs auxiliaires. Ils ne pouvaient même pas compter sur la gendarmerie. Uniquement occupée à des patrouilles « pour assurer la sécurité des voyageurs et donner la chasse aux bandes de voleurs », elle négligeait forcément la recherche des autres délits. Au reste, ce corps était lui-même un sujet d'inquiétude. La moralité des gendarmes laissait tellement à désirer que, dans un premier rapport sur l'état du département, le conseil général de l'an VIII consignait cette observation : « On leur reproche de compromettre souvent la tranquillité publique qu'ils sont chargés de maintenir ».

Tout était à l'avenant dans les autres branches de l'administration. L'instruction primaire n'existait guère que sur le papier. On avait bien fait une loi, mais on ne trouvait plus d'instituteurs ; on avait créé une École centrale à Autun, mais, au rapport de Carteron, autre commissaire du Directoire, elle comptait « plus de professeurs que d'écoliers », et, toute coûteuse qu'elle était, « elle n'avait aucune utilité pour le commun des citoyens » : ce que Rubat, procureur général syndic du département, résumait ainsi : « Nous avons sur tous les points des élèves sans professeurs et, dans la commune d'Autun, des professeurs sans élèves ». Plusieurs collèges, privés de ressources, avaient dû fermer leurs portes. Les donations dont les avait pourvus la générosité des particuliers avaient été confisquées au profit de la nation, et leur personnel enseignant, ecclésiastique ou congréganiste, s'était vu disperser. En 1789, le collège de Chalon disposait d'un revenu d'environ 20.000 livres. Deux ans après, tout s'était engouffré dans les caisses de l'État et rapidement volatilisé. Et il en était de même partout. Dès le 9 vendémiaire an III (30 septembre 1794), un ardent républicain, l'abbé Grégoire, après avoir dénoncé à la Convention le vandalisme révolutionnaire, constatait la faillite de l'éducation nationale. « Elle n'offre plus que des décombres. Il reste vingt collèges agonisants. Sur près de six cents districts, soixante-sept seulement ont quelques écoles primaires, et, de ce nombre, seize seulement présentent un état qu'il faut bien trouver satisfaisant faute de mieux. Cette lacune de six ans a fait presque écrouler les mœurs et la science... » Et, en janvier 1801, Fourcroy, savant éminent, mais ancien sans-culotte, affirmait, au retour d'une mission, que « deux générations, condamnées à toutes les hontes et à tous les maux d'une complète ignorance, sont à peu près menacées de ne savoir ni lire ni écrire ».

Faut-il parler des finances ? Il n'y en avait pas. Le Directoire ne vivait que d'expédients et d' « appels de fonds en forme d'emprunt sur les citoyens aisés de chaque département », que taxait avec une extraordinaire fantaisie un jury spécial, oubliant des particuliers très en vue et imposant des insolvables ou même des morts dont la succession était depuis longtemps réglée. S'il acceptait en guise de numéraire les assignats précédemment émis, c'était au *centième* de leur valeur nominale (loi du 19 frimaire an IV). Le désordre était tel qu'en l'an VII il restait à recouvrer en Saône-et-Loire, sur les exercices de l'an V et de l'an VI, un total de contributions arriérées qui se chiffrait par 5.712.475 fr. 34. Les percepteurs ne se gênaient pas pour appliquer à leurs affaires personnelles les fonds qu'ils devaient verser au Trésor, ou ils agiotaient sur les bons qu'ils recevaient en paiement. En messidor an VII, ainsi que le rapporte le *Journal de Mâcon* du 14 fructidor (31 août 1798), « le citoyen Lefebvre, receveur général, beau-frère de Guillemardet, ambassadeur, a été destitué. L'administration centrale a prouvé, par arrêté du 5 ventôse dernier, qu'il a volé 3.376.558 fr. 82. Et voilà qu'il vient d'être nommé inspecteur du droit d'enregistrement de ce département! La chaîne des voleurs se renoue et se rattache. »

Quant à la situation économique, elle empirait de jour en jour. Toutes les affaires subissaient une inquiétante stagnation, comme le constatait Rubat, alors commissaire central, le 29 brumaire an VI (19 novembre 1797) : « Il n'y a plus de commerce depuis que l'argent n'a plus de prix, parce qu'il n'y a plus de confiance ni de crédit. » Et quatorze mois après, Gauthier, son successeur médiat, s'exprimait dans les mêmes termes : « Le commerce a reçu de terribles atteintes; la confiance, qui en est l'âme, s'est évanouie, la rareté du numéraire paralyse tout ; l'agiotage achève de détruire ce qui est resté de cette branche de la prospérité publique. » L'agriculture participait à la crise générale ; « elle manque de bras, de capitaux et de débouchés ». Les forêts étaient dévastées et celles qui avaient été vendues comme biens nationaux, « défrichées avec fureur » par leurs nouveaux propriétaires. De quelque côté qu'on portât ses regards, on voyait l'abandon et l'incurie alterner avec les déprédations. « Les routes sont absolument perdues, déclare Rubat le 19 nivôse an VI (8 janvier 1798) ; si le gouvernement ne met pas promptement des fonds à la disposition de l'administration centrale, le service des courriers de Paris à Lyon sera intercepté dans le département. » Toujours à court d'argent, le gouvernement n'en envoya pas, mais imagina un droit d'entretien des routes que personne ne voulut payer, et la ruine de la voirie se consomma. Dans un rapport du 10 août 1809, le préfet de Saône-et-Loire rappelait ce qu'il avait vu à son arrivée en 1802 : « Les routes de troisième classe, abandonnées depuis 1790, étaient dans un état effrayant de dégradation. Plusieurs arrondissements étaient absolument étrangers les uns aux autres pendant quatre mois d'hiver ; plusieurs cantons étaient devenus même inabordables pendant l'été. » Le délabrement des chemins vicinaux n'était pas moindre. Des usurpations, des anticipations menaçaient même leur existence. Le domaine public était devenu l'objet de toutes les convoitises [1].

Et pendant que tout s'en va à la débandade, les autorités, sourdes et aveugles, ne s'occupent qu'à entraver la liberté individuelle et à chercher ce qui peut froisser, vexer, irriter une partie de leurs administrés. Veut-on se distraire un peu, célébrer un événement de famille, on n'a pas le choix du jour. A Chalon, un arrêté municipal du 4 germinal an IV (15 mai 1796) renvoie exclusivement au décadi « les divertissements, bals et danses », et les interdit les autres jours, « notamment ceux correspondant aux dimanches et fêtes

______

[1] Tous les renseignements concernant l'état du département sont tirés des cartons des Archives nationales, F¹ᵉ III, 7 et 8.

catholiques ». A-t-on un ouvrage à faire le 26 messidor, on encourt des poursuites « pour s'être permis de travailler le jour de la fête rappelant le 14 juillet [1] ». Vous prend-il envie de manger du poisson, il ne faut pas compter en trouver le vendredi ; un arrêté du 15 floréal an VI (4 mai 1798) porte que « le marché au poisson aura lieu tous les jours, excepté ceux d'abstinence désignés par l'ancien calendrier ». Un commerçant veut-il fermer sa boutique un jour qui, par hasard, correspond à l'ancien dimanche, il est en faute, et s'il l'ouvre le décadi, il n'est pas moins répréhensible. Les administrateurs appliquent ainsi toutes leurs facultés à imaginer des taquineries idiotes à l'adresse de leurs concitoyens.

Voilà, résumé d'après des témoignages que personne ne saurait contester, l'état matériel et moral dans lequel le Directoire laissait le département et, on peut l'ajouter sans hésitation, la France entière. Dans les derniers mois de ce pitoyable gouvernement, de cette oligarchie de jouisseurs et d'exploiteurs, l'esprit public s'était éteint au point de faire désespérer d'une réaction possible contre les progrès du mal. En août 1799, Sieyes n'apercevait le salut qu'à une condition, et il la formulait en une courte phrase dont un long siècle n'a pas affaibli l'à-propos : « Il ne faut plus de bavards, disait-il ; il faut une tête et une épée. » On peut ergoter sur l'acte du 18 brumaire ; mais la bonne foi oblige à reconnaître qu'un énergique coup de main pouvait dégager seul le pays du bourbier où il s'enlizait.

Le docteur Cochon accueillit avec satisfaction ce brusque dénouement. Il vit encore les belles années du Consulat, la patrie se relevant de ses ruines sous une ferme et intelligente direction, et, le 18 mai 1804, la proclamation de l'Empire, qui semblait ouvrir une ère nouvelle. Ce fut le dernier de ses votes. Un accident l'enleva avant l'heure. Le 30 août, il se rendait encore à Chaudenay pour visiter un malade. Atteint d'une piqûre infectieuse, il comprit tout de suite l'extrême urgence d'une opération et, le 31, il envoya chercher un chirurgien. Celui-ci était absent. « Alors, dit

____

(1) Registre des délibérations municipales, VII, fol. 128.

stoïquement le docteur, je serai mort dans quarante-huit
heures. » Son pronostic n'était que trop juste ; le 3 septembre, il avait succombé. Quelques jours après son inhuma-
tion, on trouva, gravée sur la pierre tombale par les soins
de clients inconnus, l'inscription suivante : *Grati letho ci-
ves crepti memoriæ optimi medici.* Cet hommage anonyme
de « citoyens reconnaissants à la mémoire de l'excellent médecin qui les avait arrachés à la mort » témoigne hautement des regrets laissés par le défunt.

La veuve du docteur le suivit de près dans la tombe. Elle
mourut le 23 du même mois de septembre. Outre le mobilier
et l'argent comptant, l'héritage des deux époux comprenait
une maison, rue du Commerce, un jardin au pied des murs
de la citadelle, un domaine à Varennes-le-Grand et un autre
à Bissey.

GUILLAUME

Reçu docteur en médecine. — Il est dénoncé comme suspect. — Son
mariage — Divers cas de suspicion. — Le représentant Javogues. —
Mandat d'amener contre Guillaume. — Sa retraite à Lyon. — Son
voyage à Paris et sa visite à Claude Royer.

Guillaume Cochon, né le 6 avril 1771, eut pour parrain
Guillaume Desaint, son oncle, curé d'Ouroux-sur-Saône, et
pour marraine Magdeleine Cochon, femme Denis Renaud,
sa grand'tante. A la fin de ses études classiques, il reçut des
leçons particulières d'un vicaire de la paroisse Saint-Vincent,
l'abbé Claude Royer, à qui la Révolution prochaine allait
ouvrir une nouvelle carrière et donner une fâcheuse notoriété. Il se destina, comme son père, à la médecine et fut
reçu docteur en 1786 par la faculté de Lyon. Dans les premiers mois de 1793, un incident, qui eut des suites judiciaires, attira sur lui l'attention des Jacobins. La loi de la
réquisition venait d'appeler au service tous les citoyens de
dix-huit à quarante-cinq ans non mariés ou mariés sans
enfants. Un ami de Guillaume, Antoine Guillier, fils d'un

fermier de Chazelle [1], aurait préféré que le recrutement eût lieu par la voix du scrutin, afin d'avoir le droit de s'engager dans la troupe de ligne, où il avait plusieurs parents. Avant d'arrêter sa décision il voulut consulter Guillaume et savoir de lui ce que pensaient à cet égard d'autres jeunes gens. Le 21 février, il lui adressa la lettre suivante :

Cher ami. Peut-être obligé par le sort de subir injustement la loi qui nous obligera de nous sacrifier pour défendre notre chimérique liberté, je vous écris afin de savoir de vous quel parti se décident à prendre les jeunes gens de votre ville. Quand je dis « jeunes gens », tu m'entends. Je désire de tout mon cœur qu'unis par l'amitié, nous n'ayons qu'une même volonté et une seule exécution. Je ne t'en dis point davantage; une plus ample explication serait peut-être en ce moment imprudente de ma part. A notre première entrevue, je ne craindrai pas de m'ouvrir alors davantage. Satisfais-moi, je te prie, sur ma demande et marque-moi si les jeunes gens de Chalon sont disposés à partir et, dans le cas affirmatif, s'ils préfèrent le scrutin au tirage.

Cette lettre fut interceptée à la poste par les Amis de la Liberté et de l'Égalité, qui l'envoyèrent, le 23 mars, à leurs congénères de Seurre (Côte-d'Or). Quand la municipalité de Chazelle en reçut à son tour communication, elle la jugea très inquiétante. Le 28 mars, « considérant que la lettre de Guillier fils contient des réticences qui font naître les plus grands soupçons à son égard; qu'il y manifeste les craintes de se compromettre en s'expliquant davantage, craintes que ne peut avoir un ami de la liberté et de l'égalité et qu'il annonce à celui à qui il écrit qu'il s'ouvrira davantage, que cet acte de prudence cache un mystère d'iniquité, une machination secrète contre la liberté », elle ordonna l'arrestation de Guillier, procéda à son interrogatoire et en adressa le procès-verbal aux officiers municipaux de Seurre, qui le transmirent à leur tour aux représentants en mission dans la Côte-d'Or, Claude-Michel Prost [2] et Léonard Bourdon [3],

____

(1) Alors paroisse et actuellement commune de Mont-lès-Seurre, canton de Verdun, arrondissement de Chalon.

(2) Né à Dole le 10 octobre 1747. Lors de sa mission dans le Jura, il eut, avec Bernard (de Saintes) des démêlés qui le déterminèrent à s'éloigner quelque temps. Il passa en 1795 aux Cinq-Cents, en sortit en mai 1797 et revint à Dole, où il mourut le 10 décembre 1804.

(3) Léonard Bourdon de la Crosnière, né le 6 novembre 1754 à Alençon,

dont le public avait transformé le prénom en celui de Léopard. Ceux-ci n'avaient aucune juridiction sur les municipalités de Saône-et-Loire ; mais cette considération ne les arrêta nullement et, le 6 avril, ils provoquèrent le renvoi de Guilliér devant le tribunal criminel de la Côte-d'Or. Transféré le 10 à Dijon, l'inculpé comparut le 13 devant le tribunal, qui, avec raison, se déclara incompétent pour connaître d'un délit commis dans un autre département et renvoya l'affaire au tribunal de Chalon. Il fallut recommencer l'interrogatoire. Devant le président Commaret, Guillier renouvela les explications qu'il avait déjà données à Dijon. Préférant s'engager dans les troupes de ligne, il avait fait part de ce projet à plusieurs jeunes gens de Chalon, et son intention était de savoir par la voie de Guillaume Cochon le parti que prendraient notamment sept de ces jeunes gens, avec lesquels il était très lié.

« Quels sont les jeunes gens que vous avez entendu désigner par les mots « tu m'entends ? », lui demanda Commaret.

— J'entendais parler des fils Cochon, Piquet [1], Grachet [2], Vitte [3], Batault [4] et d'un autre jeune homme, le nom duquel ne me revient pas dans ce moment. »

d'abord avocat aux Conseils du roi, puis en novembre 1791, chef d'institution, élu en 1792 représentant du Loiret à la Convention. Chargé par la commune de Paris de faire transférer d'Orléans cinquante-trois prisonniers, il les laissa massacrer, le 10 septembre, à Versailles. Il se brouilla avec Robespierre, qui l'avait noté comme un méprisable intrigant, et ce fut à raison de cette inimitié personnelle qu'il concourut, le 9 thermidor, à l'arrestation de l'odieux rhéteur. Arrêté lui-même après l'insurrection du 12 germinal an III, il bénéficia de l'amnistie du 4 brumaire an IV et, au lendemain du coup d'État de fructidor an V, alla représenter le Directoire à Hambourg. Il devint, sous l'Empire, directeur principal des hôpitaux militaires et mourut en fonction à Berlin, le 29 mai 1807.

(1) Anselme Piquet, né en 1772, à Cuisery, de François-Ignace, lieutenant de la châtellenie royale, et de Marie-Philiberte Bergier ; reçu docteur en même temps que Guillaume, dont il avait été condisciple ; marié en 1797 avec Péronne Coudery, de Romenay, dont quatre enfants.

(2) Jean-Baptiste-Joseph Grachet, né le 19 mars 1773, à Chalon, de Joachim, avocat, et de Marguerite Batault.

(3) Charles Vitte, né en 1772 de Léonard et de Marie-Jacqueline Guillemardet. Il fut taxé d'émigration et porté sur la liste du 9 frimaire, quoiqu'il se fût simplement retiré dans le Jura pour se soustraire aux poursuites judiciaires d'une fille Cornu, qui se prétendait grosse de ses œuvres.

(4) Philibert-Charles-Marie Batault, né le 2 octobre 1771, à Chalon, de Charles-Marie, avocat, et de Philiberte Fricaud.

Le 27 avril, Guillier comparut devant le tribunal sous la grotesque prévention de manœuvres employées pour empêcher le recrutement. Ses réponses furent les mêmes que précédemment. Si le tribunal n'aperçut pas dans les faits de la cause le « mystère d'iniquité » signalé par les sagaces municipaux de Chazelle, il n'hésita pas à découvrir dans la lettre adressée à Guillaume Cochon « une tentative d'empêcher l'effet de la loi du recrutement » et condamna le prévenu à un mois d'emprisonnement et 300 francs d'amende [1]. Si absurde que fût cette sentence, elle était relativement indulgente ; neuf mois plus tard, quand Commaret, destitué pour cause de modérantisme, eut cédé la place au fameux Brutus-Marat Bauzon, Guillier ne s'en fût pas tiré à si bon compte.

Au mois de novembre suivant, Guillaume épousa Jeanne Perrot, née de Jean-Baptiste, négociant à Chalon, et de Marie Boudot. Cette jeune fille avait eu, à l'occasion de son mariage, une pensée généreuse ; mais elle avait compté sans l'imbécile hostilité de la Société populaire. Voici ce qu'on lit dans le deuxième registre de cette société, folio 393 :

Séance du 22 brumaire an II. [12 novembre 1793]. — On a fait lecture d'une lettre de la citoyenne Jeanne Perrot, fille aînée du citoyen Perrot le jeune, membre de cette société, par laquelle elle invitait la Société de vouloir choisir deux jeunes filles peu fortunée qui voudraient se marier le jour de son hymené qu'elle était sur le point de contracter avec le fils Cochon, auxquelles elle offrait cinq cents livres à chacune. La Société, fidelle au principe du républicanisme le plus pur, n'a pas adopté ny le mariage des deux filles, ny le fils Cochon qu'on lui avait proposé pour membre, et, sur la proposition d'un de ses membres, il a été arrêté qu'il ne serait reçu membre de cette société que dans cinquante ans.

Cette ironie était de mauvais augure. Le lendemin, Guillaume fut dénoncé par quatre citoyens, Georgerat, Foucherot, Bernard et Sarrey. C'étaient des sans-culottes éprouvés. Pierre Georgerat [2], ex-franciscain, ex-vicaire constitutionnel, s'était désisté publiquement de la prêtrise la veille même

<hr>

(1) Greffe du tribunal de Chalon.
(2) Voir la note 1, p. 76.

et se préparait à prendre femme. Une liste des terroristes chalonnais, dressée le 5 fructidor an III (23 juillet 1795), le signale comme « dénonciateur outré, lié avec les plus chauds amis de l'anarchie, coupable aussi d'avoir extorqué de l'argent à un citoyen pour qu'il s'abstînt de le dénoncer ». Le jardinier Foucherot ne valait pas mieux ; « dénonciateur outré », porte également la même liste. Quant au tailleur Bernard, elle le qualifie de « vociférateur et anarchiste outré ».

Guillaume se maria néanmoins. Quelque temps après, un repas de famille donné à cette occasion fut troublé par un incident assez désagréable. Pendant que les convives festinaient, des officiers de police se présentèrent à l'effet d'opérer une perquisition, dont le but était de découvrir des éléments de poursuite contre le marié. On les pria d'attendre un peu et, profitant du répit, on cacha dans les armoires et jusque sous les lits les mets dont la délicatesse aurait pu scandaliser les sans-culottes ou plus sûrement leur faire venir l'eau à la bouche. Si le résultat des recherches fut tout à fait nul, celui de la dénonciation se produisit sans tarder. Guillaume fut réputé suspect. C'était le sort de beaucoup d'autres et, quand il s'agissait de motiver la mesure, les Jacobins ne se mettaient pas en frais d'imagination. Il faut avoir feuilleté le premier registre du comité chalonnais de Salut public pour se faire une idée des griefs qu'ils y consignaient. La bêtise atteint là des proportions vraiment grandioses. Devinerait-on, par exemple, à quel titre le citoyen Mouton-Cybert est déclaré suspect ? Eh bien ! « comme célibataire » (f⁰ 295). Et Jacques Dorey ? « comme un homme sans caractère » (f⁰ 295). Et Robert Gilles ? « comme un égoïste prononcé » (f⁰ 287). Quant au procureur Martin, il a le tort impardonnable d'être « attaché à ses anciennes habitudes » (f⁰ 289).

Parfois le comité voulait bien avouer qu'il s'était trompé. Ainsi il avait inscrit comme suspecte Sophie Ratton, qui avait épousé, le 21 mars 1787, à Mâcon, François-Marie Duruisseau, capitaine au régiment de Condé-dragons, inspecteur des haras de Bourgogne ; mais, vérification faite, « il l'a reconnue de la classe des vrais sans-culottes » (f⁰ 277).

Etait-elle si foncièrement sans-culotte, cette jeune femme à laquelle « Son Altesse Sérénissime Louis-Joseph de Bourbon, prince de Condé », gouverneur de la Bourgogne et futur chef de l'émigration, avait fait l'honneur d'accepter le parrainage de son premier enfant baptisé à Dijon en l'église Saint-Michel, le 8 avril 1788, sous les prénoms de *Louise-Joséphine-Aglaé* ?

Pour un suspect qu'il rayait, le comité en inscrivait vingt autres et toujours avec d'étonnants motifs. Chez un ancien officier, Claude-Denis Leau, on a découvert « un sol à l'effigie de Louis XVI, un double gros sol et deux rubans moirés qui *paraissent* avoir porté une croix de Saint-Louis » (fᵒ 45). Jean-Baptiste Guillemot, vinaigrier, est inscrit « pour avoir été trompé par les aristocrates et avoir eu les cheveux coupés » (fᵒ 293). Goyet-Joly est « l'auteur d'une lettre contenant une relation de différents faits qui manifestent une intelligence nuisible aux intérêts de la République » (fᵒ 9). Ce qui n'est pas moins heureusement trouvé, c'est la raison qui a fait porter sur la liste, le 23 février 1794, un ancien capitaine de cavalerie, François-André Jobert de Chambertin. On a saisi dans sa chambre deux brochures, dont l'une a pour titre : *Epitre à une jolie femme* et dont l'autre traite de *la Constitution... de la Lune !*

Il ne fut pas nécessaire de remonter jusqu'à ce satellite de notre pauvre globe pour découvrir un chef d'accusation contre Guillaume Cochon. Le 12 frimaire (2 décembre), le comité de Salut public ordonna l'arrestation du jeune médecin « parce qu'étant resté à ¡Lyon pendant le siège », — c'est-à-dire du 8 août au 9 octobre 1793 — « il n'avait pas présenté les certificats du ministre qui l'avait laissé à l'hôpital ». Il n'y avait là qu'une omission d'une formalité, à supposer qu'elle fût nécessaire, et elle ne l'était pas ; mais cette inculpation pouvait entraîner les plus terribles conséquences. Depuis le 9 brumaire (30 octobre), le département était sous la coupe — au propre comme au figuré — du représentant Claude Javogues [1], dont les atrocités, entremêlées d'orgies crapuleuses

<hr>

[1] Né à Bellegarde (Loire), le 21 août 1759, de Rambert, notaire royal, juge garde-marteau aux eaux et forêts de la province de Forez, et de Jeanne-

à Lyon et surtout à Saint-Étienne, avaient révolté Couthon lui-même, qui, le 20 pluviôse an II (8 février 1794), l'accusa hautement d'avoir exercé ses fonctions « avec la cruauté d'un Néron ». Ainsi que le mentionne un rapport dressé contre lui le 13 prairial an III (1er juin 1795), « Javogues avait sans cesse à la bouche ce propos qu'il ne reconnaissait pour vrais patriotes que ceux qui, comme lui, étaient capables de boire un verre de sang ». Il répétait également que « pour achéver la République il fallait encore deux millions de têtes [1] ». A Bourg, il avait proclamé, le 10 décembre 1793, « que l'édifice de la prospérité publique ne pouvait se consolider que par la destruction et sur le cadavre du dernier des honnêtes gens ».

Si vaste que fût ce programme, il n'était pas pour effrayer le comité de surveillance institué à Chalon le 10 août 1793. Son président, le chapelier Jean Valier [2], déclarait ouvertement « qu'il ne quitterait son poste que lorsque les aristocrates, les modérés et les fédéralistes seraient exterminés ». Mais quoi! On n'avait pas l'instrument nécessaire. Il se trouva quelqu'un pour le réclamer. Comme le porte le procès-verbal de la séance tenue le 1er décembre, la veille même du jour où l'arrestation de Guillaume Cochon fut ordonnée :

Un membre a dit que plusieurs contre-révolutionnaires ont été envoyés à Paris, à Lyon, à Avignon, pour y expier leurs crimes, ce qui aurait du être exécuté dans cette commune, mais que, la guillotine n'étant point ici, on était dans l'impuissance de punir les coupables ; qu'il se trouve encore dans les maisons d'arrêt une infinité de gens qui peut-être doivent expier leurs forfaits sur l'échafaud national, et qu'en conséquence on devait faire venir la guillotine. Le comité a délibéré qu'il serait écrit au représentant du peuple Javogues pour l'inviter à la faire venir.

Marie Coignet ; homme de loi à Montbrison ; élu le 9 septembre 1792 représentant de Rhône-et-Loire à la Convention ; décrété d'accusation le 15 prairial an III, comme un des auteurs de l'insurrection du 1er ; amnistié par la loi du 4 brumaire an IV (25 octobre) ; arrêté le 24 fructidor suivant (10 septembre 1796) pour participation à l'insurrection du camp de Grenelle, condamné à mort et fusillé le 18 vendémiaire an V (9 octobre).

(1) *Moniteur* des 22 prairial an II, 28 floréal an II et 27 prairial an III.

(2) Né en 1758, à Briançon (Hautes-Alpes), de Michel et de Catherine Faure-Gignoux.

Guillaume Cochon réussit à se dérober aux recherches et le rédacteur de la liste eut le chagrin d'inscrire à la suite de son nom : « en fuite ». Le suspect n'avait pas attendu la visite des policiers pour gagner Lyon. Son père s'inquiétait néanmoins de la mesure prise contre lui. Le 26 nivôse (16 janvier 1794), il demanda qu'on lui fît connaître les motifs du mandat d'amener. Le comité ne lui donna pas cette satisfaction et sa décision fut « qu'il n'y avait pas lieu de répondre à la pétition de Cochon père que préalablement le fils ne se soit présenté pour être statué ce qu'il appartiendra ».

Guillaume ne se présenta pas et fit bien. On entrait dans la phase la plus sanglante de la Terreur. Comme le tribunal criminel ne se montrait pas encore à la hauteur des aspirations de Javogues, le représentant ramassa sur le pavé de Paris quatre sans-culottes, Armand, charretier, Henri, journalier, Bonnefond, tabletier, Rollet-Delavau, tailleur, et il en forma une commission populaire destinée à juger en dernier ressort « la horde de brigands connus sous le nom de ci-devant nobles, de prêtres, de seigneurs, de praticiens, de gros négociants, d'accapareurs et d'égoïstes [1] ». Il en conféra la présidence à un avocat d'Autun, Pierre Bauzon [2], que le mouvement révolutionnaire avait poussé à un emploi de juge au tribunal de cette ville, et qui venait d'affirmer ses sympathies politiques en adoptant les prénoms significatifs de Brutus-Marat. En même temps, accusant les Chalonnais d'incivisme et de « trames contre la patrie », leur reprochant « de ne suivre que l'impulsion du fédéralisme et de la cupidité », il ordonnait la translation du tribunal criminel à Autun ; mais ces mesures n'eurent pas l'agrément de la Con-

---

(1) Arch. nat., AF, II, carton 138.

(2) Né en 1759, à Arnay-le-Duc (Côte-d'Or), d'Étienne, avocat, et de Claude-Suzanne Masson ; président du tribunal criminel le 22 janvier 1794 ; remplacé le 3 février 1795 et poursuivi devant ce même tribunal pour provocation au meurtre, comme ayant proposé notamment de couper cent cinquante têtes à Autun ; acquitté le 15 septembre, « attendu — porte le jugement — qu'il ne l'a pas fait méchamment » ; commissaire du Directoire, puis bibliothécaire de l'école centrale d'Autun ; élu député aux Cinq-Cents, le 12 avril 1798, et éliminé, le 7 mai, par le Directoire ; destitué en mai 1803 de son emploi de bibliothécaire ; mort le 23 février 1846.

vention. Le tribunal resta à Chalon ; la commission populaire, installée à Mâcon le 5 décembre, n'eut pas le loisir d'entrer eu fonction et, quand Bauzon eut été appelé à la présidence du tribunal criminel, les quatre sans-culottes n'eurent plus qu'à reprendre le chemin de Paris.

Le comité de surveillance suffisait largement d'ailleurs pour inventer des délits et alimenter les audiences. D'absurdes prétextes servaient de base à des condamnations à mort ou, ce qui était à peu près l'équivalent, à des renvois au tribunal révolutionnaire. En quatre mois, six victimes se succédèrent sur la plate-forme de l'échafaud. Le 24 décembre 1793, c'était, sous prétexte d'émigration, Jean Mercier, régisseur de l'ex-grand bailli d'épée du Mâconnais, Salomon Desbois ; le 20 février 1794, l'abbé Cottin, qui, au lieu de quitter le territoire français comme insermenté, avait été surpris expliquant le catéchisme à des enfants ; le 14 mars, l'abbé Godart, coupable lui aussi de ne pas s'être conformé à l'arrêté de déportation et, par surcroît, d'avoir confessé une femme et fait un baptême ; le 6 avril, le baron de Truchis, prévenu d'émigration, alors qu'il avait été arrêté à 3 lieues en deçà de la frontière suisse ; le 16 avril, l'abbé Gadois, porté sur une liste d'émigrés qui fut reconnue fausse un peu plus tard ; le 30 du même mois, Louis Cézard, belge d'origine, accusé d'avoir été au service d'un émigré. D'autres étaient condamnés à la réclusion ou au bannissement sur de simples soupçons d'incivisme, sans qu'aucun fait précis fût allégué à leur charge. En un mot, il n'y avait ni justice ni humanité à attendre de juges toujours prêts à s'incliner comme de bas valets devant les réquisitions que dictaient à l'accusateur public les passions politiques et les animosités particulières.

Ce fut seulement le 14 prairial (2 juin 1794) que Guillaume Cochon réclama directement la levée du mandat et produisit à l'appui de sa requête des certificats des médecins de Lyon et d'un comité révolutionnaire prouvant qu'il n'avait pris aucune part à l'insurrection. D'ailleurs un décret du 23 frimaire (13 décembre 1793) exemptait de toute obligation les officiers de santé qui demeuraient à leur poste dans les hôpitaux militaires. Sur ces justifications, le comité se résigna à retirer le mandat. Guillaume, affranchi de toute préoccupation, profita aussitôt de sa liberté pour se rendre à Paris.

L'abbé Claude Royer, qu'il avait connu vicaire à Saint-Vincent et qui avait concouru à son éducation, remplissait alors de redoutables fonctions. Le flot révolutionnaire l'avait entraîné. Prêtre assermenté, élu, le 20 mars 1791, curé de cette même paroisse de Saint-Vincent, il s'était affilié à la Société populaire, qui lui avait confié, le 9 janvier 1793, la rédaction d'une adresse à la Convention « pour lui témoigner qu'elle désire la mort de Louis Capet [1] ». Dans le courant de juillet, l'assemblée primaire d'une section de la ville l'envoyait à Paris à l'effet de la représenter à la grande fête commémorative du 10 août, Royer se montra, le 6, au club des Jacobins et y demanda dans les termes les plus violents l'extermination des aristocrates. Le lendemain il parut à la barre de la Convention et y donna lecture d'une adresse au peuple français. Ces manifestations et d'autres qui suivirent l'eurent bientôt mis en évidence. On lui conféra un mandat de commissaire à l'armée du Nord ; mais sa mission fut courte. Une autre situation l'attendait.

Quand la loi du 10 septembre 1793 eut créé des catégories de suspects et offert au tribunal révolutionnaire de nouveaux éléments de condamnation, il fallut bien augmenter le personnel de cette juriduction. Ce fut l'œuvre du décret du 28 septembre. Claude Royer, compris dans les nominations, se vit appeler à un poste de substitut de l'accusateur public. Le 4 octobre, il avait regagné Paris. Ses nouvelles fonctions n'étaient pas compatibles avec celles dont il était encore revêtu à Chalon. Par une lettre du 9 novembre, il avisa la Société populaire qu'il se démettait de sa cure, et lui annonça son prochain mariage. Au parquet du tribunal révolutionnaire il mérita l'entière confiance de Fouquier-Tinville, car lors de la réorganisation du tribunal au 22 prairial an II (10 juin 1794), en même temps qu'un décret rédigé par Robespierre supprimait le peu de garanties qui subsistaient, il fut maintenu sur son siège, et il l'occupa jusqu'au 9 thermidor

____

(1) Deuxième registre de la Société, fol. 91.

(27 juillet), c'est-à-dire pendant cette effroyable période de huit semaines où tombèrent 1.366 têtes.

Le 30 prairial (18 juin), Guillaume Cochon se présente chez lui. Un document a fixé le souvenir de cette visite. Quand Royer eut été dénoncé à la Convention le 24 fructidor (10 septembre), comme robespierriste, il estima qu'il y avait lieu de s'éclipser et retourna à Chalon. Soucieux néanmoins de se disculper, il publia, à la date du 19 ventôse an III (9 mars 1795), une sorte d'apologie [1], où il n'oublia pas de noter la visite de son ancien élève. Voici le passage qui s'y réfère :

A travers les scènes sanglantes qui, chaque jour, se renouvelaient au tribunal, je dois parler de celle de soixante-quatre prétendus assassins de Robespierre et de Collot d'Herbois. Elle me glaça d'épouvante. Le lendemain ou le surlendemain [2], le citoyen Cochon fils, de Chalon-sur-Saône, vint me voir, accompagné du citoyen Laplace [3], du Mont-Saint-Vincent. J'avais l'âme tellement malade que je ne pus pas leur cacher ma profonde indignation. Je leur dis sans détour : « Hier le tribunal a assassiné soixante-quatre individus; toutes les formes ont été violées ; il n'y a pas de raison pour que vous ou moi ne soyons pas conduits demain à l'échafaud comme complices de Ladmiral. » Je leur recommandai la discrétion sur cet avis qui pouvait me perdre, s'ils eussent été capables de me trahir. Je les engageai à être prudents dans leurs conversations et leurs démarches.

La « profonde indignation » de Claude Royer laisse le lecteur un peu sceptique, car elle n'empêcha pas le substitut d'exercer jusqu'à la dernière minute son ministère homicide [4].

---

(1) *Claude Royer à ses concitoyens*, Bibl. nat., Ln[27] 18088. Sur cet exemplaire, on trouve en marge une note manuscrite d'un de ses anciens possesseurs : « Cochon, homme faible, mais honnête, dont Royer a soigné l'éducation et qui craint de dire la vérité ».

(2) C'était bien le lendemain de l'affaire dite de la Conspiration de l'étranger, dite aussi l'affaire des Chemises rouges, qui se termina par 54 (et non 64) condamnations à mort.

(3) Signataire, le 21 octobre 1793, avec dix-huit autres « patriotes », d'une dénonciation contre cinquante-deux prêtres de Saône-et-Loire, dont il réclamait la déportation ; plus tard, secrétaire de l'administration municipale du canton de Mont-Saint-Vincent et, lors des élections de l'an VII (avril 1799), auteur d'actes de violence en vue d'assurer le succès des candidats qui représentaient l'opinion la plus avancée.

(4) Le 8 mai 1795, il fut porté sur la liste des terroristes à désarmer et

Guillaume Cochon mourut, le 2 février 1797, en son domicile de la place du Châtelet. Sa jeune veuve se remaria, le 8 juin 1798, avec Jean-Baptiste Simonnot [1], fils de Jacques, juge au tribunal, et de Madeleine Salomon.

arrêvé ; mais le département le fit mettre en liberté le 13 octobre. Il rentra ensuite dans l'obscurité. N'ayant pu obtenir un emploi du Directoire, il se fit agent d'affaires à Paris et y mourut, croit-on, vers 1810.

(1) Né vers 1770, il fut juge au tribunal de commerce et conseiller général de 1801 à 1804.

II.

FAMILLE MARTIN

ANTOINE

A trente kilomètres de Gap, dans la région du Haut-Champsaur, où se glisse un bras du Drac, apparaît sur le flanc de la montagne de Cédera, à 1.3oo mètres d'altitude, le village de Champoléon. Le massif des Ecrins projette jusque-là une série de cimes pittoresques qui n'atteignent guère moins de 3.000 mètres, et une sommité voisine, Chaillot-le-Vieux, offre même un des plus beaux panoramas des Alpes françaises ; mais le déboisement des hauteurs et la sécheresse du climat, qui en est la résultante, ont appauvri le sol et provoqué fréquemment l'expatriation des indigènes. Dans un hameau de cette paroisse, les Martins, vivait, à la fin du XVIIe siècle, une famille qui semble lui avoir donné son nom. Henri Martin y faisait un petit commerce, Ses deux frères, Antoine et Jean, allèrent chercher fortune ailleurs. Ils s'établirent à Chalon. Antoine y fut épicier et encourut, pendant son exercice, une poursuite de la part des maîtres-jurés chapeliers pour avoir méconnu leurs privilèges. Le 2 septembre 1720, une perquisition pratiquée dans son magasin fit découvrir « de nombreux chapeaux de divers poils » destinés à la vente. C'était une contravention à l'article 7 des statuts de la corporation des chapeliers, qui avait obtenu de la mairie, le 13 mai 1716, l'adoption du même règlement que celui mis en vigueur, le 3o octobre 1678, par les maîtres chapeliers de

Dijon. Le procès-verbal reconnaissait d'ailleurs que « tous ces chapeaux étaient de bonne qualité [1] ».

Antoine Martin n'avait pas eu d'enfants de son mariage avec Jeanne Baille. Il testa le 10 août 1754 et institua pour héritier son neveu François qui suit.

JEAN

Jean, frère du précédent, entreprit le commerce des draps « près la porte au Change ». Marié avec Antoinette Jasset, il en eut trois enfants :

1° Benoîte, née en 1722, mariée vers 1750 avec Claude Peillon, né en 1716, à Givors (Rhône), d'Antoine, marchand, et de Marie Jeannin. Etabli à Chalon, où il fut échevin en 1757-1759, juge consulaire, administrateur de l'hospice Saint-Louis, il mourut en 1788 et sa femme le 8 novembre 1796. De leur union étaient nés : A. Jean-Baptiste, marié, le 28 septembre 1772 avec Marie Rebin, fille de François, négociant, et de Reine Garnier, dont Benoite, née le 11 septembre 1774, et Claude, né le 4 mars 1776. Il fut maire de Chalon du 31 décembre 1792 au 1er juin 1793. — B. Jean-Noël, né le 25 décembre 1752 ; officier municipal en 1791 ; élu en septembre 1792 député suppléant à la Convention, où il ne fut pas appelé à siéger ; arrêté comme suspect le 18 octobre 1793 et détenu un an ; juge au tribunal civil le 20 octobre 1795 ; commissaire du Directoire du 22 novembre 1796 au 23 septembre 1797 ; receveur des deniers communaux le 23 avril 1800 ; mort sans alliance le 16 novembre 1833.

2° Marie, qui épousa, le 14 février 1753, Antoine Brisson, fils de Marcelin, marchand drapier [2], et de Jeanne Pidault.

3° Claude, né le 8 septembre 1742, tenu sur les fonts baptismaux par Claude Peillon, son oncle par alliance, et Anne Pardiac [3], femme de Mathieu Joannon [4]. Il se maria avec une cousine, Françoise Peillon, dont un fils né le 7 août 1777.

(1) FF, 11 ; HH, 21.
(2) Échevin en 1753-1755.
(3) Née en 1710 de Jacques Pardiac, chirurgien, et de Marie Mouton.
(4) Échevin en 1742-1743 et en 1773-1775.

FRANÇOIS

Henri Martin, frère d'Antoine et de Jean, avait eu deux fils, François, né en 1723 d'un premier mariage avec Marie Baille, et Jean, né d'un second mariage avec Suzanne Bonnet. Tous deux s'étaient fixés à Chalon. Jean épousa Marie Robert, « marchande drapier », fille de François Robert, maître boulanger à Saint-Laurent-lès-Chalon, et de Claudine Pugcault. On ne sait rien de plus sur son compte. François exerça au faubourg Saint-Jean-de-Maisel le commerce de droguerie. C'était une des variétés de l'épicerie. Elle confinait même à la pharmacie ; mais la frontière qui séparait les deux négoces était bien gardée et, quand une perquisition faisait constater, comme cela se vit en 1734, la détention par certains droguistes de substances telles que « sel d'absinthe, centaurée, cristal minéral et végétal, thériaque, confection d'hyacinthe », toute la corporation des apothicaires se levait comme un seul homme pour arrêter l'empiétement.

Suivant contrat du 14 novembre 1757, François Martin épousa à Lyon Anne-Joseph Escallier, fille de Blaise, négociant, rue des Augustins, et de Jeanne Rossillon. Veuf au bout de quelques années, il se remaria à Chalon, le 14 février 1762, avec Jeanne Millard, née en 1724 de Claude-Vivant, commissionnaire en vins, et de Claudine Villot. Il en eut trois enfants, Jean-Claude, Louis-Vivant et Claudine qui suivent. Il la perdit le 7 avril 1790 et mourut le 3 décembre suivant.

JEAN-CLAUDE

Jean-Claude Martin, né le 14 mars 1743, eut pour parrain Jean Martin, marchand drapier, son oncle, et pour marraine Claude Villot, sa grand'mère, veuve de Claude-Vivant Millard. Associé avec son frère Louis-Vivant, il fit le commerce des vins et de l'épicerie. Suivant contrat dressé le 23 janvier 1792 par les notaires Jean Chrétien et Philibert

Grassot, il épousa Anne Cochon, fille aînée du docteur et d'Anne Desaint. Parmi les cinquante signatures qui se pressent confusément au bas de l'acte, on peut relever les noms suivants : Louis-Vivant Millard, juge consulaire, échevin en 1781-1784, oncle paternel de l'époux, et Françoise Rebin, sa femme ; Charles-Louis Millard, cousin germain, « juge de paix, nommé commissaire du roi [1] », et Angélique Patuel, sa femme ; Anne-Louise Jobert, veuve de Charles Millard, écuyer, seigneur de la Croste, ancien gendarme de la garde du roi ; Angélique Patuel, femme de Louis Millard ; Marcelin Brisson et sa belle-fille, née Martin ; François Rolland, procureur au bailliage, et sa femme ; Guillaume Desaint, curé d'Ouroux-sur-Saône : Girard, curé de Saint-Boil ; Jean Delacroix, juge au tribunal civil ; Denis Renaud, avocat en parlement, etc. Plusieurs personnes étrangères aux deux familles étaient venues affirmer leurs sympathies, entre autres le comte Bernard-Angélique de Broissia, chevalier de Malte et de Saint-Louis ; la comtesse veuve Louis de Foudras, née Antoinette de Capisuchi-Bologne ; la marquise de Belot-Chevigny, née de Foudras ; Charles-Paul-Henri Bataillard de la Barre et sa femme, née Anne Guillemardet ; le docteur Antoine Leschenault, médecin de l'hôpital [2], etc.

La situation politique devenait chaque jour plus troublée. la lutte des partis plus acharnée ; des émeutes éclataient de tous côtés et les clubs préparaient presque ouvertement l'insurrection du 20 juin. Au lendemain de la fête du 14 juillet et sous prétexte de protéger Paris et la constitution contre

(1) Né le 6 avril 1759, à Chalon, de Pierre-Denis et de Marguerite Lafouge ; lieutenant particulier au bailliage en 1789 ; officier municipal en 1790-1791 ; juge de paix le 3 janvier 1791 ; commissaire du roi près le district en janvier 1792 ; élu, le 9 septembre, député suppléant et admis comme titulaire, le 7 octobre 1793, à la Convention, où il incarna l'esprit jacobin dans toute sa rudesse ; dénoncé à cette assemblée, le 5 juillet 1795, par ses concitoyens « comme un apologiste des assassinats journaliers de la guillotine » (*Moniteur* du 15 messidor an III) ; mort à Paris le 8 juillet 1823. Cf. P. MONTARLOT, *Les Députés de Saône-et-Loire aux assemblées de la Révolution*, t. II, p. 252-263).

(2) Fils de Jean, échevin en 1744-1746, lequel était lui-même fils d'Antoine, chirurgien à Saint-Mard-de-Vaux (canton de Givry), et d'Adrienne Juillet ; reçu médecin en 1753 ; marié en 1756 avec Geneviève Roux, veuve de Jacques Gagnard.

les entreprises de la cour, un décret ordonna la formation d'un camp de vingt mille hommes. Cinq cents Marseillais se mirent en marche. Cette troupe se composait des éléments les plus turbulents et les plus exaltés. Le port avait fourni son écume. Partout où ils passaient, ces singuliers défenseurs se livraient à des actes de violence ou à des déprédations qui les assimilaient à de vulgaires bandits. Quand ils arrivèrent à Chalon, ce fut une terreur générale. Ils étaient cependant tout à la joie, car leur premier soin fut d'organiser à l'hôtel de ville un bal où furent conviées les principales familles. On n'osa pas décliner l'invitation. La jeune Mme Martin dut s'y rendre; mais son père lui épargna ce que l'épreuve aurait eu de plus pénible. A chaque danseur qui se présentait, il glissait à l'oreille que la citoyenne était désolée, mais que son état intéressant lui défendait toute danse. C'était d'ailleurs exact.

Jean-Claude Martin habitait en dernier lieu rue de l'Arc, n° 3, aujourd'hui rue Philibert-Léon Couturier, une maison que ses descendants conservèrent jusqu'en 1918. Il acquit, en outre, à Givry, le 26 février 1791, une propriété sise à cent mètres au-dessus de la ville, au faîte d'une éminence rocheuse, excavée, hérissée de broussailles, mamelonnée d'éboulis, en plein contraste avec les plantureux vignobles qui tapissent un de ses versants. Ce domaine, nommé le Cellier-aux-Moines, appartenait alors aux religieux de l'abbaye cistercienne de la Ferté-sur-Grosne, qui le vendirent à la veille des confiscations révolutionnaires. Au delà des bâtiments d'exploitation, datant du XII° siècle et dont une partie a été aménagée en maison d'habitation, s'étend une vaste terrasse d'où l'on domine, comme d'un promontoire, une immense perspective, depuis les coteaux voisins de Beaune jusqu'aux montagnes du Beaujolais, derrière lesquelles celles du Forez semblent hausser leurs têtes. Au levant se déroule l'ample vallée de la Saône, semée de villages et entrecoupée de grands bois dont les sombres frondaisons se détachent sur un fond de cultures où se joue toute la gamme des verts. Chalon laisse apercevoir ses principaux édifices, et si le spectateur a quelque patience, il peut compter soixante-douze clochers pointant dans les campagnes. Les chaînes mollement ondulées du Jura bordent la plaine fuyante de la Bresse et ferment l'horizon ; mais, à de certains jours, le regard les franchit et se pose sur deux prestigieux sommets, le mont Blanc, auquel l'éloignement prête l'apparence d'un nuage, et le Cervin, dont la cime tourmentée s'élance comme une langue de feu. Au midi, on suit de l'œil la gracieuse vallée de la Grosne, encadrée de hauteurs où se profilent en silhouettes l'église romane de Saint-Martin-de-Laives et les tours en partie restaurées du vieux château-fort de Brancion. Puis s'échelonnent, sous un glacis d'azur, avec de subtiles dégradations de teintes, le mont Saint-Romain, couronné par une antique chapelle, la croupe arrondie de Montmelard, qui sépare les bassins du Rhône et de la Loire, plus loin encore les cimes jumelles de Dun et Dunet, dressées comme deux bornes aux confins du panorama. Là où la nature a oublié de parer les pentes, le soleil fait, à son déclin, tous les frais du décor, accusant les moindres reliefs, traçant des ombres violettes au creux des vallonnements et habillant de rose l'âpre nudité des roches. Parfois même, les hautes Alpes ajoutent un trait au tableau. Quand le temps est exceptionnellement clair, on voit surgir au-dessus de Brancion, à la distance de 250 kilomètres. une crête toute blanche ; c'est la Barre des Écrins, émule et avant-garde du Pelvoux.

Il ne semble pas que Jean-Claude Martin ait joué un rôle politique pendant la Révolution. On trouve seulement son nom dans les procès-verbaux des élections de l'an VII. Il était un des électeurs du canton de Chalon, et, à la suite des incidents rappelés plus haut à propos de Jean Delacroix, il prit place, avec huit autres, dans l'assemblée scissionnaire, dont il signa la protestation. Son commerce, d'ailleurs, suffisait pour absorber toute son activité. Sa clientèle s'étendait au loin, par delà les frontières, et, pendant une période de l'année, il devait parcourir à cheval les provinces de l'Est, pousser même jusqu'aux Pays-Bas, pour placer ses vins. Il mourut le 29 juin 1829, et sa femme le 17 octobre 1851 [1]. Ils

(1) Un document daté de 1793 donne de J.-Cl. Martin le signalement suivant : « Taille, 1m75 ; cheveux et sourcils noirs ; nez bien fait ; bouche moyenne ; menton rond ; front découvert ; visage ovale gravé ».

avaient eu deux enfants : 1° Anne, née le 16 novembre 1792, qui épousa, en janvier 1820, Emmanuel-Gabriel-Robert Granjon ; 2° Jean-Nicolas, né le 22 septembre 1709, mort le 15 mai 1824.

Le frère de Jean-Claude Martin, Louis-Vivant, exerçait le même commerce. Marié avec Benoite Peillon, il en eut un fils, Jean-Vivant, né en 1798, qui épousa Jeanne-Marie-Élisabeth Paccard et mourut le 28 novembre 1855. La descendance de celui-ci est actuellement représentée par les familles de Lacomble et de Laclos, dont la seconde a compté au nombre de ses membres Pierre-Ambroise Choderlos de Laclos (1741-1803), à qui son roman des *Liaisons dangereuses* a valu plus de célébrité que ses vingt-quatre années de services militaires.

Antoinette-Claudine Martin, sœur des précédents, épousa en 1790 Jean-Baptiste Chambosse, négociant à Rully, et lui donna quatre enfants, desquels descendent les familles Buscailhon, Joseph Millard et Trébuchet.

III

FAMILLE GRANJON

JEAN

Au commencement du xvie siècle, Jean Granjon, dont la famille paraît originaire de la région lyonnaise, était établi libraire à Paris, dans le quartier Saint-Benoît. Comme ses confrères, qui, à cette époque, faisaient de l'art de l'impression une branche de leur commerce, il mettait en vente des ouvrages imprimés à ses frais. Le plus ancien qui soit connu est une traduction d'Aristote, datée de 1504 et réimprimée en 1506 sous ce titre : *Æthica seu moralia Aristotelis ex traductione Joannis Argyropoulo*. Quelques autres publications suivirent, entre autres, en 1514, un livre d'André de Neufchâteau (*Andreas de Novo Castro*), de l'ordre des Frères mineurs, *Quæstiones in primum sententiarum* [1], dont le premier feuillet, imprimé en caractères gothiques, mentionne ainsi le privilège accordé au libraire : « Extrait

---

(1) Cet ouvrage fait partie de l'importante bibliothèque que Claude Guilliaud, chanoine et théologal de l'église d'Autun, avait réunie et dont il fit don, en 1550, au Chapitre. Cf. le *Catalogue* qui en a été dressé par Mlle Marie Pellechet, *Mémoires de la Société Eduenne*, t. XVIII, p. 10.

des registres du parlement : Veue la requeste baillée par
Jehan Granjon, libraire de cette ville de Paris, par laquelle
il requeroit defenses estre faictes à tous aultres de ne imprimer les livres composez par frere André de Castronovo :
lesquels livres ledit Grantjon a commence à faire imprimer
et a intention de parachever au profit et utilité des estu-
dians. Fait le trois jour Doctobre Lan mil cinq centz et quatorze [1]. »

Associé avec son confrère François Regnault [2], Jean
Granjon édita également un ouvrage intitulé : *Aldi Manutii
romani Grammatica latina per Tomam Wesalie* (Thomas
Kees, de Wesel). Ce commentaire de la grammaire latine,
publiée en 1501 par le célèbre Alde Manuce, ne porte point
de date, mais le titre mentionne que l'impression avait été
faite *impensis Joannis Granion et Francisci Regnault*. Il
annonce en même temps que l'ouvrage *venundatur Parisiis
a Joanne Granion ejusdem civitatis bibliopola in clauso
Brunelli prope scholas decretorum, in intersignio sacra-
tissime Dei genitricis Marie.*

Ce clos Bruneau avait été un vignoble qu'un évêque de
Paris avait donné, en juin 1202, aux chanoines réguliers de
Sainte-Geneviève, et sur l'emplacement duquel s'établirent
diverses rues. Celle qui en prit le nom s'appela aussi rue
aux Écoles de décret, c'est-à-dire de droit canon, et ensuite
rue Saint-Jean-de-Beauvais [3]. Son élargissement lui a ôté
son aspect primitif, mais il suffit de la monter pour se croire
ramené de quatre siècles en arrière. Quand, à partir du
carrefour autrefois dénommé Saint-Hilaire, on s'aventure
dans ces rues tortueuses, entre ces maisons sordides dont
plusieurs ont conservé leurs étages en saillie sur de téné-
breux rez-de-chaussée, quand on plonge de l'œil dans ces
sinistres impasses qui rappellent assez bien les deux ruelles
Coupe-Gorge et Coupe-Gueule aujourd'hui disparues, on a

---

(1) Cf. Panzer, *Annales typographici*, Nuremberg, 1800, t. VII.
(2) Libraire juré de l'Université, originaire de Grenoble, établi rue Saint-
Jacques, à l'image Saint-Claude.
(3) Aujourd'hui et plus correctement rue Jean-de-Beauvais. Elle tirait
son nom du cardinal Jean de Dormans, évêque de Beauvais et chancelier
de France, qui y avait fondé en 1370 le collège de Dormans, communément
dit de Beauvais.

vraiment la vision d'un lointain passé, mais d'un passé singulièrement encrassé. La physionomie en était tout autre,
alors que de pittoresques enseignes amusaient le regard des
passants, qu'une foule d'écoliers et d'artisans grouillait dans
le dédale de ces rues maintenant désertes et que les cris
variés des vendeurs en plein vent en éveillaient les échos.
Presque tout l'enseignement se concentrait là, et, dans un
espace restreint, on ne rencontrait pas moins d'une cinquantaine de collèges, Montaigu, Fortet, Boncourt, la Merci,
Sainte-Barbe, où étudia saint Ignace de Loyola, l'Ave-Maria,
qui compta au nombre de ses élèves Érasme et Calvin,
Beauvais, où saint François-Xavier professa la philosophie
et dont Rollin fut principal, etc., etc., sans parler des établissements tout proches, Cluny, Navarre, Sorbonne, Collège de France, etc. La vie s'est retirée de cet îlot, oublié
par les démolisseurs ; mais si le temps a patiné d'un gris
maussade la décrépitude des vieux logis, il n'en a pas modifié sensiblement les lignes principales.

A un certain moment, Jean Granjon s'établit rue Saint-
Jacques, *in vico sancti Jacobi*. Un acte notarié du 28 juin
1518 énonce qu'il loua pour six ans à Mathurin Prévost,
chanoine de Paris, « un ouvroir [1], rue Saint-Jacques, à
l'enseigne de la Coquille, entre la maison de Jean Petit [2] et
celle du Château rouge », moyennant un loyer annuel de
20 livres tournois [3]. En 1519, son enseigne portait : *Au
Grand Jonc*, et ses impressions latines : *Sub signo magni
iunci appendente* [4]. Il avait épousé Perrette Périer, fille de
Jean Périer, tenancier, rue Saint-Jean-de-Beauvais, du jeu
de paume dit de Saint-Jean-de-Latran. Il mourut avant
1542, ainsi que l'atteste un acte du 7 octobre de cette année,
par lequel « Perrette Périer, veuve de Jean Granjon, libraire

(1) Atelier où l'on travaille en commun.
(2) Un des libraires les plus connus de l'époque, à l'enseigne de la Fleur
de lys.
(3) Cf. sur cet acte et ceux mentionnés ci-après le *Recueil d'actes notariés
relatifs à l'histoire de Paris au XVIe siècle*, par E. COYECQUE, Imp. Nat.,
1905.
(4) Ce genre d'enseignes à la façon d'un rébus était très usité. A la même
époque, Chesneau avait adopté un chêne, Lenoir une tête de nègre, Cousteau un grand couteau et, de même à Lyon, Temporal l'image du Temps,
Gryphe un griffon, Étienne Dolet une doloire, etc.

au Clos Bruneau », fait bail pour quatre ans à Nicolas de Guingamp, libraire, d'une cave, d'un ouvroir et d'une chambre au-dessus », moyennant 32 livres tournois par an.

Une sœur de Jean Granjon, Claude, avait épousé Thomas Devilliers, libraire de l'Université, demeurant au Mont-Saint-Hilaire, à l'image Saint-Cyr, *sub intersignio divi Cyrici*, marguillier en 1544 de la paroisse Saint-Hilaire,

---

ROBERT

Robert Granjon, fils de Jean qui précède [1] et signalé comme étant en 1523 « libraire, graveur et fondeur de caractères [2] » était établi au Clos Bruneau ainsi qu'en témoigne un acte du 21 mai 1545, dont voici, sauf quelques mots disparus ou inutiles à transcrire, l'exacte copie :

Nicolas de Guinguant.., libraire à Paris ou cloz Brunneau, promet... à Robert Grantjon, libraire.,. à Paris... de faire joyr ledit Granion du grant ouvroir contenant deux bouticles, la première et derrenière chambre, ensemble de la cave et du grenyer ayant vue sur la rue, et ce dès jour de Pasques prôchainement venant... et si à led. Guynguant [deschargé] led. Grantjon de la promesse... par laquelle il est tenu de faire vuider un cordonnyer d'une petite bouticle de la maison qu'ils tiennent à présent...

Doué d'un esprit inventif et d'une rare habileté de main, Robert Granjon consacra ses aptitudes au perfectionnement de la typographie. Sa première adresse comme imprimeur est celle portée au titre du *Novum Testamentum Græce et Latine* publié en 1540, *Apud Robertum GrandIon, in taberna Griphiana* [3]. Sa marque parlante consiste en trois joncs

---

(1) Frère puiné, selon d'éminents bibliographes qu'on ose à peine contredire, et pourtant certaines dates prêtent au doute. Si l'on observe que Jean était mentionné comme libraire dès 1504, que, d'autre part, les premières impressions connues de Robert ne sont pas antérieures à 1549, qu'il s'est marié en 1557 et qu'il exécutait à Rome, en 1588, des travaux incompatibles avec une vieillesse avancée, on est très porté à croire qu'il était plutôt, comme d'autres l'ont pensé, le fils de Jean.

(2) *Catalogue chronologique des libraires de Paris*, par Lottin, 1773.

(3) Boutique du Griffon.

qu'enlacent deux rameaux, avec un griffon à leur pied et cette devise encourageante : *Humilibus Victoria.*

Il s'associa pour certaines publications avec un imprimeur nommé Michel Dauphin dit Fezandat, qui exerça de 1538 à 1561 et qui édita en 1550 une partie de l'œuvre de Rabelais, le *Tiers livre des Faicts et dicts heroïcques du bon Pantagruel*, puis, en 1552 et avec quelque difficulté, le *Quart livre.* Comme les autres parties de l'ouvrage, cette dernière contenait sous une forme plaisante beaucoup d'attaques contre le clergé, les moines et aussi les réformés, que l'auteur qualifiait de « démoniacles calvins ». La publication suscita des plaintes. Le parlement manda Fezandat et lui enjoignit de ne pas mettre le livre en vente « jusqu'à ce que le bon plaisir du roi eût été entendu » ; mais Henri II se montra défavorable à une poursuite. Ces facéties l'amusaient comme elles avaient amusé son père, et quand Rabelais lui eut affirmé, par voie de supplique, qu'il n'y avait dans ses écrits que « folastreries joyeuses », il voulut bien le croire sur parole. Fezandat profita aussitôt de la tolérance royale pour réimprimer le *Tierslivre* et en donna ainsi une édition revue par l'auteur et plus complète que les précédentes, dont la première datait de 1546. Un seul exemplaire de cette édition, très appréciée des bibliophiles, a été vendu 1.660 francs en 1870.

Au cours de ces impressions, Fezandat employa deux marques, dont la première était parlante, un *faisan* enlevant un *dauphin*, et dont la seconde, lors de son association avec Robert Granjon, représente, sortant d'un nuage de fumée, une main que mord un serpent échappé d'un fagot de sarments en flamme, avec cette devise : *Ne mort ne venin.* C'est une allusion à l'épisode connu de la vie de saint Paul, secouant impunément la vipère que le feu chassait des sarments.

En 1550, les deux associés publièrent dans le format in-8 : *Les Sermons satyriques du sententieux poète Horace, divizez en deux livres, interprétez en rime françoise par François Habert avec aucunes epistres dudict Horace non encore imprimées par cy-devant* ». Le traducteur était un versificateur abondant et médiocre, dont Fezandat et Granjon éditèrent encore. la même année, *les Epistres héroïdes pour servir d'exemple à toute âme fidelle.* L'année suivante, ils publièrent en italiques et en lettres rondes *Le·Tombeau de Marguerite de Valois, royne de Navarre, faict premièrement en Disticques Latins par les trois Sœurs Princesses d'Angleterre* [1]. *Depuis traduict en Grec, Italien et François par plusieurs des excellents Poëtes de la France* [2], *avec plusieurs Odes, Cantiques, Epitaphes sur le mesme subject.* » Cet ouvrage, formé par Nicolas Denisot [3], qui signait aussi « conte d'Alsinois », anagramme de son nom, constitue, comme le *Tiers* et le *Quart Livre*, une curiosité bibliographique et, si l'on se réfère aux catalogues des grandes ventes, on constate qu'adjugé 290 francs en 1860, un exemplaire a trouvé preneur en 1882 à 1.900 francs et a été ensuite coté 2.750 francs au catalogue Fontaine.

Plusieurs fois, Robert Granjon s'était rendu à Lyon. Une grande foire l'y avait notamment attiré en 1547. Il vint enfin s'y établir en 1557 et y épousa Antoinette Salomon, fille de Bernard Salomon et d'Anne Marmot. Ce Salomon était un graveur d'une adresse exceptionnelle. Voici en quels termes M. Georges Duplessis caractérise son talent dans *Les Merveilles de la Gravure* [4]. Après avoir rappelé quel éclat les peintres et les sculpteurs du XVIᵉ siècle donnèrent à l'art français :

La gravure ne resta point en arrière. Guidés par ces maîtres, les graveurs sur bois acquirent, dans leur sphère plus modeste, une habileté au moins égale à celle de leurs voisins. Assurément ils taillent le bois avec autant de légèreté et de finesse et, ayant sous les yeux des modèles excellents, ils s'accoutument à les copier très fidèlement, portant l'abnégation jusqu'à sacrifier leur personnalité aux œuvres des artistes qu'ils traduisent. Le plus fécond de ces petits maîtres français est connu sous le nom du *petit Bernard.* Jamais il n'a signé une planche de son nom ou d'un monogramme, de sorte que si l'on n'avait point trouvé dans une édition de la Bible, datée de 1680, une mention ainsi conçue: « Les figures que nous te donnons icy sortent de la main d'un excellent ouvrier connu en son temps sous le nom de Salomon (Bernard), dit autrement *le petit Bernard,* et ont toujours été

----

(1) Anne, Marguerite et Jeanne Seymour, filles d'Édouard, duc de Somerset, chancelier d'Angleterre. Elles avaient eu pour précepteur Nicolas Denizot.

(2) Entre autres, Pierre Ronsard, Claude d'Espence, Gaucher de Saint-Martin.

(3) Né en 1515 au Mans, mort en 1559.

(4) Paris, 1869, p. 259.

fort estimées de ceux qui se connaissent en cette sorte d'ouvrage », on ignorerait encore quel était cet artiste qui grava au xvie siècle une infinité de planches, où la délicatesse du travail le dispute à la finesse du dessin. Ces petites compositions sont animées de mille personnages campés avec aisance, agissant facilement et dessinés non sans élégance. L'art français y accuse nettement les caractères de son originalité, l'esprit et la prestesse.

Ayant perdu sa femme, Bernard Salomon se remaria avec Louise Messilieu et testa, le 19 octobre 1559, instituant pour héritiers universels son fils Jean et sa seconde femme. Une clause de cet aete visait sa fille : « Le susdit testateur lègue à Antoinette Salomon, sa fille naturelle et légitime en premières noces et à présent femme d'honneste personne Robert Granjon, me impr, citoyen de Lyon [1], la somme de 5 sols tournois pour une fois tant seullement, payable après le décès et en outre et pardessus ce que ledit testateur a donné à ladite Antoinette en contractant mariage avec ledit Robert Granjon et pour tous droits, noms, raisons, actions qu'elle pourroit prétendre sur les biens dudit testateur... » Si ce legs insignifiant ne masquait pas une exhérédation, il faut supposer que Mme Granjon avait recu du vivant de son père tout ce qui devait lui revenir.

Bernard Salomon avait composé, paraît-il, un traité de perspective qui n'a pas été retrouvé. Un ancien bibliographe, François du Verdier, seigneur de Vauprivas, déplorant la trop fréquente incurie d'héritiers qui laissent pourrir au grenier ou ronger par les rats de précieux ouvrages, signale, en effet, la disparition d' « un excellent livre de feu maître Bernard Salomon, traitant de perspective, qui s'est perdu de cette façon après son décès.,. Toutefois, ajoute-t-il, le renom de l'auteur, qui étoit peintre et très excellent tailleur d'histoires, sera immortel par les belles figures de la Bible que, de son invention. il a pourtraict et taillé, comme aussi par infinies autres figures et pourtraitures et peintures et tableaux sortis de sa main, qui se voient encore à Lyon [2] ».

(1) Robert Granjon néanmoins conserva toujours la qualité de bourgeois de Paris.

(2) *La bibliothèque Françoise de la Croix du Maine et de du Verdier, nouvelle édition revue par Rigoley de Juvigny, conseiller honoraire au parlement de Metz*, Paris, 1772, t. II, p. 85.

C'est dans cette même ville de Lyon que Robert Granjon appliqua un procédé dont il était l'inventeur et qui consistait à substituer aux caractères romains l'écriture cursive. Il imprima ainsi en 1557 le *Dialogue de la Vie et de la Mort*, *composé en toscan par maistre Innocent Ringhier*, *gentilhomme Boulongnois*, et en 1558 le *Premier livre des Narrations fabuleuses*, *avec les poésies de Guillaume Guéroult*. Dans la dédicace du premier de ces ouvrages à « Mgr d'Urfé, gouverneur de Mgr le Dauphin [1] » : « Je me suis mis, écrivait-il, à tailler notre lettre françoise, à justifier les matrices, en faire la fonte et finalement la rendre propre à l'imprimerie ». Le privilège qu'il obtint pour dix ans, le 25 décembre 1557, qualifiait ces caractères de « lettres françoises d'art et de main », mais ils sont plus connus sous le nom de caractères de « civilité », et ce nom appelle une explication. Quand Robert Granjon quitta Paris, il céda l'exploitation de son privilège à un confrère, Philippe Danfrie [2], établi rue Saint-Jacques, à l'enseigne de l'Ecrevisse d'argent, et plus tard, rue des Carmes, à celle du « Mirouër ». Celui-ci employa aussitôt les lettres gravées par son vendeur et édita en 1559 *la Civile Honesteté pour les enfans*, *avec la manière d'apprendre à bien lire*, *prononcer et écrire* : *qu'avons mise au commencement*, par Claude de Calviac. Ce livre eut de la vogue, et la civilité qu'il enseignait servit à désigner les nouveaux caractères.

Il serait trop long d'énumérer les ouvrages sortis des presses de Robert Granjon. On en a compté dix-neuf publiés à Lyon de 1557 à 1562, dont un *Livre d'heures à l'usage de Rome* [3] et les *Nouvelles Récréations et joyeux devis de feu*

---

(1) Jacques d'Urfé, père d'Honoré, le célèbre auteur de l'*Astrée* ; mort le 23 octobre 1574.

(2) Né en 1504 et connu non seulement comme imprimeur, mais encore, ainsi que le désignent, entre 1565 et 1594, divers actes authentiques, comme « tailleur de caractères », « graveur en mathématiques », « graveur d'armoiries et de fers à marquer les livres », « tailleur général des effigies des monnaies de France » et même « canonnier ordinaire du roy » (juin 1565). Au nombre de ses impressions en caractères de civilité, on peut citer une publication du médecin et poète chalonnais Claude de Pontoux, intitulée : *Harangue de sainct Basile le Grand*, etc. *Traduite du grec en nostre langue par Claude de Pontoux, de Chalon-sur-Saône.*

(3) *Horæ in laudem beatissime virginis Marie ad usum Romanum. Lugduni excudebat Robertus Granjon MDLVIII.*

Bonaventure Des Périers, valet de chambre de la royne de Navarre, MDLVIII. Sous ce dernier titre, une marque parlante représente un *grand jonc* couronné qu'enlace un serpent, avec cette devise : *Ex æquitate et prudentia honos.* C'est la première édition de ces contes, et elle emprunte une partie de sa valeur à l'originalité des caractères, Bonaventure des Périers était mort depuis quinze ans ; mais deux de ses amis, Nicolas Denisot et Jacques Pelletier, avaient recueilli les fragments épars de ses *Nouvelles Récréations,* et ce fut Denisot qui les fit imprimer en y ajoutant peut-être quelques pièces de son crû. Le prix de ce volume, très rare, très recherché, a suivi une marche constamment ascendante, 250 francs à la vente Solar (1860), 700 francs à la vente Yemeniz (1867), 900 francs à la vente Lebeuf de Montgermont (1876), 1.200 francs à la vente Guy-Pellion (1882). En cette même année, un exemplaire appartenant aux libraires Morgand et Fatout était coté 1.500 francs.

En 1572, Robert Granjon gravait à Lyon des caractères pour l'impression de la musique. La même année, il revint à Paris et y résida jusqu'en 1578, mais avec des séjours intermittents à Lyon, où on le retrouve en 1577, contractant un emprunt dont l'acte le qualifie de « marchand libraire et tailleur de lettres d'imprimerie à Lyon ». En 1578, il partit pour l'Italie. A Rome, il travailla dans l'atelier typographique de Dominique Basa, où il s'appliqua surtout à la composition des caractères arabes pour une imprimerie orientale fondée par les Médicis. Il imprima notamment en 1584 un livre de prières en langue arabe et caractères syriens, à l'usage des Maronites du Liban, et une *Géographie arabe* composée à Rome par Alzalechi. Le pape lui-même s'intéressa a ses travaux. Grégoire XIII était un ami des sciences, auquel s'attache le souvenir de l'utile réformation du calendrier julien. Il savait que des princes allemands avaient fait à Robert Granjon des offres avantageuses, et il craignait que son talent ne fût mis au service des luthériens pour imprimer des textes orientaux volontairement altérés et rendus ainsi favorables à leurs doctrines. Il lui alloua 300 écus d'or pour l'exécution de chaque alphabet, en même temps que le cardinal Ferdinand de Médicis lui offrait, avec le logement et un traitement fixe de dix écus d'or par mois, un écu pour chaque lettre dont il graverait le poinçon en acier. Après la mort du pape, le 15 avril 1585, Robert Granjon passa encore trois années à Rome et, toujours infatigable dans la pratique de son art, il chercha à perfectionner les caractères grecs. Au dire des bibliographes les plus compétents, la beauté de son alphabet n'a pas été dépassée. La date de sa mort n'est pas connue ; mais elle ne saurait être de beaucoup postérieure à sa rentrée en France [1].

CLAUDE

L'absence de documents ne permet pas de suivre à travers cinq ou six générations la descendance de Robert Granjon. Il faut enjamber deux siècles pour arriver à déterminer exactement la filiation. Au commencement de l'année 1700, Claude Granjon, « bourgeois de Lyon », fut pourvu d'un office de notaire en cette ville. De son mariage avec Marie Cerise naquit, le 5 octobre 1714, sur la paroisse Notre-Dame-de-la-Platière, un fils, Abraham, qui fut tenu sur les fonts baptismaux par Abraham Chazeau, bourgeois de la même ville, et Louise Gaudet, fille de Jean, également bourgeois.

ABRAHAM

Abraham succéda à son père dans l'office notarial. Des raisons tirées de la proximité des biens que les familles

(1) Cf. sur Robert Granjon, GRAESSE, *Trésor des livres rares et précieux*, Dresde, 1861 ; J.-Ch. BRUNET, *Manuel du libraire et de l'amateur de livres*, 5e édition, 1861, t. II, p. 652 ; E. DESCHAMPS et G. BRUNET, *Supplément* à ce *Manuel*, 1878, t. I, p. 381 ; J. LE PETIT, *Bibliographie des principales éditions originales d'écrivains français du XVe au XVIIe siècle*, 1888, p. 64 ; VINGTRINIER, *Histoire de l'imprimerie à Lyon*, 1894, p. 246 ; Ph. RENOUARD, *Imprimeurs parisiens et libraires depuis l'introduction de l'imprimerie jusqu'à la fin du XVIe siècle*, 1898 ; P. BAUDRIER, *Bibliographie lyonnaise*, 2e série, pp. 49-64.

Granjon et Cerise possédaient à Saint-Germain-Mont-d'Or [1], le désir aussi de régler certains droits litigieux qui grevaient ces immeubles, le décidèrent à épouser sa cousine germaine, Jeanne Cerise, fille d'Antoine et de Madeleine de Saint-Georges. Il en eut un fils, Jean-Fleury, né le 11 octobre 1755, dont le parrain fut Jean-Fleury Garin, notaire royal à Neuville, lieutenant du juge de la juridiction de Saint-Germain-Mont-d'Or, et la marraine Jeanne Gache, épouse d'Abraham Saigne, maître écrivain juré à Lyon.

JEAN-FLEURY

En mars 1779, Jean-Fleury reprit l'office de son père décédé et l'exerça pendant six ans. Il avait épousé Catherine Villette, et il en eut cinq enfants : 1° Jeanne-Marie-Louise, née en 1783, morte en 1803 ; 2° Guy-Suzanne-Louis dit Eugène, né le 1er janvier 1784, notaire à Chalon de 1810 à 1840, marié avec N. Dufour, et dont la descendance existe ; 3° Marie-Etiennette, née en 1785, qui épousa N. Focard et laissa deux enfants, Sophie, mariée à N. David, et Gabriel ; 4° Joseph-François, né et mort en 1787 ; 5° Emmanuel-Gabriel-Robert, qui suit, né en 1790.

L'étude de Jean-Fleury était d'un mince rapport. Voyant augmenter sa famille, désireux aussi de liquider les dettes qui pesaient sur ses biens et que son père n'était point parvenu à éteindre, il céda son office et en acquit un autre à Mâcon. C'était un titre nu. Installé en février 1786, il réussit cependant à gagner la confiance publique et à remonter l'étude. Sa situation pécuniaire s'améliorait ;, quand éclata la Révolution, qui dispersa ou ruina sa clientèle, composée principalement d'ecclésiastiques, de nobles et de grands propriétaires. Bientôt il ne se sentit plus en sûreté. A la suite d'arrestations qui eurent lieu à Mâcon vers la fin d'août 1792, on lui conseilla de s'éloigner. Il se retira à Lyon, où il pensait n'être pas en vue. Ce fut pour être presque aussitôt

(1) Canton de Neuville, arrondissement de Lyon.

témoin oculaire d'un de ces affreux massacres qui ont désho-
noré la Révolution.

Quelques jours auparavant, plusieurs officiers du régiment Royal-Pologne avaient été arrêtés par leurs propres
soldats et enfermés à la prison dite de Roanne, puis au château-fort de Pierre-Scize, sous une prévention que rien ne
justifiait, celle d'avoir voulu faire émigrer ce régiment. Le
9 septembre, au cours d'une fête civique, le maire de Lyon,
Louis Vitet [1], fit procéder à un de ces stupides auto-da-fé
comme on n'en rencontre que trop dans cette période où la
bêtise va de pair avec la férocité. En présence de la garde
nationale sous les armes, un bûcher consuma solennellement les portraits des anciens échevins conservés jusqu'a-
lors à l'hôtel de ville et leurs armoiries. Pendant que les
autorités assistaient à cette manifestation, une horde de fé-
dérés, gorgés de vin, mais altérés de sang, à laquelle s'était
adjointe l'écume de la populace, courut à Pierre-Scize et
demanda qu'on lui livrât les officiers détenus pour les transférer dans les prisons de l'hôtel de ville. Rien n'était plus
facile que de leur opposer un refus décisif. Le fort était
imprenable. Accroché à la pente d'une colline qui tombe
brusquement à pic sur la rive droite de la Saône, il était
protégé, d'un autre côté, par un large fossé et divers ouvrages. Sur la plate-forme plusieurs canons allongeaient
leurs bouches dans la direction de la rivière et de la porte
de Vaise. Quelques coups de fusil tirés à blanc auraient suffi
pour mettre en fuite les émeutiers ; mais Vitet, averti, sur-
vint, accompagné d'un détachement de gardes nationaux.
Au lieu de disperser ces misérables, il entra en pourparler
avec eux et, empiétant sur les attributions du gouverneur,
d'ailleurs impotent et alité, il finit par leur faire ouvrir les
portes. Ce magistrat n'était pas dénué d'humanité, mais il
avait été élu, trois jours auparavant, député à la Convention, et le souci de sa popularité l'entraînait à une capitulation dont l'effet ne se fit pas attendre. A peine les portes

(1) Né à Lyon le 3 août 1736, médecin renommé, maire en 1791 ; député
à la Convention, où il vota la réclusion du roi ; en 1795, puis en 1798, aux
Cinq-Cents, dont il fut élu secrétaire le 20 janvier 1799 ; mort le 25 juin
1809.

furent-elles ouvertes que la bande se rua dans le château et massacra cinq officiers qui lui tombèrent sous la main. Un sixième sauta par une fenêtre et réussit à s'échapper. Trois autres, préservés momentanément par des membres de la municipalité, furent emmenés par les émeutiers. En route, l'un d'eux tomba sous leurs coups ; un deuxième se jeta dans le Rhône, et le troisième fut décapité sur le perron même de l'hôtel de ville. Stimulés par le récent exemple des Parisiens, les émeutiers se rendirent aux prisons, et, à défaut des détenus qu'on avait fait évader, ils tuèrent trois prêtres. Alors, ajustant au bout de leurs piques les onze têtes de leurs victimes, ils se mirent à parcourir la ville comme des triomphateurs, promenant leurs sanglants trophées à la lueur des torches, les exhibant partout, dans les cafés, dans les théâtres, aux fenêtres mêmes des maisons particulières, et, après cette randonnée de cannibales, ils allèrent les suspendre aux rubans tricolores dont les festons décoraient les tilleuls de la place Bellecour [1].

Tel fut le hideux spectacle auquel assista Jean-Fleury, ainsi qu'il le consigna sommairement dans une page autobiographique conservée par ses descendants. Ce n'était pas fait pour lui inspirer le désir de prolonger son séjour à Lyon. Trois semaines après, il était rentré à Mâcon. En mars 1793, une reprise d'arrestations le détermina à s'éloigner de nouveau pendant un mois. Vint enfin la loi des suspects. Désigné comme tel, il fut arrêté le 13 octobre et enfermé au couvent des Ursulines transformé en maison de réclusion. Ce ne fut pas pour longtemps. Un arrêté prescrivit le transfèrement à Autun de quatre-vingt-treize détenus, dont soixante-cinq hommes et vingt-huit femmes. En même temps, un certain nombre de suspects autunois étaient envoyés à Mâcon [2]. Les administrations de districts se sentaient plus à

---

(1) Cf. A. STEYERT, *Nouvelle histoire de Lyon*, 1899, t. III, p. 502 ; baron RAVERAT, *Lyon sous la Révolution*, 1883, pp. 55-57.

(2) Ce transfèrement comprit 131 individus dont 72 hommes et 59 femmes. Le convoi partit d'Autun le 7 novembre et arriva dans la soirée du 9 à Mâcon. Les hommes furent écroués le lendemain aux Ursulines et les femmes à l'hôpital. Les frais de voyage, arrêtés à 9.753 francs et comprenant notamment le transport de deux canons, l'un en tête, l'autre en queue, furent à leur charge, soit 89 fr. 19 c. pour chacun.

l'aise en échangeant ainsi leurs prisonniers. Si l'incarcération de concitoyens favorablement connus était de nature à émouvoir la population d'une ville, il en était autrement quand la maison d'arrêt se peuplait d'étrangers n'ayant
en cette ville ni intérêts ni relations. L'indifférence à leur
sort était un élément de sécurité pour ceux qui avaient signé
leur écrou.

Jean-Fleury Granjon avait été compris dans cette fournée.
Le voyage fut très pénible. On entassa les détenus dans de
mauvais bateaux qui mirent vingt-trois heures à remonter la
Saône jusqu'à Chalon. Là on les parqua dans d'ignobles
charrettes qui les transportèrent cahin caha à Autun, où ils
arrivèrent le 5 novembre et furent enfermés au monastère
de la Visitation, rue aux Rats. Jean-Fleury eut au moins la
consolation de s'y trouver en bonne compagnie. Les meilleures familles comptaient là des représentants, entre autres :
François-Louis de la Martine [1], seigneur de Montculot,
ancien capitaine au régiment Dauphin-cavalerie ; Jean-Bap-
tiste-Louis, son frère, chanoine de Saint-Vincent, et leurs
deux sœurs, Marie-Anne-Charlotte-Eugénie, dite plus tard
Mme de Monceau, et Suzanne, chanoinesse du chapitre noble
de Saint-Martin-de-Salles, dite Mme de Villard ; Marc-Antoine Patissier de la Forétille et sa femme, née de la Martine d'Hurigny ; Pierre-Louis-François de la Tour du Pin-
Gouvernet, prévôt du chapitre noble de Saint-Pierre, frère
cadet de l'ancien ministre de la guerre ; Marie-André Merle,
ex-maire de Mâcon, ex constituant, ex-procureur général,
syndic du département, qui, condamné à mort, le 4 décembre, par la commission révolutionnaire de Lyon, n'é-
chappa à la fusillade que pour aller tomber plus loin sous
les coups des cavaliers lancés à sa poursuite ; Jean-Baptiste-
Valentin Siraudin, ancien procureur du roi, qui mourut en
réclusion le 8 du même mois ; Antoine-Louis Desvignes de
Davayé, dernier abbé de Notre-Dame de la Ferté-sur-Grosne,
destiné lui aussi à succomber au cruel régime d'une prison ;
l'abbé Pierre Sigorgne, doyen du chapitre de Saint-Vincent,
physicien distingué et auteur d'ouvrages scientifiques ; les

(1) Ainsi s'écrivait alors ce nom qui primitivement était Alamartine.
Ce fut l'auteur des *Méditations* qui en fit un seul mot.

chanoines de Sorans, d'Aurelle, de Montrichard, etc.; d'autres prêtres encore, dont plusieurs, envoyés à Rochefort,
allaient bientôt périr de misère dans les cachots de l'île de Ré
ou dans les soutes infectes des pontons de la rade d'Aix [1].

Les journées paraissaient longues à Jean-Fleury Granjon.
Vers la fin de novembre, il trouva cependant une occupation. Le comité de surveillance d'Autun, pressé par les réclamations des traiteurs qui fournissaient les prisons, avait
dressé un état des détenus de Mâcon et fixé pour chacun une
cotisation fondée sur ses ressources connues ou présumées.
Cette opération contenait beaucoup d'erreurs d'appréciation.
Les détenus les signalèrent au comité et lui demandèrent de
les rectifier eux-mêmes « en graduant la quotité de chaque
contribuable proportionnellement à la quotité de ses facultés », qu'ils connaissaient mieux que personne. Ce leur fut
accordé sans difficulté, car il y avait là, pour tomber juste,
des complications de calcul et des comptes de fractions à
faire éclater la tête d'un sans-culotte. Neuf commissaires,
Jean-Fleury entre autres, furent élus. Le 8 frimaire (28 novembre), ayant revisé les classifications du comité, considéré les charges dont certains riches étaient visiblement
grevés, en même temps que les ressources assez copieuses
dont jouissaient des détenus simplement qualifiés « aisés »,
tenu compte, enfin, de la détresse de plusieurs auxquels la
Révolution avait coupé les vivres, ils présentèrent un nouvel état qui, sans modifier la somme réclamée, répartissait
autrement la contribution et la divisait en portions indivi-
duelles, demi-portions, quarts de portion, avec une caté-
gorie de « non-payants », comprenant vingt et un membres,
dont Granjon. Et comme il n'était pas possible que le total
de cette répartition coïncidât mathématiquement avec la
somme de 4.500 livres portée aux mémoires des traiteurs,
des suppléments furent fractionnés entre vingt-deux détenus
pris équitablement parmi les plus fortunés [2].

(1) Sur treize ecclésiastiques transférés de Mâcon à Autun et déportés
ensuite à Rochefort dans les derniers jours d'avril 1794, dix moururent
avant le 15 octobre.
(2) Voir ci-dessous, aux APPENDICES, II, le procès-verbal de cette répartition et l'arrêté du district.

Toute rigoureusement juste qu'elle était, l'opération ne donnait pas d'argent aux traiteurs, qui ne connaissaient d'autres débiteurs que le district. Le 11 pluviôse (30 janvier 1794), las de réclamer en vain, ils se déclarèrent au terme de leurs avances et tout prêts à cesser la fourniture. Le district se voyait dans l'embarras. Il avait échangé des prisonniers avec Mâcon ; seulement, tandis que les revenus séquestrés de ses détenus lui servaient à payer les frais de leur nourriture, le district de Mâcon avait négligé d'apposer le séquestre ou en gardait par devers lui le produit, de telle sorte que la charge de nourrir ses prisonniers incombait, en fait, au district d'Autun. Aux réclamations de ce dernier, Mâcon opposait un dédaigneux silence. Dans ces circonstances, le district d'Autun arrêta qu'à partir du 14 pluviôse, les détenus se nourriraient à leurs frais, sauf les indigents, qui seraient nourris aux frais des riches, et, comme il fallait désintéresser les traiteurs, il fit mettre en vente tous les vins des suspects mis sous séquestre.

A la même époque, Jean Fleury exprimait à sa femme combien cette captivité lui pesait. « Si, comme tu le dis, lui écrivait-il le 16 pluviôse (4 février), les autorités reconnaissent mon innocence, elles connaissent le motif de ma détention ; elles sont persuadées qu'elle est aussi injuste qu'inutile à la chose publique, qu'elle ne tend qu'à la destruction d'une famille qui n'a jamais fait que le bien... Il y eut hier trois mois que je suis arrivé à Autun. Ce temps, joint à vingt-cinq jours de détention à Mâcon, m'a cruellement duré... [1] »

Aux souffrances morales de Jean Fleury s'en ajoutaient d'autres causées par le délabrement de sa santé. Le 6 ventôse (24 février), son état maladif nécessita la visite d'un jeune médecin, André François [2], appelé plus tard à une grande notoriété. L'avis de celui-ci fut que le mal du détenu

_____

(1) Arch. de Saône-et-Loire, *fonds de Bourgogne*, F, 218.
(2) Né le 14 octobre 1769, à Autun, d'André, médecin, et de Léonarde Gruyé ; reçu en décembre 1787 maître-ès-arts de la faculté de Paris et, le 10 août 1804, docteur ; volontaire au demi-bataillon d'Autun le 24 août 1792 ; médecin en 1793, aux armées du Nord, et des Ardennes ; rentré pour cause de maladie à Autun, où il resta jusqu'en septembre 1799, date à laquelle il fut rappelé comme médecin militaire ; employé en 1802-1803 à Saint-Domingue, où il consigna ses *Observations sur la fièvre jaune*, et

tenait précisément à sa détention : « Il nous a paru, porte
sa consultation, que la douleur de tête habituelle, l'affection de poitrine, les hémorroïdes internes, tous les maux
enfin qu'éprouve le citoyen consultant n'étaient que sympto-
matiques et dérivaient d'un état spasmodique habituel produit par les circonstances chez le citoyen, qui, d'ailleurs, nous
a paru d'un tempérament tenant au bilieux. » Le médecin
fut encore mandé le 16 thermidor (3 août) et fit transférer le
malade à l'hôpital ; mais le remède le plus efficace fut certai-
nement la nouvelle de l'événement du 9 thermidor, La mise
en liberté n'était plus qu'une question de jours. Jean-Fleury
l'obtint le 29 fructidor (15 septembre). Il n'en avait pourtant
pas fini avec les vexations. Sa maison avait été mise sous
séquestre et il dut lutter pour obtenir main-levée Ce ne fut
pas sans peine non plus qu'il put reprendre l'exercice de sa
charge de notaire. On entendait l'en priver sous prétexte
qu'il ne justifiait pas d'un certificat de civisme. Il se débattit
ainsi pendant six mois contre les difficultés que lui suscitait
l'hostilité persistante des Jacobins.

Sa signature figure au bas d'une délibération de l'adminis-
tion centrale du 8 thermidor an V (26 juillet 1797), qui avait
admis à siéger avec elle onze notables, parmi lesquels se trouvaient également Louis de Lamartine, l'ex-conventionnel
Guillemardet, alors député aux Cinq-Cents en attendant que
l'Empire en fit un préfet, et Claude-Louis Bonne, plus tard
président du tribunal de commerce, maire, député en 1815,
finalement conseiller de préfecture. Il s'agissait de dresser
un tableau de la dépréciation du papier-monnaie à la suite
de la loi du 29 messidor an IV (17 juillet 1796) qui en avait
fait cesser la circulation forcée à sa valeur nominale. Ce
tableau, arrêté le 24 thermidor an V (11 août 1797), est
instructif. On y constate que 100 livres en assignats représentaient en numéraire 80 livres en 1792, 71 livres en 1793,
50 livres en 1794, etc., avec une si rapide décroissance que,

ensuite dans toutes les campagnes de l'Empire ; nommé en 1833 médecin
en chef des Incurables à Paris ; mort en 1842, laissant de savantes études
sur les maladies épidémiques, qu'il avait étudiées de près et avec un admirable dévouement. (Cf. docteur GUYTON, *Recherches historiques sur les
médecins et la médecine à Autun*, *Mémoires de la Société Eduenne*, nouvelle
série, t. III (1874), pp. 16-30.)

le 20 février 1796, par exemple, pour avoir seulement 24 livres en argent, il fallait donner en papier 6.200 livres et même, le 2 mars, 7.600 livres. Le régime des mandats territoriaux, qui succéda aux assignats et n'en était, au fond, qu'une maladroite réédition, aboutit au même fiasco. 100 livres papier équivalaient, d'avril à septembre 1896, à 33 livres argent, taux qui ne fut jamais dépassé. Puis la valeur s'affaissa et tomba à 3 livres, même à 2 l. 15 s. les 1er et 3 août[1]. Il y eut donc, pendant ces quatre années d'expédients financiers, des jours où l'acquisition d'un bien d'église, d'émigré ou de condamné à mort, estimé 100.000 livres et payable en assignats, n'exigeait qu'un infime débours de 3.000 livres en écus. Si l'opération s'accomplissait sous le règne des mandats, elle n'était guère moins avantageuse. Beaucoup de ci-devant sans-culottes se firent ainsi adjuger à un prix dérisoire les châteaux qui excitaient naguère leur vertueuse indignation et dont ils avaient contribué plus ou moins à déposséder les hôtes.

Le nom de Jean-Fleury Granjon se trouve dans un autre document. Le 24 frimaire an VIII (15 décembre 1799), le notaire déclara accepter la Constitution consulaire. On ne saurait s'étonner que le régime de 1793 ne lui ait pas laissé de regrets.

EMMANUEL-GABRIEL-ROBERT

Le second fils de Jean-Fleury, né à Mâcon le 2 juillet 1790, avait été tenu sur les fonts baptismaux par Emmanuel-Gabriel Sambœuf et Marie Bouillet, épouse de Charles-Louis Chamborre, procureur au bailliage[2]. Son parrain lui donna ses deux prénoms, auquel on ajouta celui de Robert en souvenir du célèbre imprimeur ; mais il ne fut jamais connu que sous celui d'Hector. Les premiers étaient de nature à effaroucher les sans-culottes et à compromettre ses parents, En 1793, ceux-ci y substituèrent prudemment le nom d'un héros de

---

(1) Cf. P. CARON, *Tableau de la dépréciation du papier-monnaie*, Paris 1904, p. 378, *Saône-et-Loire*.
(2) Père de J.-B. Chamborre, qui fut député de Saône-et-Loire à l'Assemblée législative, à la Convention et aux Cinq-Cents.

l'antiquité, sans se laisser séduire par les prénoms alléchants du calendrier républicain, tels que Potiron, Navet, Chiendent, Pissenlit, Topinambour, Dindon, Fumier, etc. (1).

A partir du 1er décembre 1810, Hector Granjon exerça la profession d'avocat dans sa ville natale. Il fut élu bâtonnier de son ordre les 10 novembre 1823 et 19 septembre 1825. Diverses commissions firent appel à son concours, le conseil de l'instruction publique en 1816, la commission des hospices en 1822, le comité consultatif des communes en 1823, le conseil administratif des prisons en 1825. Il entra au conseil municipal le 7 janvier 1824. La magistrature l'enleva ensuite au barreau, où son talent de parole et sa science de jurisconsulte lui avaient assuré la première place. Suppléant du juge de paix du canton sud de Mâcon à dater du 22 octobre 1823, il en fut nommé juge de paix le 23 mai 1827. Il passa de là comme juge au tribunal de Chalon le 7 avril 1830, y fut élevé à la vice-présidence le 11 février 1846, et, quand la limite d'âge le contraignit à la retraite, il reçut, le 19 juillet 1860, le titre de président honoraire. Il était entré au conseil municipal de Chalon le 7 janvier 1852. Décoré de l'ordre du Lis le 15 juin 1818, il avait été fait chevalier de la Légion d'honneur le 19 janvier 1853. Il mourut le 24 juillet 1878.

Il avait épousé, le 15 mars 1820, Anne Martin, fille aînée de Jean-Claude et d'Anne Cochon, en présence des quatre témoins suivants : Louis-Vivant Martin, oncle paternel de l'épouse, Joseph-Désiré Montarlot, son oncle maternel, Guy-Suzanne Granjon, notaire, frère de l'époux, André Chambosse, son cousin germain. Une fille unique naquit de cette union, Anne-Louise dite Nanine, née le 13 décembre 1820 et décédée à Chalon le 5 août 1913, en sa maison de la rue de l'Arc.

(1) L'administration départementale donna l'exemple de ces changements de prénoms. Le 4 nivôse an II (24 décembre 1793), une affiche annonça solennellement aux Mâconnais les nouvelles appellations que s'étaient décernées ses membres : Blé-Chêne Duréault, Blé-Fer Vondière, Décius Grognot, Ail-Pavot Bijon, Pomme-Raisin Nardon, Romarin Bierson, Raifort Mauguin. A Chalon, les prénoms de ce genre trouvèrent une trentaine d'amateurs. On relève sur les registres de l'état civil : Sainfoin Perrault, Abricot Renaudin, Basilic-Jasmin Coulon, Fleur-d'Épine-Naturelle Descombes, Laurier-de-la-Montagne Bernard, Brebis-Guimauve Mayer, Lycoperde-la-Civique Linage, Silvain-Sans-Culottes Lavrand, Pierre-Marat Crétin, etc.

II

FAMILLE NIVET

PIERRE, adjoint au maire de Tournus. puis juge de paix.
JULES, conseiller municipal, administrateur des hospices.
FRANÇOIS-GEORGES, sa carrière judiciaire ; son exercice au barreau ; son
    mariage ; ses fils Charles, Paul et Alphonse.

Anne-Louise Granjon épousa, le 11 décembre 1843, Jean-Marie, dit Jules Nivet, né le 15 octobre 1815, à Huilly, canton de Cuisery, de Pierre et de Louise-Françoise Signoret. La famille Nivet s'était établie à Tournus en 1814. Pierre, fils de Jean et de Marie Lafay, entra au conseil municipal de cette ville et fut désigné en 1816, avec son collègue Denis-Salomon Narboud [1], pour faire, conjointement avec le préfet, la répartition d'une somme de 2.598 francs qui avait été octroyée en vertu d'une ordonnance du 20 septembre à l'effet de réparer les pertes causées par les deux invasions. Il était adjoint en 1822, quand une altercation se produisit dans un café entre un officier du 10e de ligne et un ancien militaire, au sujet de la démonstration armée de la France en Espagne. Ce vulgaire incident, grossi démesurément par la presse royaliste, entraîna une protestation que signèrent quarante notables habitants et que publièrent deux journaux libéraux. Trois magistrats y virent une offense et intentèrent aux signataires un procès qui, après diverses péripéties judiciaires, se termina par des amendes. Le gouvernement reprocha alors à la municipalité — et tout à fait à tort — d'avoir montré de la faiblesse dans cette circonstance, et il

---

(1) Né à Tournus, le 15 septembre 1746, d'Armand-Félix Narboud de Revermy et Boiry et de Françoise Prost ; procureur syndic de cette ville en 1789 ; président du directoire du district de Mâcon en 1790 ; officier dans l'armée lyonnaise en 1793 ; émigré en Amérique ; maire de Royer (1807) et de Plottes (1817) ; conseiller général (1807-1819) ; mort le 11 septembre 1819.

destitua le maire et les deux adjoints. En 1827, Pierre Nivet
fut nommé juge de paix du canton. Il exerça ces fonctions
jusqu'en 1830 et mourut le 25 juillet 1850.

Jules Nivet, son fils, fut conseiller municipal à Tournus
et administrateur des hospices. Retiré en son domaine de
Saugy, commune de Baudrières [1], il y mourut le 8 décembre
1904, laissant un fils unique, François-Georges, né à Chalon
le 24 décembre 1844.

Celui-ci, d'abord avocat, secrétaire en 1869 de la conférence des stagiaires du barreau de Paris et titulaire du prix
Paillet, entra dans la magistrature et passa par les étapes
suivantes : substitut à Vesoul le 9 juillet 1873; procureur
de la République à Arbois le 30 octobre 1875, à Cambrai le
28 avril 1878, à Draguignan en octobre suivant. A la suite
des décrets du 27 mars 1880, prononçant la dissolution des
congrégations religieuses et la confiscation de leurs biens,
il renonça spontanément à une carrière dont ses qualités de
juriste et d'orateur assuraient l'avenir. Démissionnaire le
22 juin, il s'établit comme avocat à Chalon, où il devint
bâtonnier de l'ordre et plaida jusqu'en 1914. Il avait épousé,
le 25 juillet 1872, à Paris, Marie-Antoinette-Julia Meugy,
née le 15 mai 1849, à Vouziers, de Jules-Alexandre-Alphonse,
ingénieur des mines, plus tard inspecteur général, officier de
la Légion d'honneur, et de Honorée-Victoire-Estelle Déa.
Sont issus de ce mariage :

I. Charles, né le 15 août 1873, ordonné prêtre le 25 novembre 1896, missionnaire apostolique, parti le 4 novembre
suivant pour la mission d'Annam, où il continuait, en 1921,
à exercer son ministère.

II. Paul, né le 27 novembre 1874, capitaine de vaisseau,
officier de la Légion d'honneur ; décoré en outre d'une
médaille d'argent, alors qu'il était lieutenant et embarqué
sur l'*Aspic*, « pour le courage et le sang-froid qu'il a mon-
trés, le 19 novembre 1898, en rade de Pak-Nam, à l'entrée
de la rivière de Chantaboum-de-Siam, en se jetant à la mer,
par un courant d'environ quatre nœuds, pour porter secours
à un quartier-maître mécanicien en danger de se noyer et

____

[1] Canton de Saint-Germain-du-Plain, arrondissement de Chalon.

dont le sauvetage lui est dû [1] ». La guerre de 1914-1918 lui fournit à différentes reprises l'occasion de montrer sa fermeté, sa présence d'esprit et sa promptitude d'exécution, notamment dans la soirée du 24 février 1915, lors d'un accident terrible survenu au torpilleur d'escadre la *Dague*. Il commandait alors un autre torpilleur, la *Faulx*, et se trouvait près d'Antivari, convoyant, de concert avec la *Dague*, un cargo destiné au ravitaillement des Monténégrins. Tout à coup, pendant qu'il était sur ce cargo à préparer le déchargement, la *Dague*, ayant touché probablement une mine, fut coupée en deux ; l'avant coula immédiatement, entraînant trente-huit hommes, tandis que l'arrière surnageait. Sans perdre une minute, Paul Nivet donna un signal à la *Faulx*, qui partit à toute vitesse. Des embarcations mises à la mer recueillirent les survivants. Malgré la nuit, la mer houleuse et le danger d'une attaque possible, le lieutenant ne quitta le cargo que le lendemain, quand il eut fait opérer le déchargement et rempli ainsi sa mission. Il ramena ensuite à Navarin son équipage épuisé par la fatigue et la privation presque complète de vivres pendant trente-six heures. L'amiralissime le fit alors appeler à son bord et le félicita chaudement de son esprit de décision que récompensa, quelques jours après, la croix de guerre. Nommé capitaine de frégate le 22 août 1917, Paul Nivet fut appelé au commandement du croiseur de première classe le *Jurien-dé-la-Gravière*, puis, en 1918, au commandement des forces navales en station au Pirée, et en 1919 au poste de chef d'état-major de la division d'instruction navale à Toulon. Il a été promu, le 26 novembre 1920, capitaine de vaisseau.

De son mariage, contracté le 25 juillet 1901, à Cherbourg, avec Andrée Lefèvre, née le 14 juin 1878 de Jules, contre-amiral, et de Mathilde Gauthier, il a eu cinq enfants : 1° Georges, 26 août 1902 ; 2° Suzanne, 23 octobre 1903 ; 3° Mathilde, 6 novembre 1906 ; 4° Pierre, 14 septembre 1909 ; 5° Thérèse, 25 janvier 1915.

III. Alphonse, né le 16 juillet 1877, docteur en médecine, demeurant à Chalon, marié le 30 avril 1907, à Langres,

(2) *Moniteur de la Flotte*, du 17 mars 1915.

avec Marie-Pauline-Magdeleine Laurent, née le 11 août 1884, de Maurice, avocat, et d'Antoinette Crochet. La mère de cette dernière, née Barabbino, était d'origine génoise et appartenait à une famille du Val de Polcevera, qui avait compté au nombre de ses membres un peintre du XVIIe siècle. Simon Barabbino, établi à Milan, dont le talent avait pour caractéristique la vérité du coloris et la précsion des contours. D'autre part, la famille Laurent était apparentée à la célèbre Sœur de Saint-Vincent de Paul, née Marie Rendu et connue sous le nom de Sœur Rosalie. Quatre enfants sont nés de ce mariage : Maurice, 17 juin 1909 ; Hélène, 25 septembre 1910 ; Bernadette, 9 février 1912 ; Marguerite-Marie, mai 1919.

IV. Gabrielle-Marie-Estelle, née le 5 juillet 1884 ; mariée, le 9 février 1905, avec Lucien Darbois, fils de Firmin, ancien magistrat ; décédée le 1er août 1908, sans postérité.

V

FAMILLE MONTARLOT

Etienne, bourgeois de Lons-le-Saunier.

Etienne-Hugues.

Hugues-Philibert : familles Mayerette, Bouvier, Deschamps, Bonin, Baldy, etc.

Jean-Baptiste, capitaine d'infanterie : familles Debray, Séjourné, Legras.

Anne-Marie-Thérèse, mariée à Claude Bouquet. Son fils Lucien, conseiller de préfecture.

———

Le nom de cette famille paraît emprunté à celui d'une localité de la Haute-Saône, Montarlot-lès-Boult, canton de Rioz (arrondissement de Vesoul), voisine du hameau de l'Abbayotte, commune de Fondremand, où avait été fondé au xiiie siècle un petit monastère de Bernardines, en latin du moyen âge *mostelletum*. De ce vocable le patois, en le francisant, a fait Mostellot et par corruption Montarlot. Une autre commune, qui appartient au canton de Champlitte (arrondissement de Gray), et où existait un prieuré supprimé lors de la Révolution, porte le même nom, dont les variantes ont été Mostellot en 1216, Mostellat en 1278, Mostallot en 1305, etc.

La famille dont il est question n'a pas d'histoire. Tout ce qu'on sait d'elle, c'est qu'elle vivait depuis un certain temps « bourgeoisement », c'est-à-dire de ses revenus et sans que ses membres exerçassent de profession. Plusieurs de ses générations n'avaient compté qu'un seul héritier, et sa petite fortune patrimoniale n'avait pas connu la division. Elle était représentée dans la première moitié du xviiie siècle par Étienne Montarlot, qui possédait une maison à Lons-le-Saunier et un domaine à Vernantois, même canton. De son mariage avec Octavie Ardiet, il n'eut, lui aussi, qu'un fils, Étienne-Hugues, qui naquit en 1737 et épousa en 1762 Claudine-Adrienne Chevrot, fille de N. Chevrot, bourgeois, et de N. Renaud. Cette dernière union fut plus féconde que les précédentes. Quand Étienne-Hugues mourut le 26 janvier 1824, en sa maison de la rue du Collège, il laissait quatre enfants, dont trois qui avaient dû chercher des positions plus lucratives que celle de simples bourgeois. C'était :

1° Hugues-Philibert, né en 1763, contrôleur de la poste à Lons-le-Saunier ; arrêté pendant la Révolution, à la suite d'incidents dont on trouvera le détail plus loin; marié, le 10 février 1795, avec Denise-Élisabeth Bouvier; mort le 28 juin 1823. Il avait trois enfants : *A*. Étienne, né en décembre 1795, employé en janvier 1814, dans la campagne de France, comme aide-pharmacien; mort de maladie à Metz le 9 février ; — *B*. Aglaé, mariée à N. Mayerette, capitaine d'infanterie, et, après la mort de celui-ci, receveuse des postes à Louhans; décédée à Neuilly-sur-Seine en novembre 1861, laissant deux enfants : *a*. Aglaé, née vers 1830, qui épousa son cousin N. Bouvier et habita Nancy; — *b*. Hermance, née vers 1834, mariée à Aléxandre-Louis Deschamps, dont Jean-Éléonor-Alexandre et Marie-Joséphine-Frédérique; — *c*. Sophie, mariée à Eusèbe Bonin, propriétaire à Saint-Germain-du-Bois (arrondissement de Louhans), à qui elle donna deux filles, Marthe, mariée vers 1865 avec N. Baldy, industriel à Chavelot (Vosges), et Cécile, mariée, le 21 avril 1873, avec N. Teutsch, fondé de pouvoir de la trésorerie générale de Meurthe-et-Moselle.

2° Joseph-Désiré, qui suit.

3° Jean-Baptiste, né en 1769, capitaine au 84ᵉ de ligne ; marié avec Henriette Castant; mort le 25 décembre 1809, laissant deux enfants : *A*. Désirée, née vers 1805, morte sans alliance vers 1860. — *B*. Jean-Louis-Étienne, né le 30 janvier 1810, qui occupa divers emplois dans l'administration des contributions indirectes et en dernier lieu celui de receveur de la navigation à Abbeville. Après sa mise à la retraite, il s'établit à Orléans, où il mourut en 1885. Il y avait épousé Ernestine Ringeard, née en 1818 et pareillement décédée en 1885, dont il n'eut qu'une fille, Marie, née le 13 novembre 1843. Celle-ci contracta mariage en 1865 avec Henri Debray, industriel à Amiens, et eut trois enfants :

a. Louis Debray, né le 21 juin 1867, professeur de droit à la faculté de Caen, puis, en 1921, à celle de Strasbourg, marié le 8 février 1897, avec Suzanne Delors, dont trois enfants : Hélène née en 1898, mariée le 29 juin 1921 avec Jacques Benoit, préparateur à la faculté de médecine de Strasbourg, fils d'un avocat de Nancy ; Bernard, né en 1902 ; Jean-Claude, né en 1907 ; — *b.* Marie, née le 18 mai 1873, mariée, le 4 janvier 1893, avec Gustave Séjourné, agent d'affaires à Paris, dont également trois enfants : Henry, né le 3 décembre 1893, officier, chevalier de la Légion d'honneur, tué au Maroc en 1921 ; Anne, née le 17 avril 1895, mariée en 1920 avec N. Müller, industriel ; Marie-Thérèse, née le 24 février 1898 ; — *c.* Ernest-Albert né en 1876, mort en 1878.

Devenue veuve en cette dernière année, Mme Debray se remaria, le 20 septembre 1880, avec Gaston Legras, distillateur à Versailles, né le 30 novembre 1848, mort le 15 février 1912. De cette seconde union sont issus : *d.* Lucien, né le 20 juillet 1881, qui a repris l'établissement industriel de son père et épousé, le 12 juin 1913, Suzanne Weiss, dont deux enfants : François Marie-Georges-André, né le 3 février 1918 ; Edith-Marie-Françoise-Roberte-Marguerite, née le 10 novembre 1920 ; — *e.* André, né le 6 juin 1884 ; — *f.* Jeanne, née en 1887, morte en 1900.

4° Anne-Marie-Thérèse, née vers 1772, mariée avec Claude-Bouquet, juriconsulte à Saint-Claude, qui fut, en 1796, membre de l'administration départementale du Jura et, de 1795 à 1800, juge au tribunal civil de ce département. Elle n'eut qu'un fils, Claude-Marie-Lucien, né en 1799, avoué à Lons-le-Saunier de 1825 à 1835, maire de cette ville de 1840 à 1846, membre du conseil de préfecture du Jura en 1847, vice-président de ce conseil en 1863, nommé conseiller honoraire en 1869 ; chevalier de la Légion d'honneur ; mort sans alliance le 18 juillet 1871.

JOSEPH-DÉSIRÉ

Les chevaliers de l'Arquebuse. — La Révolution à Lons-le-Saunier. — Étienne Montarlot élu notable. — La Société populaire ; sa *Marseillaise* ; son personnel ; Rigueur, Buchot, les frères Dumas. — Mission de Garnier et de Bassal. — Envahissement de la salle de la Société ; Rigueur arrêté et conspué. — Incident de Tassenière. — Mission de Bernard, de Saintes, — Emprisonnement des frères Montarlot. — Leur transfèrement à Besançon. — La réaction thermidorienne ; mission de Bailly de Juilly ; fête civique. — Joseph-Désiré accusé d'avoir fait partie des Compagnons de Jésus. — Son mariage. — Sa nomination comme avoué à Chalon. — Passage de Napoléon et de Pie VII. — Acquisition d'un domaine à Saint-Desert. — Mort de Joseph-Désiré. — Ses quatre fils. Philibert, Félix, Charles, Désiré, et sa fille Anne-Désirée, femme Repey.

Joseph-Désiré Montarlot naquit le 29 novembre 1766 et fut tenu sur les fonts baptismaux par Désiré Brillon, docteur en médecine, et Claude-Agathe-Dorothée Roch, épouse de Charles Bonnot, bourgeois de Beaufort (Jura), apparenté à la famille Montarlot. Sa biographie comporte quelque développement. Avant la Révolution, il faisait partie, ainsi que son frère Hugues, de la compagnie des chevaliers de l'Arquebuse, qui, fondée en 1518 et réorganisée en 1672, groupait l'élite de la jeunesse lédonienne. On n'y entrait, comme le précisent des délibérations municipales des 9 décembre 1778 et 23 février 1779, qu'à la condition d'être bourgeois et fils de bourgeois. Tous les ans, le 1er mai, les chevaliers se réunissaient et tiraient l'oiseau, le « papegai ». Celui qui l'abattait non seulement était proclamé *roi* mais encore bénéficiait de certains privilèges. S'il l'abattait trois années de suite, il était *empereur*, dispensé, sa vie durant, du logement des gens de guerre et gratifié d'une médaille d'or en valeur de 48 livres tournois. C'est ce qui arriva en 1735 à un frère de Mme Étienne Montarlot, N. Ardiet, procureur au bailliage. Une délibération municipale du 15 mai 1745 supprima ce privilège.

Un portrait du temps représente Joseph-Désiré, avec l'uniforme de la compagnie, casaque écarlate à brandebourgs d'or, collet et revers bleu de roi, veste et boutons jaunes, cravate blanche enserrant le col. Il fallut remiser ce brillant costume en 1789. La société fut dissoute avec beaucoup d'autres semblables. On suspecta même ses anciens membres d'être « anticonstitutionnaires ». C'était un bien gros mot. Le 4 juin 1790, les ci-devant chevaliers adressèrent uns protestation aux officiers municipaux, démentant les bruits « calomnieux » qui circulaient et rappelant que, l'année précédente, ils avaient été incorporés dans la garde nationale sous le nom flatteur de première compagnie. Cette pièce portait les signatures de vingt et un chevaliers, entre autres celles de « Montarlot aîné » et « Montarlot cadet ». La municipalité s'aperçut alors que les biens meubles et immeubles de la société étaient bons à prendre. Pour parer dans une certaine mesure à la confiscation, un des frères Montarlot et onze autres anciens chevaliers lui présentèrent, le 6 juillet 1792, une pétition tendant à ce que les biens fussent vendus aux enchères et le prix employé à l'achat de canons. Cette solution était trop raisonnable pour être accueillie. Un décret du 21 avril 1793 attribua simplement les biens à la nation, sans emploi ni dédommagement quelconque.

La Révolution infligea de pénibles épreuves à Hugues et à Joseph-Désiré. Si la bourgeoisie de Lons-le-Saunier s'était ralliée volontiers aux idées nouvelles, elle se montrait résolument hostile au parti jacobin. Le conseil général de la commune, renouvelé par les élections des 1er, 2 et 3 juillet 1791, était encore composé d'éléments modérés. Étienne-Hugues Montarlot en faisait partie comme notable, et son nom se retrouve au procès-verbal d'une séance tenue le 25 août, dans laquelle, après avoir discuté la question de savoir si les trois sections de la ville voteraient ensemble ou séparément, on le chargea d'aller ouvrir la séance à la section des Cordeliers. Contre ce conseil et les autres corps administratifs se dressait depuis 1791 une Société populaire des Amis de la Constitution, dont les principaux membres étaient un sellier, André Rigueur, et un ancien professeur, Philibert Buchot [1]. Personnifiant l'esprit jacobin avec sa

(1) Né en 1748, à Maynal (Jura), d'abord et jusqu'en décembre 1788 régent de cinquième au collège de Lons-le-Saunier, tenu par des congréganistes, puis, en 1789, greffier du juge de paix ; élu en 1790 juge au tribunal

violence, sa sottise et sa grossièreté, elle finit par comprendre six cents membres recrutés pour la plupart dans le bas peuple. Le programme des séances était assez vide ou comprenait des motions d'une ineffable niaiserie. Le 16 février 1792, par exemple, un membre demande que la municipalité fasse disparaître les armoiries de la ville, celles aussi des particuliers, car ce sont « des signes de féodalité et des monuments d'insurrection ». Le 26 avril, on apprend que la guerre est déclarée à l'empereur d'Allemagne. Cette nouvelle, qui n'a pourtant rien de comique, déchaîne une folle gaieté. Comme le relate le procès-verbal, « un membre a demandé qu'en signe de réjouissance, il fallait danser la farandole et envoyer, séance tenante, six commissaires à la municipalité pour la prier de se joindre à nous pour danser la farandole ». On fait la démarche; mais la municipalité esquive la danse en objectant quelques désordres qui viennent de se commettre à l'occasion de logements militaires. Le 3 mai, un autre membre réclame l'enlèvement d'un « collier de fer de carcan » scellé à la porte de l'hôtel de ville.

du district ; nommé, le 27 août 1793, procureur général syndic près la commission administrative établie à Dole. Délégué par le représentant Prost à Pontarlier, il s'y comporta avec une modération qui le rendit suspect. Il partit alors pour Paris et, recommandé par Dumas à Robespierre, il devint substitut de l'agent national près la commune. Le 1er avril 1794, la Convention supprima les ministères et leur substitua douze commissions, dont les membres furent élus le 18. Dans l'intervalle, le ministre des affaires étrangères, Deforgues, ayant été décrété d'arrestation le 2 avril, le comité de Salut public confia, le 5, la fonction à Goujon, représentant de Seine-et-Oise, et dès le 9, le remplaça par Buchot, qui fut ainsi ministre des affaires étrangères pendant neuf jours et président de la même commission à partir du 18 avril. « Son ignorance, rapporte Miot, qui lui succéda, ses manières ignobles, sa stupidité, dépassaient tout ce qu'on peut imaginer... Quand on avait besoin de sa signature, il fallait la lui arracher au café Hardy, où il passait ses journées ». Peut-être doit-on se défier de ce témoignage, car d'autres informations représentent Buchot comme « un homme du monde doué de beaucoup d'esprit et d'avantages personnels ». En tout cas, il n'avait pas la moindre compétence pour diriger les affaires étrangères. Il quitta ce poste le 3 novembre 1795, quand le Directoire eut rétabli les ministères. A sa sortie, il obtint un emploi de commis sur le port au charbon, quai de la Tournelle, échoppe n° 2, aux appointements de 600 francs par an. Napoléon, l'ayant su, lui accorda, le 12 février 1808, une pension de 6.000 francs, qu'il toucha jusqu'à sa mort, le 1er septembre 1813. Il n'est que juste de lui reconnaître un double mérite, qui, pour être négatif, n'en était pas moins appréciable : il n'était pas méchant et il quitta le ministère les mains vides.

Or ce prétendu instrument de torture était un simple anneau qui avait servi de tout temps à attacher les chevaux. Le 15, la société reçoit avec attendrissement sept sous versés pour les frais de la guerre « par trois jeunes petits citoyens âgés chacun d'environ sept à huit années ». Le 16 juin, elle décide qu'elle ira en corps « attacher à l'arbre de la Liberté deux quatrains faits par un de ses membres »; le 28, elle se pâme à la lecture d'une adresse des Amis de la Constitution de la Côte-d'Or; à l'en croire, « les Brutus, les Léonidas n'ont jamais tenu un langage plus énergique ». Le 1er juillet, ayant résolu de brûler la proclamation du roi sur les événements du 20 juin, « elle se transporte instamment en corps, place de la Liberté, pour cette combustion », et le 18, elle consigne fièrement « qu'il a été envoiez à l'assemblée nassional une adresse au seujet de la Falliët [Lafayette] et les députez du Jura qui les vou à l'infamie ».

Un incident trouble cependant la sérénité des sociétaires, et le voici tel que le révèle le procès-verbal du 29 octobre : « Le citoyen Feuillet a été chargé de la part des municipaux pour détruire plusieurs monuments féodaux, entre autres les signes des ci-devant chevaliers de l'arcbuse qui étoient encore dans leur salle où étoit le théâtre qui sert aux commédiens qui sont dans nos murs présentement. Ce citoyen, ne sachant ni lire ny écrire, a cru que les décorations étoients quelques signes de féodalité, et, dans cette espérance, les a également abattus ». Et ce pauvre imbécile comptait parmi les fortes têtes qui prétendaient reconstituer l'état social sur de nouvelles bases empruntées aux abstraites conceptions de la philosophie !

Toutes les séances étaient à l'avenant. Quand il n'y avait pas la moindre motion à l'ordre du jour, on chantait en chœur « l'hymne chérie des Marseillais » et aussi « plusieurs autres sur le même air analogues aux circonstances ». Le 12 novembre, un loustic de la bande, le camarade Rosset, de Saint-Claude, entonne, à la grande joie de ses auditeurs, une parodie de « l'hymne chérie », dont voici les trois couplets :

Allons, enfants de la Courtille,
Le jour de boire est arrivé !
C'est pour nous que le boudin grille,
C'est pour nous qu'il est préparé (*bis*).
Entendez-vous dans la cuisine
Rôtir et dindons et gigots ?
Ma foi, nous serions bien nigauds
Si nous leur faisions une triste mine.
A table, citoyens ! Vidons pintes et flacons ;
        Buvons ! Buvons,
Qu'un vin bien pur abreuve nos poumons.

Parfois dans nos projets bachiques,
L'humanité doit nous guider.
Épargnons ces poulets étiques ;
Laissons-les du moins s'engraisser (*bis*).
Mais ces chapons aristocrates,
Ces chanoines de basse-cour,
Qu'ils nous engraissent à leur tour,
Et n'en laissons rien que les pattes.
        A table, citoyens, etc.

Amour sacré de la bombance,
Viens élargir notre estomac.
Quand on pense à panser sa panse,
Doit-on consulter l'almanach ? (*bis*)
Bacchus, de manger et de boire,
Puisqu'on te doit l'invention,
Sauve-nous de l'indigestion
Pour que rien ne manque à ta gloire.
        A table, citoyens, etc.

Cette *Marseillaise* correspondait mieux que l'autre à la portée d'esprit des sociétaires. La plupart d'entre eux ignoraient jusqu'au sens des mots qu'ils avaient constamment à la bouche, et à un tel point que, dans la séance du 17 juin 1792, ils durent prier Buchot « de vouloir bien donner un narré sur l'hétimologie et signification des mots aristocrate, démocrate, feuillant, modérés, révolutionnaire, anti-révolutionnaire, mixte, anarchiste, tyran, despot, factieux, désorganisateur ou, enfin, maratiste, pillard, voleur, sanguinaire, etc. ». L'ex-professeur n'eut pas besoin, cependant, de leur expliquer ce que c'était qu'un dénonciateur ; ils étaient fixés sur ce point. Le 29 juillet, la société arrêta la rédaction d'une pétition au conseil du département « pour

que le sieur Charve [1], directeur de la poste aux lettres à
Lons-le-Saunier, soit destitué de sa place pour avoir perdu
la confiance publique, et à cause du refus constant qu'il fait
de recevoir les billets de confiance [2] non seulement de tous
les départements, mais même de la ville de Lons-le-Saunier ». La demande n'eut alors aucune suite ; mais le directeur de la poste ne perdit rien pour attendre, et sa disgrâce
ultérieure entraîna celle de Hugues Montarlot, contrôleur
au même bureau.

Survinrent des élections municipales qui éliminèrent du
conseil général de la commune un certain nombre de ses
membres, Montarlot père entre autres, et y introduisirent
plusieurs ardents sociétaires, notamment cet affreux René-
François Dumas [3] — affreux au physique comme au moral
— qui présida le tribunal révolutionnaire de Paris au plus
fort de la Terreur, et Paul-Louis Ragmey [4], futur juge au
même tribunal. Destiné à la prêtrise, Dumas avait porté
dix ans l'habit ecclésiastique. Il y avait renoncé pour entrer

(1) Il était d'une famille originaire de Quintigny (canton de Lons-le-
Saunier), et proche parent de Claude-Antoine Charve, juge au tribunal de
Dole, dont la fille, Désirée-Liberté, née en 1793, épousa, le 30 août 1808,
Charles Nodier.

(2) Ces billets, dont l'émission avait été votée le 7 mai 1792, étaient
comme la petite monnaie des assignats. Leur valeur était de 2 sous ½,
5 sous et 10 sous. Ils furent remboursés et brûlés en février 1794.

(3) Né en 1757, à Jussey (Haute-Saône), et fils d'un officier de police
nommé ensuite sous-lieutenant de la maréchaussée à Lons-le-Saunier ;
avocat en 1782 ; maire en 1791 ; juge au tribunal révolutionnaire le 28 septembre 1793 et président le 8 avril 1794 ; arrêté le 9 thermidor, et exécuté
le 10 avec Robespierre et autres. Son frère aîné Jean-François ne partageait
nullement ses passions révolutionnaires et répugnait à porter le même nom.
Dès le 27 juin 1793, dix mois avant que la présidence n'appelât sur René-
François la plus triste notoriété, il s'adressait au conseil du département
et, « affecté des erreurs que des malveillants pourraient jeter dans l'opinion
publique en se prévalant de la conformité des noms, en faisant même valoir
les rapports que la nature a formés, mais que son cœur n'avoue plus », il
demandait à s'appeler désormais Eustache ; mais le conseil lui répondit
qu'il n'avait aucune compétence pour autoriser un changement de nom.
Mis hors la loi le 9 août 1793, Dumas aîné se réfugia en Suisse. Il rentra
après le 9 thermidor et se retira à Trévoux, où il mourut en 1795.

(4) Nommé, le 28 septembre 1793, juge au tribunal révolutionnaire de
Paris, puis, le 10 juin 1794, président du tribunal révolutionnaire de Brest,
il fut poursuivi comme terroriste après le 9 thermidor ; mais il se cacha et
bénéficia de l'amnistie du 4 brumaire an IV. Il mourut en 1837 à Paris, où il
avait exercé d'obscurs emplois.

au barreau ; mais il cherchait une autre situation, car, le
28 septembre 1789, il sollicitait de la duchesse de Laura-
guais [1] l'emploi de régisseur de ses biens [2]. Faut-il ajouter
que, le 18 pluviôse (6 février 1794), la duchesse, traduite au
tribunal révolutionnaire sous la prévention d'avoir corres-
pondu avec les ennemis de la République, c'est-à-dire d'avoir
écrit à sa fille la duchesse d'Aremberg, s'entendit condamner à mort ?

L'installation du nouveau conseil eut lieu le 7 décembre.
Six mois de son exercice suffirent pour déterminer une réaction. Entre temps, le conseil général du département, en vue
de la sécurité intérieure et extérieure, décida, le 9 mars 1793,
l'organisation d'un bataillon de 833 citoyens volontairement
inscrits ou tirés également des divers districts, celle aussi
d'une force de gendarmerie nationale de 100 hommes à cheval. Enfin, le 4 juin, il forma un conseil général de Salut
public, dont Étienne-Hugues Montarlot fut appelé à faire
partie. A son tour, ce conseil créa dans son sein, comme
pouvoir exécutif de ses décisions, un « comité de Salut public » composé de sept membres. En voyant les moderés se
grouper ainsi, la Société populaire s'émut. Elle nomma aussitôt deux commissaires, Dumas cadet et son ami Ragmey,
avec mission de se rendre à Paris et d'avertir les Jacobins
de ce qui se passait dans le Jura. Lons-le-Saunier ne les
revit pas. On comprit tout de suite leurs aptitudes, et deux
sièges au tribunal révolutionnaire leur assurèrent les cruelles
satisfactions que réclamaient leurs instincts de fauves.

Un décret du 18 juin nomma commissaires dans les départements du Jura, de l'Ain, de la Côte-d'Or et du Doubs les
représentants Garnier [3] et Bassal [4]. En arrivant à Dijon,

<hr>

(1) Élisabeth-Pauline de Gand de Mérode de Montmorency, mariée, le
11 janvier 1755, avec Louis-François-Félicité de Brancas, duc de Laura-
guais.

(2) Sa lettre a été reproduite par D. MONNIER, *Souvenirs d'un octogénaire
de province*, 1871, p. 13. Dumas y traçait minutieusement son portrait et
faisait valoir son caractère « doux et faible ».

(3) Antoine-Charles-Marie Garnier, né à Troyes le 7 septembre 1742,
avocat, procureur de la commune, représentant de l'Aube à la Convention,
plus tard commissaire du Directoire près l'administration départementale ;
mort le 9 septembre 1805.

(4) Jean Bassal, né à Avignon le 12 septembre 1752, lazariste en 1789,

ceux-ci apprirent que « le Jura faisait armer pour marcher sur Paris ». Quelque étonnante que fût la nouvelle, ils crurent nécessaire de requérir dans le Doubs et la Côte-d'Or le concours d'une force armée. 3.000 hommes furent ainsi rassemblés à Dole ; mais, sur une lettre rassurante du procureur général syndic Ébrard [1], les représentants consentirent à ne pas se faire accompagner de cette troupe. Un grave incident, qui se produisit le 24 juin, modifia la situation. Ce jour-là, Rigueur eut une discussion très vive avec le maire et trois officiers municipaux. « Il y a longtemps, s'exclamaient ces derniers, que cette gueuse de Montagne nous en fait voir ; voilà le moment de nous en venger, ainsi que des scélérats qui sont dans la municipalité. » Le soir, les fédéralistes, c'est-à-dire les citoyens qui tenaient pour les Girondins, envahirent la salle de la Société populaire, ancienne chapelle de la confrérie de la Croix ; mais le juge de paix Berthet réussit, non sans avoir reçu quelques horions, à les faire évacuer. Ils revinrent un peu plus tard et, cette fois, brisèrent les meubles, s'emparèrent des registres et renversèrent la tribune [2].

Rigueur passa une mauvaise nuit. Comme il le raconta plus tard en dénonçant ses adversaires, « le soir, vint une force armée à ma porte, avec des sonnettes et les bris du club, en chantant : « A la guillotine, Marat ! » Voulant sortir de chez moi pour aller à la municipalité, Figuet cadet, me voyant partir, dit : « Méfiez-vous de ce coquin, il est

élu en 1790 curé de Saint-Louis à Versailles, en 1791 député de Seine-et-Oise à la Législative, en 1792 représentant à la Convention, où il vota la mort du roi ; en mission dans le Jura, en Suisse et enfin en 1798, à Naples, où il fut arrêté pour avoir pris parti avec Championnet contre un commissaire du Directoire ; élargi le 18 juin 1799 ; rentré en 1800 à Paris et mort en 1802.

(1) Pierre-Gabriel Ebrard, né en 1748 à Lons-le-Saunier, élu en 1790 procureur général syndic. Mandé à Paris, il se cacha à Lons-le-Saunier, puis à Clairvaux. Il reparut après le 9 thermidor et fut nommé, le 3 août 1795, commissaire du Directoire près l'administration départementale. Il mourut en 1799. C'était un homme de grande valeur, qui joignait à des talents administratifs une parole entraînante.

(2) Sur ces incidents et ceux qui suivent, cf. H. Lébois, *Délibérations de la Société populaire de Lons-le-Saunier*, 1897 ; Sommier, *op. cit.* ; Aulard, *La Société des Jacobins*, t. VI, pp. 17-18, et le *Recueil des actes du comité de Salut public*, *passim*.

« dangereux ; coupez-lui la tête et fusillez-le s'il passe. » Et je
tombai entre les mains de cette force armée, qui me maltrai-
tèrent beaucoup. Dans le nombre, j'ai connu les nommés
Montarlot père, fils aîné et puiné, Bailly [1], secrétaire au
département, Brillon fils aîné et cadet... ». On le mena à la
salle de la Société populaire, où il fut copieusement hué et
juché sur l'autel. Pendant qu'un citoyen donnait lecture des
délibérations consignées au registre, les assistants l'obli-
geaient à tenir une chandelle de chaque main ; plusieurs
voulaient même qu'il les mouchât avec ses dents, mais il s'y
refusa. Un autre jacobin, Buchot, subit des traitements analogues et, plus docile, se résigna à moucher les chandelles [2].
Qui aurait jamais soupçonné, en le voyant dans cette piteuse
attitude, que moins de dix mois après il serait ministre des
affaires étrangères ? Ce sont là les surprises que la démago-
gie nous ménage.

Dans la journée, les fédéralistes promenèrent Rigueur par
la ville, monté sur un âne dont on le forçait à tenir la queue
entre ses dents, tandis que la boue et les crachats pleuvaient
sur lui. La prison le reçut ensuite. Ignorant ce qui s'était
passé, Bassal et Garnier arrivèrent, le 28, à Lons-le-Saunier.
Leur entrée ne fut pas triomphale. La population les accueillit aux cris de : « A bas les Marat ! A bas la guillotine ! » A
l'auberge où Bassal prit logement, la servante qui lui portait
de la lumière fut conspuée et le représentant contraint de
monter à sa chambre dans l'obscurité. Le 29, il se rendit
avec son collègue à la séance du conseil général du département. L'exhibition de leurs pouvoirs ne leur valut que des
propos malsonnants. « Que viennent faire ici, leur demanda-
t-on, des représentants indignes d'une Convention plus indigne encore ? » C'était violent ; aussi le rédacteur du procès-verbal modifia-t-il cette apostrophe et recourut-il à un
euphémisme : les représentants montrent leurs pouvoirs,
« et la liberté s'indigne de cette latitude qui met à la dispo-

(1) Plus tard avoué à Lons-le-Saunier et confrère de Joseph-Désiré
Montarlot.

(2) « Vœu de tous les brigands exigeant que nous mouchions lesdites
chandelles avec les dents, que moi Rigueur ne voulus faire, mais bien
Buchot... » (Déposition de Rigueur, LIBOIS, p. 382.)

sition de deux citoyens les destinées de quatre départements ». Bassal et Garnier, d'ailleurs, s'abstinrent de tout
éclat. Acceptant les avanies sans sourciller, ils discoururent
sur les douceurs de la paix, célébrèrent les charmes de
l'union, appelèrent de tous leurs vœux la réconciliation et le
baiser fraternel. Un de leurs auditeurs, impatienté de ces
flagorneries, protesta vivement : « Les douceurs de la paix !
s'écria-t-il, quand j'entends encore le bruit des armes diri-
gées contre le Jura ! » Et il ne mâcha pas les mots, car le
procès-verbal ajoute *in fine* : « Les représentants du peuple
ont dû se rappeler le paysan du Danube ».

Les trois sections de la ville avaient déclaré que le conseil
général de la commune élu le 7 décembre 1792 et inféodé à
la Société populaire n'avait plus la confiance des citoyens.
Des élections autorisées par le conseil général du département et faites les 1er, 2 et 3 juillet appelèrent au nouveau
conseil une majorité de modérés, au nombre desquels se
trouva comme notable Étienne-Hugues Montarlot. Ce succès
fut éphémère. Le 19 juillet, la Convention mandait à sa
barre le procureur général syndic Ébrard et le vice-président de l'administration départementale, Dumas aîné. Quand
la nouvelle en parvint, le 23, à Lons-le-Saunier, ce fut une
explosion d'indignation. Le conseil général invita les deux
fonctionnaires à rester à leur poste et organisa « une force
armée de résistance à l'oppression ». Deux agents, Adant [1]
et Saunier [2], dépêchés, le 5 juillet, par le ministre de l'intérieur, avec le titre ronflant de « commissaires pour l'acte
constitutionnel », observaient à Dole, depuis quelques jours,
la marche des événements. Le 27 juillet, ils écrivirent :
« Le procureur général Ébrard et le vice-président Dumas
poursuivent avec acharnement leurs projets liberticides et
sonnent le tocsin de la rébellion... Les administrateurs ont
une influence despotique ; un bataillon central, une troupe
de cent hommes de cavalerie maintiennent les patriotes

(1) Jean-Baptiste-Jérôme Adant, curé de Chevreuse en 1785, administrateur du district de Versailles en 1790, assermenté le 9 janvier 1791, élu
en août membre du conseil général de Seine-et-Oise ; chargé de missions
en 1793.
(2) Employé de 1790 à 1793 à l'administration de Seine-et-Oise, où il
était en dernier lieu premier commis au bureau du procureur général syndic.

dans la stupeur [1] ». La Convention n'avait pas attendu cet avis pour prendre des mesures décisives. Le jour même où les commissaires envoyaient leur rapport, un second décret annulait tous les actes consécutifs à l'émeute du 24 juin, ordonnait la mise en liberté des détenus, remplaçait l'administration départementale par une commission de cinq membres établie à Dole, prescrivait une information par des juges de cette ville, enjoignait enfin aux membres du conseil de Salut public institué le 2 juin de se séparer immédiatement sous peine de mort.

Ce fut un courrier extraordinaire qui apporta, le 30 juillet, l'expédition de ce décret. On le retint vingt-quatre heures pour le soustraire à l'animosité populaire. Une séance du conseil général du département, annoncée pour le lendemain, provoqua une telle affluence qu'il fallut aller la tenir dans l'ancienne église des Cordeliers. L'assemblée ne se borna pas à déclarer « que le Jura reconnaît le centre d'unité dans la Convention, qu'il exécute les lois, qu'il proclame d'avance la Constitution, etc. » ; elle arrêta l'envoi de commissaires pour demander à la Convention le rapport du décret du 19, « dont les motifs — précisa-t-elle — sont en tout supposés et calomnieux, les dispositions arbitraires et oppressives, et les conséquences alarmantes ». Au terme de la séance et sur la motion qui en fut faite, le président s'adressa à l'assemblée : « Peuple du Jura, lui dit-il, tu connais le vœu dont tu viens d'entendre l'expression. Est-ce le tien ? » Tous les assistants, qui appartenaient aux diverses régions du département, manifestèrent leur approbation par des applaudissements prolongés. On procéda ensuite à l'appel nominal des membres du conseil de Salut public, qui se prononcèrent avec la même unanimité. Étienne Montarlot assistait à la délibération, et son nom se trouve insscrit parmi ceux des soixante-treize membres du conseil présents.

Bassal voyait ces démonstrations avec une inquiétude croissante. Décidément l'emploi de la persuasion ne lui

(1) Cf. P. CARON, *Rapports des agents du ministère de l'intérieur* (1793), Paris, 1913, p. 6.

réussissait pas. Seule, la ville de Dole lui donnait toute satisfaction. Les deux agents du ministre de l'intérieur admiraient également le bon esprit des habitants. « Les illuminations, écrivaient-ils le 20 juillet, les festins civiques, les chansons patriotiques, les embrassements sont au-dessus de ce qui se passait à Sparte, » Un autre agent, Grandmaison [1], en séjour à Dole, se trouvait ramené, comme eux, au temps de Lycurgue et mandait le 11 août : « Les citoyens ont mangé chacun devant leur porte ; vous auriez cru être à Sparte ou à Lacédémone ». Il en était tellement ému qu'il en dédoublait la capitale de la Laconie.

Sparte n'avait pas fait d'autres recrues dans le département. Le 30 juillet, au reçu du décret du 27, le conseil général de la commune de Dole avait commis deux juges du tribunal, Badois et Lauchet, pour procéder à l'information prescrite. Ceux-ci se mirent en route le lendemain, à la première heure ; mais leur expédition aboutit rapidement à un lamentable fiasco. En arrivant au bourg de Sellières, à trois lieues et demie de Lons-le-Saunier, ils se laissent raconter que les autorités de cette dernière ville se proposent de les enlever et qu'un détachement de cavalerie, soutenu par cinquante hommes d'infanterie, marche à leur rencontre. Aussitôt ils s'enfuient, abandonnant leur voiture et leurs effets à la garde du commis-greffier. A six heures du soir, après avoir fait trois lieues, ils s'arrêtent au village de Tassenière, à mi-chemin de Dole, pour souper chez le maître de poste. Ils y voient arriver Grandmaison qui, de son côté, flanqué de trois gendarmes, du commandant de la garde nationale de Dijon et de deux habitants de Dole, Thurin et Bajolet, vient guetter le passage du président de l'administration départementale, Bouveret. On se met à table et l'on soupe « avec la plus parfaite sécurité » ; mais voilà qu'au milieu du repas, vers dix heures, deux citoyens pénètrent dans la salle, un pistolet à chaque main, et somment les con-

---

(1) Loiseau-Grandmaison, membre de la société des Jacobins, dont il fut secrétaire du 8 juin au 23 juillet 1790 ; élu membre de la commune de Paris le 10 août 1792 et nommé par elle commissaire dans l'Ouest ; chargé, le 26 juillet 1793, d'aller répandre l'acte constitutionnel dans le Jura et les départements voisins.

vives de se constituer leurs prisonniers. Une lutte, où les chaises jouent le rôle d'armes défensives, se termine par l'expulsion des intrus. Presque aussitôt survient le détachement de cavalerie, « plus de vingt-cinq hommes à cheval, accompagnés de plusieurs autres à pied ». Nouvelle bagarre dans la cour, avec coups de feu et coups de sabre. « La nuit, porte le procès-verbal, présidait au forfait ; on ne distinguait son ennemi qu'à la lueur des amorces. » Bref, les commissaires, Grandmaison et sa suite, profitent de l'obscurité pour décamper, Bajolet seul avait été légèrement blessé, et l'un des juges, Lauchet, était resté aux mains des agresseurs, qui l'emmènent avec eux ; meis, une heure après, en passant devant un étang, il s'y jette brusquement et s'échappe à la faveur de la nuit. Le lendemain, tout le monde se retrouvait à Dole, sauf l'un des gendarmes et le commis-greffier, qui avait été arrêté à Sellières et conduit à Lons-le-Saunier, où il ne fut d'ailleurs pas retenu [1].

Le 3 août, Bassal avisa le comité de Salut public que « les juges de Dole, exécutant le décret de l'assemblée, avaient failli être égorgés par les satellites des nouveaux tyrans [2] ». La réponse de la Convention ne se fit pas attendre. Le 9, un troisième décret déclarait la ville de Lons-le-Saunier en état de rébellion, mettait hors la loi tous les fonctionnaires qui ne s'étaient pas retirés immédiatement après le premier décret, et rappelait en fonctions le précédent conseil. Le 10, Rigueur, Buchot et treize autres étaient élargis et, le 14, le premier de ces meneurs devenait administrateur du département.

Le 17, la Convention renouvela les pouvoirs de Bassal et délégua dans la région, avec mission de mettre la terreur à l'ordre du jour, Bernard, de Saintes, qui, pour mieux afffrmer son inflexibilité, allait substituer à ses prénoms d'Adrien-Antoine ceux plus suggestifs de Pioche-Fer. Le seul aspect de ce représentant suffisait à glacer tous les cœurs. Son teint cuivré où transparaissait un excès de bile, ses yeux étincelant sous d'épais sourcils, sa parole sèche et brève, sa

---

(1) Sur ces incidents, cf. P. CARON, *op. cit.*, p. 9 et 519-533.
(2) Arch. nat., AF ɪɪ, 184.

maigreur de squelette lui donnaient un air d'austérité que n'atténuait jamais aucun sourire. C'était le type achevé de ces tyranneaux auxquels leur scélératesse a valu la célébrité. La Convention ne s'en tint pas là ; elle expédia encore un des représentants du département, Charles-Claude Prost[1]. Ce choix n'était pas heureux. Prost, d'abord avocat à Dole, puis titulaire d'une charge de lieutenant particulier en la maîtrise des eaux et forêts, avait été obligé de s'en défaire à la suite de malversations dûment constatées. Cependant la Révolution l'avait trouvé bon pour une justice de paix et, en 1792, le corps électoral n'avait pas hésité à se faire représenter par lui. Avec de tels commissaires, le programme tracé par la Convention ne devait pas dormir dans les cartons. En octobre, cent soixante et un citoyens réputés suspects se virent désarmer et poursuivre sous la prévention d' « avoir pris part à l'insurrection fédéraliste, insulté et maltraité les patriotes, dévasté le local de la Société populaire, etc. ». Le 14 du même mois, Pioche-Fer et Bassal procédèrent à une hécatombe de fonctionnaires. L'article 10 de leur arrêté portait : « Les citoyens Charve, directeur de la poste aux lettres, et Montarlot, contrôleur, sont destitués. » Dès le 11 avril, l'un et l'autre avaient été classés au nombre des suspects par un comité de cinquante citoyens.

Ce n'étaient encore là que des mesures relativement bénignes. Pioche-Fer songeait, en effet, à une large application de la guillotine. Le 4 octobre, il écrivait de Besançon au comité de Salut public : « Je vous observe que nous n'avons pas assez de guillotines par département ; il en faudrait au moins une par district, car celle de Besançon, étant en campagne, laisse vivre ici des prêtres réfractaires qui rognent chaque jour très inutilement nos subsistances, qui sont rares. Je vais prendre sur moi la construction d'une nouvelle guillotine ». Ce à quoi le comité répondit en quatre mots : « Réception et approbation chaleureuse. » Mais

---

(1) Dénoncé plus tard aux Jacobins de Paris pour avoir fait servir ses pouvoirs à la satisfaction de ses vengeances personnelles, il fut défendu par Robespierre. On le déplaça pourtant et il fut envoyé dans les Bouches-du-Rhône. Il passa en novembre 1795 aux Cinq-Cents, en sortit en mai 1797 et revint à Dole, où il mourut le 10 décembre 1804.

l'instrument n'était pas un article courant et Pioche-Fer ne pouvait pas attendre. Le 7, il faisait part au comité d'un expédient auquel il avait dû se résigner. « Je vous préviens qu'à défaut de guillotine, je viens d'autoriser la fusillade de deux prêtres et que j'ai ordonné la construction d'une nouvelle guillotine[1]. » Enfin, le 24 novembre, étant à Montbéliard, il mandait gaiement à un collègue : « La citoyenne Guillotine aînée fait ici merveille. » Ces quelques lignes le peignent assez bien, et peut-être est-il superflu d'ajouter une recommandation qu'il adressait plus tard à l'agent national d'Évreux : « Il ne faut pas laisser jeûner la guillotine. »

Dès le 6 septembre, la Société populaire s'était réinstallée sous la présidence de Rigueur et le patronage d'un commissaire du pouvoir exécutif, l'artiste marseillais Topino-Lebrun [2], qui, trois semaines après, allait abandonner cet emploi, pour prendre place, comme juré, au tribunal révolutionnaire. Les sans-culottes avaient en certains cas une délicatesse de sensitive. Répugnant à l'idée de rentrer dans des lieux « souillés par les fédéralistes », ils estimèrent qu'il fallait préalablement purifier la maison commune, le siège du district et celui de l'administration départementale. Un rapport du 19 septembre décrit les cérémonies auxquelles on soumit ces locaux : « Un prêtre, ami des lois, accompagné d'une foule immense, répétant en chœur les hymnes qu'il entonnait à la liberté, alla solennellement brûler des parfums et de l'encens... » Un banquet civique suivit cette grotesque parodie. « L'ombre de Marat, conte le rapporteur, planait sur nos têtes. Nous buvions à la santé de ce grand homme ; chaque libation était précédée d'un tocsin sonné à la fois par tous les convives avec les assiettes et les verres. Enfin, inspirés par le génie de la liberté, chacun de nous, peu content de la surveillance de son saint patron, l'a renvoyé au ciel et s'est mis sous la protection immédiate de Marat. Nous n'au-

(1) Arch. nat., AF ii, 185.
(2) Jean-Baptiste Topino-Lebrun, né à Marseille, élève de David, nommé le 28 septembre 1793 juré au tribunal révolutionnaire et remplacé le 10 juin 1794 (22 prairial) pour avoir manifesté quelques velléités d'indépendance ; mêlé à l'attentat dirigé, le 10 octobre 1800, contre la vie du Premier Consul, par Arena, Ceracchi et autres ; condamné à mort et exécuté le 31 janvier 1801.

rons désormais pour prénom que celui de ce martyr de la liberté. » Et les convives, au nombre d'une centaine, signèrent effectivement le compte rendu en remplaçant par ce nom le prénom de leur baptême [1].

Ces beuveries semblaient d'autant plus savoureuses qu'elles ne coûtaient rien. C'était la République qui payait généreusement. Des subventions alimentaient toutes ces sociétés. Le 17 septembre, le même Bernard en avisait le comité de Salut public : « Nous avons fait donner des fonds aux sociétés populaires de Lons-le-Saunier et de Baume, composées de sans-culottes pauvres et hors d'état de subvenir à leurs besoins et aux frais d'impression des adresses énergiques qu'ils font pour éclairer le peuple. La société de Dole a obtenu mille livres pour le même objet. Nous agirons de même pour toutes celles qui paraîtront le mériter [2]. »

Des rivalités d'influence, des animosités personnelles divisaient pourtant le parti. Le secrétaire général de la commission administrative établie à Dole, François-Joseph Genisset [3], était professeur d'humanités au collège de cette ville, et ses convictions politiques variaient avec le vent qui soufflait. Membre en 1790 et même secrétaire-rédacteur du club monarchique, il avait passé en 1792, sans autre transition, au club républicain et, l'année suivante, avait été élu vice-président de la Société populaire : mais il était trop familier avec les humanités pour ne pas être accessible à l'humanité toute seule. Dans les premiers jours de novembre, il accusa Rigueur de rapines et de brigandages. Le 14 de ce mois, à la suite d'une enquête, les représentants Bassal et Prost firent arrêter le sellier, qui fut transféré à Besançon. Aussitôt la Société populaire prit sa défense et, le 25 frimaire (16 décembre), « considérant que la

---

(1) Arch. nat., AF II, 185.

(2) *Ibid.*, 184.

(3) Né le 23 novembre 1769, à Mont-sous-Vaudrey (Jura), d'abord répétiteur à Paris, puis lecteur du prince de Poix, nommé en 1789 professeur d'humanités au collège de Dôle, puis de première et seconde au lycée de Besançon ; élu, le 30 octobre 1805, membre de l'Académie de cette ville ; nommé en juin 1818 professeur de littérature à la faculté des lettres ; en 1827, secrétaire perpétuel de l'Académie et, le 2 mai 1834, doyen de la faculté ; mort le 21 juillet 1837.

plupart des inculpations ne sont que des reproches vagues, démentis par l'opinion publique », sur le vu également de diverses déclarations « faites par les patriotes les plus intrépides du Jura », Bassal prononça son élargissement. Le 3o frimaire (20 décembre), Rigueur reparaissait à la Société populaire, où un de ses premiers soins fut de réclamer l'expulsion des Sœurs hospitalières, ayant été informé — porte le procès-verbal — « des haines, des divisions qui, dès longtemps, s'alimentent parmi les filles qui gouvernent l'hôpital et dont les soins moraux des malades sont en proie et un scandale affichant ».

Neuf jours auparavant, le comité de Salut public avait rappelé Prost. Le représentant passa 'par Dole ; mais quel spectacle l'attendait dans cette ville ! « Dole — écrit-il, le 6 nivôse (26 décembre), au comité — Dole où le peuple soupire après le son des cloches et de l'*Angelus*, où le peuple se pare le dimanche, les boutiques fermées, et où le jour de la décade est absolument ignoré ! » Et son avis est qu'il faut recourir aux grands moyens. « C'est dans le Jura, ajoute-t-il, que l'on aura besoin d'une armée révolutionnaire pour obtenir par la terreur ce que la raison ne peut inspirer [1]. » Prost comprenait ainsi, comme la plupart de ses amis politiques, la liberté et la fraternité dont se targuait le régime.

Si Rigueur voyait les portes de la prison s'ouvrir pour lui, d'autres les voyaient se refermer sur eux. Le 16 nivôse (5 janvier 1794) un mandat « darai » fut décerné par le comité de surveillance contre les « nommée Montarlot père et fils hené et fils puine ». Quels en étaient les motifs ? On les trouve indiqués dans les dénonciations annexées au « Tableau des individus reconnus suspects », ainsi que dans une réponse du comité, en date du 28 thermidor (16 août), à une requête présentée par la citoyenne Montarlot mère. Hugues et Joseph-Désiré étaient accusés « d'avoir acisté tous deux à la restation du citoyen Rigeur le 25 juin 1793 ». Le premier avait, en outre, le lendemain, « asistée au bris du club ; de plus, il avait applaudit en claquant des

____

(1) Arch. nat., AF ɪɪ, 186.

mains et disant qu'il était bien tôt tems que l'on tint les scélérats ». Il était enfin dénoncé dans les termes suivants par le
charcutier Simon Lenoir :

La nuit du 24 au 25 juin, moy Lenoir, ayant invité mon voisin
le citoyen Camus à souper chez moy, vers neuf heures et demye
du soir, Montarlot fils aîné, pour lors commis au bureau de la
poste soit par l'instigation de chez Charve, soit de sa propre
volonté, fut au corps de garde du département requérir des grenadiers pour venir chez moy ; passant par mon allé sont entré
chez moy ledit Montarlot, accompagné de Pierre Quinçon, sergent de grenadié, Jean Jousserandot, de Macornay, aussi grenadié, Michaud aîné, de Cousance, cavalié pour le salut du département. Moy Lenoir leur dit : « Que faites-vous ? » A quoy ils
ont répondu : « Nous faisons patrouille », et ont saisie Camus
pour l'emmenère ».

Et, comme Lenoir discutait, les grenadiers le conduisirent
avec Camus au siège de l'administration départementale,
qui, après quelques explications, le renvoya chez lui.

Le 28, le charcutier s'occupait « à la dépouille de deux
porch », quand une voisine vint l'avertir qu'il était menacé
d'arrestation. Il prit peur et s'échappa de la ville, afin,
comme il le dit lui-même, « d'arrivère dans un lieu pour ma
sûreté où le fédéralisme étoit en orreur, à Louans où je me
suis fixé mon exil ». Dans la soirée, on vint effectivement
le demander ; mais on ne trouva que sa femme, qui fut
retenue vingt-quatre heures à la maison commune et qui,
très effrayée, se sauva à Beaurepaire. Plus tard, en dénonçant Hugues Montarlot, elle insista fortement sur les conséquences désastreuses de cette double fugue :

Il en est résulté — déclara-t-elle — que nous avons tous deux,
mon mary et moy, falloir abandonnère notre domicile dans un
temps qui nous seroit été profitable pour notre état, laisser une
boutique fermée, de la marchandise qu'a périclité dans un temps
de chaleur, n'ayant personne pour en prendre soin, deux porch
que je defesois au moment qu'il m'a fallut prendre la fuite ; mais
je peux l'atester par les voisins que les cochons ont pourris (1)...

C'était surtout cette catastrophe qui montait les époux
Lenoir contre Hugues Montarlot. La charcuterie tenait
manifestement plus de place dans leur esprit que la poli-

____

(1) Cf. LIBOIS, *op. cit.*, pp. 385-388.

tique. Hugues n'avait cependant rien à voir avec leur fuite
pas plus qu'avec la putréfaction de leurs porcs. S'il avait
troublé leur souper, c'était uniquement pour faire arrêter le
citoyen Camus, terroriste avéré, qui se trouvait là par
hasard. Quant à Joseph-Désiré, il avait « acisté à la restation du citoyen Rigeur » et il passait pour avoir été aide de
camp dans la force départementale. C'en était assez pour
éveiller toutes les défiances. Aucun grief caractérisé ne
pouvait être relevé contre Étienne-Hugues Montarlot ; mais
il avait été présent au pillage du club, il avait fait partie
du conseil général de Salut public, et l'arrestation de ses
fils, entachés de suspicion, entraîna la sienne. Tous trois
furent incarcérés à l'hôtel de ville transformé en maison
d'arrêt.

Dès le 9 nivôse (29 décembre), le comité de Salut public
avait désigné Lejeune [1] pour remplacer Prost et organiser
le gouvernement révolutionnaire dans le Jura et le Doubs.
Au point de vue de la terreur, ce représentant de l'Indre ne
laissait rien à désirer. Son exaltation révolutionnaire confinait à la démence. Au club des Jacobins, par exemple, il
demandait, le 2 août 1793, « que les parents des émigrés
soient mis en état d'arrestation et que des bouches à feu
soient tournées contre la maison qui les contiendra ». A la
Convention, il insistait pour qu'on fermât tous les théâtres,
« qu'on établit des forges sur les places publiques, et que,
devant le peuple, on fabriquât les instruments de sa ven-
geance », seul spectacle qu'il admît. La guillotine avait
même pour lui de tels attraits qu'il l'avait introduite dans
son ménage. Le rapport dressé par Durand-Maillane et à la
suite duquel il fut décrété d'accusation, le 13 prairial an III
(1er juin 1795), ne se borna pas à lui reprocher les nombreuses victimes qu'il avait envoyées à l'échafaud ; il ajouta
ce détail qu'il faut transcrire sans commentaire :

(1) Silvain-Phalier Lejeune, né à Issoudun le 19 août 1758 ; élu le 7 septembre 1792, représentant de l'Indre à la Convention ; accusé par Prost de
s'être approprié 800 louis saisis à la frontière ; décrété d'accusation, puis
amnistié par la loi du 4 brumaire an IV ; nommé contrôleur principal des
Droits réunis à Murat, ensuite à Saint-Affrique ; destitué sous l'Empire ;
exilé en 1816 et mort à Bruxelles le 7 février 1827.

Lejeune. pour repaître son imagination sanguinaire, avait fait construire une petite guillotine avec laquelle il coupait le cou à toutes les volailles destinées pour sa table ; il s'en servait même pour couper les fruits. Souvent au milieu du repas, il se faisait apporter cet instrument de mort et en faisait admirer le jeu à tous les convives. Cette guillotine est déposée au comité de législation [1].

A Lons-le-Saunier, cet énergumène crut s'apercevoir qu'on se préoccupait des arrestations et, le 14 ventôse (4 mars), « considérant que les détenus deviennent dans le canton un sujet de trouble et d'agitation..., considérant que c'est peut-être le seul moyen d'atteindre la vérité, à cause des différents partis qui cherchent à l'obscurcir quand les détenus n'ont pas été transportés hors des lieux où la détention a eu lieu », il ordonna leur transfèrement à Besançon. C'était une pratique courante. On a vu ci-dessus, à propos de Jean-Fleury Granjon, le chassé-croisé de suspects autunois et mâconnais. Le lendemain pourtant, Lejeune changea d'avis en ce qui concernait seize détenus et manda à l'agent national : « Tu excepteras provisoirement de la translation les citoyens suivants : Montarlot père, Montarlot fils aîné, Montarlot puiné [2]... »

La Société populaire s'entendait parfaitement avec Lejeune. Le 25 ventôse (15 mars), « décidée à donner le dernier coup au fanatisme », elle engagea le représentant « à lancer un mandat d'arrêt contre le ci-devant saint Désiré [3], ne voulant plus avoir d'autre culte que celui de la raison ». La demande reçut un bon accueil. Le lendemain, la Société offrit à Lejeune un banquet civique. De nombreuses libations célébrèrent l'affranchissement de l'esprit humain et, au

[1] Il n'était pas seul à éprouver cette passion. Un citoyen Foix, tailleur de son état et membre influent de la Société populaire de Chalon, « était si partisan de la guillotine qu'il en avait construit une petite qu'il posait sur sa tête aux jours de cérémonie, et, pour réjouir ses convives, il abattait devant eux des têtes d'oiseaux ». (Archives de Chalon, *Rapport de la Commission des* 32, du 5 fructidor an III-22 août 1795.)

[2] Arch. nat., AF II, 837.

[3] Issu d'une grande famille, Désiré fut élu, vers la fin du ive siècle, évêque de Besançon. Décédé en 418, il fut enterré à Lons-le-Saunier ou, ce qui est plus probable, ses restes y furent transférés dans le dernier tiers du xve siècle. Une rue de la ville portait son nom lors de la Révolution et à partir du 7 mai 1793 elle fut appelée rue de l'Administration.

cours de cette saturnale, quand le vin eut échauffé tous les cerveaux, les organisateurs de la fête, entre deux lampées, se firent apporter la châsse du saint, en tirèrent les reliques et les brûlèrent dans la cour de l'hôtel du Palais-Royal, où ils banquetaient.

Cette belle manifestation arrivait un peu tard. On n'en était plus, depuis plusieurs mois, au culte de la Raison. La farce n'avait eu qu'un temps. Robespierre, préoccupé d'assurer « le développement de la vertu », ruminait le décret du 18 floréal qui allait proclamer « l'existence de l'Être suprême et l'immortalité de l'âme ». La scène du 26 ventôse fut vue d'un mauvais œil. Elle constituait un attentat à la liberté des cultes, qu'on prétendait reconnaître, et une adhésion à l'athéisme professé par cet ignoble Hébert dont le couperet de Sanson allait faire justice. Prost avait reparu dans le département, et son premier mot en arrivant avait été : « J'apporte ici la terreur et la foudre. » Celle-ci frappa tout d'abord les organisateurs du repas civique dont les ossements de saint Désiré avaient fourni le dessert. Le 6 germinal (26 mars), le représentant commit Genisset pour enquêter sur les agissements de ces « conspirateurs » qui tendaient à « subvertir les pouvoirs et l'esprit public », et, le 11, suffisamment documenté, il fit arrêter et expédier à Paris, pour être traduits au tribunal révolutionnaire, Rigueur et sept de ses acolytes.

Si le comité de Salut public prenait au sérieux la conspiration, l'assistance de Lejeune au banquet ne laissait pas que d'être assez compromettante. Le représentant s'évertua à embrouiller l'affaire. Le 10 germinal (30 mars), il se plaignit au comité de la conduite de Prost, qui avait, écrivait-il, « mis en arrestation tout le comité de surveillance de Lons-le-Saunier, pendant que je suis dans mon lit, malade de mes fatigues et de mes veilles pour concourir à l'affermissement de la République ». Dans une seconde lettre du 16 germinal (5 avril), il alléguait qu'« on s'était servi de l'exécrable conspiration d'Hébert pour opprimer les patriotes et dérober les vrais coupables au glaive de la loi ». Ceux qu'on accuse, ajoutait-il, ce sont des artisans, des vignerons, des ouvriers qui ont toujours été en horreur à l'aristocratie et au fédéra-

lisme à cause de leur vigueur et de leur énergie [1] ». L'argument devait porter. Le même jour, au nom du comité de
Sûreté générale, dont il était membre, un représentant de la
Dordogne, Élie Lacoste, fit observer à la Convention qu'en
présence d'informations contradictoires, « il était juste
d'éclairer ces obscurités » et demanda la suspension des
poursuites, que l'assemblée vota sans débat [2]. Dès le 13 germinal (2 avril), le comité de Salut public avait retiré à Prost
ses pouvoirs. La procédure fut classée et, dans les premiers
jour de floréal, Rigueur et ses co-accusés avaient regagné
Lons-le-Saunier. Le 4 du même mois, Lejeune réorganisa le
conseil général de la commune, le tribunal et le comité de
surveillance. Avec une gravité de pince-sans-rire, il leur en-
seigna même que « les premiers devoirs des fonctionnaires
publics sont la probité, la vertu, l'impartialité et l'amour de
la justice ».

Une nouvelle décision venait d'envoyer les frères Montarlot à Besançon. Une soixantaine de détenus formèrent un
convoi qui se mit en marche le 8 germinal (28 mars), sous
l'escorte de deux gendarmes et de trente canonniers. On les
avait entassés dans de grandes charrettes garnies de ridelles,
où ils n'avaient pour sièges que des bottes de paille. Arrivés à
Besançon, après avoir subi, au passage de plusieurs localités les injures de la populace, ils furent enfermés dans l'ancien couvent des Capucins, rue Saint-Vincent. Là se trouvaient, entre autres, le marquis de Lezay-Marnézia, ex-con-
stituant et auteur malheureux d'un essai de colonisation en
Pensylvanie, le comte de Jouffroy-Gonsans, ex-capitaine au
régiment du Roi, les deux frères Petitjean de Rotalier, fils
d'un conseiller à la chambre des comptes de Dole, François-
Xavier Moïse, évêque constitutionnel du Jura, l'abbé Lambert [3], dont les *Mémoires*, publiés en 1894, contiennent de
précieux détails sur cette période, etc. Les journées se traî-

---

(1) Arch. nat., AF, II, 191, 193.
(2) *Moniteur* du 18 germinal.
(3) Pierre-Thomas Lambert, né à Lons-le-Saunier le 4 septembre 1748,
entré en 1777 dans la congrégation de Saint-Joseph ; arrêté en mars 1794 ;
transféré à Besançon ; évadé le 15 juin et réfugié en Suisse ; aumônier en
1799 de la duchesse d'Orléans, retirée à Sarria (Espagne), ou il mourut
en 1802.

nâient pour beaucoup de prisonniers avec une lenteur mortelle; mais les relations nées d'une commune épreuve, la lecture des journaux, les jeux de cartes et d'échecs, les promenades dans les longs couloirs constituaient pour certains d'entre eux des distractions relatives.

Les frères Montarlot supportaient mal leur réclusion. Séparés brusquement de leur famille, à court d'argent, anxieux de savoir ce qu'apporterait le lendemain, ils songeaient à s'évader. Ils en trouvèrent un jour l'occasion et rentrèrent furtivement à Lons-le-Saunier; mais ils y furent bientôt repris et enfermés à la Conciergerie. Éprouvés par la fièvre, ils sollicitèrent du conseil permanent du district, le 4 messidor (22 juin), un délai à l'exécution de l'arrêté de l'agent national qui prescrivait leur réintégration à Besançon, et demandèrent, « pour faciliter leur guérison, à être transférés provisoirement à la maison de détention dite des Cordeliers ». La réponse ne tarda pas; le même jour, le conseil, « considérant que son devoir est de faire exécuter la loi sans ménagement », arrêta qu'il n'y avait pas lieu à délibérer sur la supplique.

Il fallut retourner à Besançon. Plus que jamais les circonstances étaient inquiétantes. La Terreur battait son plein. Toujours altéré de sang, Lejeune avait mandé, le 18 floréal (7 mai), au comité de Salut public : « J'envoie au tribunal révolutionnaire vingt conspirateurs, tant du Jura que du Doubs.,. Il est tems que le glaive de la loi s'appesantisse sur les conspirateurs du Jura [1]. ...Ce n'est que par un exemple frappant qu'on extirpera de ces contrées les racines du fédéralisme... » Et le 11 messidor (29 juin) : « ... J'attends votre décision à l'égard de ceux que je tiens en état d'arrestation et qui ne se trouvent pas hors de la loi [2]. » C'était le cas des frères Montarlot. La menace pouvait se réaliser contre eux d'un instant à l'autre... En la seule journée du 24 messidor (12 juillet), le tribunal révolutionnaire condamna

(1) C'était bien, du reste, la pensée du comité, qui lui mandait le 15 germinal (4 avril) : « ... Des scélérats cherchent à égarer le peuple dans le Jura et à y rallumer les torches du fanatisme... Traîne-les devant le peuple, et que leurs têtes coupables satisfassent à la justice... » (Arch. nat., AF ii, 37.)

(2) *Ibid.*, 196.

à mort douze Comtois que Hugues et Joseph-Désiré avaient
pu connaître dans les prisons de Lons-le-Saunier et de Besançon, notamment Claude-François Vaillant de Bovent, ex-
receveur du district de Lons-le-Saunier [1], Jean-Baptiste
Viviand, François-Michel Guiraud, Jean-François Grand,
tous trois médecins et anciens administrateurs du Jura.
Heureusement, le 9 thermidor n'était pas loin. Quand la
nouvelle de la chute de Robespierre parvint à Besançon, ce
fut une satisfaction sans mélange. Lejeune lui-même feignit
de la partager. Ce misérable, qui avait prêté son ardente
coopération aux criminels excès de la Terreur, écrivit, le
13 thermidor, au comité de Salut public [2] :

... Les corps administratifs, la Société populaire, tous les citoyens enfin de cette commune, quand ils ont appris les grands
événements qui viennent de se passer à Paris, ont applaudi avec
joie à l'énergie salutaire que la Convention a déployée contre les
nouveaux conspirateurs qui osaient lutter contre sa volonté suprême. Quand ils ont appris le prompt supplice de ces traîtres,
d'autant plus dangereux qu'ils avaient usurpé l'estime des
hommes de bien qui croient à la justice et à la vertu, ils ont crié :
Vive la République !

Ce fut son dernier rapport au comité. Rappelé par un arrêté du 19 thermidor qu'il reçut le 28 (15 août), il quitta aussitôt Besançon, Les prisons allaient s'ouvrir. Le « quatrième
jour des sans-culottides » (21 septembre), le représentant
Besson [3] ordonna la mise en liberté des frères Montarlot.
Le 1er brumaire (22 octobre), il prononça la dissolution de
la Société populaire et sa reconstitution sous le nom de Société régénérée ; mais elle avait perdu toute influence et ne
comptait plus. En même temps, comme pour contrebalancer
l'effet de cette mesure, Besson organisait, à l'exemple de

---

(2) Huit mois après son exécution, le comité de sûreté générale, par
arrêté du 18 ventôse an III (8 mars 1795), ordonna sa mise en liberté !

(3) Arch. nat., AF II, 196.

(4) Alexandre Besson, né le 15 mai 1758, à Amancey (Doubs), notaire
à Montrond en 1781, puis à Ornans en 1783, élu en 1790 administrateur du
Doubs, le 20 août 1791 député à la Législative, le 6 septembre 1792 représentant à la Convention, où il vota la mort du roi et provoqua deux décrets
tentant à accélérer la vente des biens d'émigrés ; en octobre 1795, député
aux Cinq-Cents ; exilé en mars 1816 comme régicide, mais resté secrètement en France ; mort à Amancey le 29 mai 1826.

Boisset, la chasse aux prêtres. Son arrêté du 3o brumaire (20 novembre) prescrivait l'arrestation de tous les ecclésiastiques « et autres particuliers » exerçant publiquement un culte quelconque, la fermeture des temples et l'enlèvement de tous signes religieux. Les comités révolutionnaires ne concevaient pas la république sans persécution, et, à défaut d'autres victimes, c'était au clergé qu'ils revenaient toujours.

Quelques semaines après, Rigueur était lui-même mis en arrestation, sous la prévention trop justifiée « d'avoir propagé la Terreur ». On l'envoya à Dole le 16 frimaire an III (6 décembre 1794), puis à Bourg le 10 germinal (3o mars 1796), et finalement on se résolut à le ramener à Lons-le-Saunier. Cette dernière promenade lui fut fatale. Dans la nuit du 13 prairial (1er juin), à une lieue de Bourg, vers le pont de Jugnon, il fut massacré, ainsi que ses dix co-accusés, par une bande de gens masqués, qui étaient probablement des Compagnons de Jésus.

Une loi du 28 ventôse (18 mars) rapporta les décrets rendus contre les membres du conseil de Salut public, annula les mandats d'arrêt et rétablit à Lons-le-Saunier l'administration départementale et le tribunal criminel. Ce fut l'occasion d'une fête qu'on célébra le 5 germinal (25 mars) et dont la relation officielle est un bel échantillon de la littérature civique de l'époque, comme on pourra en juger par les extraits suivants [1] :

A peine une brillante aurore vient-elle de dissiper les crépuscules de la nuit que le bruit des caisses et d'une musique guerrière invite les citoyens à quitter les bras du sommeil. Le char du soleil vient dans tout son éclat se présenter pour modèle à celui que nous élevons à la Liberté. Chaque citoyen, en sortant de son domicile, le cœur rempli d'une douce ivresse, rencontre non un dénonciateur, une vipère avide de son sang et de sa fortune, mais un frère, un ami, et ils se communiquent mutuellement leur joie. Un essaim de jeunes républicaines et de jeunes filles, dont l'habillement indique la candeur, se présente pour l'embellissement de la fête... Les respectables vieillards se met-

---

(1) *Procès-verbal de la fête célébrée dans la commune de Lons-le-Saunier*, etc., *adressé à la Convention et à tous les départements.* A Lons-le-Saunier, chez A. Delhomme, imprimeur, 3e année républicaine (Bib. nat., Lb41, 4295).

tent à la tête de la cérémonie pour diriger par leur marche le cortège, comme ils le dirigent par leur vertu... Un char magnifiquement paré et garni de guirlandes tricolores est traîné par douze coursiers... Un héraut d'armes est à cheval et proclame le décret...

Viennent ensuite les autorités constituées, « environnées de toutes les victimes de la tyrannie et frappées par elle de décrets honorables de mise hors la loi ». Deux membres de la Convention attirent surtout les regards, Bailly de Juilly [1], envoyé en mission, et Ferroux [2], un des représentants du Jura, que ses relations avec les Girondins ont fait emprisonner après le 31 mai. Un détail suffit à démontrer que les citoyens qui se réjouissaient ainsi de l'écrasement de la Terreur n'étaient nullement des royalistes ou autres suspects. Comme l'énonce le procès-verbal :

Un tombereau termine la marche, portant de vils signes de la royauté, du terrorisme, de l'anarchie et de tous les crimes jacobites... Arrivé sur la place de l'Égalité [3], où un bûcher est élevé, on y jette les emblèmes de la royauté et de l'anarchie, et ils sont bientôt dévorés par les flammes.

Cinq discours jalonnent la promenade. Le maire couvre de fleurs l'ex-oratorien Bailly. « Ce n'est point, dit-il, un proconsul armé de la foudre et du tonnerre, envoyé dans nos murs pour égorger sur l'autel et au nom de la liberté ses plus intrépides défenseurs ; au contraire, c'est un ange con-

(1) Edme-Louis-Barthélemy Bailly, dit de Juilly parce qu'étant oratorien, sans avoir d'ailleurs reçu les ordres, il avait été professeur au collège de Juilly, où il avait eu pour confrères les R. P. Fouché, également professeur, et Billaud-Varennes, préfet des études ; né à Troyes le 11 octobre 1760 ; administrateur de Seine-et-Marne en 1790 ; représentant de ce département, en 1792, à la Convention, où il vota la réclusion du roi ; député en 1795 aux Cinq-Cents, où il fut réélu en avril 1799 ; préfet du Lot de 1800 à 1813 ; créé baron de l'Empire le 30 septembre 1811 ; mort à Paris le 26 juillet 1819.

(2) Étienne-Joseph Ferroux, né à Salins le 23 avril 1751 ; élu en 1792 représentant du Jura à la Convention, où il vota la mort du roi avec appel au peuple et sursis ; arrêté, après le 31 mai 1793, comme ami des Girondins, et détenu jusqu'au 8 décembre 1794 ; élu, le 13 octobre 1795, député aux Cinq-Cents, d'où il sortit le 20 mai 1798 ; directeur des contributions directes, sous l'Empire, à Lons-le-Saunier, puis en 1807 à Besançon ; exilé comme régicide en 1816 et retiré à Nyon (Suisse) ; rentré en 1830 et mort à Salins le 12 mai 1834.

(3) Auparavant place d'Évreux, aujourd'hui place Perraud.

solateur, accompagné de la vertu embellie par les grâces, qui vient consommer notre bonheur... » Et une annotation du procès-verbal indique que « la vertu embellie par les grâces » n'est autre que la citoyenne Bailly. A cette rhétorique galante succède un cri de guerre, et c'est Bailly qui le pousse : « Guerre au terrorisme, guerre à l'anarchie ! Mort au crime, mort à la tyrannie, sous quelque forme qu'elle se montre ! Gloire au courage héroïque, honneur, respect aux victimes du crime !... » Et le même sentiment se développe dans les discours que prononcent l'ex-procureur général syndic Ebrard, le président du district de Dole, Claude Pierre Bouvier[1], et l'ex-vice-président du district de Lons-le-Saunier, Saillard.

A la maison commune, la manifestation continue par des chansons patriotiques et « analogues à la circonstance ». Les cinq discours avaient ouvert l'appétit. Un banquet civique réunit les personnalités les plus marquantes en même temps que s'organisent divers banquets particuliers ; mais on ne se borne pas à ces agapes :

La danse succéda aux plaisirs de Bacchus ; la liberté sans licence, l'égalité sans orgueil. la gaieté sans ombrage en fûrent les ornements. La vue de la beauté inspira plus d'amour pour la vertu de qui elle est l'image, et celle d'Hercule eût accru notre attachement pour le Sénat français qu'il représentait, s'il avait pu s'accroître...

La beauté, « image de la vertu », c'était toujours la citoyenne Bailly. On ne s'attendait guère à voir Hercule en cette affaire ; mais le représentant avait répudié ses prénoms et adopté le nom du fils de Jupiter et d'Alcmène. Au reste, sa désinfection des administrations contaminées par le virus

(1) Né à Dole, le 9 novembre 1759, de Pierre, négociant, et de Jeanne-Françoise Huet ; avocat à Dijon de 1787 à 1792 ; arrêté comme suspect en 1793 et détenu jusqu'à la fin de la Terreur ; président du district de Dole en 1795 et de l'administration centrale du Jura en 1796-1797 ; destitué après le 18 fructidor ; maire de Dole en 1800 ; député du Jura de 1809 à 1814 ; créé chevalier de l'Empire le 23 juin 1810 et baron le 12 avril 1813 sous la dénomination d'Eclangeot ; nommé procureur général près la cour de Besançon ; destitué le 28 mars 1816 pour avoir critiqué des mesures administratives ; rappelé en juillet 1818 comme procureur général à Limoges, mais bientôt remplacé ; mort sans postérité le 28 décembre 1843.

jacobin offrait bien quelque analogie avec le nettoyage des écuries d'Augias.

Joseph-Désiré Montarlot se croyait en droit de respirer librement. Il n'en avait pourtant pas fini avec les poursuites criminelles. Les représailles exercées par les Compagnons de Jésus inquiétaient le gouvernement. Déjà un message du Directoire au conseil des Cinq-Cents, lu dans la séance du 9 brumaire an IV (31 octobre 1795), avait signalé l'impuissance ou la mauvaise volonté de la justice en face de ces excès et cité comme exemple un jugement du tribunal de Chalon. Récemment un Corse, nommé Istria, de passage à Lyon, avait laissé percer, à une table d'hôte, ses opinions de jacobin. Le lendemain, au moment où il allait prendre la voiture publique, il avait été assailli et poignardé par plusieurs membres de la Compagnie de Jésus. Ceux-ci furent arrêtés et renvoyés devant le tribunal criminel de Chalon, qui les acquitta. Quand ils regagnèrent Lyon, une foule de citoyens se portèrent à leur rencontre. et ce fut au son des fanfares, au bruit des acclamations, qu'ils rentrèrent dans la ville.

D'autres faits de même nature déterminèrent le Directoire à adresser, aux Cinq-Cents, le 16 messidor an V (4 juillet 1797), un nouveau message, où il se plaignait vivement de l'insuffisance des moyens que lui offraient les lois existantes, ou plus exactement de la mollesse apportée à leur application. La gendarmerie, rappelait-il, peu nombreuse, mal payée, mal armée, n'assure pas l'ordre ; les coupables terrorisent les juges et souvent sont arrachés des mains de la justice par leurs complices ; les jurés et les témoins, craignant pour eux-mêmes, n'écoutent plus la voix de leur conscience, etc. [1]. Les discussions qui s'agitèrent au sein du Censeil et divers changements dans le personnel ministériel n'aboutirent à aucune mesure efficace. Bref, le coup d'État du 18 fructidor (4 septembre) ramena les Jacobins au pouvoir et autorisa le Directoire reconstitué à user largement des moyens violents, déportation, séquestre, commissions militaires, etc. Des troubles s'ensuivirent, particulièrement

---

(1) Cf. DULAURE, *Etudes historiques*, 1824, t. V, pp. 307 et 394.

dans la région lyonnaise et les départements voisins, Haute-Loire, Ardèche, Lozère, Puy-de-Dôme. Le gouvernement, se méfiant des juridictions locales, fit désigner par la cour de cassation plusieurs tribunaux auxquels ces affaires furent renvoyées. Un jugement du 4ᵉ jour complémentaire de l'an V (22 septembre 1797) déféra notamment au tribunal d'Yssingeaux une poursuite qui comprenait soixante-treize Compagnons de Jésus et au nombre desquels se trouvait, on ne sait pourquoi, Joseph-Désiré Montarlot.

Le 9 vendémiaire an VII (30 septembre 1798), Pierre-Joseph Rocher-Deschamps, juge directeur du jury de ce district, décerna contre lui un mandat d'amener « pour être entendu sur les inculpations dont il est prévenu ». Ce mandat fut notifié, par un gendarme, le 19, au domicile de l'intéressé. Le 21, le magistrat d'Yssingeaux, n'ayant point de nouvelles de son accusé, lança un mandat d'arrêt, cette fois en spécifiant les crimes qui lui étaient imputés. Joseph-Désiré était prévenu « d'être membre de la Compagnie de Jésus qui a existé à Lyon, et d'avoir commis et participé en cette qualité au meurtre de plusieurs citoyens ». C'était une pure absurdité. Le prétendu criminel exerçait paisiblement la profession de défenseur officieux dans sa ville natale, n'avait jamais habité Lyon, ni rien eu de commun avec les bandes qui s'étaient formées aux alentours. Notification du mandat lui fut faite, le 29 vendémiaire (20 octobre), Quelle en fut la suite? On l'ignore, mais aucun indice ne fait présumer que l'accusé ait jamais fait le voyage d'Yssingeaux. Au reste, l'affaire s'effondra à l'audience. Soixante et onze accusés furent acquittés et, des deux condamnés à mort, l'un réussit à s'évader dans la nuit qui précéda l'exécution.

L'année suivante, Joseph-Désiré était, en même temps que défenseur officieux, secrétaire en chef du district. Suivant contrat du 9 floréal an VIII (28 avril 1800), reçu par Mᵉ Philibert Grassot, cousin de la future, il épousa, à Chalon, Jeanne-Françoise Cochon, fille puinée du docteur Philibert. Cette alliance avait été négociée par Marie-Magdeleine Cochon, veuve Denis Renaud, tante du docteur. Une sœur de son mari était mariée avec N. Chevrot et en avait eu une fille, Claudine-Adrienne, mère du futur époux Joseph-Désiré

Montarlot était donc le petit-neveu par alliance de Mᵐᵉ Renaud, grand'tante de la future épouse.

Assistaient à la signature du contrat : du côté du futur, Etienne-Hugues Montarlot, son père ; Hugues Montarlot, son frère aîné ; Claude-Louis Bouquet, juge au tribunal de Lons-le-Saunier, son beau-frère ; Antoine Bourceret [1], rentier à Santenay, et sa femme, née Chevrot, cousine germaine ; du côté de la future, outre ses père et mère, Jean-Claude Martin, son beau-frère, et Anne Cochon, femme Martin, sa sœur ; François Rolland, avoué, et sa femme, Marguerite Cochon, tante de la future ; veuve Denis Renaud et Suzanne Cochon, ses grand'tantes ; plus divers cousins et alliés : Philibert Rolland et sa femme, née Darassin ; Jean Delacroix, juge au tribunal civil, veuf d'Anne-Marguerite Rolland ; Charles Boulanger, marchand de fers, et sa femme, Marthe Grassot, cousine au cinquième degré de la future ; Marie-Anne Terme, femme de Philibert Grassot, le notaire instrumentaire ; Jean-Baptiste Grassot, leur fils, également notaire, et sa femme, née Pauline Comte ; Jean-François-Marie Ballofet, commissionnaire en vins, et sa femme, Anne Boulanger ; Jean-François Renaud, épicier, frère de Denis, et Marguerite Soldat [2], sa femme, etc. La mariage fut célébré le lendemain 10 floréal (30 avril).

Par arrêté consulaire du 17 vendémiaire an IX (9 octobre 1800), Joseph-Désiré fut nommé avoué près le tribunal de Lons-le-Saunier, où il postula pendant deux ans et demi. Des convenances de famille le déterminèrent à solliciter un changement de résidence. Il fit appuyer sa demande par son com-

---

(1) Né le 1ᵉʳ avril 1744, à Chalon, de Jean-Baptiste Bourceret et de Reine Gautheron, il avait épousé, suivant contrat du 25 février 1767, une fille de François Chevrot, notaire à Sens (arrondissement de Louhans), oncle maternel de J.-D. Montarlot. Il eut deux filles, Anne et Marguerite, et un fils, Bénigne, né à Dijon le 4 février 1777, qui fut nommé, le 29 juin 1798, receveur des domaines à Chagny, y épousa, le 28 juin 1805, Marie-Suzanne Lafouge, et mourut le 1ᵉʳ février 1816, sans laisser d'enfants.

(2) Issue d'une famille de vieille bourgeoisie mâconnaise qui a fourni plusieurs échevins. Les registres paroissiaux mentionnent les mariages suivants : en 1734, Jérôme Soldat, élu en l'Élection, et Anne Rubat ; en 1762, Charles Sancy, médecin à Saint-Amour (arrondissement de Mâcon), et Anne Soldat ; en 1774, Benoît-Claude Demaizière, médecin à Chalon, et Marguerite Soldat ; en 1778, Claude Soldat, avocat en parlement, et Marie Poncet.

patriote, le sénateur Théodore Vernier [1], avec lequel il entretenait des relations personnelles, et, le 7 floréal an XI (27 avril 1803), un nouvel arrêté le nomma avoué à Chalon.

Un an après, le 28 floréal an XII (17 mai 1804), Joseph-Désiré fut appelé à voter par *oui* ou par *non* sur cette proposition : « Le peuple français veut l'hérédité de la dignité impériale dans la descendance de Napoléon Bonaparte. » Il avait vu la Révolution d'assez près pour n'éprouver aucune hésitation. Plusieurs de ses parents et alliés répondirent affirmativement comme lui, Jean-Claude Martin, Charles et Philibert Boulanger, Jean-Marie Ballofet, Delacroix, juge, Grassot, notaire, etc. Et ce n'est pas sans une certaine surprise qu'à côté des signatures de ces honorables citoyens, on découvre celles, non moins affirmatives, de divers sansculottes et terroristes avérés. La licence de la période révolutionnaire ne les avait guère préparés à faire bon accueil au régime d'ordre, de silence et de compression qu'inaugurait l'Empire ; mais l'intérêt personnel avait aisément retourné leurs convictions.

Reçu licencié en droit le 19 septembre 1805, par la faculté de Paris, comme ayant rempli pendant trois ans le ministère d'homme de loi, Joseph-Désiré prêta le serment d'avocat, le 26 novembre suivant, à la barre du tribunal. Il exerça son office d'avoué jusqu'à sa mort. Les vicissitudes de l'Empire lui avaient fourni d'étranges spectacles. Il avait vu, dans la soirée du 6 avril 1805, Napoléon s'arrêter à Chalon, au cours de son voyage à Milan, où il allait ceindre la couronne de fer des rois lombards. Les maisons étaient illuminées ; les cloches sonnaient de toutes parts et vingt-quatre coups de canon ponctuaient leurs joyeuses volées. Les acclamations suivaient l'empereur jusqu'à la maison Chiquet, à l'angle de la rue des Tonneliers et de la rue des Cornillons, où des

(1) Né à Lons-le-Saunier le 31 mars 1751, député du bailliage d'Aval à la Constituante ; élu en 1792 représentant du Jura à la Convention, d'où il passa en 1795 aux Anciens ; sénateur le 25 décembre 1799 ; pair de France le 4 juin 1814 ; mort à Paris le 5 février 1818. C'était un modéré, très versé dans les questions financières et assez souple pour se maintenir en bonne posture sous les régimes les plus divers. Il avait été pourvu, le 26 août 1808, d'un titre de comte, auquel il ajouta le nom de Mont-Orient, emprunté à un domaine qu'il possédait à Geruge, canton de Lons-le-Saunier.

appartements lui avaient été préparés, et le surlendemain, des vivats enthousiastes saluaient encore son départ.

Trente-six heures après, c'était le pape qui regagnait ses Etats. Parti d'Autun dans l'après-midi du 9, Pie VII arriva à Chalon à huit heures du soir et fut logé dans les mêmes appartements que l'empereur. Cinq cardinaux, quatre prélats-évêques, deux princes romains et deux officiers de la maison impériale composaient sa suite. On était alors en pleine semaine sainte. Les solennités pascales retinrent le Saint-Père pendant cinq jours, et le 14 avril, jour de Pâques, du haut d'une estrade érigée devant l'église Saint-Pierre, il put donner à la foule, respectueusement agenouillée sur la place, la bénédiction *urbi et orbi*, cérémonie sans précédent en France. Les enfants de la ville avaient été groupés sur son passage. Le fils aîné de Joseph-Désiré Montarlot, alors âgé de quatre ans, se trouvait là, et dans sa vieillesse, il rappelait volontiers que Pie VII lui avait tapoté la joue en disant avec un fort accent italien : « Petit innocent ».

Huit années passèrent et avec elles les succès prestigieux de l'Empire. Au début de 1814, l'invasion des alliés atteignit Chalon, et si la rupture d'un pont arrêta pendant vingt jours une division autrichienne, il n'en fallut pas moins subir les tristesses de l'occupation étrangère. Le 20 avril, Napoléon quittait Fontainebleau pour se rendre à l'île d'Elbe, et le 26, un corps de cinq mille hommes, recruté dans la garde impériale pour la même destination, traversait Chalon sous les ordres de Cambronne. Ces braves, très exaltés, insultèrent les porteurs de cocardes blanches. Le général rétablit l'ordre avec le concours du capitaine hongrois Jankowitz, qui commandait la ville. Parti le 28, le corps arriva le soir à Mâcon, où se produisirent des scènes analogues [1].

Chalon revit Napoléon le 14 mars 1815 ; mais cette fois il n'y avait ni arc de triomphe, ni réception officielle, ni maisons tapissées. Le maire [2], oubliant ses chaleureuses pro-

---

[1] Arch. nat., F7, 3733, bulletin de police du 4 mai 1814.

[2] Pierre-Marie Royer, né le 1er juin 1756, à Montmorot, canton de Lons-le-Saunier, de François, receveur des sels de la saline, et de Marie-Josèphe Merlet ; receveur à l'entrepôt des tabacs de Chalon ; conseiller général de 1800 à 1804 ; maire de Chalon de 1805 à 1819 ; élu député le

testations de 1805, refusa de se présenter, en même temps qu'une indisposition très opportune retenait au lit le sous-préfet [1], et l'ex-empereur, échappé de son île, n'eut pour se consoler de l'abstention des autorités que la satisfaction d'entendre les cris tumultueux du populaire massé sous les fenêtres de l'hôtel du Parc.

Joseph-Désiré Montarlot avait acquis, le 12 mai 1808, par acte reçu Brest, notaire à Givry, et moyennant un prix de 20.000 francs, un domaine sis à Saint-Desert (canton de Givry), consistant en terres, prés, vignes et une maison dite le Pavillon, où sa famille vint chaque année passer les vacances. Le site de cette localité avait pu le charmer. Echelonnée sur les pentes de la route du Charollais, au débouché d'un pittoresque vallon, elle voit s'ouvrir en même temps la vaste perspective de la plaine chalonnaise et se dessiner dans un lointain vaporeux les chaînes du Jura. Mais d'autres motifs concouraient à fixer le choix de Joseph-Désiré. Son mariage lui créait quelques intérêts dans le pays. Les époux Philippe Cochon y avaient possédé plusieurs fonds, et deux de leurs filles, Magdeleine, veuve Renaud, et Suzanne, avaient fait donation de la part qui leur en était échue à leur cousin le docteur Philibert Cochon.

Une centaine de titres, dont le plus ancien date du 8 janvier 1504, permettent d'établir exactement la succession des précédents propriétaires, qui appartenaient presque tous à de notables familles. Le premier connu est un bourgeois de Chalon, Jean Robert, fils d'Olivier, marchand, et de Mar-

---

22 août 1815 ; mort à Vichy le 10 août 1821. Il avait épousé Élisabeth Bureau, fille de Benoît, receveur des tabacs à Chalon, et n'en eut pas d'enfants.

(1) Jean-François Simonnot, né à Chalon, le 10 septembre 1768, de Jean-Baptiste, avocat, et de Madeleine Salomon ; secrétaire du directoire du département en 1791 ; destitué, le 26 septembre 1793, par les représentants Reverchon et Châteauneuf-Randon ; président de l'assemblée électorale en 1795 ; commissaire du gouvernement, puis sous-préfet de Chalon le 25 décembre 1799 ; remplacé le 30 mars 1815 ; député à la Chambre des Cent-Jours ; rétabli à la sous-préfecture de Chalon le 7 juillet ; nommé sous-préfet de Charolles le 14 février 1819 ; remplacé le 22 octobre 1820 ; mort à Dennevy (canton de Chagny) le 24 septembre 1841. Il était frère de Jean-Baptiste Simonnot, qui avait épousé la veuve de Guillaume Cochon. Il laissa un fils, Jacques-François, dont la descendance est actuellement représentée par M. Henri Bouteloup, ingénieur, et son fils René.

guerite de Malain. Ce fut lui qui, à partir de 1505, constitua patiemment le domaine par cinquante-neuf acquisitions de parcelles[1]. Marguerite Quarré, sa veuve [2], en fit elle-même quelques-unes, particulièrement le 21 février 1562, celle « d'une chambre basse estant assise soubs la grande salle de la maison où elle fait sa résidence ». Jean Robert, son fils, correcteur en la Chambre des comptes, recueillit la propriété dans l'héritage paternel. Après sa mort, en 1604, elle fut vendue par Marguerite Vincent, sa veuve, et passa aux mains de Jean de Pontoux, seigneur de Granges, greffier du bailliage de Chalon. Une fille de ce dernier. mariée, le 27 juillet 1611, avec Philippe Bataille, seigneur de Taisey, plus tard de Cussy-la-Colonne et de Mandelot, capitaine et major de la citadelle de Chalon, la trouva dans la succession de ses parents. De là elle échut en 1666 à Michel Bataille, né du second mariage de Philippe avec Marguerite du Blé, et en 1700, toujours par voie de succession, à Philippe Bataille, comte de Mandelot, capitaine au régiment de Tournon-infanterie, qui la vendit, le 12 février 1714, avec d'autres fonds, à Louis Butard, lieutenant général au bailliage et siège présidial de Chalon.

Alors commence une autre série de propriétaires. En 1719, le domaine est donné à la fille de l'acquéreur, Claude Butard, lors de son mariage avec Philibert Guyton, conseiller maître en la Chambre des comptes. Décédée à Chalon le 21 juillet 1762, elle a pour héritier son frère, Louis Butard, seigneur des Montots et de Navilly-la-Ville, conseiller au parlement de Bourgogne. Une fille de celui-ci, Marie, contracte mariage, le 21 août 1764, avec Bernard-Étienne Pérard [3], procureur général au même parlement, Le domaine

(1) Voir aux Appendices, I, l'acquisition d'un des bâtiments dont la réunion constitua l'habitation.

(2) Elle avait, sans doute, une résidence et des intérêts à Touches (canton de Givry), car on trouve, dans la chapelle de la Sainte Vierge de l'église de cette paroisse, l'inscription suivante : « Dame Marguerite Carré, veuve de honorable homme Jehan Robert, marchant à Chalon, a fondé en l'église de céans une grande messe et vespres, le jour de sainte Marguerite, avec *Salve Regina* et *De profundis* pour les trépassés après les dites vespres ».

(3) Né le 7 septembre 1737, à Dijon, de Jules-François Pérard, commissaire aux requêtes du Palais, et d'Anne Seurot ; reçu conseiller le 18 juin 1751 et procureur général le 11 mars 1763 ; en fonction jusqu'au 7 septem-

fait partie de ses apports, et c'est la deuxième de ses sept filles, Marie, née le 1er avril 1768. qui, en ayant hérité en 1804, le vend en 1808 à Joseph-Désiré Montarlot, dont les descendants l'ont possédé jusqu'à ce jour.

Joseph-Désiré avait, en outre, un domaine à Bissey-sous-Cruchaud, qui lui avait été donné par sa cousine veuve Denis Renaud et dont celle-ci lui abandonna l'usufruit à partir de 1809 Il acquit aussi, le 29 septembre 1817, un autre domaine à Charnaille, commune de Jambles, que ses héritiers vendirent le 13 mars 1833 Atteint d'une tumeur à l'estomac, il alla en 1823 demander aux eaux de Vichy un soulagement qui ne fut que momentané. Une seconde saison, l'année suivante, ne fut pas plus efficace et, le 19 novembre, le malade succomba à cette douloureuse affection. Sa femme lui survécut jusqu'au 3 mai 1853. De leur mariage étaient issus les cinq enfants suivants :

1° Claude-Adrien-Philibert, né à Lons-le-Saunier le 18 février 1801, reçu licencié en droit de la faculté de Dijon, le 26 juin 1822; avoué à Chalon de 1825 à 1859; suppléant du juge de paix du canton nord de cette ville; maire de Saint-Desert du 22 mars au 4 septembre 1865; marié, suivant contrat du 5 mai 1837, à Arnay-le-Duc (Côte-d'Or), avec Claudine-Jeanne-Simon-Françoise dite Cladic Loydreau, fille de Guy Loydreau de Neuilly (1) et de Marguerite-Antoinette Compin. Assistaient à ce contrat du côté du futur : Mme veuve Montarlot, sa mère; Étienne-Félix Montarlot, notaire à Châlous-sur-Marne, son frère; Philibert Claude Repey, avoué à Mâcon, son beau-frère; Emmanuel-Gabriel-Robert Granjon, juge au tribunal de Chalon, son cousin par alliance ; Nicolas-Aimé Bordet, greffier de la justice de paix, ami. Du côté de la future ; Mme Guy Loydreau de Neuilly, sa mère; Jean-Marie Loydreau, capitaine en retraite, son oncle, Antoinette Pinot, femme de celui-ci, et Marie Loydreau, leur fille; Hugues-Charles Loydreau, mé-

bre 1790 ; mort le 28 mai 1795. Armoiries : *de gueules, à la bande d'argent chargée d'un ours passant de sable, au chef d'or*. Devise : *Victrix per ardua virtus*.

(1) Fils de Guy, lieutenant criminel au bailliage d'Arnay-le-Duc, et de Pierrette Testot de Maligny.

decin à Arnay-le-Duc, frère de la future ; Antoinette, sa sœur, et Jeanne dite Isauré Guyton [1], cousine,

Devenu veuf le 7 novembre 1858, Claude-Adrien-Philibert se remaria, suivant contrat du 6 octobre 1864, avec Marie-Antoinette dite Esther Duhamel, née le 25 octobre 1814, à Beaune, de Jean-Alexandre, notaire à Buxy, chevalier de l'ordre du Lys, et d'Anne-Antoinette Burnot de Laboulaye. Il mourut le 20 juin 1880, dans sa propriété de Saint-Desert, où il s'était retiré en 1859, après la cession de son office d'avoué.

2° Jean-Désiré, né le 11 decembre 1803, mort en bas âge.

3° Jean-Charles-Marguerite, né le 5 mars 1805, mort le 23 octobre 1824, à Lyon, côte Saint-Sébastien, n° 8, où il se préparait au commerce.

4° Étienne-Félix, qui suit.

5° Anne-Désirée dite Anna, née le 20 juin 1810, mariée, le 17 juin 1833, avec Philibert-Claude Repey, avoué à Mâcon, fils de Gilbert et de Marie-Catherine Mathias. Elle mourut le 28 mai 1759, laissant deux filles : A. Jeanne dite Jenny, née le 5 février 1817, en religion Sœur Philomène, de la communauté des Saints-Anges, dont elle fut longtemps supérieure à Mâcon ; décédée le 2 novembre 1906, à Paray-le-Monial ; — B. Anne-Espérance-Marthe dite Anna, née le 2 mars 1839, mariée le 31 janvier 1860, avec Joseph-François-Jean-Pierre-Henri David, avoué à Mâcon, né le 21 octobre 1831, à Trept (Isère), de Jean-Jacques-Léon, ancien notaire, et de Marie-Claudine-Amable Tripier ; demeurant en dernier lieu à Paray-le-Monial.

6° Jean-Désiré, né le 25 juin 1812, maréchal des logis au 4e dragons en 1836, nommé en 1840 percepteur de Recy (Marne), puis, en mai 1847, de Saint-Remy (Saône-et-Loire), mort à Chalon le 20 février 1874. Il avait épousé en 1848, à Beaune, Anaïs Champy, dont il eut trois enfants : A. Eugène, né le 17 septembre 1849, et mort à Paris le 15 février 1919 ; marié à Cherbourg, le 18 janvier 1878, avec Marie-Barbe-Marguerite Falières, née le 21 novembre 1858

---

(1) Petite-fille de Laurent-Jean-Marie Guyton (1728-1787), médecin à Autun, et de Pierrette Loydreau.

de François-Emmanuel, capitaine d'infanterie, et de Marie-Thérèse Hartlieb, et décédée à Paris, le 13 février 1908, sans postérité; — B. Charles, né le 30 octobre 1855, mort le 30 juillet 1868; — C. Marie, née le 15 mars, morte le 11 août 1865.

ÉTIENNE-FÉLIX

Étienne-Félix, né le 16 juin 1806, fut tenu, le 17, sur les fonts baptismaux par son grand-père Étienne-Hugues Montarlot et sa tante Anne Cochon, femme Martin. Il se destina au notariat et il était maître clerc dans une grande étude de Paris, quand éclata la révolution de 1830. Logé alors à l'hôtel du Pérou, rue Neuve-Sainte-Eustache, n° 31, au centre même de la lutte qui s'engagea, il en nota heure par heure les péripéties dans une lettre à sa famille. Cette relation est trop longue pour être transcrite; mais quelques traits peuvent en être utilement détachés. La déposition d'un témoin oculaire offre toujours un réel intérêt, quand il l'a écrite sous l'impression du moment, sans apprêt de style et sans autre souci que de conter exactement ce qu'il a eu sous les yeux.

Le 26 juillet, Félix Montarlot avait vu abattre des réverbères et casser les vitres de plusieurs ministères. Le 27, le désordre s'accentua. Quelques postes furent désarmés; des fusillades se produisirent au carrefour des rues Saint-Honoré et de Richelieu.

« ... Plusieurs hommes furent tués, une femme horriblement mutilée. Le soir, j'allai visiter le théâtre du combat. Toutes les troupes étaient sur pied; des canons étaient braqués devant le ministère des affaires étrangères, sur le boulevard des Capucines, et des soldats de toutes armes, en nombre considérable, étaient postés de distance en distance. En même temps des rassemblements tumultueux se formaient de différents côtés; on agitait des drapeaux de toutes couleurs, on lisait des proclamations incendiaires, on criait : Vive la charte ! A bas les ministres ! Et, chose qui semble invraisemblable, pendant qu'on se préparait à s'entretuer sur une partie des boulevards, la tranquillité la plus par-

faite régnait à quelques pas de là. Sur le boulevard des Ita-
liens, une foule de promeneurs circulaient sans préoccupation apparente ; des femmes élégantes étaient assises, occupées à écouter les fadeurs des fashionables ou à prendre une
glace de Tortoni. Quel étonnant contraste ! »

Dans la matinée du 28, l'ordre paraissait rétabli, mais ce
n'était qu'une accalmie trompeuse :

« Des bandes d'individus appartenant à la populace se
mettent à parcourir les rues, armés de piques, de sabres, un
tambour en tête ; d'autres commentent publiquement les journaux, *Le Temps* et *Le National*, dont les presses avaient été
enlevées de force hier, avaient paru néanmoins, Rien de plus
violent que leurs appels à l'insurrection. Et non seulement
ces feuilles étaient répandues à pleines mains, mais leurs
rédacteurs, mêlés à la foule, l'excitaient du geste et de la
voix. En regagnaut la rue Neuve-Saint-Eustache, je vis sur
la place de la Bourse une multitude d'hommes armés qui
portaient pour la plupart l'uniforme de la garde nationale.
Dans la cour des Messageries se trouvait un autre groupe.
La place des Victoires était occupée par le 5ᵉ de ligne, qui,
dit-on, n'avait pas voulu tirer sur le peuple. Il en a été
autrement aujourd'hui. A peine venais-je de rentrer chez
moi que deux gendarmes, venant de la place, veulent traverser la rue. Forcés de se retirer à cause d'une barricade
qu'on avait élevée au milieu, ils s'en retournent en brandissant leurs sabres d'un air irrité, lorsque plusieurs coups de
fusil partent du coin de la rue. Un des gendarmes roule
avec son cheval sur le pavé, mais le cheval seul est tué et
le cavalier réussit à s'échapper. Peu après, un détachement
de soldats. appartenant au 5ᵉ, à la garde royale et à la cavalerie, s'avance au pas de charge contre les groupes qui ve-
naient de tirer ; mais ceux-ci s'étaient retranchés dans la
rue Montmartre. Au moment où les soldats y débouchaient,
une décharge, partie de différents côtés et notamment des
maisons d'angle de la rue Neuve-Saint-Eustache, les oblige
à battre en retraite, Ils ripostent alors par plusieurs décharges dans la longeur de la rue. De ma fenêtre j'entendais
siffler les balles et je voyais tomber des hommes tués ou
blessés. En même temps des décharges partaient du côté de

la porte Saint-Denis, et d'autres décharges successives, au bas de la rue Montorgueil, annonçaient que la lutte était chaude aussi de ce côté... »

« *29 juillet*. — Dès cinq heures, le tocsin sonnait l'alarme. Déjà une foule énorme se pressait dans les rues dépavées. Je n'ai pu arriver à la place des Victoires qu'en franchissant un grand nombre de barricades. Il y en a tous les quinze pas, et elles ont de quatre à cinq pieds de haut. La plupart sont formées de tonneaux et de voitures que l'on a arrêtées. De grosses diligences sont aussi renversées. Sur le seuil de l'église des Petits-Pères gisaient plusieurs cadavres. Je suis allé de là non sans peine jusqu'au boulevard. Presque tous les arbres sont coupés et jetés en travers de la chaussée, en guise de barricades. J'ai poussé jusqu'au boulevard du Temple où l'on se battait si fort hier soir. Les maisons sont criblées de balles. Le sol était encore jonché de cadavres défigurés ; des hommes emportaient en triomphe leurs dépouilles. Et au milieu de cette scène de mort et de dévastation, à travers les décombres, les portes renversées, des femmes, des enfants se promenaient curieusement. ... A deux heures, une affaire sanglante avait lieu entre le Palais-Royal, la rue de Richelieu et le Louvre. Le feu ayant cessé vers les quatre heures, je me hasardai à aller voir le champ de bataille. Le peuple était maître du Palais-Royal. Il avait même commencé à piller les appartements du duc d'Orléans, qui, heureusement, ne s'y trouvait pas. De là je me dirigeai à travers des monceaux de cadavres jusqu'à la place du Carrousel. Depuis une heure de l'après-midi, le drapeau tricolore avait remplacé, sur les Tuileries, le drapeau blanc. En rentrant chez moi à sept heures, j'entends des cris, des hourras prolongés. C'en est fait! Charles X n'est plus roi. »

« *30 juillet*, — La nuit a été calme. Un gouvernement provisoire paraît sérieusement constitué et le drapeau tricolore flotte de tous côtés. J'ai couru visiter les champs de bataille. Au Louvre il ne reste pas une vitre ; tous les murs sont criblés de balles. Dans les rues et sur les places où ont eu lieu les divers engagaments, on a creusé des fossés et l'on y a jété pêle-mêle tous les cadavres. On n'évalue pas à moins de sept à huit mille le nombre des personnes tuées ou blessées. Le soir, tout est illuminé. On chante dans les rues cette fameuse *Marseillaise* qui ne s'est pas fait entendre depuis si longtemps. Tout le monde est sur les portes... »

« *31 juillet.* — Le roi est en fuite... Hier soir, une députation était allée à Neuilly inviter le duc d'Orléans à se mettre à la tête du nouveau gouvernement. Il n'était pas au château ; mais la duchesse avait répondu qu'il se rendrait à Paris le lendemain matin. Effectivement avant cinq heures le duc était au Palais-Royal. Une proclamation, affichée à neuf heures, annonce qu'il accepte les fonctions de lieutenant général du royaume. Quelques heures après, je l'ai vu revenant de l'hôtel de ville. Il était à cheval, précédé de gardes nationaux et d'élèves de l'École polytechnique. Toute la population s'était portée sur son passage et l'acclamait chaudement. Le duc saluait avec son affabilité ordinaire. Je crois qu'il a tout ce qu'il faut pour faire un bon roi. Il a été élevé à l'école du malheur et il connaît bien le caractère français. Si on lui défère la couronne, ce sera an grand bien pour le pays. Son économie particulière nous garantit en outre qu'il ne sera pas prodigue des deniers publics au profit de courtisans. L'enthousiasme est général. Ce soir Paris est illuminé comme par enchantement. L'ordre est rétabli partout. On se promène comme à l'ordinaire aux Tuileries et au Palais-Royal, La révolution est terminée, et chacun reprend ses occupations... »

Félix Montarlot passa encore plusieurs années à Paris. Ayant traité, le 12 mars 1836, d'une étude de notaire à Châlons-sur-Marne, il y fut nommé le 6 mai et reçu le 14. Il acheta, rue Grande-Étape, n° 26, une maison à deux pignons du xvi⁰ siècle, dont une porte latérale, sculptée et depuis longtemps condamnée, offre aux passants de la rue d'Espence cet adage consolant : *Humilis fortuna tutior est quam excelsa.* 1556. Le 2 août 1837, il épousa à Reims Sophie Buffry, née le 22 avril 1818, en cette ville, de Louis-Joseph, avocat-avoué [1], et d'Anne-Marguerite Delachapelle [2]. A la

---

(1) Né le 26 décembre 1779, à Reims, de Jean-Baptiste Buffry, procureur au bailliage, plus tard avocat-avoué, juge suppléant au tribunal, et de Louise-Pierre-Antoine Féval ; mort en 1821.

(2) Née à Épernay, le 21 octobre 1788, de Jean-Nicolas Delachapelle,

signature du contrat avaient assisté notamment : du côté de l'époux, Claude-Adrien-Philibert Montarlot et Philibert-Claude Repey, ses frère et beau-frère ci-dessus nommés ; du côté de l'épouse, François-Nicolas Delachapelle [1], son oncle maternel, ancien avoué au tribunal de la Seine, demeurant au château de Lesches (Seine-et-Marne) ; Charles-Xavier Delachapelle [2], frère du précédent, ancien notaire à Épernay, et Justine Nitot, sa femme ; Thomas Chanlaire [3], veuf d'une tante maternelle de l'épouse, et sa fille Marie-Charlotte-Sophie.

La famille Buffry était d'origine champenoise. Le grand-père du marié, Blanché Buffry, né le 17 mars 1711, avait été reçu, le 5 octobre 1735, procureur au bailliage et siège présidial de Reims, et, en même temps que cet office, il exerçait celui de greffier en chef de la Monnaie. La mère du même marié, née le 1er septembre 1745, à Reims, de Nicolas-Joseph Féval, conseiller du roi, receveur des consignations, commissaire aux saisies réelles du bailliage de Châtillon-sur-Marne, greffier en chef du bailliage et siège présidial de Reims, et de Marie-Louise Brismontier, [4] était cousine germaine de Jean-Nicolas Féval, qui, d'abord lieutenant général au bailliage de Châtillon-sur-Marne, devint en 1800 conseiller à la cour d'Amiens et fut le grand-père du romancier Paul Féval [5]. Un autre cousin de la famille Buffry avait

notaire, et de Jeanne Chanlaire ; mariée suivant contrat du 20 mars 1813 ; décédée à Paris le 6 septembre 1863.

(1) Né en 1790, mort en 1847.

(2) Né en 1791, mort en 1852.

(3) Né de François-Nicolas, propriétaire à Épernay, et de Françoise-Nicole Delachapelle, sœur de Jean-Nicolas ; marié avec Jeanne Delachapelle, sa cousine germaine.

(4) Cette famille B.ismontier était originaire de l'Aisne. Les archives de ce département mentionnent : Pierre Brismontier, notaire à Gandelu (arrondissement de Château-Thierry) vers 1710 ; — Pierre, son fils, marié en 1738, procureur ducal de S. A. le duc de Bouillon ; — Bonaventure, contrôleur des actes des notaires en 1746 ; — Pierre Bonaventure. notaire royal, premier officier de la justice à Montreuil-aux-Lions (même arr.).

(5) On peut encore mentionner Louis-Charles Féval, procureur du roi, vers 1750, au bailliage de Châtillon-sur-Marne, berceau de la famille ; Philippe, procureur et notaire au même lieu vers 1765, frère de Nicolas-Joseph ; Louis-François, né en 1752, d'abord avocat, puis directeur du contentieux à la ferme générale et, à partir du 11 novembre 1795, commissaire de la comptabilité nationale ; enfin, lors de l'institution de la

fait du bruit pendant le dernier tiers du xviii⁰ siècle : c'était le fameux publiciste Linguet, qui passa vingt mois à la Bastille et finit sur l'échafaud révolutionnaire [1].

Quant à la mère de la mariée, elle avait vu le jour à Épernay. Jean-Nicolas Delachapelle, son père, né en 1756, marié en 1787 avec Jeanne Chanlaire et mort le 21 janvier 1817, etait notaire et receveur de l'hospice. En 1791, un minime incident l'avait signalé aux stupides méfiances des Jacobins. Quand Louis XVI, ramené de Varennes, traversa Épernay, dans la soirée du 23 juin, il s'arrêta pour dîner à l'hôtel de Rohan, rue de Châlons. Delachapelle, qui demeurait rue Flodoard. à cent mètres de là, s'approcha de la voiture et, comme le petit dauphin se plaignait de la soif, il alla prendre chez lui un flacon de vin blanc; mais au moment où il allait le présenter, un boutiquier du voisinage l'en empêcha. « Il ne boira pas de vin, s'écria-t-il; l'eau est bien bonne pour ces cochons-là. » Et, brandissant une hache, il se répandit en menaces, Voulant éviter un esclandre Delachapelle s'en fut chercher un verre d'eau fraîche, et il aida le jeune prince à descendre de la voiture. Ce fait ne fut pas oublié. Réputé suspect en octobre 1793, le notaire fut consigné à domicile sous la surveillance d'un gardien et menacé, à un certain moment, d'être envoyé à Paris. Un de ses amis, mêlé plus ou moins sincèrement au mouvement jacobin, lui évita le voyage, Il se fit remettre par lui les comptes de l'hospice, les cacha, puis, au club, insista fortement pour que Delachapelle ne fût pas transféré avant que ces mêmes comptes n'eussent été présentés et apurés. Trois mois se passèrent. Le 21 janvier 1794, le détenu fut autorisé à sortir. Sa mise en liberté avait été discutée au comité de surveillance. « C'est un royaliste. avait objecté un mem-

Cour des comptes en 1807, nommé conseiller maître en tête du tableau, où il figura ainsi jusqu'en 1834.

(1) Simon-Nicolas-Henri Linguet, né à Reims le 14 juillet 1836, d'abord avocat à Paris, rayé du tableau, le 11 février 1774, par arrêt du parlement, et de nouveau en 1780, pour violences de langage ; enfermé à la Bastille du 27 septembre 1780 au 19 mai 1782 ; arrêté le 28 septembre 1793, à Marnes (Seine-et-Oise), dont il était maire, traduit au tribunal révolutionnaire le 29 prairial an II (17 juin 1794), et condamné à mort le 9 messidor (27 juin).

bre ; il a tenu le petit Capet dans ses bras. » Un autre
eut le bon sens de lui répliquer : « Sans doute, mais il
assistait un enfant qui souffrait; c'était simplement de l'humanité. »

L'exercice de Félix Montarlot ne dépassa pas huit années.
Une grave affection l'obligea à céder son étude le 25 avril
1842 et l'emporta le 26 juin. D'autres deuils cruels frappè-
rent sa veuve. Fixée à Paris en 1876, après avoir suivi son
fils Paul dans ses diverses résidences, elle y mourut subitement le 11 juin 1899. Trois enfants étaient nés de son mariage :

1° Paul, né le 14 juillet 1838 à Châlons-sur-Marne ; reçu
avocat le 26 novembre 1859, nommé, le 6 août 1863, juge
suppléant au tribunal de Joigny ; le 8 février 1867, substitut
du procureur impérial à Châteaudun ; le 9 février 1872,
procureur de la République à Joigny et, le 18 novembre 1876, à Meaux; transféré, le 1er avril 1879, à Saint-
Brieuc, sous la pression d'un député contre lequel il avait
dû requérir, l'année précédente, pour outrage par la presse
à un ministre ; démissionnaire le 2 avril, et, à partir de
1881, établi à Paris ; auteur d'articles de presse, de récits de
voyages et de divers ouvrages historiques, entre autres :
Châteaudun, Journal de l'invasion, 1871 ; *L'épiscopat de
Talleyrand*, 1894 ; *Un essai de commune autonome*, 1898 ;
*Les accusés de Saône-et-Loire aux tribunaux révolution-
naires*, 1901 ; *Les députés de Saône-et-Loire aux assemblées
de la Révolution*, 1911 ; *Le congrès de Rastatt, correspondance et documents*, en collaboration avec M. Léonce Pingaud, 1913 ; *Les émigrés de Saône-et-Loire*, en cours de
publication ; auteur aussi de gravures à l'eau-forte exposées
aux salons de 1873, 1874, 1878 et 1880 ; marié, le 21 avril
1873, à Monthelon (canton d'Autun), avec Jeanne-Marie-
Alice Merle, née le 24 octobre 1850, au château de Chantal,
même commune, de Marie-Émiland Merle et d'Ursule-
Adrienne Ducroux.

2° Marie, née le 24 février 1840, morte le 9 novembre 1844.

3° Félix, né le 1er juillet 1842, mort le 23 décembre 1856,
au collège de l'Immaculée-Conception, à Vaugirard.

DEUXIÈME PARTIE

FAMILLES ALLIÉES

I

FAMILLE DESAINT

JEAN-ADRIEN

L'histoire de la famille Desaint se rattache étroitement à celle de l'imprimerie en Bourgogne. Le premier ouvrage qui ait vu le jour à Mâcon parut en 1494; mais ce ne fut qu'un fait accidentel. Un imprimeur de Bâle, Michael Wenssler, ayant été appelé en France par l'abbé de Cluny, qui lui fit imprimer le *Missale ordinis Cluniacensis*, daté du 9 juin

1493, le chapitre de Mâcon mit l'occasion à profit et obtint
de cet étranger l'impression d'un *Diurnale Matisconense*
dont la date en latin correspond au 27 mars 1494. Après son
départ, il ne fut plus question d'imprimerie en cette ville, et
ce fut seulement au bout d'un siècle et demi que l'industrie
nouvelle y compta des représentants. Le plus anciennement
connu est Simon Bonard, « marchand libraire et imprimeur
de la Ville et de Monseigneur l'Évêque ». Il imprima notamment en 1663 l'*Office de la Semaine sainte selon le Missel et
bréviaire romain* et l'*Usage des pays de Bresse, Bugey,
Valromey, leurs statuts, stil et édits.* Suivant contrat du
26 février 1880, il maria sa fille Anne avec Robert Piget, fils
d'un libraire de Paris, et le prit pour associé. A son décès, le
10 octobre 1682, celui-ci lui succéda ; mais son exercice fut,
d'assez courte durée, car il mourut le 16 décembre 1690, ne
laissant qu'une fille âgée d'un an. Sa veuve exploita l'imprimerie de concert avec son beau-frère, Jean Bonard, et se remaria, le 14 septembre 1793, avec Jean-Adrien Desaint, né en
1665 à Mâcon. Ce fut ainsi que les Desaint entrèrent dans
cette carrière, où plusieurs d'entre eux se distinguèrent.

Associé d'abord avec Jean Bonard, Desaint fut nommé en
1703 seul imprimeur de la ville et maintenu comme tel en
1740, à la suite d'un arrêté du Conseil d'État, du 31 mars 1739,
qui, fixant le nombre des imprimeries au chiffre de trente à
Paris et de deux cent vingt-six pour toute la France, n'en autorisait qu'une à Mâcon ; mais il mourut le 12 décembre de
cette même année 1740, après un exercice de quarante-sept
ans. Au nombre des ouvrages sortis de ses presses, il faut
citer une rareté bibliographique : *Dessein des honneurs
rendus dans la Ville de Mâcon à Messeigneurs les Ducs de
Bourgogne et de Berri le... du mois d'avril 1701. A Mâcon, chez Jean-Adrien De Saint, imprimeur et libraire de
Monseigneur l'Évêque, de la Ville et du Colège.* Cette plaquette de seize pages était l'œuvre d'un Jésuite, le P. Claude
Sicard, professeur de lettres à Lyon. Une autre plaquette
n'est pas moins recherchée. Elle a pour titre : *Les avantages
de la bonne éducation, ballet représenté par les Ecoliers de
quatrième du Collège de Mâcon de la Compagnie de Jésus. Pour servir d'intermède à un exercice de Belles-lettres*

où répondront Philippe de la Martine[1] *et Jean-Baptiste Grobuy*[2], *de Mâcon. Le... Mai 1730, à deux heures après Midy. A Mâcon. de l'imprimerie de Jean-Adrien De Saint.* Ce fut aussi Desaint qui imprima en 1720, croit-on — car ce petit volume de soixante-huit pages, dont on ne possède qu'un exemplaire, ne porte pas de date,[3] — la première édition des *Noëls mâconnais*, curieux ouvrage en idiome local d'un inconnu qui, sous le pseudonyme de « parrain Bliaise » avait rimé ces naïfs et joyeux refrains « pre possary dévoteman le tan de la Naissance du Bon Gesu » et « pre le contanteman de tieû brove jan ». Déjà Simon Bonard avait imprimé, en 1660, 1666 et 1667, trois recueils en même langage rustique dont l'auteur était un abbé Benoît Fontanette, curé de Juliénas et ensuite de Romanèche[4].

L'union de Jean-Adrien avec Anne Bonard avait été brève. Devenu veuf, il s'était remarié en 1695 avec Marguerite Cadot, dont la famille originaire de Chânes, canton de la Chapelle-de-Guinchay, avait projeté de nombreux rameaux à Mâcon[5]. Elle lui donna cinq enfants : Jean, Claude et Pierre, qui suivent, Étienne, qui fut apothicaire à Villefranche (Rhône), et Marguerite, qui épousa Claude Soldat, orfèvre en la même ville[6].

JEAN

Jean, fils aîné du précédent, né à Mâcon en 1696, épousa le 11 avril 1741, à Saint-Amour, canton de la Chapelle-de-Guinchay, Claudine Desgranges, née le 7 août 1708, à Mâ-

(1) Fils de Philippe-Étienne de la Martine, seigneur de Monceau, capitaine au régiment d'Orléans, et de Sibylle Monteillet ; lieutenant au régiment de Talaru-infanterie et grand-oncle d'Alphonse de Lamartine.

(2) Fils de Louis Grobuy, avocat en parlement, et de Suzanne Rossignol.

(3) Cf. L. LEX, *De quelques raretés bibliographiques mâconnaises, Annales de l'Académie de Mâcon*, 3e série, t. XVI, p. 360.

(4) Cf. A. DE CHARMASSE, *Benoît Fontanettes, poète mâconnais au XVIIe siècle ; Mémoires de la Société éduenne*, t. XXVII (1899), pp. 67-78.

(5) Ont appartenu à cette famille. Jean Cadot, notaire à Mâcon, et Claude, son fils, né vers 1690, marchand de fer, échevin et receveur en 1734-1135, marié en 1721 avec Pétronille Soldat et auteur d'un journal publié par L. Lex dans l'*Annuaire de Saône-et-Loire* de 1896.

(6) Sur les Desaint, cf. H. GLORIA, *L'imprimerie à Mâcon, Annales de*

con, de Gilbert, praticien, et de Marie Siraud. Assistaient
à ce mariage : Étienne Desaint, frère de l'époux, Claude Soldat, son beau-frère, Henri Desgranges, frère de l'épouse, Jean-Baptiste Laborier, avocat en parlement, etc. L'imprimerie paternelle était alors gérée par la veuve de Jean-Adrien Desaint. Jean s'en fit investir en vertu d'un arrêt du Conseil d'État du 25 janvier 1749, alors que sa mère, gravement malade, touchait à sa fin, qui se produisit le 16 février suivant. A cette époque, la candidature à la profession de typographe imposait des examens difficiles et de nombreuses formalités. Parmi les pièces produites par Jean Desaint à l'appui de sa demande, on remarque des certificats délivrés par des imprimeurs de Paris, Hérissant, Préault, Coignard et Simon, un certificat d'études émanant du préfet du collège des Jésuites de Mâcon, six autres attestations du directeur de l'hôtel-Dieu, du syndic du diocèse, des élus des trois ordres, des États provinciaux, du maire et des échevins, enfin du procureur du roi, toutes établissant que le postulant avait la capacité voulue.

Jean exerça pendant douze ans. Une de ses plus notables impressions est un catalogue de médailles intitulé : *Index de numismatibus argentis familiarum romanarum et imperatorum Cæsarum, augustarum et tirannorum et a Pompeio magno ad Heraclium aureis, argentis que Depromptus, de feu M. Bernard, lieutenant particulier au bailliage de Mâcon. Matiscone, apud Joannem De Saint,* 1750 [1]. Le 12 avril 1753, Jean acquit d'un sieur Antoine Galpin, au prix de 7000 livres, une maison sise rue Tupinerie [2], aujourd'hui rue Sigorgne. L'inventaire qui fut dressé après sa mort permet de reconstituer l'aménagement de cet immeuble. Le rez-de-chaussée était occupé par la boutique et la

<hr>

l'*Académie de Mâcon*, t. XIV, p. 291 ; A. BENET, *Un atelier d'imprimerie et une boutique de libraire à Mâcon au XVIIIᵉ siècle;* P.-J. GAUTHIER, *Recherches sur les anciens maîtres imprimeurs de Chalon-sur-Saône et leurs successeurs, Mémoires de la Société d'archéologie de Chalon,* t. V (1913), pp. 90-101 ; CLÉMENT-JANIN, *Les imprimeurs et les libraires dans la Côte-d'Or.*

(1) Catalogue de la vente Pichon (mai 1897), n° 5746.

(2) En vieux français, *tupin* signifie poterie commune, *tupinier*, celui qui en fabrique, *tupinerie,* le lieu ou l'on en vend.

cuisine, où couchait l'unique servante. Le prémier étage comprenait deux pièces, dont l'une, qui donnait sur la rue, renfermait « deux lits gemeaux à la duchesse » et le bureau du maître imprimeur. Au second se trouvaient l'atelier et la réserve des livres [1].

Jean mourut le 28 septembre 1755. Ce fut son frère Claude qui inventoria l'actif commercial de la succession. Le matériel de l'imprimerie, caractères, presses, casses, etc, fut évalué 2.385 f. 10 s., et celui de la librairie, livres en feuilles et en magasin,3.761 f., au total 6.146 f. 10 s. Quant aux meubles et effets mobiliers, l'inventaire en fut dressé, le 17 novembre, à la requête de la veuve, par Jean Denamps, lieutenant particulier au bailliage.

Les époux Desaint avaient eu deux fils, Gilbert, né le 19 janvier 1742, mort jeune, et Jean-Nicolas, né en 1745, qui, entré dans les ordres, fut professeur de septième au collège de Mâcon jusqu'en 1815 et mourut le 3 décembre 1817, Par testament du 22 septembre précédent, il avait institué légataire universelle de ses biens, consistant surtout en une maison à Mâcon, rue des Cordonniers, sa cousine Anne Cochon, femme Martin, à la charge de servir plusieurs legs particuliers, dont un de 3.000 livres à son autre cousine Jeanne-Françoise Cochon, femme Montarlot, et un aussi à son petit-cousin Jean-Nicolas Martin.

La veuve Jean Desaint se remaria, le 21 novembre 1757, avec Jean-Philippe Goéry, qui fut ainsi pourvu du privilège et l'exerça seul jusqu'à la Révolution, époque à laquelle la profession de typographe devint libre.

CLAUDE

Né le 4 octobre 1696 et frère du précédent, Claude Desaint acquit à Chalon un fonds de libraire exploité par Jean Rossignol et fut reçu, le 2 mars 1719, habitant de cette ville sur l'attestation par serment des sieurs Jean-Louis Darbigny,

(3) A. Benet, *op. cit.*

« prêtre aumônier de Monsieur l'Evesque », Antoine Girard, procureur au présidial, et Edme Guillemardet, marchand [1], « que le dit Desaint fait profession de la religion catholique, apostolique et romaine, et qu'il est homme de bonnes mœurs ». Le 30 mai suivant, il épousa Claudine Michelin, née en 1701 de feu Guillaume, procureur et notaire, et d'Anne Pinotte. Assistaient à ce mariage : Jean et Pierre Desaint, frères de l'époux, Etienne Henry, notaire à Crèches, son oncle, Antoine Cadot, praticien à Chânes, son cousin germain, François Gauthey, avocat [2], et François Bougot, commissaire aux revues et logements des gens de guerre.

Trois ans après, Claude Desaint voulut ajouter la typographie à son commerce. Reçu imprimeur en 1722, il se rendit adjudicataire, le 1ᵉʳ octobre 1728, de l'imprimerie de Bernard Lamotte-Tort, sur saisie pratiquée par les Pères Minimes, et après la mort d'un autre imprimeur, Jean Nanty, survenue le 17 mai 1729, il fut maintenu comme seul imprimeur de la ville par arrêt du Conseil du 4 janvier 1731, confirmé par un second arrêt du 12 mai 1759. Parfois il prit part à des affaires étrangères à sa profession. En 1780, par exemple, les murs de l'église de Saint-Jean-des-Vignes menaçaient ruine et d'urgentes réparations s'imposaient. Un devis des travaux fut dressé par l'architecte Benoit Salviet, que les habitants avaient désigné comme expert, et un traité passé en 1732 entre le curé de la paroisse, l'abbé Brunet, et l'architecte Fourneau. Ce fut Claude Desaint qui se rendit adjudicataire de ces travaux. Leur paiement engendra quelques difficultés. Les habitants, sans doute à court d'argent, prétendirent s'acquitter envers Desaint en lui cédant vingt-cinq soitures de prés communaux. Ce ne fut pas l'avis de l'intendant, qui annula cette aliénation et ordonna une reconnaissance des travaux exécutés. Une autre contestation surgit au sujet de la part de la dépense mise à la charge de la communauté des Bénédictines du prieuré de

____

(1) Échevin en 1714-1716.

(2) Échevin en 1733-1734, 1741-1743 et 1754-1756, bailli de Givry, pourvu en 1741 de l'office de maître des portes, ponts et passages de Chalon. Il appartenait à la même famille que l'ingénieur.

Lancharre, dont le siège avait été transféré en 1730 à Chalon, et la justice fut appelée à la dénouer [1].

Claude Desaint exploita son imprimerie pendant quarante-trois ans. Un érudit chalonnais a relevé patiemment quatre-vingt-quatre de ses impressions, livres d'église, mandements épiscopaux, documents administratifs, mémoires judiciaires, statuts de confréries et de corporations religieuses, etc., etc. Le plus important de ces ouvrages, comme étendue texte et ornementation, paraît être le *Rituel à l'usage du diocèse de Chalon*. in-4° de 482 pages, avec lettres ornées, culs-de-lampe et vignettes. On peut citer encore le *Catéchisme*, in-12 de 156 pages, et le *Recueil des offices et prières qui se chantent pendant les processions et octave de la fête du très Saint-Sacrement*, in-18 de 79 pages.

Une impression a trait à un procès, mentionné ci-dessus, entre la commune de Chalon et les Bénédictins de Saint-Pierre. C'est une *Requête adressée au parlement de Dijon par la municipalité* et rédigée par l'avocat Bataillard. L'in-folio de 154 pages est accompagné de deux plans dressés par l'arpenteur Edme Martin et gravés sur bois par Pierre-Vincent Roguié, dont l'un représente l'ancien Chalon et l'autre le Chalon de 1740. Claude Desaint reçut pour sa part, le 13 avril 1743, 500 livres [2]. On n'aperçoit pas que cette requête, appuyée par deux autres in-folio d'ensemble 67 pages, contenant le *Sommaire des moyens* et la *Preuve des faits anciens*, ait beaucoup avancé l'affaire. Commencé en 1728, le procès ne prit fin que le 11 juillet 1746, par un arrêt du parlement qui donna gain de cause à la ville.

A cette époque, les travaux d'utilité publique devenaient à l'ordre du jour. En 1763, Desaint fut chargé d'imprimer un *Devis général des ouvrages à faire à Chalon pour la construction d'un quai de commerce le long des rives de la Saône* [3], *le rétablissement de la chapelle de la Vierge* [4], *les*

---

(1) Archives de Saône-et-Loire, C, 2958 et H, 537.
(2) CC, 138, 139 ; FF, 84.
(3) La première pierre en fut posée le 25 juillet 1772. BB, 42.
(4) Il s'agit de la chapelle Notre-Dame érigée, antérieurement au xvi⁰ siècle, sur le pont Saint-Laurent. En 1772, on y nomma un desservant ; mais elle menaçait ruine et, le 15 août 1778, elle fut définitivement abandonnée. BB, 57 et GG, 1.

*aqueducs souterrains pour la conduite des eaux pluviales à
la rivière, et un jardin public, par Thomas Dumorey* [1],
*ingénieur ordinaire du roi et ingénieur en chef des États
généraux de Bourgogne, 12 janvier 1762.* C'est un volume in-4° de 87 pages avec un petit plan du quai [2].

La législation qui régissait l'imprimerie et la librairie était
quelque peu draconienne. Un arrêt du Conseil d'État en date
du 8 février 1727 prononçait les peines suivantes contre les
imprimeurs et les libraires qui avaient imprimé ou distribué
des ouvrages quelconques sans la permission du maire, lieutenant général de police : destitution, boutique murée,
amende de 3.000 livres, et confiscation des presses. Quand
il s'agissait d'écrits concernant « les disputes en matière de religion » ou plus généralement « tendant à troubler
la tranquillité de l'État », c'était, aux termes d'une déclaration royale du 10 octobre 1728, le carcan et, en cas de récidive, cinq ans de galères. Si Claude Desaint n'encourut aucune de ces peines, il tomba cependant un jour sous la
griffe du procureur syndic. Le 8 décembre 1753, il avait imprimé un *Extrait des adjudications faites à Nicolas Moussier des petits octrois, péages, qui se perçoivent sur la rivière de Saône et aux portes de la ville de Chalon.* La publication de cet opuscule de sept pages n'avait donné lieu à
aucune observation. Onze ans après, reprenant ce sujet,
Desaint imprima à douze cents exemplaires un *Avis au
public* daté du 10 avril 1764. Oublia-t-il cette fois de demander la permission réglementaire ? Se crut-il couvert par la
permission précédente ? On ne saurait le dire. Quoi qu'il en
soit, la contravention était flagrante ; mais elle se présentait,
sans doute, avec des circonstances très atténuantes, car les
terribles pénalités édictées par la loi se réduisirent pour le
coupable à une amende de 5 sous [3].

---

(1) D'abord lieutenant dans Berry-cavalerie, il passa au corps des ingénieurs et fut employé en cette qualité à divers sièges, notamment, en 1744,
à celui de Fribourg-en-Brisgau, où il reçut une grave blessure. Comme
ingénieur en chef, il rendit de grands services qui lui valurent l'anoblissement en janvier 1775 et la croix de Saint-Michel. Il mourut à Dijon le
20 juillet 1782.

(2) La bibliothèque de Chalon en possède deux exemplaires.

(3) CC, 139.

La considération dont jouissait Desaint le porta aux fonctions d'échevin, qu'il remplit de 1761 à 1763, et à celles de juge de la juridiction consulaire, où il fut assisté de deux consuls qui étaient en 1761 Denis Millard, commissionnaire en vins, et Marcelin Brisson, autre commerçant et ancien échevin. D'accord avec ceux-ci, il rédigea, sous ce titre : *Au Roi et à Nosseigneurs de son Conseil*, un exposé de motifs tendant à obtenir la révocation d'une déclaration du 7 avril 1759, qui enlevait à son tribunal un certain nombre de justiciables. La municipalité s'efforçait, en effet, de lui en ravir. Un incident mit les parties en lutte ouverte. Le 21 novembre 1761, le syndic des marchands avait demandé aux juges consuls la permission d'assigner un Suisse nommé Jacques Barretta, qui, depuis un mois, tenait boutique place du Châtelet, et vendait ostensiblement de l'huile, des châtaignes et autres denrées, sans avoir payé le droit de visite ou d'ouverture de boutique. Desaint venait d'être nommé échevin. Ce fut son successeur, Claude Peillon, qui rendit un ordre conforme aux fins de la requête. Deux jours après, le procureur syndic faisait sommation au syndic des marchands d'avoir à se désister de toute poursuite devant la justice consulaire, attendu, suivant lui, que la connaissance du délit appartenait exclusivement aux officiers de police, seuls compétents en vertu d'une ordonnance du roi Charles VIII en date du 10 juillet 1495.

Ce fut le début d'un conflit qui s'éternisa. La municipalité ne se contenta pas d'adresser, le 31 décembre, aux élus des États de Bourgogne une supplique réclamant l'intervention des syndics de ces États ; elle en arriva à convoquer une assemblée générale des habitants. Le résultat fut contraire à ses espérances et l'assemblée, réunie le 13 avril 1762, décida que les officiers de police étaient seuls intéressés dans l'affaire et que la commune ne l'était nullement. Le 25 mai, l'intendant[1], qui, tout en désapprouvant les prétentions des juges consuls, observait une certaine neutralité, offrit gracieusement sa médiation. Elle ne fut pas acceptée. Une an-

(1) Jean-François Dufour de Villeneuve, maître des requêtes en 1744, président au Grand Conseil en 1747, intendant de Bourgogne de 1761 à 1766, puis lieutenant civil au Châtelet jusqu'en 1774.

née s'écoula ainsi. Le 7 mars 1763, au cours d'une délibération de la chambre municipale, le maire proposa d'intenter une action en trouble contre les juges consuls. Deux échevins, Oudin [1] et Ferrey [2], furent d'un avis contraire et refusèrent de se pourvoir en leurs noms Un troisième échevin, commerçant de son état, ne devait pas se prêter davantage à cette procédure : c'était Claude Desaint. Il fut alors entendu que la requête en trouble serait donnée seulement aux noms du maire et du procureur syndic et que ce dernier en aviserait Desaint.

L'affaire semblait en suspens quand, le 1er janvier 1764, le maire fut informé de la décision des élus. Ceux-ci avaient jugé avec raison que la province ne devait pas intervenir au parlement sous peine de s'exposer à autant de procès qu'il s'élèverait de difficultés dans les villes à l'occasion de la police. Une nouvelle proposition de recourir à la médiation de l'intendant n'eut aucun succès. Finalement, le 27 juillet suivant, à la requête du maire et du procureur syndic, le syndic des marchands fut assigné devant le parlement. En même temps, les officiers municipaux demandaient à l'intendant de faire casser pour cause d'incompétence l'arrêt rendu par la justice consulaire contre le marchand de marrons Barretta. Comment se résolut cet interminable débat, aucune pièce ne l'établit [3].

La dépossession et l'expulsion des Jésuites agitèrent beaucoup l'administration municipale. En conséquence des mesures prises par le gouvernement, un arrêt du parlement de Bourgogne, en date du 11 juillet 1763, ordonna la saisie de tous les biens appartenant à la Société et fit défense expresse à tous sujets du roi de fréquenter, à partir du 1er octobre, les collèges, écoles, pensions ou noviciats tenus par ces religieux. Un autre arrêt, rendu le 1er août, spécifia qu'à la même date la commune de Chalon serait mise en possession du collège et des fonds ou revenus en dépendant. Le 30 septembre, le procureur syndic Guillaume Mouton [4] requit le

---

(1) Avocat, échevin en 1761-1763.
(2) Bourgeois, échevin en 1762-1764.
(3) FF, 102.
(4) Substitut en 1744, procureur syndic de 1748 à 1780.

conseil de déléguer deux de ses membres pour assister à cette opération. Les échevins Desaint et Ferrey furent désignés à cet effet[1]. Il s'agit ensuite de réorganiser le collège. Les officiers municipaux désiraient en confier la direction à des prêtres séculiers; ceux du bailliage manifestaient leurs préférences pour des réguliers. On finit par s'entendre et accepter d'un commun accord la création d'un collège que tiendraient les Bénédictins de Cluny. Le 11 novembre, Desaint fut chargé, conjointement avec le procureur syndic. d'entrer en négociation avec ces congréganistes; mais la conférence qu'ils eurent le 4 janvier 1764 n'aboutit pas et, le 23 avril suivant, le collège fut remis aux mains d'un sieur Nicolas Bizouard, qui avait été chef d'institution à Dijon.

La bonne harmonie dura peu entre les parties contractantes. Une brouille éclata à propos de la réglementation des études. Les officiers municipaux prétendaient donner eux-mêmes des sujets de composition en vers latins et juger les devoirs des élèves, et comme le principal protestait contre leur ingérence, ils le proclamaient, dans un long mémoire rédigé en juin 1770, ignare, incapable, fourbe, hargneux, querelleur, insolent, rebelle à toute règle, falsificateur d'écrits, couvert du mépris général, etc. Ce luxe de qualifications ne pouvait être que le prélude d'une destitution. Bizouard fut remplacé par un avocat nommé Ronot, qui ne donna pas, sans doute, suffisante satisfaction. car les officiers municipaux songèrent bientôt aux Pères de l'Oratoire établis à Chalon depuis 1624 et déjà candidats à la direction du collège. Enfin, à la suite de quatorze délibérations sans résultat. des pourparlers furent engagés entre la ville, représentée par son évêque, Mgr du Chilleau, et la congrégation des Prêtres missionnaires de Saint Joseph de Lyon. L'entente se fit avec ces ecclésiastiques, et des lettres patentes du 9 août 1784 les autorisèrent à desservir le collège. Leur installation eut lieu le 18 décembre suivant[2].

Claude Desaint mourut le 29 novembre 1771 et fut inhumé le lendemain dans les caveaux de l'église des Carmes. Le

(3) GG, 50.
(1) BB, 54, 59 ; GG, 55.

13 du même mois, il s'était démis de son privilège d'imprimeur en faveur de Jean-Marie-Claude Delorme-Delatour [1], lequel, reçu habitant de Chalon et admis à la maîtrise, prêta serment le 17 février 1772. Pendant les deux mois et demi qui s'écoulèrent entre le décès de Claude Desaint et cette prestation de serment, ce fut la veuve Desaint qui dirigea l'imprimerie, au moins en apparence, et inscrivit son nom au bas des impressions, probablement fort rares, qui sortirent de ses ateliers.

Les époux Desaint avaient eu dix enfants, savoir :

1° Jean-Adrien, né le 2 mai 1720 ; parrain, Jean-Adrien, libraire à Mâcon, son aïeul ; marraine, Élisabeth Girard, femme de Pierre Guillemardet, maître chirurgien ;

2° Marguerite, née le 9 mai 1721 ; parrain, Claude Cybert, conseiller du roi, référendaire en la Chambre des comptes de Dole ; marraine, Marguerite Cadot, veuve Desaint, sa grand'mère maternelle ;

3° Guillaume, né le 30 mai 1722, tenu sur les fonts baptismaux par Guillaume Michelin, son oncle, et Marguerite Rossignol, fille du libraire dont Claude Desaint avait acheté le fonds. Entré dans les ordres et d'abord vicaire à Saint-Vincent de Chalon, il fut pourvu en 1750 de la cure d'Ouroux-sur-Saône. A cette époque, la franc-maçonnerie se développait dans les provinces et provoquait la constitution ou l'affiliation de sociétés locales. Trois loges s'établirent à Chalon, les *Vrais Amis* en août 1747, l'*Amitié* en décembre 1769 et l'*Union parfaite* en janvier 1774. Leur objet semblait être de faire prévaloir les principes d'égalité et de fraternité prônés par les philosophes. Guillaume Desaint, esti-

---

(1) Né à Liège, le 20 mai 1745, de Jacques et d'Anne Leclerc, tous deux français ; marié à Chalon, le 15 juin 1772, avec Anne Lebrun, fille de Joseph, chirurgien-major à la citadelle, et d'Anne Goujon, laquelle mourut quelques mois après ; remarié en 1757, à Nuits, avec Françoise Raille, qui lui donna cinq enfants : 1° Anne-Gabrielle, née le 22 décembre 1776, mariée avec Michel-Anne Dejussieu, imprimeur à Chalon ; 2° Françoise-Claudine, née le 3 février 1782, mariée, le 5 septembre 1804, avec Thomas Bauzon, propriétaire ; 3° Marguerite, née le 28 juillet 1783, mariée, le 22 avril 1805, avec François-Claude Dejussieu, imprimeur à Autun, frère de Michel-Anne ; 4° Gabrielle-Théodore, née le 12 avril 1788, mariée, le 14 avril 1813, avec François-Adrien Dufraigne ; 5° Jacques-Nicolas-Ernest, né le 16 octobre 1795, qui fut juge au tribunal civil de Chalon de 1826 à 1865.

mant ces principes conciliables avec la religion, conformes
mêmes à sa doctrine, s'affilia à l'*Amitié*. Le vénérable de
cette association, composée d'une vingtaine de membres,
était en 1776 Jean-Gaspard Salomon, avocat et receveur des
décimes de la province. Il eut pour successeur en 1779 son
gendre Jean-François Simonnot, et, en 1785, la dignité de
vénérable échut à Guillaume Desaint, qui en fut revêtu
pendant trois ans et la céda en 1788 à l'architecte entrepreneur Antoine Chazault [1].

Les événements de 1789 ne troublèrent pas le curé d'Ouroux. N'allait-il pas voir se réaliser les vœux des loges et
poindre l'aurore d'une ère nouvelle où l'humanité, affran-
chie, régénérée, trouverait enfin le bonheur ? Mais la Révolution réservait d'autres perspectives. Guillaume, il faut le
reconnaître, ne se maintint pas à la hauteur des circonstances. Invité en 1790 à donner lecture au prône de plusieurs pièces officielles, proclamation du roi au sujet du
rétablissement de l'ordre, délibération de la municipalité de
Chalon concernant une protestation faite par des prêtres
« malintentionnés », etc., il s'y refusa tout d'abord, et ce
n'était pas sans raison, car la chaire chrétienne n'avait pas
été instituée pour servir à la publication de documents
administratifs. Sur la réquisition du procureur, le conseil
général de la commune lui intima l'ordre de lire ces pièces
à l'issue des vêpres, et ce conformément aux patentes du
roi en date du 8 février, prescrivant aux curés et desser-
vants de donner au prône lecture des décrets. Guillaume
Desaint s'exécuta. Ce fut le début de ses capitulations. Le
décret du 24 juillet suivant sur la Constitution civile du
clergé, complété par celui du 26 décembre, obligeait les
curés à prêter, dans la huitaine et en présence de la municipalité, le serment « d'être fidèle à la nation, à la loi et au
roi, et de maintenir de tout leur pouvoir la Constitution

(1) Né le 22 octobre 1748, à Chalon, de Nicolas, maître couvreur, et de
Jeanne Garnot ; commandant, en 1792, du 2ᵉ bataillon des volontaires de
Saône-et-Loire ; commissaire près l'administration municipale de Chalon
en 1797 ; élu, le 14 août 1799, député aux Cinq-Cents ; retraité ensuite
comme chef de bataillon ; mort vers 1820. La loge *Amitié*, en sommeil pendant la Révolution, se réveilla sous l'Empire. En 1812, son Vén.·. était
Étienne Rubat, ancien député à la Législative et aux Anciens.

décrétée par l'assemblée et acceptée par le roi ». En cas de
refus, c'était le remplacement, auquel un décret du 26 août
1792 ajouta de cruelles sanctions, la sortie du royaume dans
la quinzaine et, en cas d'insoumission, la déportation à la
Guyane. Guillaume Desaint, désireux de conserver sa cure,
entraîné aussi, comme beaucoup de ses confrères, par l'approbation royale donnée à la Constitution, s'inclina devant ces
exigences, et à partir du 16 juin 1791 il toucha une pension
de 1.800 francs ; mais, dès le mois d'avril 1794, le gouvernement s'abstint de la lui payer et. le 13 septembre suivant,
la Convention, oublieuse des engagements pris, déclara
sèchement que la République ne salariait aucun culte.

Un autre serment avait été imposé aux membres du
clergé, celui du 14 août 1792, c'est-à-dire le serment « d'être
fidèle à la nation, et de maintenir la liberté et l'égalité ou de
mourir en les défendant ». La formule était équivoque et
son interprétation divisa les esprits. Les uns voyaient dans
ces termes abstraits de nation, de liberté, d'égalité, une
adhésion implicite à la destruction de la monarchie et de la
religion catholique ; les autres, se renfermant dans le sens
naturel des mêmes vocables, n'y apercevaient qu'un assentiment à des principes que les catholiques ne pouvaient contester sans se déclarer par cela même les adversaires des
institutions nouvelles et les partisans du despotisme. Le
pape Pie VI, consulté, ne voulut pas se prononcer et recommanda simplement aux ecclésiastiques d'agir selon les inspi-
rations de leur conscience, par conséquent de s'abstenir en
cas de doute. De leur côté, les évêques, soit émigrés, soit
restés en France, se partagèrent entre les deux opinions.

Jusqu'alors le curé d'Ouroux pouvait alléguer qu'il avait
cédé à la pression des événements. Ses démarches ulté-
rieures, où s'affirmait sa propre initiative, n'ont pas cette
excuse. Le 21 avril 1793, il adressa une lettre d'adhésion fraternelle à le Société populaire de Chalon et, le 27 novembre, on le trouve exposant au conseil municipal d'Ouroux
que « n'ayant rien de plus à cœur que l'exécution des lois,
auxquelles il déclare avoir la plus grande soumission, il
vient déposer entre les membres du conseil ses lettres de
prêtrise et de nomination à la chapelle du Grand-Servi-

gny [1] et ses lettres de *quinquennium* de l'Université de
Paris; que quant aux lettres de nomination, il ne pouvait
les remettre, les ayant perdues, mais qu'à défaut il en faisait entre leurs mains la démission, se proposant de la faire
plus authentiquement le jour de la décade prochaine, au
pied de l'Arbre de la Montagne et à la Société populaire ».
Comme le porte la délibération municipale, « la conduite de
Desaint est louée, ainsi que sa parfaite soumission aux lois,
qui d'ailleurs a toujours été démontrée ». Plus tard Guillaume Desaint se retira à Chalon, et il y mourut le 18 octobre 1798, réconcilié, paraît-il, avec l'Église.

4° Claudine, née le 7 septembre 1727; parrain, Jean-
Adrien Desaint, son frère; marraine, Claudine Cautin, fille
de feu René-Paul-François, négociant, et de Jeanne Charollois. Morte en bas âge;

5° Philippe, né le 29 mai 1729; parrain, Philippe Cochon,
procureur syndic de la ville; marraine, Jeanne Girard,
femme de Claude Bonabel, marchand [2].

6° Jeanne-Claude, né le 5 mars 1732 ; parrain, Claude
Demézière, notaire royal, son oncle par alliance: marraine,
Jeanne Michelin, sa tante;

7° Anne, née le 17 décembre 1733; parrain, Guillaume
Desaint, son frère; marraine, Anne Dujardin. Elle épousa
en 1768 le docteur Philibert Cochon;

8° Claude, né le 26 août 1739; parrain, Claude Cadot,
« son oncle à la mode de Bourgogne », marchand à Mâcon;
marraine, Marguerite Cadot. veuve Desaint, sa grand-tante
maternelle;

9° Marguerite, née le 9 juin 1740; parrain Claude-Benoit
Mouton, avocat [3], marraine, Marguerite Disson, fille de
Pierre et de Jeanne Bretenet. Elle mourut sans alliance.

10° Claudine, née le 7 juin 1742, morte le 12 décembre
suivant; parrain, Claude-Jacques Ledret, fils de Jacques,
marchand drapier, et d'Anne Michelin; marraine, Claudine
Baptiste, fille de Claude, procureur du roi au grenier à sel.

---

(1) Canton de Saint-Germain-du-Plain, arrondissement de Chalon.
(2) Échevin en 1724-1726, 1733-1736 et 1740-1742 ; mort en 1743.
(3) Marié en 1756 avec Hélène Leschenault, fille de Jean, docteur en
médecine.

PIERRE

Pierre Desaint, né le 3 novembre 1701, frère de Claude et de Jean, fut d'abord imprimeur et libraire à Mâcon. Il s'établit ensuite à Dijon, rue Devant-les-Jésuites, paroisse Saint-Michel, et y épousa Jeanne Augé, née en 1714, d'Arnaud-Jean-Baptiste, imprimeur[1], et de Claude Bellemontre. Ayant succédé à son beau-père, le 6 novembre 1743, dans le privilège d'imprimeur « du Roi, du Parlement, de Mgr l'Evèque et du Collège », il conserva son enseigne *A la Bible sacrée*, et sa marque, un aigle posant une de ses serres sur le livre saint, au-dessus duquel s'arrondit un petit dais soutenu par des rinceaux qu'encadrent deux branches de laurier. En 1744, il imprima les *Ordonnances synodales du Diocèse de Dijon* et en 1749 le *Nouveau règlement de la Cour ou supplément au Recueil des règlements imprimé en 1737*. Il avait préparé un *Recueil d'arrêts de la Cour de Parlement, de délibérations de police de la ville et commune de Dijon*, quand une mort subite l'enleva prématurément le 30 novembre 1754 ; ce fut sa veuve qui édita l'ouvrage. Elle exploita l'imprimerie pendant quatorze ans. On peut mentionner au nombre de ses impressions la *Pastorale héroïque, mêlée de chant et de déclamation, qui sera représentée par les écoliers du collège de Dijon le 28 novembre 1757, en présence de très haut et très puissant seigneur Henri Charles de Saulx, comte de Tavanes ; les Exercices spirituels selon l'esprit de saint François de Sales ;* en 1766, les *Catalogue et armoiries des gentilshommes qui ont assisté à la tenue des Etats généraux du duché de Bourgogne depuis l'an 1548 jusqu'à l'an 1687, tirés des registres de la noblesse.*

Mme Desaint céda, le 21 avril 1768, son imprimerie et son privilège à Louis-Nicolas Frantin, qui donna un grand développement à l'établissement et produisit de belles impressions très prisées des amateurs. Atteinte d'une maladie de langueur, elle s'éteignit le 4 juillet 1786. Elle avait eu trois

---

(1) Fils de Jean-Bertrand Augé, maître relieur, originaire de Toulouse, fixé à Dijon en 1706, et de Marguerite Montherot ; reçu, le 4 septembre 1711, quatrième imprimeur à Dijon.

enfants : 1° Claude, né le 1er mars 1747 ; 2° Arnaud-Jean-Baptiste, né le 23 avril 1748, mort le 17 octobre 1753 ; 3° Claudine, née le 17 mars 1751, qui épousa, le 12 octobre 1768, à Dijon, en l'église Saint-Médard, Jean-Baptiste Agnus, seigneur de Rouffange [1], reçu, le 17 juillet 1765, conseiller maître en la Chambre des comptes de Bourgogne, fils de Jean-Pierre Agnus, ancien vicomte mayeur de la ville de Gray, et de Françoise-Angélique Sauvageot. Le nom de ce maître des comptes est inscrit au tableau des nobles qui comparurent, le 7 avril 1789, à l'assemblée de la Chambre de la noblesse du bailliage de Dole. La famille s'était établie en cette ville à la fin du xviiie siècle. Son dernier représentant, mort vers 1885, habitait un domaine sis à la Chapelle-de-Villard, commune de Villeneuve en-Montagne [2], et comprenant dans son enceinte une église désaffectée, où le tombeau d'un évêque de Châlon, Bertaud de la Chapelle-de-Villard, sacré en 1315 et mort en 1332, attire encore des pèlerins, qui grattent la pierre de la statue couchée du défunt et en avalent dévotement la poussière pour se préserver de certaines maladies.

JEAN

A la même famille et à la même profession appartenait Jean Desaint, qui acquit à Paris un fonds exploité par la famille Grangier. Etabli d'abord rue Jean-de-Beauvais, il se transporta ensuite rue du Foin [3], « la première porte cochère en entrant par la rue Saint-Jacques. » En 1740, il fit imprimer par Jean-Baptiste-Christophe Ballard la troisième édition du *Dictionnaire abrégé de la Fable*, de Pierre Chompré, qui lui avait cédé son privilège le 22 novembre ; en 1742, par Jean-Baptiste Coignard, une nouvelle édition de la *Religion*, poème de Jean Racine, avec privilège pour neuf années au profit de l'imprimeur et partage du bénéfice par

(1) Canton de Gendrey, arrondissement de Dole (Jura).
(2) Canton de Buxy (arrondissement de Chalon).
(3) Rue qui allait de la rue Saint-Jacques à la rue de la Harpe et que le boulevard Saint-Germain a complètement absorbée.

moitié entre les deux associés ; en 1743 par le même, *Les Con-
fessions de Saint Augustin, traduites en françois par
M. du Bois, de l'Académie françoise.* Associé avec Charles
Saillant, il fut un des cinq libraires qui éditèrent en 1749 le
tome Ier du *Nouveau Supplément au grand Dictionnaire
historique* de Moréri et publièrent en 1759 la *Nouvelle
Edition* du même dictionnaire. Un des plus remarquables
ouvrages sortis de son magasin, ce sont les *Fables choisies
mises en vers par J. de la Fontaine*, quatre volumes in folio
qui parurent de 1755 à 1759. Aucune édition de ces fables
n'a surpassé la beauté de celle-ci, ornée de 277 planches
gravées par Cochin d'après les dessins d'Oudry. C'est un
chef-d'œuvre de typographie, dont le prix actuel varie de
300 fr. à 4000 fr. suivant le papier et la reliure. Un très bel
exemplaire relié aux armes des Montmorency a même été
adjugé à 6.050 fr.

En 1757, de concert avec le libraire Comte, Jean Desaint
édita l'*Histoire et description de l'église royale de Brou*,
œuvre du P. Pacifique Rousselet. C'est enfin Desaint qui,
avec Saillant, fit réimprimer et mit en vente les vingt-deux
premiers volumes de l'*Histoire de France* commencée en
1754 par l'abbé Velly, continuée en 1760 par Villaret et terminée de 1767 à 1784 par l'abbé Garnier.

La surveillance ombrageuse qu'exerçait le pouvoir sur toutes les publications causait de fréquents embarras aux
libraires et imprimeurs. En 1750, le chancelier de Lamoignon
avait chargé de la direction de la librairie son fils, cet illustre Malesherbes qui réclama l'honneur de défendre Louis XVI
et que la Révolution envoya à l'échafaud. Celui-ci s'entoura
de plusieurs auxiliaires dont le principal fut Joseph d'Hémery [1], qui remplit l'emploi d'inspecteur pendant de longues
années. Pas un imprimé n'échappait à son œil inquisiteur.
On voit, à la date du 3 décembre 1758, le chancelier adresser à
Desaint et Saillant un billet de censure qui vise le tome III de
Mémoires pour servir à l'histoire de la reine Christine. Le
25 octobre 1660, il leur fait remettre, avec ordre de les retour-

---

(1) Né le 22 février 1722 à Stenay (Meuse), inspecteur de la librairie
de 1741 à 1773 ; mort le 9 octobre 1806.

ner à l'étranger, des exemplaires de l'*Histoire de Russie* de Voltaire, qui ont été saisis. Le 29 mai 1762, ils sont informés que deux ballots à leur adresse, contenant des exemplaires du *Contrat social* de J.-J. Rousseau, ont été également saisis à Lyon. Le 10 août 1770, le lieutenant de police, Gabriel de Sartine, invite d'Hémery à suspendre le débit d'un ouvrage de Linguet, la *Théorie des lois civiles*, et le 14, Desaint met à sa disposition les exemplaires qui lui restent en magasin, Le moindre chiffon de papier, quelque inoffensive qu'en fût l'apparence, éveillait l'attention de la censure. Au milieu d'innombrables arrêts du parlement et sentences du lieutenant de police prononçant la suppression ou la mise au feu d'ouvrages concernant les discussions théologiques, la constitution *Ugenitus*, la bulle *Apostolicum*, les lettres du pape, les remontrances au roi, les libelles diffamatoires ou licencieux, etc, on découvre avec quelque surprise la suppression d'un *Mémoire pour les nourrisseurs et marchands de bestiaux approvisionnant le marché de Poissy*, ou encore une publication composée de deux pages et intitulée : *Explication d'un très grand malheur arrivé à une femme, demeurant à Paris, laquelle est accouchée, le 8 février 1757, de cinq lapins*.

En 1759, Desaint et Saillant avaient eu à subir les tracasseries d'un sujet prussien. Emerich de Vattel[1], auteur d'un *Traité du droit des gens* qui fit alors un certain bruit et demeure fort admiré des Allemands. Ce publiciste avait sollicité, le 16 octobre 1757, l'entrée de son ouvrage en France. Malesherbes soumit la demande aux censeurs et finit par informer Vattel, en février 1758, que l'introduction était autorisée. Le 8 avril 1759, ce dernier adressa au chancelier une plainte contre Desaint et Saillant, qui, à l'en croire, avaient débité une contrefaçon de son *Traité*. Il prétendait qu'à titre

(2) Né le 25 avril 1714, à Couvet, dans la principauté de Neuchâtel, qui appartenait depuis 1707 au roi de Prusse ; ministre à Berne de l'électeur de Saxe, dont il devint en 1758 conseiller privé ; mort à Neuchâtel le 28 décembre 1767. Ses ouvrages prônaient l'étatisme, le régime où l'individu, employé, logé, nourri par l'État, sacrifie constamment ses intérêts à ceux de la collectivité. Un de ses principes est celui-ci : « Tous les sujets de deux États qui se font la guerre, même les femmes et les enfants, sont ennemis et demeurent tels en tous lieux, tant pour leurs personnes que pour leurs biens ». On sait quelle application en ont faite les Allemands.

de réparation ils fussent contraints de lui prendre quatre
cents exemplaires à 6 ou 7 livres pièce. C'était une simple querelle d'Allemand. Le 20 avril Saillant avait pleinement justifié de l'origine des exemplaires, et Vattel n'avait
plus qu'à chercher une autre voie pour écouler les siens[1].

Jean Desaint mourut en 1772. Sa veuve dirigea dès lors
l'imprimerie. Plusieurs publications portent son nom associé à celui du libraire Nyon, notamment les sept derniers
volumes de l'*Histoire de France*, les *Considérations sur
l'esprit militaire des Gaulois* par M. XXX (Bourdon de Si-
grais), le *Recueil des Oraisons funèbres prononcées par
Messire Esprit Fléchier, évêque de Nîmes*, nouvelle édition
1774. Une autre impression, celle de l'*Imitation de Jésus-
Christ, traduite avec des réflexions par le P. Gonnelieu*, motiva de sa part une plainte contre un libraire de Lyon, Buisson, qui en vendait une contrefaçon. Justice lui fut rendue
par un jugement du 27 septembre 1777. Un second jugement
du même jour condamna à sa requête, pour un délit analo-
logue, deux autres libraires de la même ville, Duplain et
Barret.

Au cours de sa gestion, Mme Desaint eut encore à soutenir
deux procès qui eurent un certain retentissement. Un sieur
Alexis Paucton lui avait vendu en 1777, le manuscrit
d'un ouvrage de sa composition intitulé *Métrologie ou
Traité des mesures, poids et monnaies de l'antiquité et
d'aujourd'hui*. Trois semaines s'étaient à peine écoulées
qu'un arrêt du Conseil d'État daté du 30 août défendait de
rien imprimer après le décès de l'auteur, ainsi qu'après
l'expiration du privilège, et ce à peine de 6.000 livres
d'amende. Dans ces conditions nouvelles, la veuve Desaint
ne se soucia plus de risquer l'impression. Alors que son
traité lui assurait la propriété perpétuelle de l'ouvrage, l'arrêt réduisait la durée de cette propriété à celle, toujours
incertaine, de la vie de l'auteur. Paucton prit le parti d'assigner Mme Desaint devant le Châtelet, qui, après divers incidents de procédure, ordonna, le 11 août 1778, que le traité

(1) *Inventaire de la collection Anisson* (Bib. nat., manuscrits, *fonds
français*, n°s 22.061 à 22.193) *sur l'histoire de l'imprimerie et de la librairie*,
par E. COYECQUE, Paris, 1900, *passim*.

serait exécuté dans sa teneur, maintint la défenderesse dans la propriété pleine et incommutable de l'ouvrage et lui reconnut le droit exclusif de le faire imprimer et vendre par elle et ses ayants droit. L'auteur en appela ; mais un arrêt du parlement, du 10 février 1779, le débouta de sa demande[1]. En 1785, une autre contestation sur l'étendue du privilège fut soulevée par Mme Desaint contre les héritiers du jurisconsulte Denisart, auteur de la *Collection des décisions nouvelles* publiée en 1771. Plusieurs chambres du parlement connurent du procès, qui tourna finalement, le 9 février 1788, en faveur de Mme Desaint et dont la solution fut accueillie comme un heureux précédent par la communauté des libraires et imprimeurs.

JEAN-CHARLES

Jean-Charles Desaint, frère cadet de Jean, embrassa, comme les précédents, la profession d'imprimeur libraire et s'établit rue Saint-Jacques. Ce fut lui qui imprima le tome XXIV de l'*Histoire de France*, continuée par l'abbé Garnier et rééditée par la veuve Desaint; mais s'il mérite une mention, c'est surtout à raison de la fàcheuse aventure où l'entraîna son manque de réflexion. Un jeune homme, nommé Dargent, et appartenant à une honorable famille d'Amiens, avait rempli quelque temps les fonctions de vice-consul dans une ville d'Espagne et, en 1780, s'était fixé à Paris, où il menait une vie de dissipation qui ne lui laissa bientôt en fait d'argent que son nom. A cette époque, Necker cherchait à combler le déficit du Trésor par des emprunts ayant un caractère de loterie. Il en émit deux en cette même année 1780, dont le produit total atteignit 53 millions, somme respectable en un temps où l'on ne jonglait pas encore avec les milliards. C'était, au reste, un expédient ruineux, car l'opération grevait l'État d'un remboursement, en neuf ans et sous forme de lots, d'une

(1) Cf. le rapport du conseiller Duval d'Eprémènil, reproduit par H. MONIN dans *l'Etat de Paris en* 1789, p. 172.

somme de 81 millions. A bout de ressources, Dargent imagina de fabriquer des billets de cette loterie. Il connaissait Desaint pour lui avoir fait imprimer un mémoire concernant le commerce de Picardie, dont il s'était constitué le représentant à Paris. Ce fut à lui qu'il s'adressa. L'imprimeur manifesta bien quelque hésitation ; mais Dargent exhiba une lettre qui paraissait émaner de Necker ou de ses bureaux, et il obtint du naïf Desaint le tirage d'environ deux cents exemplaires.

Une fois nanti de ces faux billets, il en hasarda quelques-uns à la Bourse et, le 2 février 1781, réussit à en vendre une cinquantaine au doyen des agents de change, que l'âge avait assez affaibli pour qu'il ne découvrît pas à première vue la supercherie. On ne tarda pas à s'apercevoir que plusieurs billets portaient le même numéro. Une enquête s'ensuivit, et elle ne donnait aucun résultat, quand un cocher vint déclarer que, le 2 février, un jeune homme qu'il avait conduit rue Mauconseil, à l'hôtel des Trois-Évêchés, lui avait donné un écu de 6 livres pour une très petite course. Sur cet indice, des policiers se transportèrent à l'hôtel et y trouvèrent Dargent, qui, pris au dépourvu, avoua tout et révéla le nom de l'imprimeur. En vertu d'une lettre de cachet datée du 10 février 1781 et contresignée par Amelot, ministre de la maison du roi[1], le faussaire fut enfermé à la Bastille. On se rendit ensuite rue Saint-Jacques et, au milieu de la nuit, on fit lever Desaint. Une perquisition fut opérée dans son logement et, sur une seconde lettre de cachet, datée du 11[2], on

---

(1) Antoine-Jean Amelot, seigneur de Chaillou, baron de Châtillon-sur-Seine, etc., avocat du roi au Châtelet en 1751, maître des requêtes en 1753, président au Grand Conseil en 1763, intendant de Bourgogne en 1766, ministre secrétaire d'État en 1775 ; mort en 1794 dans les prisons du Luxembourg.

(1) Cette lettre était ainsi conçue :

« Monsieur *de l'Aunay*. Je vous fais cette lettre pour vous dire de recevoir dans mon château de *la Bastille* le s^r *Desaint* et de le retenir jusqu'à nouvel ordre de ma part.

« Sur ce, je prie Dieu qu'il vous ait, Mons *de l'Aunay*, en sa Sainte garde.

« Ecrit à *Versailles le 11 février 1781*.

« Signé Louis.
« contresigné Amelot. »

La formule était imprimée, et les nom, lieu et date seuls manuscrits.

lui fit prendre le même chemin qu'à l'auteur de la falsification, dont il était présumé complice.

Desaint, dont l'esprit n'était pas très ouvert, avait été d'une entière bonne foi dans cette affaire, et la justice reconnut presque aussitôt qu'il s'était laissé tromper par Dargent. Elle eut pour lui des égards particuliers et, par dérogation à la règle de l'isolement absolu, elle autorisa sa femme à le visiter. Du reste, le régime de la Bastille n'était pas aussi rigoureux que l'ont dépeint certains polémistes. Les détenus obtenaient assez facilement du lieutenant général de police la permission de se promener dans la grande cour intérieure, mais à des heures déterminées, de façon à s'y succéder sans jamais s'y voir. Rentrés dans leurs chambres, une bibliothèque leur fournissait de la lecture. Leur alimentation était sinon recherchée, au moins saine et très suffisante. Linguet a prétendu, dans ses *Mémoires sur la Bastille*, que « des prisonniers ne recevaient que quatre onces de viande par repas [1] » ; mais, six lignes plus bas, il parle de « l'abondance » de la table, et le mot n'était que juste. Avec une livre de pain et une bouteille de vin, un règlement fixait pour chaque jour de la semaine un plat principal, ragoût de mouton, bœuf à la mode, foie de veau lardé, petits pâtés, gibier, volaille, etc., qu'accompagnaient d'autres plats et un dessert [2]. C'était même plus qu'il n'en fallait à des hôtes auxquels nul exercice n'avait ouvert l'appétit, si ce n'est quelques allées et venues entre des murailles rébarbatives hautes de trente mètres et reliant des tours dont l'une portait, par une amère ironie, le nom de tour de la Liberté.

Pendant le règne de Louis XVI, trois cent dix individus

(2) 166 grammes.

(3) Marmontel, qui passa onze jours à la Bastille (26 décembre 1759-5 janvier 1760) pour avoir récité dans le salon de Mme Geoffrin quelques vers d'un ami visant le duc d'Aumont, fut tellement satisfait de la table, qu'il consigna dans ses Mémoires le menu de son premier dîner. C'était : « une tranche de bœuf succulent, une cuisse de chapon bouilli, ruisselant de graisse et fondant, un petit plat d'artichauts frits en marinade, un plat d'épinards, une très belle poire de crésane, du raisin frais, une bouteille de vin vieux de Bourgogne, et du meilleur café de Moka ». On lui demanda si un poulet lui serait agréable pour le souper ; mais il avait si bien officié au dîner qu'il déclara se contenter d'un fruit. (*Mémoires de Marmontel*, édition Tourneux, 1891, t. II, p. 135.)

entrèrent à la Bastille, mais la plupart n'y restèrent que quelques semaines ou même quelques jours. Au cours de l'emprisonnement de Desaint, leur nombre n'excédait pas dix-sept [1]. C'était un personnel assez hétérogène. Il y avait là tout d'abord, reclus à perpétuité, deux conspirateurs contre une vie royale, Leguay, garçon doreur, et Tavernier, ci-devant employé dans l'administration des vivres. Le premier avait été arrêté le 5 janvier 1757, sous la qualification de « fameux convulsionnaire » et le prétexte « de son fanatisme invincible », en réalité comme suspect de relations avec Damiens, qui, ce même jour, avait porté à Louis XV un coup de couteau. Il ne passa pas en jugement, mais resta vingt-neuf ans à la Bastille. On lui offrit plusieurs fois la liberté, et toujours il la refusa. Il avait pris ses habitudes ; il trouvait à la prison, sans nulle obligation de travail, un gîte assuré, des repas copieux, du linge et des vêtements de rechange que lui fournissait le magasin d'habillement, un médecin pour veiller à sa précieuse santé, un chirurgien-major pour l'opérer au besoin, bref, une confortable existence de petit rentier, et il s'accommoda de ce régime jusqu'à sa mort, le 21 mars 1786.

Quant à Tavernier, fils naturel du célèbre financier Paris-Duverney, c'était un mauvais sujet, fainéant, brutal, ivrogne, qui avait traîné déjà dans toutes les prisons : For-l'Évêque, Charenton, le Grand-Châtelet, Saint-Lazare, fort Sainte-Marguerite. Un complot, ayant pour objet l'assassinat du roi pendant une de ses chasses dans la forêt de Sénart, l'avait fait envoyer à la Bastille, où, d'ailleurs, on le traitait assez gentiment. Si l'on consulte les comptes de la maison, on y découvre que, pendant le seul mois de mai 1789, l'administration lui avait généreusement octroyé soixante-deux bouteilles de vin, trente et une bouteilles de bière, quatre bouteilles d'eau-de-vie, 2 livres de café, 3 livres de sucre et 1 livre 1/4 de tabac. La pension était vraiment bonne. Tavernier y avait débuté le 4 août 1759, et ce fut la prise du château fort qui y mit un terme. Il recouvrait ainsi, au bout de

---

[1] Non compris deux domestiques attachés au service de leurs maîtres et un porte-clefs de la Bastille puni disciplinairement.

trente ans, une liberté dont il n'avait que faire, car il était devenu fou, et quand on l'eut promené à travers les rues, exhibé pendant cinq jours comme une « victime de la tyrannie », on se hâta de l'expédier à Charenton.

La Bastille recélait aussi des aventuriers, Pallebot de Saint-Lubin, ci-devant commandant, aux Indes, des armées du nabab Haïder-Ali, et présentement convaincu d'escroqueries, déjà embastillé dix jours, en 1773, pour avoir cherché dans la même contrée à débaucher des soldats français au profit des forces anglaises ; Vincent Richard, fils d'un pâtissier de Phalsbourg, se disant comte Robert de Paradès et mestre de camp de cavalerie, inculpé de trahison ; Kleinmann, négociant à Francfort, agent assez louche de princes allemands ; Saint-Pierre-Dutailly, capitaine-ingénieur au service des États-Unis, arrêté pour intelligences avec l'ennemi. La séquestration de ceux-là, tout arbitraire qu'elle était, avait au moins des prétextes plausibles. On ne s'explique guère celle d'un écrivain de la marine, Brun de Condamine, ci-devant major d'un corps de volontaires corses, enfermé depuis deux ans pour avoir proposé, paraît-il, au comte de Sartine, ministre de la marine, un projet de boulets enflammés à lancer dans les mâts et la voilure des vaisseaux ennemis. Ce projet avait paru tellement dangereux au ministre, tellement en dehors des lois de la guerre, qu'il avait jugé prudent de l'ensevelir dans l'oubli en coffrant l'inventeur, dont la découverte aurait pu être exploitée par l'étranger.

Des raisons très diverses avaient motivé d'autres emprisonnements. Des Gallois de la Tour de Glené, fils du premier président du parlement de Provence, avait été incarcéré, à la demande de sa famille, « pour débauche », ce qui n'avait pas empêché le gouverneur de la Bastille de le présenter à sa femme, qui le recevait journellement [1]. Dumetz de Saint-Hillier, lieutenant-général de la grande louveterie de France, s'était compromis dans une entreprise de fournitures militaires et, avec lui, avait été arrêtée l'intrigante qui l'avait obtenue pour lui, Mme de Caze, née Le Robert de

____

(1) Transféré, le 5 décembre 1781, dans un couvent de Château-Thierry, il s'évada trois mois après, fut repris et enfermé à Charenton.

Villars. Cinq prisonniers, enfin, payaient de leur liberté des publications qui n'avaient pas eu l'heur de plaire, Linguet tout le premier, interné à la suite de virulentes attaques contre tous les ordres de l'État, et en particulier contre le maréchal de Duras ; Le Tellier, qui fournissait des notes subversives à un journal imprimé à Cologne ; Pelissery, négociant genevois, détenu depuis le 3 juin 1777 pour délits de presse aggravés par des lettres offensantes au lieutenant de police ; Mme de la Touche de Gatteville, une femme galante qui lançait des pamphlets injurieux édités en Hollande ; Mouffle d'Angerville, enfermé « pour les *Mémoires secrets de la République des lettres* et pour nouvelles à la main [2] » ; un ex-bénédictin aussi, dom Imbert de Boudeaux, impliqué dans une affaire de libelles diffamatoires ; mais ce défroqué connaissait déjà la Bastille : complice d'une distribution de brochures hostiles à Maupeou, il y avait déjà passé deux ans en 1772-1774. Il devait s'y retrouver en 1782-1783 pour avoir coopéré aux manœuvres dolosives d'un ancien lieutenant particulier au bailliage de Lons-le-Saunier, Jacquet de la Douay, espion du lieutenant de police pour le service de la librairie, lequel, après avoir composé et fait imprimer de haineuses satires, les affirmait reçues de l'étranger et soutirait de l'argent au gouvernement sous prétexte d'en acheter l'édition.

Le séjour de Jean-Charles Desaint à la Bastille dura moins d'un mois. L'affaire dans laquelle il avait été compris fut instruite et jugée sans délai par le Châtelet, dont la sentence reçut la confirmation du parlement. Reconnu coupable, Dargent s'entendit condamner à la pendaison, mais, sur les instances de sa famille accourue à Versailles, le roi commua cette peine en une détention qu'il subit à Saint-Yon, près de Rouen. Quant à Desaint, un mémoire dressé par son avocat, Me Camus, le 17 février, et les débats établirent nettement qu'il avait été la dupe de son artificieux client : déchargé de l'accusation par l'arrêt, il sortit de prison le 5 mars. En quittant la Bastille, il dut signer, selon l'usage, l'engagement

---

(2) Déjà enfermé du 29 août au 5 septembre 1750 pour avoir composé *les Canevas de la Paris ou Mémoires pour servir à l'histoire de l'hôtel du Roule.*

« de ne parler à qui que ce soit, ni en aucune manière que
ce puisse être, des prisonniers ni d'autre chose concernant le
château de la Bastille qui aurait pu venir à sa connaissance ».
Il ne fallait pas qu'une révélation éclairât le mystère qui
enveloppait la fameuse prison d'État et perpétuait la terreur
au seul énoncé de son nom [1].

Desaint était membre d'une loge maçonnique, le *Contrat
social*, qui comprenait, avec une demi-douzaine de roturiers
comme lui, la fleur de l'aristocratie. Il suffit de citer quelques noms, La Rochefoucauld-Bayers, Grammont-Cade-
rousse, Clermont-Tonnerre, Dolomieu, La Tour d'Auvergne,
Miromesnil, Chambrun, Montesquiou, Lafayette, Montalem-
bert, etc., etc., pour établir, qu'à la différence de beaucoup
d'autres, elle ne visait nullement à la destruction de l'ordre
social. Elle prit même, le 16 juillet 1791, l'initiative d'une
mesure qui était presque un acte d'héroïsme ; elle envoya
aux chapitres qui reconnaissaient son autorité une circulaire
leur conseillant le respect de la constitution et « le plus entier dévouement au roi Louis XVI, légitime souverain [2] ».
Mais, à cette date, le *Contrat social* ne comptait plus Desaint
au nom de ses membres ; il était mort en 1790.

Deux ans après, sa veuve dut actionner en justice un débiteur de mauvaise volonté, Etienne Polverel, cet avocat du
Béarn qui avait été délégué en 1789 comme syndic des Etats
et député « vers le roi » pour lui faire connaître le vœu des
habitants de la Navarre d'être réunis à la France. Affilié plus
tard aux Jacobins, il fut nommé en avril 1792, avec Sontho-
nax et Aillaud, commissaire civil à Saint-Domingue. Les actes
illégaux et les pratiques révolutionnaires de ce trio ne firent
qu'envenimer la lutte qui était déjà déclarée entre les noirs
et les blancs et qui finit par le massacre de ces derniers.
Dénoncés à la Convention et décrétés d'arrestation, les commissaires eurent la chance de n'arriver à Paris qu'après le
9 thermidor, et l'affaire, restée en suspens, ne reçut pas de
solution.

Polverel devait des impressions à la veuve Desaint. Celle-ci

(1) Cf. *La Bastille dévoilée, op. cit. ;* F. Bournon, *La Bastille*, 1893 ;
Funck-Brentano, *Les lettres de cachet à Paris*, 1903.
(2) G. Bord, *La franc-maçonnerie en France*, Paris, 1909, p. 380.

l'assigna devant le tribunal civil du vɪᵉ arrondissement, à l'époque où sa nomination à Saint-Domingue allait le soustraire à la visite des huissiers. Parti ou sur le point de partir, le commissaire ne se présenta pas et, par jugement du 10 mai 1792, le tribunal le condamna par défaut à payer à la demanderesse la somme de 3.816 f. 1 s. 6 d. « pour les impressions dont il s'agit » [1]. Il est probable que la veuve Desaint n'en tira rien, car Polverel mourut insolvable le 6 avril 1795.

(2) Cf. DOUARCHE, *Les tribunaux civils de Paris pendant la Révolution*, 1903, t. I, p. 249.

FAMILLE DISSON

LAURENT, capitaine de la milice bourgeoise.
PIERRE, commerçant en vins. — Il est actionné en paiement de la taille.
JEAN. Son mariage ; sa descendance.
JOSEPH. Ses fonctions administratives.

LAURENT

Le membre le plus anciennement connu de cette famille est Laurent Disson, négociant à Chalon. Marié avec Jeanne Fournier [1], il en eut, le 12 février 1680, un fils nommé Jean-Claude, dont le parrain fut Jean Métaïl, maître chapelier, et la marraine Marie Chiquet, fille de Jean, bourgeois, et de Catherine Mondange. A la fin du XVIIe siècle, ce Laurent Disson était un des officiers de la milice bourgeoise, où les emplois constituaient des offices que les titulaires achetaient de la ville moyennant finance et dont elle leur servait l'intérêt au denier 24 du capital versé. Le personnel des officiers comprenait un colonel [2], un major, huit capitaines et neuf lieutenants, qui portaient le costume suivant : habit, veste et culotte de drap blanc, habit retroussé et orné aux quatre coins de fleurs de lis brodées en or, collet, parements et revers de drap bleu de roi, boutons jaunes surdorés, chaperon noir bordé de velours noir avec double ganse d'or. Laurent Disson était un des huit capitaines que le maire et

---

(1) Un membre de cette famille, Pierre Fournier, procureur et notaire, s'était allié à la famille Cochon par son mariage, en 1690, avec Anne, fille de Philippe Ier.

(2) La première charge de colonel fut vendue, le 16 mars 1695, par le maire et les échevins, au prix de 1.320 livres, à Étienne Rigaud, avocat en parlement, « le plus ancien et premier officier de quartier ». En 1760, le maire fut autorisé à prendre la qualité de « colonel de la milice bourgeoise et chef des armes ».

les échevins avaient le droit de nommer, Quand un édit de
septembre 1706 eut supprimé ces offices créés par un édit de
mars 1694, il demanda, ainsi que ses collègues, le remboursement de son capital. Le 1ᵉʳ février 1707, la ville objecta que
ce remboursement devait être opéré par l'intendant sur les
fonds à ce destinés par le roi; mais un jugement rendu le
9 mars par ce même intendant lui donna tort, et les sommes
reclamées par les officiers de bourgeoisie durent leur être
remboursées. L'édit de 1707 n'eut qu'une courte durée, car,
dès le mois de juillet 1708, ces offices étaient rétablis. Le
corps fut définitivement supprimé en 1788 et remplacé par
un corps permanent de guet.

PIERRE

Pierre Disson, né en 1681 et commerçant en vins, se
maria avec Jeanne Bretenet, née en 1679 d'Isaac, maître
boulanger, et de Marguerite Morel, et la perdit le 8 août
1709. Il en avait eu six enfants : 1º Philibert, qui fut tréso·
rier des troupes; 2º Jean, qui suit; 3º Anne, mariée, le
14 avril 1739, avec Salomon Cochon, quatrième du nom;
4º Marie-Magdeleine; 5º Marguerite; 6º Françoise, qui
épousa Claude Patuel, négociant, et en eut trois enfants :
a) Philibert, marchand de bois. marié le 21 avril 1789, avec
Anne Girard, petite-fille de François, négociant en vins, et
d'Anne Millard; b) Françoise; c) Jean-Baptiste-Philibert,
né le 29 octobre 1764.

Il semble que Pierre Disson oubliait volontiers de payer
la taille, car, en 1700, il encourut de ce chef une condamnation, Par une ironie du sort, ce fut lui qui, peu de temps
après, pourvu d'un office de receveur des fermes du roi,
eut la mission d'assurer l'exact recouvrement de l'impôt.
Quand il eut exercé cet office pendant une dizaine d'années, il se retira, vers 1717, à Dracy-le-Fort (canton de
Givry). Comme son nom était inscrit à Chalon sur les rôles
de la taille, il assigna, le 24 avril 1719, le maire et les échevins à comparaître en la chancellerie pour ouïr dire qu'ils

eussent à le rayer de ces rôles, attendu qu'il était domicilié ailleurs. Il produisit à cet effet un certificat attestant qu'il avait fait ses pâques en la paroisse de Dracy et qu'il y était imposé à la taille ; mais la municipalité chalonnaise qui, en pareil cas, n'était jamais à court d'objections, lui répliqua le 7 août suivant [1]. Comment se résolut le différend ? L'histoire a négligé de nous l'apprendre.

JEAN

Jean Disson, second fils du précédent, connut la gloire, au moins un jour. Il faisait partie d'une compagnie qui pratiquait « le noble et ancien jeu du pistolet ». Le 7 février 1734, il abattit le papegai. Conformément à l'usage, il reçut le titre d' « empereur », les « écus du pari » et une image de saint Sébastien, patron d'une société antérieure, celle des chevaliers du « noble et ancien jeu de l'arc », qui s'était transformée en compagnie du pistolet quand l'arc était tombé en désuétude [2]. Le 19 décembre 1743, il tint sur les fonts baptismaux sa nièce Elisabeth Cochon, sœur puinée du docteur. Fixé au Vélard, paroisse d'Ouroux-sur-Saône, il épousa en janvier 1743, à Saint-Germain-du-Plain, Philiberte Sordet, dont il eut deux enfants : 1° Philibert, né le 9 novembre 1745, qui eut pour parrain Antoine Millard, procureur du roi en la maîtrise des eaux et forêts ; 2° Pierre, né le 9 avril 1747 ; parrain, le docteur Pierre Gauthey, père du célèbre ingénieur ; marraine, Anne Disson, femme de Salomon Cochon. Il épousa en 1779, à Tournus, Jeanne-Marie Petitjean, née en 1755, de Philippe, fermier général de la terre seigneuriale de Loisy, et d'Anne Lhaute.

D'autres Disson peuvent être mentionnés : Guillaume, pourvu à Chalon d'une charge de lieutenant de bourgeoisie, qu'il céda en 1695 ; Jean-Baptiste, écuyer, garde du corps de Monsieur en 1704 [3] ; Pierre, nommé en 1711 rece-

(1) CC, 10 ; FF, 67.
(2) EE, 12.
(3) Armoiries : *de sable, à une bande d'argent, chargée d'un arc de sinople.*

veur au grenier à sel de Chalon; François, reçu en 1723
avocat au parlement de Dijon et rédacteur en 1740 d'un mémoire pour la mairie de Chalon en procès, au sujet d'une
question d'alignement, avec Claude Sauvage, président de
la juridiction des gabelles [1]; Joseph, né en 1755, à Saint-
Germain-du-Plain (arrondissement de Chalon), de Jean-
Baptiste, bourgeois de ce lieu; élu en 1790 juge de paix à
Ouroux-sur-Saône; le 13 novembre 1792, membre du conseil du département; en 1795, commissaire du gouvernement près l'administration municipale du canton de Saint-
Germain-du-Plain; nommé, le 25 novembre 1799, par le
représentant Simon, délégué des consuls, un des trois administrateurs du département, mandat qu'il dut résigner
quatre mois après, lors de l'installation du premier préfet
le 23 mars 1800; mort à Ouroux le 17 février 1810, laissant
trois enfants de son mariage avec N. Jailloux, fille de Noël,
notaire à Louhans.

[1] DD, 14.

III

FAMILLE MICHELIN

Claude, chanoine de Saint-Georges,
Émiland, vicaire en la même paroisse.
Guillaume, procureur et notaire. — Elu procureur syndic. — Ses réquisitions. — Son intervention dans divers procès. — Ses dix enfants.

GUILLAUME

Le nom de Michelin apparaît pour la première fois en la personne de Claude Michelin, chanoine de Saint-Georges, curé et recteur de l'église et bénéfices de Saint-Martin-des-Champs, mentionné dans un acte de 1566. On le retrouve plus tard, en même temps que celui de Jehan Cochon, dans un procès-verbal du 23 janvier 1584, qui constate le nombre des protestants résidant à Chalon. Cette pièce, dressée à la demande de la mairie par cinq ecclésiastiques dont Émiland Michelin, vicaire à l'église Saint Georges, avait pour objet d'établir que les protestants, loin d'être nombreux en cette ville, comme ils l'affirmaient dans une supplique au roi, étaient tout au plus quatre cents [1] et pour les trois quarts « artisans, gens de métier et de basse condition, ne possédant aucun bien ». Ce n'est qu'une centaine d'années après que d'autres Michelin entrent en scène. En 1692-1693, Guillaume Michelin, procureur et notaire, remplissait le mandat d'échevin. Son fils, né vers 1665 et également nommé Guillaume, lui succéda dans son office en 1700 et l'exerça jusqu'en 1719. A la suite d'une requête présentée le 3 avril 1704, il était devenu contrôleur du greffe de la mairie. Il se fit pourvoir aussi d'un office de commissaire

---

(1) Et non quatre-vingts, comme le porte par erreur *l'Inventaire des Archives*. Cf. GG, 3.

aux revues et inventaires, lequel, institué par un édit du 22 mai 1622, consistait à inventorier « tous biens meubles ou immeubles qui tombaient en succession ou discussion ». A ces titres il ajouta une charge d'assesseur en la mairle [1] et, par surcroît, celle de procureur syndic, qu'il exerça de 1710 à 1719.

Les registres de la ville nous le montrent dans l'accomplissement de cette dernière fonction. Sur ses réquisitions, la mairie réprime les rixes, le tapage nocturne, les dépôts d'ordures sur la voie publique; elle taxe la viande, frappe d'une amende de 3 l. 5 s. un chirurgien qui fait raser chez lui pendant la grand'messe, confisque des perruques sur un artiste qui n'est pas maître perruquier à Chalon, expulse de la ville un dentiste polonais qui s'est permis d'arracher des dents sans autorisation du maire, etc. Elle statue aussi sur les réparations pécuniaires auxquelles donnent lieu diverses contraventions. Une femme Tisserand est condamné à 5 livres d'amende « pour avoir jeté dans la nuit le contenu d'un certain vase sur Jean Royer, contrôleur du bureau des coches et diligences, ce qui a gâté à ce dernier son chapeau de castor, son justaucorps de drap d'Elbeuf tout neuf et sa perruque. Deux maîtres tailleurs appelés à évaluer le dommage ont déclaré que la réparation du justaucorps est impossible, les taches d'urine étant d'ordinaire indélébiles ».

Ce ne fut pas la seule affaire de ce genre. Jean-Baptiste Ryard [2], commissaire aux inventaires et appositions de scellés, se promenait un soir, avec sa femme au bras, quand il subit une copieuse aspersion. Le justaucorps de couleur musc dont il était revêtu fut indignement souillé et les « coëffes » de Mme Ryard reçurent des éclaboussures, ainsi qu'en déposèrent les témoins de l'accident. Le délinquant, Claude Bertheley, s'entendit condamner à 3 l. 5 s,

(1) Auxiliaire ou suppléant du juge de police ; charge créée en 1693.
(2) Fils de Jean, écuyer, prévôt des maréchaux de France à Chalon, et d'Anne Chanteclair ; marié avec Jeanne-Philiberte Clerc, fille de Jean-Baptiste, avocat ; mort en 1735. Il était frère de Jean-Antoine, lieutenant général au bailliage, et de Jacques, qui acquirent des Quarré, en 1721, la seigneurie de Beauvernois (arrondissement de Louhans) et en prirent le nom.

d'amende, 10 livres de dommages-intérêts et 12 l. 10 s. pour
les dépens de l'instance. Comme le précédent, il n'avait
fait que se conformer à de vieilles traditions. Vainement la
municipalité avait-elle prescrit en 1707 à tous les propriétaires d'établir des latrines dans leurs maisons et à tous les
habitants de renoncer à jeter des immondices par les fenêtres ; cette habitude, bien des fois séculaire, demeurait plus
forte que toutes les ordonnances.

Des infractions répétées au bon ordre déterminèrent
Guillaume Michelin à prendre l'initiative de mesures pré-
ventives. En 1718, de jeunes vauriens troublaient pendant
la nuit le repos des habitants ou leur jouaient de mauvais
tours, frappant aux portes, cassant les bornes, enlevant les
enseignes, « chantant des obscénités sous les fenêtres des
dames », etc. A l'instigation du procureur syndic, une
ordonnance enjoignit aux maîtres artisans de veiller à ce
que leurs enfants et leurs compagnons apprentis ne fussent
pas dehors passé huit heures du soir en hiver et neuf
heures en été. Au cas où ils seraient rencontrés plus tard et
ne justifieraient pas d'une raison valable, la police avait
ordre de les arrêter. De même les hôteliers, cabaretiers,
limonadiers, « académistes » (professeurs d'équitation),
maîtres de billard, professeurs de danse, étaient tenus de fer
mer leurs établissements à neuf heures du 1er novembre au
1er avril et à dix heures pendant le reste de l'année.

En cette même année 1718, le 19 février, une ordonnance
de la mairie renouvela la défense de vendre de la viande
pendant le carême, sur les réquisitions formulées comme il
suit par Guillaume Michelin :

Le roi Charles IX, par son ordonnance du troisième jour de
février 1563, a défendu à toutes personnes, de quelque qualité et
condition qu'elle soit, de vendre aucune viande pendant le saint
temps du carême, sinon aux Hôtels-Dieu pour les malades, à
peine contre les contrevenants d'une amende de cent écus d'or,
s'ils ont de quoi, et, à défaut, d'être fustigés par les carrefours
des lieux de leur demeure, sans que les officiers et magistrats
puissent en diminuer la peine. Nos rois très chrétiens, qui ont
succédé de règne en règne, bien loin d'avoir apporté quelque
modification à cette ordonnance, par un effet singulier de leur
piété et de leur religion, qui ne les rend pas moins recomman-

dables à la postérité que leurs hautes et éminentes vertus, ont au contraire pourvu dans tous les temps à lui donner une nouvelle vigueur...

Et après avoir rappelé les précédents, insisté sur la nécessité de prévenir les infractions des « libertins et débauchés »,

Ledit sieur procureur du roi, syndic, opine qu'il n'y a pas moyen plus sûr que de fixer le débit des volailles et gibier à un ou deux adjudicataires qui en feront seulement le commerce pendant le saint temps de carême, à l'exclusion de tous autres, et lesquels ils seront tenus de débiter sur le pied du taux qui sera par nous arrêté, ainsi requiers qu'il y soit pourvu...

En conformité de ces conclusions, la mairie fit défense aux habitants « et singulièrement aux hôteliers et cabaretiers de donner ni souffrir qu'il soit mangé gras dans leurs maisons, si ce n'est en cas de besoin... ». Le droit de consommer de la viande n'appartenait qu'à l'hôtel-Dieu et aux personnes munies d'une permission écrite du curé de leur paroisse [1].

Guillaume Michelin fut mêlé à divers litiges, notamment à un procès engagé entre l'évêque de Chalon, la mairie et la compagnie des chevaliers de l'Arbalète. Ce procès, qui dura trente ans, avait pour objet la possession du bastion de Saint-Jean-de-Maisel, que le conseil de ville avait concédé en 1669 aux chevaliers et où un pavillon avait été construit pour eux. L'évêque, Messire Henri-Félix de Tassy [2], en désirait l'emplacement pour y établir un jardin. A cet effet, il adressa, le 21 mai 1682, à l'intendant [3] une requête où il articulait, entre autres raisons, que le pavillon « servait de retraite de débauche à tous les jeunes gens de la ville ». La municipalité fit opposition et des assignations s'ensuivirent.

(1) FF, 21, 22.
(2) Né en 1639, d'abord évêque de Dijon ; transféré, le 18 juin 1677, au siège de Chalon ; mort le 11 mars 1711. Il était frère de Charles-François Tassy, dit Félix, premier chirurgien du roi, qui fut anobli par lettres de mars 1690, avec confirmation de lettres plus anciennes l'autorisant à quitter le nom de Tassy pour celui de Félix.
(3) Claude Bouchu, baron de Loisy, comte de Pont-de-Veyle, marquis des Essarts, fils de Jean, premier président du parlement de Bourgogne, et d'Éléonore de Montholon ; nommé intendant en 1654 ; mort à Dijon le 8 juin 1683.

Le 4 juillet, Étienne Grassot, alors procureur syndic, envoya
à son collègue de Dijon, Nicolas Güenichot [1], fondé de
pouvoirs de la mairie et des chevaliers, un exposé des
moyens de défense invoqués par ses clients. En fait, la
résistance des chevaliers était d'un médiocre intérêt. L'institution s'éteignait, faute de recrues, et son personnel ne se
composait que de huit vieux messieurs dont la caducité se
prêtait mal au noble jeu de l'arbalète. L'évêque croyait
même que la compagnie avait cessé d'exister. Elle voulut le
convaincre d'erreur et, pour donner signe de vie, elle organisa un tir à l'oiseau, qui eut lieu les 13 et 14 mai 1683. Son
registre constata fièrement que l'oiseau avait été abattu par
Jean Burignot, officier au grenier à sel. Il y avait longtemps
que ce simulacre n'avait été à pareille fête.

En fin de compte, un arrêt du conseil d'État, du 11 juin
1685. attribua le bastion à l'évêque, à la charge par lui de
rembourser. tant aux chevaliers de l'Arbalète qu'aux autres
intéressés, le prix des bâtiments et « accensements »
qu'ils pourraient y avoir faits. Devenu régulièrement dona-
taire. Messire de Tassy fit tracer sur le terrain des allées
qu'il planta de marronniers et borda de charmilles. Il en
jouissait en paix quand il mourut le 10 novembre 1711. Le
lendemain même, Guillaume Michelin, en sa qualité de
procureur syndic. présenta requête au lieutenant général du
bailliage pour être autorisé à faire saisir l'actif de la succession du prélat en garantie du paiement d'une somme de
3.054 livres tant pour les bâtiments que pour les rentes et
cens dus à la ville depuis 1685 par le défunt. La saisie fut
pratiquée le même jour. Le 1er avril 1712, une décision de
l'intendant Arnaud de La Briffe remit le maire et les échevins en possession du terrain, mais il fut entendu que les
embellissements faits par l'évêque leur tiendraient lieu de
paiement. Le 4 mai, Guillaume Michelin fut autorisé par la
mairie à signifier au procureur du roi et à l'héritier de
l'évêque la mainlevée de la saisie.

(1) Né de Nicolas, procureur au bailliage de Chalon, et de Marie Chapot,
il avait succédé à Barthélemy Moreau, second mari de sa mère, dans les
deux offices de procureur au parlement et de procureur syndic des États de
Bourgogne. Il mourut en 1695.

Cette solution méconnaissait les droits des chevaliers de l'Arbalète. Ils revendiquèrent la jouissance du bastion et se firent mettre en possession par le lieutenant général. Un nouveau conflit éclata et la procédure reprit de plus belle. Au dire de l'avocat au Conseil chargé des intérêts de la ville, il ne fallait pas s'étonner du trouble suscité à la municipalité par les officiers du bailliage, car « partout ces officiers s'efforcent par jalousie d'annihiler l'autorité des maires ». Quelques années s'écoulèrent. En 1718, les chevaliers n'étaient plus que six et leur sénilité les disposait aux concessions. Le 21 mai, en attendant qu'il eût pris une décision définitive, le prince de Condé, gouverneur de la province, donna la jouissance provisoire du bastion au successeur de Henri-Félix de Tassy, Messire François de Madot, mais celui-ci s'en désintéressa promptement et, le 19 août 1721, il en fit pleine et entière cession à la ville [1].

Michelin intervint dans un autre procès. En 1712, le maire et les échevins présentèrent requête aux commissaires provinciaux pour être autorisés à mettre en cause le procureur syndic dans une affaire pendante au bailliage entre les marchands de vin et aubergistes demandeurs et un nommé François Parize, marchand à Jambles. Une ordonnance de la mairie, du 8 juin, avait défendu aux étrangers et forains, notamment à Parize, qu'elle visait spécialement, d'encaver et emmagasiner dans la ville des quantités de vin destiné à être vendu en gros ou en détail à des particuliers venus du dehors, et ce à peine de confiscation de ces vins et de 5o livres d'amende pour chaque contravention. Injonction était faite en même temps à Parize d'avoir à enlever dans les huit jours tout le vin qu'il entreposait illicitement au faubourg Saint-Laurent et dont le commerce nuisait à l'intérêt public. La mise en cause sollicitée fut autorisée le 12 novembre et l'affaire suivit son cours. La sentence de la mairie qui, le 16 juin, avait condamné Parize à une amende fut confirmée par le bailliage le 16 février 1713, mais, pendant que les juges délibéraient, Parize s'en prit au procureur syndic :

[1] DD, 31.

« Si vous m'avez fait ce procès, lui dit-il, c'est uniquement parce que je n'ai pas voulu vous acheter votre vin au prix de 60 livres la queue. »

Il semble que le procureur de Parize, M° Oudin, se soit associé à ce propos malsonnant. Michelin s'en plaignit et, le 17 septembre, le conseil communal décida que le procureur syndic actionnerait Parize et M° Oudin en réparation de l'injure qu'ils lui avaient adressée. L'affaire alla jusqu'au parlement. Un arrêt du 11 octobre débouta Parize de son appel contre le jugement qui concernait l'entrepôt, mais, en ce qui touchait la réparation de l'injure, il le mit « hors de cour et de procès » et condamna Michelin aux dépens de l'incident, liquidés à 196 l. 10 s. [1].

L'inscription au rôle des tailles était de celles auxquelles chacun s'efforçait d'échapper. Tout le monde prétendait à jouir d'un privilège ou à bénéficier d'une exemption. Michelin, commissaire aux revues et inventaires, ne pouvait manquer d'exciper de son office. A cet effet, en 1706, il adressa une requête à l'intendant, dont la réponse fut sans doute négative, car, en 1716, le même requérant demanda que sa cote de taille fût compensée avec le montant des frais qu'il avait avancés dans l'affaire Parize [2]. On le trouve encore en 1713 amodiateur pour quatre ans du droit de marquer et contrôler les ouvrages d'or et d'argent dans le bailliage [3]. Ce fut enfin sur ses réquisitions en qualité de procureur syndic que, le 19 février de la même année, la municipalité renouvela la défense de vendre de la viande en carême.

Il mourut le 17 mars 1719. Des deux mariages qu'il avait contractés, le premier en 1692 avec Jeanne Demangin, fille de Guillaume, notaire à Sennecey [4], et d'Anne Gros, le second en 1707 avec Anne Pinotte, fille d'Antoine, commerçant à Chalon, et d'Étiennette Boyaud, étaient nés neuf enfants, savoir :

1° Abraham, né le 29 mars 1693, parrain ; Abraham De-

(1) FF, 10, 106 ; HH, 18.
(2) CC, 10.
(3) FF, 21.
(4) En exercice de 1669 à 1706.

mangin, son oncle ; marraine, Claudine Lesne, fille de Claude, praticien à Saint-Étienne-en-Bresse ;

2° Nicolas né le 7 avril 1696 ; parrain, Nicolas Bataillard, praticien [1] ; marraine, Marie Demangin, femme de Jean Girard, avocat ;

3° Anne, née le 28 février 1697 ; parrain, Edme Michelin, marchand, son oncle ; marraine, Anne Demangin, née Gros, sa grand'mère ;

4° Jacques, né le 15 juillet 1698 ; parrain, Jacques Desboz, lieutenant général au bailliage [2] ; marraine, Françoise Demangin, tante de l'enfant ;

5° Guillaume, né le 5 décembre 1700 ; parrain, Guillaume Desir, avocat [3], marraine, Pierrette Chaillot, femme Philibert Grassot. Il fut notaire à partir de 1734, épousa Marguerite Mauguin et mourut le 12 août 1754 ;

6° Claudine, née en 1701 ; mariée le 30 mai 1719, comme il a été dit ci-dessus, avec Claude Desaint, imprimeur libraire, dont Guillaume, curé d'Ouroux, et Anne, qui épousa le docteur Cochon ;

7° Jeanne, née le 6 février 1708 ; parrain, François Golyon, avocat [4] ; marraine, Jeanne Depermon, femme de Pierre Forneret, négociant [5]. Elle épousa Philibert Grassot 3e, ci-après mentionné, et mourut le 20 septembre 1778 ;

8° Anne, née en 1709, mariée le 9 février 1728 avec Jacques Ledret, marchand drapier, lieutenant dans la milice bourgeoise en 1746, major en 1761, dont Claude-Jacques, né le 28 avril 1730, qui eut pour parrain Claude Desaint, son oncle par alliance, et pour marraine Philiberte Larcher, femme de Laurent Clerget, maître chirurgien ;

9° Pierre, né vers 1712, qui fut praticien et épousa, le

(1) Échevin en 1729-1730.

(2) Né le 1er décembre 1665, d'Antoine, procureur et notaire, et de Marguerite Guyenot ; en fonction de 1696 à 1698. Armoiries : *d'azur, à trois arbres de sinople, deux et un, et une étoile d'argent de gueules en chef.*

(3) Né en 1664, échevin en 1692-1695, mort le 1er septembre 1709. Armoiries : *de gueules, à trois roues d'or, deux en chef et une en pointe, chacune de douze rais.*

(4) Échevin en 1698-1699 et 1709-1713 ; pourvu en 1706 de l'office de juge garde aux entrepôts des sels.

(5) Échevin en 1751-1753.

24 février 1748, Jeanne Thevenot, fille d'Étienne, marchand [1], et de Marie Boulay. Il mourut le 17 décembre 1753 ;

10° Claude, né le 22 janvier 1715 ; parrain, Jacques Agron, avocat en parlement [1]; marraine, Claudine Roux, « femme de l'ancien marchand ». Il succéda à son père dans l'office de procureur et notaire, et mourut le 16 mars 1765, laissant de son mariage avec Thérèse Bonnardot :

A. Philibert, né en 1740 et mort le 7 août 1770 ; notaire et procureur, greffier des arbitrages, qui eut de Marie-Constance Poivre : *a.* Guillaume, né le 30 octobre 1766 ; *b.* Marguerite-Julie, née le 4 janvier 1768, dont le parrain fut Claude-Étienne Michelin ci-après nommé, et la marraine, Marguerite Poivre, sa tante maternelle, femme de Guillaume Delaroche, receveur au grenier à sel de Saint-Gengoux. Elle épousa le 2 septembre 1792, « l'an IV° de la liberté », Marc-Antoine Petit, docteur en médecine, chirurgien en chef de l'hôtel-Dieu de la ville de Lyon. La bénédiction nuptiale fut donnée en l'église Saint-Vincent par le curé constitutionnel Claude Royer, au vu d'un certificat de dispense de publications « accordé par M. Lamourette, métropolitain de Rhône-et-Loire ». Assistaient à la cérémonie : Philibert Michelin, « vicaire à Saint-Martin-en-Bresse, qui avait « célébré les fiançailles », et Jean-Marie Michelin, qui suit, officier au 2° bataillon des volontaires de Saône-et-Loire, « curateur de la mariée ». Ce fut le dernier mariage religieux célébré à Saint-Vincent. A partir du 23 septembre, la mention de la date s'allongea et à « l'an IV de la liberté » vint s'ajouter « et le I°r de l'égalité ». Un baptême eut encore lieu le 27 octobre. Le 29, le registre fut arrêté et, à partir du 2 novembre, les actes furent dressés « en la maison commune par l'officier public », qui utilisa à cet effet les derniers feuillets du registre. — *c.* Pierre Philibert, né le 3 avril 1769; parrain, Pierre Rambert, avocat en parlement,

---

(1) Échevin en 1714-1716 et 1731-1733 ; mort en 1740. A cette famille ont appartenu : Fiacre, notaire à Chalon de 1572 à 1610 ; Pierre, son fils, notaire de 1610 à 1630 ; Nicolas, son frère, également notaire de 1624 à 1658 ; Emiland, avocat, vers 1680 ; Louis, président au grenier à sel en 1700 ; Benoît, avocat, échevin en 1700-1701.

résidant à Montagny-près-Louhans ; marraine, Reine Lesloront, femme de François Canet, notaire et procureur à Verdun sur-le Doubs.

B. Claude, né en 1737, procureur à la justice consulaire, mort le 25 novembre 1764.

C. Jeanne-Marie, née vers 1745, mariée le 13 janvier 1767, avec Nicolas Charles, maître apothicaire, né à Mâcon, de Claude, marchand, et de Jeanne-Philippe Berthcley.

D. Claude-Étienne, qui fut avocat, né le 2 juillet 1750.

E. Jean-Marie, né le 8 novembre 1751, ci-dessus nommé.

F. Huguette, née le 25 septembre 1752 ; parrain, Lazare Bonnardot, perruquier, oncle maternel ; marraine, Huguette Michelin, femme de Jean-Baptiste Pétré, marchand.

IV

FAMILLE GRASSOT

Aux archives de Chalon, on relève les noms de divers membres de la famille Grassot, mais sans qu'on puisse préciser toujours le lien qui les unissait. On trouve ainsi :

Pierre Grassot, procureur de Jehan, seigneur de Colombier et de Saint-Remy et, en cette qualité, poursuivant, à partir de 1508, des habitants de Chalon pour faits de pêche dans une partie de la rivière de Saint-Remy appartenant à la seigneurie, d'où plusieurs condamnations à 65 sols d'amende, un appel au parlement et d'autres contestations qui n'avaient pas encore pris fin au 31 août 1527 [1].

Claude, notaire à Chagny, acquéreur en 1606 de l'hérédité de son office [2].

Pierre, greffier au bailliage en 1670 et marié avec Catherine-Guillemette Laurent.

Étienne, leur fils, qui fut procureur au bailliage et procu-

(1) FF, 79.
(2) FF, 67.

reur syndic de la ville, ainsi que l'indiquent les pièces de l'instance engagée en 1682 entre la municipalité et les chevaliers de l'Arbalète. Il épousa, le 10 septembre 1679. Claudine Lebègue, fille de Louis, maître pâtissier, et de Geneviève Rigaud, dont il eut les huit enfants qui suivent : 1º Étienne, né le 20 septembre 1686 ; parrain, Étienne Lauche, procureur au bailliage ; marraine, Claudine Grassot, fille de Pierre, procureur et notaire, qui suit ; — 2º Geneviève, née le 22 décembre 1687 ; parrain, Guillaume Grassot, procureur du roi en la châtellenie ; marraine, dame Lebègue, grand'mère de l'enfant ; — 3º Françoise, née le 15 août 1689 ; parrain, Philibert Grassot, procureur au bailliage ; marraine, Françoise Charollois, femme de Paul Féraud, marchand ; — 4º Guillaume, né le 31 octobre 1690 ; parrain, Guillaume Desir, avocat ; marraine, Vivande Bougot, fille d'Antoine, procureur ; — 5º Charlotte, née le 18 décembre 1691 ; parrain, Simon Boug, de Saint-Germain-du-Plain ; marraine, Charlotte Betauld, fille de Jacques, apothicaire ; — 6º Jean, né le 11 décembre 1694 ; parrain, Jean Mereure, curé de Saint-Martin-en-Bresse [1] ; marraine, Anne Cusset, femme de Charles Lesne, notaire à Saint-Vincent-en-Bresse ; — 7º François, né le 15 novembre 1697 ; parrain, François Colombey, avocat, maire de la ville de Saint-Amour ; marraine, Philiberte Lebègue [2], femme d'Antoine Loyseau, notaire à Verdun-sur-le-Doubs ; 8º Anne, née le 14 février

---

(1) Armoiries : *d'azur, à un chiffre d'argent, composé des lettres J et M.*

(2) Née le 3 septembre 1666, à Chalon, de Claude, maître pâtissier, et de Marguerite Morel, elle avait eu pour parrain Jean-Baptiste Girard, chanoine de Saint-Georges, et pour marraine Philiberte Girard, femme de Gabriel d'Hénin-Liétard, comte de Roche, lieutenant de roi en la citadelle. Cette Philiberte Girard avait épousé en premières noces le dernier baron de Monconys, qui fut assassiné en 1657. Remariée avec Gabriel d'Hénin-Liétard et de nouveau veuve, elle contracta une troisième union avec son beau-frère, Antoine d'Hénin-Liétard, seigneur de Blincourt. Cette famille, qui descendait par Simon d'Alsace du duc de Lorraine Thierry II (1020-1115), s'était divisée en plusieurs branches, dont l'une, celle des marquis de Saint-Phal, comtes de Roche, etc., possédait en Chalonnais les seigneuries de la Rochette, Saint-Maurice et Saint-Martin-du-Tartre (canton de Buxy), qui furent réunies et érigées en comté d'Hénin, par lettres de septembre 1730, en faveur de Jean-Louis d'Alsace-Hénin-Liétard de Blincourt. La maison s'est fondue dans celle de Caraman-Chimay par suite du mariage en 1750 de Victor-Maurice de Riquet, comte de Caraman, avec Marie-Gabrielle d'Alsace-Hénin-Liétard, sœur du dernier prince de Chimay.

1699; parrain, Jacques Grassot, qui suit; marraine, Anne Roussot, femme de Guillaume Métail, maître chapelier.

Claude, marchand, marié à Jeanne Baudran, dont Philippe, né le 6 juillet 1687, qui eut pour parrain Philippe Tan, imprimeur libraire [1], et pour marraine Catherine Lenoir, veuve de Louis Quenot, marchand.

Pierre 2e, procureur et notaire, greffier de la chancellerie. Il avait épousé Marguerite Charollois et en eut : 1º Jacques, qui acquit des biens à Sienne, commune de la Charmée, et qui, s'étant montré réfractaire au paiement de la taille, y fut condamné en 1698 par une sentence du bailliage temporel de l'évêché [2]; 2º Claudine, qui contracta mariage, le 8 janvier 1694, avec Antoine Barault, praticien, fils de Jean, procureur et notaire [3], et de N. Martel. Signèrent l'acte : Jean Barault, père de l'époux; Louis Martel, notaire royal, son cousin [4]; Jacques Grassot, frère de l'épouse; Philippe Grassot, son oncle; Pierre Ricard et Jean-Baptiste Charollois, ses cousins, tous deux maîtres chirurgiens.

Philibert Ier, fils de Jean-Baptiste, avocat, épousa Pierrette Chaillot, dont il eut : 1º Antoine, né le 24 juin 1692; parrain, Jean-Baptiste Grassot, son grand-père; marraine, Claude-Jeanne Grassot, femme de Philibert Chaillot, notaire à Sennecey; 2º Marie-Anne, qui épousa, le 9 juillet 1725, Philibert Lesne, conseiller au présidial, fils de Barnabé, ancien correcteur en la Chambre des comptes, et de Louise-Marie Deroche.

---

(1) Établi vers 1650, près de l'église Saint-Vincent, à l'enseigne *Au nom de Jésus;* échevin en 1692-1695 ; administrateur de l'hospice Saint-Louis, dont une salle, construite en 1896, a reçu son nom ; marié à Anne Defrance (1624-1689) ; mort sans postérité le 4 avril 1700. Armoiries : *d'azur, à un chevron d'argent, chargé de trois lettres de son surnom, savoir d'un T, d'un A et d'un N de gueules, accompagné en chef de deux roses d'or, chacun surmonté d'une étoile de même et en pointe d'un cœur aussi d'or.*

(2) CC, 7.

(3) Armoiries : *d'azur, à un chevron d'or, accompagné de deux étoiles d'argent et en pointe de deux mains de même jointes en foy, posées l'une en barre et l'autre en bande, en forme de chevron.*

(4) Armoiries : *de gueules, à un marteau d'or.*

PIERRE 3e

A dater du milieu du xviie siècle, on peut suivre assez exactement la filiation des Grassot ; Pierre 3e fut huissier et se maria avec Élisabeth Charollois, dont : 1º Philibert 2e, qui suit ; 2º Marguerite, mariée, le 8 juillet 1698, avec Claude Roussot, fils d'Antoine, marchand, et de Françoise Petit. Assistèrent à la cérémonie : Philibert Grassot, frère de l'épouse ; Étienne Grassot, ci-dessus mentionné ; Claude Charollois, marchand, et Jean-Baptiste Charollois, maître chirurgien, ses oncles ; Jean Grassot ; Antoine Loyseau, notaire à Verdun-sur-le-Doubs, et Antoine Barault, ses cousins ; Claude-François Cautin, oncle de l'époux.

PHILIBERT 2e

Philibert 2e, né vers 1660, fut procureur au bailliage et eut, de son mariage avec Élisabeth Jeannin, treize enfants, savoir :

1º Étienne, né en 1686, marié le 7 février 1716, à Dijon, avec Catherine Caron, fille d'Hector, bourgeois de Longvic, canton de Dijon ;

2º Claudine, né le 30 octobre 1689 ; parrain, Pierre Vaulcher, fils de François, procureur ; marraine, Claudine, ci-dessus nommée, fille de Pierre 2e ;

3º Antoine, qui suit ;

4º Louis, né le 10 septembre 1693 ; parrain, Louis Lesne, bailli de Saint-Vincent-en-Bresse, canton de Montret ; marraine, Jeanne Charollois, tante maternelle, femme de Paul-François Cautin ;

5º Huguette, née le 14 février 1695 ; parrain, Charles Lesne, secrétaire en chef de la ville ; marraine, Huguette Treffort, femme de Jean-Baptiste Charollois, négociant [1]. Elle mourut le 18 janvier 1778 ;

---

[1] Échevin en 1705-1706, 1709-1713 et 1720-1722.

6° François, né le 2 avril 1696 ; parrain, François Arambert, greffier de l'officialité [1] ; marraine, Marguerite Cybert, femme de Claude-Adrien Roussin, bourgeois [2] ;

7° Jacques, né le 15 juillet 1697 ; parrain, Jacques Bertaud, procureur ; marraine, Nicole Colley, femme de Pierre Bouchot, marchand ;

8° Claude, qui suit ;

9° Philibert 3e, né le 6 mai 1701 ; parrain, Jacques-Philibert Lesne, « sous-diacre du diocèse » ; marraine, Marguerite Grassot, femme Roussot, tante paternelle. Il épousa Jeanne Michelin, fille de Guillaume et d'Anne Pinotte, et en eut plusieurs enfants, dont Pierre-Claude, né le 16 janvier 1749, qui eut pour parrain Pierre Michelin, son oncle, et pour marraine Reine Bassand, femme de Philibert Reverdy, notaire royal, greffier en la maîtrise des eaux et forêts [3]. Comme ses devanciers, il exerça le notariat ;

10° Élisabeth, née le 26 juin 1702, tenue sur les fonts baptismaux par ses frère et sœur Antoine et Claudine ; morte sans alliance le 16 août 1704 ;

11° Joseph, né le 24 septembre 1783 ;

12° N..., qui épousa Pierre Clerc, procureur et notaire [4], dont trois enfants : A. Philiberte, religieuse hospitalière, B. Claude, qui fut avocat ; C. Anne, née en 1716 et morte le 3 février 1784, mariée au docteur Pierre-Jacques Bérard, dont quatre enfants : a) Pierre, né le 21 février 1741 ; parrain, Pierre Clerc, son grand-père ; marraine, Madeleine Robert, sa grand'mère paternelle, veuve de Claude-Joseph Bérard, greffier en la châtellenie de Saint-Laurent ; b) Claude-Honoré, né le 17 septembre 1742, tenu sur les fonts baptismaux par son oncle l'abbé Claude-Honoré Bérard, curé de Saint-Vincent de Chalon ; avocat, échevin en 1782-1786, élu

---

(1) Échevin en 1718-1719 et 1724-1726.

(2) Armoiries : *d'argent, à un cheval effrayé de sable.*

(3) Né d'Antoine, maître serrurier, et de Jeanne Gaillard ; en exercice de 1730 à 1791 ; échevin en 1782-1785.

(4) Ancienne famille qui a fourni plusieurs échevins, André en 1549-1550, 1566-1567 et 1570-1571 ; Philippe en 1594-1596 ; Esme en 1635-1637 ; Jacques en 1653-1654. Armoiries : *d'argent, à trois livres fermés et couverts de gueules, la superficie des bords du papier d'argent, et les couvertures émaillées de filets d'or, posés deux et un, et un chef d'azur, chargé d'un soleil d'or.*

en 1790 juge au tribunal criminel, arrêté comme suspect en octobre 1793 et élargi le 12 septembre 1794, nommé en 1800 directeur de l'enregistrement et des domaines à Dijon, démissionnaire en 1811 ; mort le 22 décembre 1822 ; *c*) Claudine, née en 1743, mariée avec Marc-Antoine Delabruyère, fils de Jean-Baptiste, commissaire aux saisies réelles, et d'Étiennette Tassard. Reçu docteur en médecine, il exerça son art à Chalon. Plus tard, devenu veuf, il alla se fixer à Lyon. En 1793, lors du siège, il se rangea du côté des défenseurs et fut même membre du comité départemental. Arrêté après la capitulation et condamné à mort par la commission révolutionnaire, il fut exécuté le 5 pluviôse an II (24 janvier 1794) ; *d*) Adrien-Philibert, né en 1748, marié avec Claudine Lory, dont Aimée-Jeanne, née le 21 juin 1773, qui épousa N. Batault, juge au tribunal civil, et dont la fille, Charlotte, contracta mariage avec N. Loyseau de Chapréconduit

Un procès, auquel Philibert Grassot fut mêlé, caractérise assez bien les mœurs processives d'une époque où la multiplicité des juridictions autorisait d'interminables recours. Le 16 novembre 1705, à la requête de Jean-Baptiste Durusseau, procureur syndic, une contrainte avait été exercée sur Claude-Adrien Roussin [1], qui refusait de payer la taille, en se fondant sur ce qu'il avait renoncé à l'incolat pour établir son domicile à Rully [2] et fait une déclaration en conséquence. La mairie lui objectait qu'il occupait toujours à Chalon une maison garnie des mêmes meubles que précédemment ; mais elle ne réussit pas à convaincre la châtellenie royale, juge du litige, qui déchargea Roussin de sa cote de taille de 1705. Sur l'appel du procureur syndic, cette décision fut réformée par le bailliage le 6 mai 1706, et Roussin invité à prouver que, depuis sa renonciation à l'incolat, il avait « tenu feu et lieu » ailleurs qu'à Chalon. Ce fut le début d'une contestation qui s'éternisa. Le procureur syndic interjeta, le 10 décembre, un nouvel appel, cette fois devant le parlement de Dijon, qui confirma, à la date du 21 mars 1707, le jugement du bailliage et condamna le maire et les

----

(1) Armoiries : *d'argent, à un cheval effrayé de sable.*
(1) Canton de Chagny, arrondissement de Chalon.

échevins non seulement aux dépens, mais encore à 12 livres d'amende.

On se tromperait fort si l'on s'imaginait que le débat prit ainsi fin. En 1706, Roussin avait été taxé. Philibert Grassot, chargé de ses intérêts, fit une reprise d'instance devant la châtellenie. Celle-ci, adoptant, le 30 mai 1707, les dispositions du jugement du 6 mai 1706, ordonna une enquête. Les 6 et 20 juin, onze témoins, appelés par Roussin, vinrent déclarer qu'il résidait effectivement à Rully; le 15 du même mois, d'autres témoins, convoqués par le procureur syndic et le receveur des deniers communaux, François Paccard, déposèrent en sens contraire. Après un échange de significations et de mémoires, la châtellenie déchargea Roussin de sa cote de taille et condamna la mairie aux dépens Elle rendit encore, le 11 avril 1708, une sentence analogue, qui fut frappée d'appel, et le 2 juillet Roussin assigna le maire à comparaître devant le lieutenant-général du bailliage pour plaider sur cet appel. La suite échappe faute de documents, mais il y en eut une, car, à la date du 20 mai 1711, Me Benoît Roux, avocat à Chalon, donnait une consultation au maire et aux échevins [1].

Philibert Grassot exerçait aussi l'office de « greffier des domaines des gens de mainmorte au diocèse de Chalon ». Il eut affaire à ce titre avec la commune de Givry et sut se concilier les sympathies des habitants, qui lui offrirent, le 3 janvier 1717, une feuillette de vin du cru « en resconnoissance des services qu'il rend à la communauté [2] ».

Les noms de deux sœurs Grassot, Huguette et Marthe, apparaissent dans les pièces d'un procès. Elles avaient vendu, le 23 décembre 1736, à un nommé Jean Bellenand un petit jardin, situé boulevard de la Gloriette, et dont elles étaient indivisément propriétaires. Le 28 janvier 1738, la mairie, croyant apercevoir là une usurpation de terrain communal, fit sommation à l'acquéreur d'avoir à justifier de son droit de propriété; mais ce fut seulement le 4 janvier 1744 que l'assignation en restitution fut lancée. Dans l'intervalle, le

(1) FF, 68.
(2) Archives de Givry, BB, 3.

terrain avait changé de maître. Bellenand l'avait vendu à
Claude Vitteau, écuyer, garde de la porte du roi, et celui-ci,
à son tour, s'en était défait au profit des sieurs Louis Millard et Antoine Louis Bourasset. Ce qu'il s'ensuivit de significations, de libelles, de consultations, d'assignations en
garantie, on le devine. Le 11 août 1744, les demoiselles
Grassot adressèrent au bailli temporel de l'évêché une requête ayant pour objet d'obtenir acte de la déclaration par
laquelle elles s'engageaient à prendre fait et cause pour
Bellenand. Rien n'indique la solution du litige ; mais ce qui
est certain, c'est qu'il n'était pas réglé en 1745 et que les
plaideurs en étaient, comme dans l'affaire Roussin, à prendre conseil de plusieurs avocats [1].

Les mêmes sœurs Grassot vendirent en 1758 à la mairie,
moyennant un prix de 4.300 livres, une maison sise à l'angle
de la rue des Tonneliers et de la rue des Cornillons. Cet
immeuble joignait, rue Saint-Georges, l'hôtel de ville, que
diverses acquisitions de ce genre agrandirent successivement [2].

ANTOINE

Antoine Grassot, né le 18 juillet 1692, de Philibert 3e et
d'Élisabeth Jeannin, fut tenu sur les fonts baptismaux par son
oncle Antoine Grassot, procureur du roi en la châtellenie, et
Claude Lesne, fille de feu Jean-Claude. praticien. Reçu docteur en théologie, il entra dans les ordres et, depuis le mois
de février 1729 jusqu'à sa mort, il desservit la paroisse
de Saint Desert, dont la seigneurie appartenait aux chanoines
de Saint-Vincent [3]. En 1733, les habitants de ce village,
notamment les membres des confréries du Saint-Sacrement
et du Saint-Esprit érigées en l'église, présentèrent une requête aux commissaires vérificateurs des dettes et affaires
des communes à l'effet d'obtenir un vicaire. Par un traité

----

(1) FF, 68.
(2) DD, 4.
(3) Le desservant était appelé communément curé ; mais ce titre n'appartenait qu'aux chanoines de Saint-Vincent et, dans les actes, le desservant
était toujours qualifié vicaire.

passé, le 29 novembre, devant M⁰ Boillerault, notaire à Buxy [1], entre l'abbé Grassot et ses paroissiens, il fut convenu que, vu le grand nombre des hameaux écartés composant la paroisse et moyennant le rétablissement d'un ancien droit curial consistant dans la livraison, au 21 novembre, d'une mesure de froment pour chaque famille, le curé serait tenu d'avoir un vicaire à ses frais et de faire célébrer une messe basse chaque dimanche et jour de fête. Une ordonnance du 5 février 1734 ratifia cet arrangement [2].

Le 6 décembre, les habitants voulurent compléter les avantages faits au curé en réunissant à la cure les revenus d'une chapelle de l'église dite chapelle Guérault et Verdet, du nom de ses fondateurs, et dotée de vignes et terres dont le rapport était d'environ 120 livres. Il ne paraît pas que cette résolution ait été suivie d'exécution. Au reste, la nouvelle redevance en froment finit par soulever des difficultés. Antoine Grassot en vint à assigner un de ses paroissiens. Le 11 janvier 1750, une assemblée de communauté se réunit pour examiner si la réclamation du curé était fondée. Les échevins manifestèrent un avis contraire. A les entendre, « la transaction du 29 novembre 1733 a été l'effet d'une surprise de la part du curé et d'un concert pratiqué entre lui, les confrères du Saint-Sacrement et du Saint-Esprit, et quelques habitants qui lui sont tout dévoués et qui, par une complaisance aveugle, se sont chargés d'une obligation qui ne peut et ne doit concerner que les seigneurs décimateurs, lesquels, suivant les ordonnances du royaume, sont chargés des pensions non seulement des curés, mais encore des vicaires, sans quoi l'ordre établi dans le royaume se trouve totalement interverti ». Il y avait là des questions de droit que les habitants étaient impuissants à résoudre. Aussi l'assemblée se borna-t-elle à décider que la communauté consulterait un avocat Aucune pièce n'établit comment se termina le différend [3]. Peut-être Antoine Grassot n'en vit-il pas la fin, car il mourut à Saint-Desert le 12 décembre 1756.

(1) En exercice de 1703 à 1745.
(2) GG, 1.
(3) Sur ce litige, cf. E. DEMAIZIÈRE, *Notice historique sur Saint-Desert et ses hameaux*, 1896, p. 93 et suiv.

CLAUDE

Claude Grassot, frère du précédent, naquit le 5 avril 1699 et eut pour parrain Claude Charnoy, négociant [1] ; pour marraine, Philiberte Lebègue, femme d'Antoine Loiseau, notaire à Verdun-sur-le-Doubs. Il succéda, comme notaire, en 1739, à Philippe Cochon, exerça cet office jusqu'en 1763 et fut, en outre, procureur syndic de 1731 à 1734. Il eut à s'occuper, à ce dernier titre, de la taxe du pain et de la viande, d'une quarantaine d'admissions aux maîtrises, de la répression enfin des contraventions de police. Il fit infliger, par exemple, une amende de 30 sous à Claude Cadot, maître chapelier, surpris à vendre un chapeau le jour de l'Assomption, une autre amende à trois habitants pour avoir établi sans permission des jeux de quilles sur le pâquier de la Gloriette et y avoir fait jouer le dimanche, pendant le service divin. Il eut aussi à provoquer l'expulsion de plusieurs individus turbulents ou suspects, qui furent condamnés «à battre aux champs», autrement dit « à vuider la ville », sous la conduite des « chasse-coquins » attachés à la mairie. On le trouve enfin protégeant la liberté du travail contre la tyrannie des corporations. Une de celles-ci, la corporation des portefaix, dite la confrérie de Saint-Christophe, avait rayé de son registre le nom d'un sieur Mugnier et prétendait l'empêcher de travailler comme portefaix. Sur les réquisitions de Claude Grassot, elle fut condamnée à réinscrire son nom et à lui verser 5 livres à titre d'indemnité, sans préjudice des frais du procès et des droits royaux [2].

Pourvu en 1742 de l'office de receveur des deniers patrimoniaux et revenus de la ville, office créé en juillet 1694, Claude Grassot le remplit jusqu'en 1760. L'exercice n'en était pas incompatible avec le notariat. On sait que les notaires étaient autrefois fort nombreux. En 1789, le royaume n'en comptait pas moins de quarante mille, divisés en trois classes, les uns notaires royaux exerçant en vertu de provisions

<hr>

(1) Échevin en 1702-1705 et 1706-1709 ; élu en 1721 économe de l'hôpital.

(2) FF, 24.

délivrées par le roi, d'autres, notaires seigneuriaux, institués par les seigneurs justiciers et ne pouvant opérer que dans le ressort de leur justice, d'autres enfin, notaires apostoliques, exclusivement affectés à la passation des actes intéressant les personnes ou les biens eclésiastiques. Dans le bailliage de Chalon, par exemple, il n'y avait, en 1583, pas moins de cent trente et un notaires, alors qu'aujourd'hui, avec un chiffre de population à peu près double, trente-huit notaires suffisent largement à la besogne. La multiplicité de ces charges, favorisée par le gouvernement, qui tirait profit de leur création, avait naturellement pour effet de réduire les bénéfices, et souvent les titulaires se trouvaient obligés d'adjoindre à leurs fonctions un ou plusieurs autres emplois. Ce cumul prit fin avec la loi du 29 septembre 1791, qui déclara le notariat incompatible avec les fonctions d'avoué, de greffier, de receveur des contributions publiques, et dont les interdictions furent confirmées par la loi organique du 26 ventôse an XI (16 mars 1803).

Pendant les premières années de la gestion de Claude Grassot, le budget municipal se soldait par un excédent de recettes. En 1743, cette recette fut de 30.764 livres, dont 7.700 livres, provenant de la ferme des octrois, 4400 livres de l'inspection des boucheries, 2.256 livres du droit de huitain levé sur les hôteliers et cabaretiers, 300 livres du mesurage des grains et le surplus de diverses perceptions moindres. La dépense ne dépassa pas 27.158 livres, dont 9.626 livres pour la la construction de la fontaine de la place de Beaune. Ce fut l'année la plus fructueuse de l'exercice de Grassot. Celles qui suivirent accusèrent un déficit. En 1748, tandis que les dépenses atteignaient 26.783 livres, la ville n'avait encaissé que 19.454 livres. L'écart fut encore plus sensible en 1749, 19.484 livres contre un passif de 31.173 livres [1]. Les réjouissances publiques, trop souvent renouvelées à l'occasion d'un baptême princier, d'un succès militaire, d'un traité de paix, etc, contribuaient à grossir ce passif. Au cours de la guerre de la succession d'Autriche, la population fêta ainsi les victoires de Fontenoy, de Rocoux, de Lawfeld, etc., les prises d'Ypres,

____

[1] CC, 139.

de Menin, de Bruxelles, d'Oudenarde, etc. Pendant cette seule période de onze années (1737-1749), la municipalité ne reçut pas moins de trente-cinq lettres du comte Henri de Saulx-Tavannes, dont les vingt et une dernières étaient accompagnées de la copie d'une lettre écrite par le roi et recommandant de faire les réjouissances accoutumées. Ces invitations ressemblaient fort à des ordres.

Beaucoup de dépenses n'avaient aucun intérêt pour les habitants. En feuilletant les comptes de Claude Grassot et surtout ceux de son prédécesseur François Paccard [1], on constate avec quelle fréquence la municipalité, esclave d'anciens usages qui avaient acquis force de loi, offrait des vins d'honneur aux notabilités de passage. Un jour, c'est à l'intendant ou aux élus de la province ; un autre jour, au général des Capucins, au commandant des mousquetaires à pied du roi d'Espagne, à l'ambassadeur de Venise, au colonel du régiment irlandais, etc., souvent aussi à des anonymes, « à une personne de considération protégeant Chalon à Dijon », même « à un monsieur de qualité logé chez M. Burgat ». En 1707, le registre mentionne une dépense de 26 livres « pour la confection de cages pour les dindons à mener aux Etats de la province ».

Quand l'intendant de La Briffe marie, en 1731, sa fille Marie-Victoire au comte de Morges, chevalier d'honneur au parlement de Besançon, la ville lui expédie une caisse de liqueurs assorties et une caisse d'oranges de Portugal, en même temps qu'elle gratifie le marié de trente-six bouteilles de vin et sa femme d'autant de boîtes de confitures, accompagnées de six gâteaux d'amandes. Plus tard, le mariage du trésorier général de la province Chartraire de Montigny [2] entraîne la ville à des politesses analogues ; cette fois, c'est une caisse de bougies, à laquelle s'adjoignent, avec un panier

---

(1) Né à Chalamont (Ain), maître chirurgien, receveur de la ville, des octrois et du Chapitre de Saint-Vincent de 1698 à 1739 ; marié, le 3 juillet 1689, avec Magdeleine Jacquine, dont il eut deux fils, Étienne, qui fut également chirurgien, et François-Louis, près d'Antoine-Marie, député aux États généraux de 1789.

(2) Claude-Marc-Antoine Chartraire, comte de Montigny et de Bierre, fils de François, trésorier général des États de Bourgogne, et de Bénigne de La Michodière ; reçu en 1728 ; mort en 1750. Son fils Antoine, né le 8 décembre 1746, fut pourvu en 1771 de la même charge, qu'il exerça jusqu'en 1790 et dont il fut le dernier titulaire.

de vin muscat, deux caisses de citrons et d'oranges. En 1741,
le comte de Saint-Florentin étant de passage à Châlon, on lui
fait cadeau de deux cents bouteilles de vin et, comme le premier secrétaire d'un ministre peut influer sur ses décisions, on
prie ce dernier, M. Le Boulanger, d'accepter cent bouteilles ;
mais il revient aux oreilles municipales que le second secrétaire, M. Eydien, en a conçu « une jalousie » dont les effets
peuvent être à redouter, et alors on s'empresse de lui faire
porter cent autres bouteilles. Deux repas offerts en 1745 à
l'intendant de Saint-Contest [1] se chiffrent par la somme relativement élevée de 560 livres ; des présents de volaille et
de poisson grèvent également le budget de 3728 livres. De même, en 1748, les dons et vins d'honneur montent à 3.961 livres.
Et en 1749, tandis qu'une maigre somme de 350 livres est affectée au « nettoiement » des places publiques, on débourse
en cadeaux, grands repas et réjouissances de la paix 7.066 livres. Plus du tiers des recettes passe ainsi en rasades et en
festins auxquels les contribuables n'ont d'autre participation
que le paiement des frais. Ces largesses finirent par attirer
l'attention de l'intendance et, en 1782, sur la proposition de
Feydeau de Brou [2], le nombre des bouteilles de vin « à offrir
aux personnes de distinction passant par Chalon » fut réduit
à vingt-quatre [3].

Un des articles les plus importants de la dépense en 1743
fut le prix de la fontaine de la place de Beaune. Antoine
Spingola, « marbrier du roi et de la province », dont le
nom exotique ne doit pas faire oublier que son père était
originaire de Saint-Laurent-lès-Chalon, toucha 4.200 livres
pour la fourniture du bassin et du piédestal de la statue de
Neptune ; Fleury Sigandenon, fontainier, 4.750 livres ; le
sculpteur Sordoillet, 2.329 livres pour la statue, un buste de
Louis XV destiné au fronton de l'hôtel de ville et la sculp-
ture de la cheminée de la salle des délibérations.

---

(1) François-Dominique Barberie de Saint-Contest, seigneur de la Châ-
taigneraie, maître des requêtes en 1718, intendant à Auch en 1737, à Dijon
de 1740 à 1749, ambassadeur en Hollande en 1750, secrétaire d'État des
affaires étrangères en 1751 ; mort le 24 juillet 1754.

(2) Charles-Henri Feydeau, marquis de Bron, chevalier, maître des requêtes, intendant à Bourges en 1777, à Dijon en 1781, à Caen en 1783.

(3) Sur ces présents, cf. BB, 50, 59 ; CC, 107 à 143.

Dans les comptes de Grassot, comme dans ceux de ses prédécesseurs, figure une somme de 400 livres payée annuellement à l'exécuteur des hautes œuvres. L'histoire de cett. redevance est assez curieuse. Autrefois le bourreau percevait un droit dit de havage sur tous les marchés et les foires des localités où s'étendait la justice au nom de laquelle il exerçait. Une charretée de bois était-elle mise en vente, il prenait tant de bûches ; si c'étaient des grains, des fruits, du fromage, etc., une cuillerée pleine. On le voyait apparaître au début du marché, suivi de son valet, qui portait des sacs, et lui-même, une cuiller de fer-blanc à la main, allait réclamer le havage à chaque vendeur, et pour éviter toute omission préjudiciable, il marquait au bras, avec un morceau de craie, ceux qui lui avaient payé son tribut. Ce qui est à noter, c'est que ce prélèvement, passé en usage, ne soulevait aucune contestation. Il semble bien pourtant que la présence du sinistre quémandeur jetait un froid, car, en 1658, la municipalité lui interdit d'opérer lui-même sa perception. Ce furent désormais les valets de l'hôpital qui levèrent les droits, sauf à verser à l'exécuteur une somme convenue. On finit même par se demander si cette contribution reposait sur quelque fondement. Le 1er mai 1708, un arrêt du bailliage rendu à la requête du premier échevin, Sébastien Chapuis, défendit au bénéficiaire d'exiger aucun droit tant qu'il n'aurait pas produit les titres qui l'y autorisaient. Cette décision fut mal vue à Dijon. Le procureur général [1] en exprima son étonnement. Ainsi qu'il le manda, le 21 août, au procureur du roi à Chalon, l'exécuteur percevait ce droit depuis plus de trente ans, comme l'avaient perçu tous ses prédécesseurs, et il n'appartenait nullement à des officiers subalternes de faire des règlements de ce genre. « C'est même, ajoutait-il, une entreprise contraire à l'autorité de la Cour. » Le sort du bourreau l'intéressait, au moins administrativement. « Ces sortes d'officiers, faisait-il observer, paraissent odieux, mais ils sont nécessaires, et il faut les soutenir pour l'intérêt et la manutention de la justice publique [2]. »

(1) Claude Parisot, chevalier, seigneur de Crugey, Bouhey, Sainte-Sabine, pourvu de sa charge le 18 septembre 1681 ; mort en janvier 1709.
(2) En 1722, la maison de l'exécuteur appelait d'urgentes réparations.

Si la municipalité avait raison, le procureur général n'avait pas tort. L'office de bourreau était de première nécessité. Il ne suffisait pas alors d'un simple geste pour déclencher l'instrument. La variété des supplices réclamait le ministère d'un homme versé dans la pratique du dépeçage. Sans parler de la roue, de la marque au fer rouge, de la langue percée, des questions préparatoire et préalable, etc., la mise à mort imposait une série d'opérations qui tenaient de la boucherie et dont un exemple peut être fourni par l'exécution à Chalon d'un nommé Albert, originaire de Troyes, condamné en 1578 pour trahison « à être pendu et estranglé, à avoir la teste séparée de son corps, le corps mis en quatre quartiers pour estre portés et suspendus en quatre poteaulx ou arbres sur les advenues et grands chemins de Chalon, la teste plantée en un poteaul érigé au bout du pont d'Eschavannes [1] ». Ce travail de dissection exigeait vraiment des aptitudes spéciales et des nerfs à toute épreuve.

Telle était bien la pensée de l'exécuteur en fonctions, Pierre Champion. Il se pourvut devant le parlement et y assigna, le 31 août, le premier échevin. Pour eviter un fâcheux débat, la ville, en vertu d'une décision du conseil communal du 10 janvier 1716, lui acheta son prétendu droit en s'engageant à lui payer un traitement fixe de 400 livres par an, dont elle s'assura les fonds par la création de nouveaux droits sur le marché [2]; mais l'exécuteur, qu'il s'appelât Champion, Lafrance, Chédeville, Henri ou Brochard, avait le respect des traditions. Sans s'inquiéter autrement de la transaction, il continua en sourdine ses petits prélèvements Soixante années passèrent ainsi. L'abus eut pourtant un terme. En 1775, il était assez notoire pour que le gouvernement s'en émût. Le 27 novembre, l'intendant Dupleix de Bacquencourt [3] mandait au subdélégué de Chalon, François-

---

Elles furent mises en adjudication ; mais personne ne voulut se présenter. L'intendant fit alors aviser le maire qu'il eût à forcer les ouvriers d'entreprendre les travaux, sans quoi la ville serait tenue de fournir un logement à l'exécuteur, si sa maison venait à tomber. DD, 15.

(1) Archives de la Côte-d'Or, B, 3794.

(2) BB, 28 ; CC, 15 et 122. En 1783, ce traitement fut élevé par l'intendant à 550 livres.

(3) Né en 1726, d'abord maître des requêtes , puis intendant à la Rochelle

Antoine Noirot, « que l'intention du roi, à lui communiquée par le contrôleur général, était que la perception de tout droit sur les denrées et marchandises vendues aux foires et marchés fût rigoureusement interdite à l'exécuteur de la haute justice ». En faisant part de cette lettre, le 7 décembre, aux officiers municipaux, Noirot les invita à interdire également un autre impôt que l'insatiable exécuteur levait lors de chaque mariage. S'il venait le réclamer en personne et quelque engageantes que fussent ses offres de services, c'était pour les nouveaux époux une assez déplaisante visite. Il semble qu'à la sortie de l'importun, ils devaient se tâter instinctivement le cou.

En 1744, Claude Grassot était adjudicataire des octrois et présentait à l'intendant, le 25 janvier, une requête ayant pour objet la stricte application à tous marchands et voituriers d'une ordonnanee du 12 juillet 1737, rendue à la demande d'un précédent adjudicataire, René Boulanger, et destinée à prévenir les fraudes. Dans les deux premières années de son exercice, ce fermage des octrois rapporta à la ville 7.700 livres, puis en 1745, 7.648 livres, en 1748 et 1749 9 600 livres. C'était l'article le plus fructueux du budget municipal [1].

Claude Grassot avait épousé Claudine Daventure et n'en eut pas d'enfants. Il mourut à Chalon le 14 janvier 1770. Aux termes de son testament, daté du 12 février 1769, une somme de 600 livres, léguée « aux pauvres honteux », devait être remise au curé de Saint-Vincent, « pour par lui, avec l'avis de ses héritiers, la distribuer suivant la connaissance des besoins qu'ils auront desdits pauvres ».

en 1765, à Rennes en 1771, à Dijon en 1775 et enfin conseiller d'État en 1780 ; condamné à mort, le 7 juillet 1794, par le tribunal révolutionnaire. Le quai de Chalon compris entre le pont et le bastion de Saint-Jean-de-Maisel a porté son nom, ainsi qu'en témoigne sa lettre de remerciements adressée le 19 juin 1780 à la municipalité. BB, 77.

(1) CC, 22, 139 à 143.

PHILIBERT 3ᵉ

Philibert Grassot, frère de Claude qui précède, exerça de
1738 à 1763 l'office de notaire et procureur. Comme son
aïeul, il remplit aussi celui de greffier des domaines des gens
de mainmorte au diocèse de Chalon. Ses relations avec la
commune de Givry paraissent avoir été moins cordiales que
celles de son prédécesseur. Le 3 mars 1743, à sa requête le
bailli de Chalon condamna par défaut les échevins et habitants de la petite ville à fournir dans les quinze jours, ainsi
qu'ils étaient tenus de le faire tous les dix ans, « la déclaration des biens de leur communauté et les baux d'iceux, pour
être le tout enregistré conformément à la déclaration royale
de décembre 1691, faute de quoi faire, sera statué, sur la demande dudit sieur Grassot, d'une amende de 3oo livres
contre les défaillants ». Cette fois, sans doute, les Givro-
tins s'abstinrent d'envoyer une feuillette. Déjà, en 1741, Philibert Grassot avait dû assigner pour le même motif, devant
le lieutenant général du bailliage de Chalon, le maire et les
échevins de Tournus à l'effet d'obtenir le paiement de
l'amende de 3oo livres qu'ils avaient encourue [1].

Peut-être est-il permis de noter encore l'incident que révèle un jugement de police. En 1752, sur la plainte du notaire et conformément aux réquisitions du procureur syndic
Guillaume Mouton [2], une amende de 5o sous fut prononcée
contre le charron Buteculet « pour avoir, vers dix heures
du soir, déversé par sa fenêtre un torrent d'eau puante sur
M. Philibert Grassot, notaire royal, auquel, en outre, il
paiera la valeur de son habit que cette aspersion a rendu
impropre à tout usage [3]. » Impropre était bien le mot propre.

Philibert Grassot mourut en 1766. Il avait épousé en 1736
Jeanne Michelin et en avait eu cinq enfants :

1º Huguette, née le 2o février 1737, tenue sur les fonts
baptismaux par Claude Grassot, son oncle, et Huguette
Grassot, sa tante ; — 2º Marthe, née le 1ᵉʳ novembre 1741 et

(1) Archives de Givry, BB, 3, 32 ; DD, 1.
(2) En exercice de 1751 à 1780.
(3) FF, 27.

mariée, le 14 janvier 1766, avec Charles Boulanger, marchand de fers ; — 3° Philibert, 4° du nom, qui suit, né le 22 mars 1743 ; — 4° Pierre-Claude, né le 16 janvier 1747 ; parrain, Pierre Michelin, bourgeois, son oncle ; marraine, Reine Bassand, femme de Philibert Reverdy, notaire ; — 5° Anne, née le 16 mars 1751 ; parrain, Joseph Berlioz, avocat [1], cousin du côté paternel ; marraine, Anne Desaint, cousine du côté maternel. Elle épousa, le 30 mars 1775, François Levieux, qui fut nommé, la même année, lieutenant dans la milice bourgeoise.

JEAN

Jean Grassot, né en 1729 et très probablement neveu du précédent, exerça le notariat depuis 1756 jusqu'à sa mort le 22 avril 1885. Il remplissait en même temps l'office de greffier du présidial. Marié avec Jeanne Baveux, il eut d'elle trois fils : 1° Philibert, 5°, né le 15 novembre 1757, dont le parrain fut Philibert Grassot 3°, notaire royal, et la marraine, Claude Daventure, femme de Claude Grassot ; — 2° Philibert-Antoine, né le 15 avril 1761, tenu sur les fonts baptismaux par Philibert Millot, notaire et procureur au bailliage [2], et Antoinette Dancy, fille d'Antoine, ancien notaire et procureur [3]. Entré dans les ordres, il était en 1790 vicaire de la paroisse d'Ouroux-sur-Saône, dont Guillaume Desaint était curé. A l'exemple de celui-ci, il prêta le serment à la constitution civile du clergé ; mais il le rétracta le 13 juillet 1795 et fut réhabilité le 15 août suivant. Sous le Directoire, l'exercice secret du culte lui attira des persécutions. Le 9 mars 1798, l'administration centrale le fit arrêter et emprisonner à Mâcon. Ce n'était que le prélude d'un traitement plus cruel. Vainement excipa-t-il du serment qu'il avait prêté ; il ne put en justifier, ayant perdu, déclarait-il, la feuille volante sur laquelle il l'avait consigné, et alors ordre fut donné, le 14 août, de l'expédier au bagne de l'île de

---

(1) Échevin en 1722-1724.
(2) En exercice de 1753 à 1779, échevin en 1771-1773.
(3) En exercice de 1755 à 1770, échevin en 1759-1761.

Ré. Sa déportation dura quinze mois. Le 6 janvier 1800, il sollicita du gouvernement consulaire sa libération, qui lui fut accordée. Nommé en juin 1804 curé du Villars (arrondissement de Mâcon), il passa de là, en 1810, à la cure de la Madeleine, à Tournus ; — 3° Antoine, né le 19 septembre 1765 ; parrain, Antoine Ducreux, procureur[1] ; marraine, Marguerite Grassot, tante paternelle.

PHILIBERT 4e

Philibert Grassot, 4e du nom, fils de Philibert 3e, qui précède, lui succéda dans son office de notaire et l'exerça jusqu'en 1810. Il fut échevin en 1786-1787 et, en outre, greffier du bailliage temporel de l'évêché. Le 3 décembre 1771, il épousa Marie-Anne Terme, fille de Jean-Baptiste, notaire, receveur des insinuations[2], et de Nicole Vincent. Six fils et une fille naquirent de ce mariage : 1° Jean-Baptiste, qui suit, le 6 octobre 1772 ; — 2° Michel, le 24 août 1773 ; — 3° Charles, le 13 février 1776 ; — 4° Jean-Baptiste-Philibert, le 14 décembre 1778 ; — 5° Jean-Baptiste-Félix, le 27 novembre 1786 ; — 6° Benoît-Camille ; 7° Françoise.

Réputée suspecte, Mme Philibert Grassot fut arrêtée le 13 novembre 1793, sous l'inexacte qualification de belle-sœur d'émigré. Cet émigré était son propre frère, Marie-Antoine-Joseph Terme, ancien receveur des aides, qui, « après quelques persécutions — comme il le déclara — s'était décidé à suivre le torrent de l'émigration ». Retiré en Suisse, où il s'employa comme précepteur, puis revenu à Paris en 1798, il s'engagea dans l'artillerie de marine sous le nom de Charles Vincent. Ce fut seulement le 22 novembre 1801 qu'il exposa son odyssée au ministre et sollicita sa radiation[3].

Sur les explications de Mme Grassot, le comité chalonnais de Salut public avait bien voulu reconnaître qu'elle n'avait rien à voir là-dedans, et admettre « que depuis quinze ans

(1) Échevin en 1761-1763.
(2) En exercice de 1753 à 1788.
(3) Arch. nat., F/, 5601/.

qu'elle est mariée et séparée de son beau-frère, elle n'a pu
coopérer à son émigration ». Un seul reproche pouvait lui
être adressé, celui « d'avoir fréquenté les fanatiques ou aristocrates ». C'était déjà un sérieux grief. L'événement du
9 thermidor mit fin à la détention de la pauvre femme En
vertu d'un arrêté du comité de Sûreté générale, daté du
24 thermidor (11 août 1794), elle fut élargie avec huit autres
détenus dont la culpabilité était égale à la sienne

JEAN-BAPTISTE

Jean-Baptiste Grassot, né en 1722 et fils aîné de Philibert 4e, qui précède, fut reçu notaire à Chalon le 13 frimaire
an VI (3 décembre 1798) et exerça jusqu'au 5 germinal
an XII (9 avril 1804), date à laquelle il fut appelé au poste
de sous-préfet à Saint-Marcellin (Isère). Il fit alors à la
chambre des notaires et au greffe du tribunal une déclaration portant qu'il allait s'absenter pour service public et qu'il
entendait ne point abandonner sa charge. En 1811, il passa
à la sous-préfecture de Vienne. La chute de l'Empire ne laissa
pas que de l'inquiéter. Il s'adressa au général de Thiard, que
le gouvernement royal venait de rétablir sur les contrôles de
l'armée. « Mes vœux, lui écrivit-il, doivent se borner à une
maintenue méritée par vingt cinq années de services militaires et civils sans aucune récompense... Ces vœux seraient
comblés si j'étais employé à Chalon dans le cas où, comme
on le débite, l'intention du roi serait d'opérer une disloca-
tion parmi les sous-préfets... » Et il se recommanda au général, alors *persona grata*, comme ayant été disgracié par
Napoléon. On le garda à Vienne, et il y occupa l'emploi jusqu'à la seconde Restauration. Il en fut relevé le 15 mars
1816. Cette fois, Thiard n'eut pas à intervenir, car il avait
cessé de plaire et, moins de deux mois après, il était mis en
état d'arrestation.

Le jour même de sa révocation, Jean-Baptiste Grassot adres-

---

(1) Arch. de Saône-et-Loire, *fonds de Bourgogne*, F, 506.

sa une pétition à la chambre des notaires à l'effet d'être admis à reprendre ses fonctions notariales, qu'il n'avait abandonnées, disait-il, que provisoirement. Une délibération de la chambre, en date du 19, rejeta sa demande. Elle était fondée sur la longue vacance de cette charge, sur le nombre déjà exagéré des notaires à Chalon, et concluait à la suppression de l'office, en réalité inexistant. Le gouvernement ne partagea pas cette manière de voir, et Jean-Baptiste Grassot fut rétabli dans ses premières fonctions. Ses collègues ne lui tinrent pas rigueur, car, le 1er mai 1817, il était élu secrétaire de la chambre, en 1819 trésorier et, en 1822, président. Démissionnaire le 17 janvier 1832, il fut nommé à l'unanimité notaire honoraire le 8 mai 1833. Il était chevalier de la Légion d'honneur.

Il avait épousé vers 1798 Pauline Comte, née, en 1780, de Louis et de Benoîte Dumolin. Il n'en eut qu'une fille, qui contracta mariage avec un fils de Charles Mathey, notaire à Chalon de 1822 à 1846, député de Saône-et-Loire de 1846 à 1849, et commissaire du gouvernement. La fille unique née de cette union épousa N. Goupil et ne laissa point d'enfants.

Si quelques pages sur le beau-père de Jean-Baptiste Grassot constituent une digression, elles ne sembleront cependant pas sans intérêt. Né vers 1753 à Varennes-le-Grand (canton sud de Chalon), d'Antoine, notaire en cette commune[1], et de Claudine Gérard, Louis Comte avait épousé en 1776 Benoîte Dumolin, fille de Philippe, bourgeois d'Ameugny (canton de Saint-Gengoux), et de Christine Lafouge. En 1785, sur la demande de sa mère et pour des motifs restés inconnus. il fut arrêté et enfermé au fort de Trescou[2], dans le bas Languedoc, en vertu d'une lettre de cachet contresignée par le baron de Breteuil, ministre de la maison du roi. Il y passa quatre ans, dont vingt-sept mois, a-t-il prétendu, « au cachot et chargé de fers ». Le mouvement d'idées

---

(1) Originaire de Cercot, commune de Moroges, canton de Buxy, il fut d'abord notaire en cette paroisse pendant l'année 1748, puis céda son office pour en acquérir un autre à Varennes-le-Grand, qu'il exerça jusqu'en 1769.

(2) Commune d'Agde, arrondissement de Béziers (Hérault). C'était. comme la Bastille, les châteaux de Vincennes, de Ham, de Nantes, l'île Sainte-Marguerite, le Mont-Saint-Michel, etc., un lieu de détention affecté aux individus arrêtés en vertu de lettres de cachet.

qui accompagna la convocation des États généraux lui rendit
la liberté. Élargi le 3 juin 1789, il rentra chez lui à Chazelle,
commune de Cormatin [1] ; mais ce ne fut pas pour la satisfaction des siens. Sa femme dut bientôt s'éloigner pour échapper à ses mauvais traitements. Elle se retira chez sa mère à
Ameugny, où il la pourchassa à plusieurs reprises. Le
28 mai 1790, il la brutalisa, ainsi que la dame Dumolin, et
contraignit les deux femmes à lui lâcher 350 livres. Une
autre scène de violence se produisit le 7 juin. Ce jour-là,
Comte pénétra de vive force chez la dame Dumolin, enfon-
çant les portes, cassant les vitres, brisant les meubles et
criant qu'on lui apportât son sabre pour couper le cou à sa
belle-mère.

A la suite de ces excès, la municipalité s'adressa au département pour savoir que faire de ce furieux. Le 2 août, Tupinier, alors substitut du procureur général syndic, répondit
que, s'agissant là de faits d'ordre privé, c'était aux dames
Comte et Dumolin qu'il appartenait de se pourvoir. Une
autre démarche fut tentée par les officiers de la garde nationale de Cormatin ; le 23 septembre, ils demandèrent que le
port de l'uniforme fût interdit à Comte, « qui trouble l'ordre,
disaient ils, excite les habitants et peut être dangereux ».

La Révolution ne pouvait manquer de trouver en ce tur-
bulent personnage un de ses plus chauds partisans, En septembre 1791, il s'enrôla dans le corps des volontaires de Saône-
et-Loire, mais il y resta peu de temps, se rendit ensuite à Paris
et réussit, au printemps de 1792, à se faire charger par le ministre des affaires étrangères d'une mission secrète en Savoie.
Ses allures équivoques le firent arrêter un instant à Chambéry. Une pareille mésaventure lui arriva à Autun, alors
qu'il traversait cette ville, en juillet, pour regagner Paris.
Incarcéré à la requête du procureur syndic Jean-Baptiste
Lambert, une future victime de la Terreur, il ne fut élargi
qu'au bout de six semaines et grâce à la révolution du 10 août.

Une des conséquences de cette révolution fut l'institution
du divorce proclamée le 20 septembre. Comte se hâta d'en
profiter et de rompre un lien conjugal déjà fort relâché. De

(1) Canton de Saint-Gengoux, arrondissement de Chalon.

nouvelles missions lui furent confiées, en décembre, à l'armée des Alpes, en février 1793 sur les côtes de Provence. puis à l'armée des Pyrénées-Orientales. Rentré à Paris à la fin de mai, il fut autorisé, le 7 juillet, « à se rendre dans les départements de l'Eure et du Calvados pour remplir une mission patriotique » c'est-à-dire pour observer le mouvement fédéraliste dans cette région, que les Girondins s'efforçaient de soulever. Son début à Caen ne fut pas heureux. Ses agissements mystérieux éveillèrent les soupçons du général de Wimpffen, qui commandait les troupes départementales hostiles à la Convention et qui menaçait de marcher sur Paris pour rétablir la véritable représentation nationale. Il fit arrêter Comte, mais, mal secondé, il dut abandonner bientôt la partie et aller se cacher à Bayeux, où sa retraite demeura toujours ignorée. Rendu à la liberté, Comte reprit ses opérations, dont la première fut l'arrestation de l'aide de camp du général, Saint-Front. Cet officier pouvant lui fournir d'utiles informations, il s'ingénia à le circonvenir et, comme l'ex-aide de camp désirait avoir une recommandation du général Labretèche [1], tout dévoué au parti jacobin, il le mit en relations avec celui-ci. Labretèche se montra d'humeur accommodante ; il laissa son secrétaire délivrer à Saint- Front, sous la dictée de Comte, un certificat très flatteur et y ajouter un post-scriptum non moins élogieux pour ce dernier.

Les représentants Lindet, Duroy et Bonnet étaient alors à Lisieux. Comte y arriva, le 30 juillet, avec son prisonnier. La recommandation parut assez louche aux trois commissaires. Comme ils l'expliquèrent dans leur rapport du 10 août au comité de Salut public, « le citoyen Comte nous pria de faire attention au post-scriptum. Nous fîmes attention à tout et nous crûmes le bien comprendre en faisant consigner l'un et l'autre par un gendarme dans une chambre, jusqu'à ce que nous eussions pris des renseignements à Caen ». Ces renseignements furent peu favorables. Comte avait cherché, paraît-il, à provoquer un mouvement populaire sous prétexte que ce mouvement forcerait le département à licencier ses troupes.

(1) Né en 1764, mort en 1841. Son nom, qui a été aussi écrit Labertèche, était exactement Bertèche (Louis-Florentin).

Bref, écrivaient les représentants, « nous avons pris le parti de renvoyer le citoyen Comte et de lever toute consigne. Nous croyons devoir vous dire notre avis : ce citoyen servirait bien un roi, une cour corrompue ; il a de grands moyens, mais le peuple peut-il compter beaucoup sur de pareils agents ? Examinez-le, jugez-le. » Conclusion : « Le parti fédéraliste s'est détruit lui-même en voyant avancer une armée bien conduite... Des hommes tels que le citoyen Comte ne nous ont rendu aucun service ; ils auraient nui dans quelques autres départements [1] »

Dès son retour à Paris, Comte se fit présenter, le 7 septembre, par le « commissaire observateur » Rousseville, au ministre de l'intérieur Paré, à qui il avait, prétendait-il, des renseignements à donner. Malgré le peu de confiance qu'il inspirait, le comité de Salut public lui fit bon accueil, et un arrêté du 3o, proclamant qu'il avait « souffert pour la cause de la liberté », l'indemnisa de ses dépenses en Normandie par la remise d'un mandat de 6.670 livres [2]. Toujours désireux de se faire valoir, Comte se mit alors à la recherche des correspondants que les fédéralistes pouvaient avoir à Paris. Ayant noué connaissance avec un ancien adjudant de Wimpffen, nommé Mézières, il le flatta en vue de lui soutirer des renseignements. Son but, lui répétait-il, était de ramener le général « au bercail ». Il le conduisit chez Hérault de Séchelles, et là, pressé, amadoué, l'ex-adjudant se laissa aller à dénoncer Danton et plusieurs autres comme formant un parti dont ce même Danton était le chef et qui projetait de mettre le duc d'York sur le trône de France. Il rédigea même à ce sujet des notes que Comte porta au comité de Salut public et remit à Hérault de Séchelles. Si absurde que l'accusation semble à première vue, elle n'excède pas tout à fait la vraisemblance, si l'on considère l'immoralité de Danton et celle de la bande de « pourris » qui constituaient ses amis politiques, Delaunay d'Angers, Fréron, Basire, Julien de Toulouse, Fabre d'Églantine, l'ex-capucin Chabot, etc., tous agioteurs, fripons, concussionnaires et en étroite liaison avec des agents de l'étranger.

(1) Arch. nat., AF, II, 267.
(2) *Ibid.*, AF, II, 32.

Quelques jours après, Mézières tint les mêmes propos en présence de Billaud-Varennes. Ce fut alors pour Comte, toujours en quête d'intrigues à mener par voies souterraines, un motif pour chercher à s'introduire chez Danton et à capter sa confiance, avec l'intention de le dénoncer s'il apercevait que les allégations de l'ex-adjudant étaient fondées. Un député du Calvados, Legot, le mit en rapports avec Courtois, parent de Danton, qui le mena chez ce dernier. On causa de la dénonciation, de Billaud-Varennes, de Robespierre, que Danton sentait hostiles à sa personne. Comme il s'inquiétait de savoir ce qu'on ferait de Mézières, Comte lui répondit qu'il fallait lui donner un passeport pour qu'on sût ainsi où il allait et qu'on eût toute facilité de le surveiller, dans le dans le cas très vraisemblable où il irait, après quelques détours, retrouver Wimpffen. L'arrivée d'un tiers mit fin à l'entretien ; mais il avait été entendu qu'un membre du comité de Sûreté générale, tout dévoué à Danton, procurerait le passeport. Ce soir-là, Mézières devait dîner chez Comte avec Courtois. On ne le vit pas venir. Il avait disparu et, peu de jours après, le 11 octobre, à l'instigation d'Hérault de Séchelles, Comte était arrêté. Sa demande de passeport en faveur de l'officier fédéraliste avait servi de prétexte pour le faire réputer complice des rebelles.

Il est à remarquer que Danton quitta Paris le surlendemain de l'incarcération de Comte, trois jours après l'adoption du décret du 10 octobre qui, en déclarant « révolutionnaire » le gouvernement de la France, impliquait la suspension de la Constitution et l'établissement d'une dictature. Il allait, en apparence, se reposer à Arcis-sur-Aube, au milieu de sa famille ; en réalité, semble-t-il, c'était pour se soustraire momentanément à l'attention de Robespierre et de Billaud-Varennes. Son caractère était, comme on sait, un mélange de hardiesse et de nonchalance. L'athlétique tribun, qui, aux jours les plus critiques, s'était écrié de sa voix tonnante : « De l'audace, toujours de l'audace, encore de l'audace ! », fuyait maintenant devant l'accusation.

Son arrestation, le 31 mars 1794, rendit quelque confiance à Comte. Il espérait que les comités lui sauraient gré de leur

avoir signalé les menées des conspirateurs et de leur chef.
Vaine illusion. Le rapport présenté à la Convention, le
26 prairial (11 juin), par Élie Lacoste, l'engloba dans la conspiration dite de l'étranger, où il se trouva réputé complice
d'Admiral, qui avait tiré deux coups de pistolet sur Collot
d'Herbois, de Cécile Renault, qui avait essayé de s'introduire chez Robespierre, « pour voir, disait-elle, comment est
fait un tyran », du prince de Saint-Mauris, de Sombreuil,
l'ancien gouverneur des Invalides, que la tendresse de sa
fille avait protégé une première fois contre les coups des assassins, etc. Il y avait dans ce document haineux quelques
lignes pour chacun des cinquante-quatre accusés. Comte
était dépeint comme « le confident d'Hérault de Séchelles »
et convaincu — sans la moindre preuve — « d'avoir eu à
Turin des conférences avec d'Artois et à Paris avec le tyran ». L'affaire fut appelée à l'audience du 29 prairial
(17 juin). Tous les comparants étaient indistinctement pré-
venus « d'être complices de Batz ou de la conjuration de
l'étranger et d'avoir voulu par l'assassinat, la famine, l'introduction de faux assignats, la dépravation de la morale et
de l'esprit public, le soulèvement des prisons, faire éclater
la guerre civile, dissoudre la représentation nationale et rétablir la royauté ou toute autre domination tyrannique ». Les
débats furent menés avec l'habituelle précipitation. Admiral
eut cependant le temps de lancer à Fouquier-Tinville cette
apostrophe : « Est-ce que vous avez le diable au corps d'ac-
cuser tout ce monde d'être mes complices? Je ne les ai jamais vus ni connus .» Le verdict envoya tous les accusés à
l'échafaud. Réputés assassins, ils furent conduits place du
Trône-Renversé, revêtus de chemises rouges, comme l'a-
vait prescrit, l'avant-veille, le comité de Salut public. Il
suffit de vingt-huit minutes pour faire tomber les cinquante-
quatre têtes [1].

<hr>

(1) Cf. arch. nat., D, IV, 59 ; F⁷, 3687⁴, 3688³ et 4652 ; AULARD, *Actes
du comité de Salut public*, t. V, p. 523, et t. VII, p. 31 ; P. CARON, *Paris
pendant la Terreur*, t. Iᵉʳ, p. 25, 81 et 106 ; P. MONTARLOT, *Les accusés de
Saône-et-Loire aux tribunaux révolutionnaires*, 1901, pp. 517-522 ; A. MA-
THIEZ, *Annales révolutionnaires*, 1912, *Danton et Louis Comte ; Moniteur* du
27 prairial an II.

Comte avait été la victime de ses propres intrigues. Que ne s'était-il rappelé à propos cette maxime du fabuliste :

> Tel, comme dit Merlin, cuide engeigner autrui
> Qui souvent s'engeigne soi-même.

Il laissait de son mariage trois enfants : 1° Charles Philibert, né en 1777, marié le 19 mai 1801, à Charolles, avec Pierrette-Catherine Rougemont, dont il eut : A. Adeline, née en 1802, morte célibataire en 1894 ; — B. Charles, né en 1803, mort en 1828 ; — C. Étiennette-Eugénie, née en 1804, marié en 1827 avec le docteur Chambeyron, à qui elle donna quatre fils et deux filles. Née en 1834, l'aînée de celles-ci, Hélène, eut pour parrain Étienne-Félix Montarlot, qui n'avait aucune affinité avec la famille Comte, mais était cousin au sixième degré de Philibert Grassot, grand-oncle de l'enfant. La cadette, Marguerite, née en 1840, épousa Louis Delaval, ingénieur, et eut deux enfants, Charles, mort à dix-sept ans, et Geneviève, restée célibataire.

2° Pauline, mariée avec Jean-Baptiste Grassot ;

3° Philibert-Marie, né à Cluny le 21 octobre 1784, capitaine au 29e d'infanterie, retraité en 1814 et créé chevalier héréditaire par lettres patentes du 6 janvier 1815 ; marié à Émilie Serre ; mort à Lyon sans postérité le 10 mai 1841.

FAMILLE BOULANGER

RENÉ 1ᵉʳ

A la fin du xvııᵉ sıècle, René Boulanger, né en 1637. négociant à Chalon, était en même temps assesseur en la mairie et administrateur de l'hospice, Saint-Louis. Ce fut en cette dernière qualité qu'il conclut, le 19 juillet 1690, de concert avec l'abbé Jean Paulet, recteur de l'établissement, et l'imprimeur-libraire Philippe Tan, qui en était le receveur, un traité ayant pour objet la construction de l'église de la Charité. Le maître architecte et entrepreneur Jean Salviet se chargea du travail au prix forfaitaire de 1450 livres, non compris les détails architectoniques du portail, les deux chapelles et la sacristie. La consécration de l'église eut lieu le 1ᵉʳ juin 1692. La dépense totale, montant à 8.567 livres, fut payée en grande partie par Mᵐᵉ de Thésut, née Anne Bernard, veuve de Jean-Baptiste, vicomte de Chalon et maître d'hôtel ordinaire du roi.

René Boulanger habitait, rue Saint-Vincent, une maison qui appartenait à Jeanne Cointot, veuve de Jacques Janthial, avocat, et qu'elle légua à l'hôpital par testament du 13 janvier 1686. Il mourut le 27 juin 1709, au cours de l'épidémie. De son mariage avec Marie Paquin, fille de Jean et de Jacqueline Morin, il avait eu trois fils, Charles, Philippe et René, qui suivent, et trois filles : 1º Anne, qui épousa. le 4 juin 1708, Jacques Goujon, fils de Jacques, procureur au bailliage, et de Marguerite Guyot. Furent présents à la cérémonie : Pierre Andouard, greffier en la justice consulaire, cousin germain de l'époux, Claude Girard, écuyer, avocat en parlement, Jean-Baptiste Duverne, procureur au bailliage, etc. Jacques Goujon mourut le 15 mars 1748 et sa femme, le 1ᵉʳ août 1751 ; — 2º Antoinette-Aimée, née vers 1683 et mentionnée ci-dessus comme marraine en 1693 d'une fille de Phi-

lippe Cochon 2e ; — 3o Henriette-Élisabeth, née le 19 février
1685 et baptisée le 20 au palais épiscopal ; parrain, « Illus-
trissime et Révérendissime Henry-Félix, conseiller du roi en
ses conseils, comte et évêque de Chalon, baron de la Salle
et docteur en Sorbonne » ; marraine, Élisabeth Petit, « fille
de noble Claude Petit, ancien lieutenant particulier au bailliage [1] », et d'Anne Guyard.

Une sœur de René, Anne-Marie, qualifiée marchande
dans un acte de baptême de 1723, finit comme pension-
naire à l'hospice Saint-Louis, où sa nièce et filleule Anne-
Marie était alors assistante de la supérieure. Par testament
du 24 octobre 1745, elle institua héritiers universels de ses
biens les pauvres de l'hospice.

Appartenaient à la même famille, sans qu'on puisse défi-
nir exactement leur parenté : 1o Louis Boulanger, avocat en
parlement, marié en premières noces avec Marie Simonnet
et en secondes noces avec Marie-Anne Petit [2]. Il mourut
en 1703, laissant de sa première femme quatre enfants,
Anne, Louis, Marie et Étienne, et, de sa seconde femme,
Anne-Catherine. Cette dernière épousa en 1704 Jean-Baptiste Brusson, conseiller du roi, enquêteur au bailliage, fils
de Pierre, avocat [3], et de Claudine Jomard. Signèrent
l'acte de mariage, entre autres, Louis et Étienne, frères de
l'époux, Théodore Brusson, garde-scel au présidial, Paul
Brusson, secrétaire de la Chambre des comptes, etc. 2o Mathieu Boulanger, qualifié dans des actes de professeur-ès-
bonnes lettres. Il eut une fille, Louise-Aimée, qui épousa en
1680 René du Brouillnrd, écuyer, né en 1638, gendarme
d'ordonnance du Grand Dauphin et veuf d'Eugénie Ferrey,
mariée en premières noces avec Claude Sassot. De cette
union naquit en 1633 Catherine, qui se maria avec Louis
Carrière dit Laforest, « tailleur de corps », c'est-à-dire de
corsets, et qui mourut veuve en 1762.

(1) Armoiries : *d'azur, à trosi bandes d'or,*
(2) Armoiries de Louis Boulanger présentées par sa veuve et enregistrées
le 29 décembre 1703 : *d'azur, à un chevron d'or, accompagné de trois massacres de cerf de même, posés deux en chef et un en pointe, et surmontés chacun
d'une étoile d'argent.*
(3) Armoiries : *d'azur, à un chevron d'or, accompagné en chef de deux
étoiles de même, et en pointe d'un croissant d'argent.*

CHARLES 1er

Charles Ier du nom avait épousé Catherine Robert, née en 1675 et veuve de François Dardelin, procureur au bailliage. Il en eut deux filles : 1° Marie-Anne, née le 2 octobre 1699 ; parrain, Pierre-Jacques Robert [1], procureur, son oncle ; marraine, Marie-Anne Boulanger, sa tante, ci-dessus mentionnée. Elle embrassa la vie religieuse et devint assistante de la supérieure de l'hospice Saint-Louis, où elle mourut en 1745. — 2° Magdeleine, née le 1er novembre 1700 ; parrain, François Robert, son oncle ; marchand à Saint-Laurent ; marraine, Magdeleine Robert, fille du procureur. Veuf le 12 février 1702, Charles Boulanger se remaria, le 3 mai 1703, avec Jeanne-Marie Plassard, fille de Pierre et de Catherine Duverne. Elle lui donna aussi deux filles : 1° Jeanne, née le 1er février 1704 ; parrain, Étienne Boulanger, avocat en parlement ; marraine, Jeanne Barault, fille de Jean, procureur au bailiage [2]. — 2° Catherine, née le 2 janvier 1706 ; parrain, René Boulanger, son aïeul ; marraine, Catherine Duverne, sa grand'mère. Ayant encore perdu sa femme, Charles Boulanger contracta un troisième mariage, le 11 août 1712, avec Claudine Bazin, fille de Philippe, marchand, et de Claudine Theulot.

PHILIPPE

Philippe Boulanger fit, comme ses frères, le commerce des fers. Reçu le 10 septembre 1704, trésorier de la fabrique de Saint-Vincent, il exerça l'office de receveur en la maîtrise des eaux et forêts et, en 1713-1714, les fonctions d'échevin. Marié avec Anne Carrière, il en eut six enfants : 1° René 2e du nom, qui suit, né le 2 octobre 1699 ; parrain,

---

(1) Armoiries : *de sable, à un roc déchiqueté d'or.*

(2) Échevin en 1686-1688. Armoiries : *d'azur, à un chevron d'or, accompagné en chef de deux étoiles d'argent, et en pointe de deux mains de même, jointes en foy, posées l'une en barre et l'autre en bande en forme de chevron.*

René Boulanger, son aïeul; marraine, Jeanne Piot; — 2º Marie, née le 18 octobre 1700; parrain, Jacques Piot, propriétaire à Charnay-lès-Chalon et aapparenté aux Boulanger; marraine, Sœur Marie-Anne Boulanger; — 3º Anne, née le 6 mai 1702; parrain, François Guerret, fils de Claude, procureur; marraine, Anne Boulanger, fille de René; — 4º Charles 2ᵉ, qui suit; — 5º Philippe-Marie, né le 1ᵉʳ novembre 1701; parrain, Philippe-Marie Masson, écuyer, lieutenant criminel au baillage [1]; marraine, Jeanne Joly, « fille de M. Joly, conseiller du roi et son secrétaire, maison et couronne de France [2] »; — 5º Louis-François, né le 25 août 1708; parrain, Pierre Dombay; marraine, Reine Guyenet. fille de Bernard, notaire royal à Verdun-sur-le-Doubs [3].

RENÉ 2ᵉ

René Boulanger 2ᵉ du nom, né le 9 octobre 1699, se fit pourvoir d'une charge d'assesseur an la mairie et fut, en outre, receveur de la maîtrise des eaux et forêts. Par acte du 2 mars 1725, il se rendit acquéreur d'une maison appartenant à Marie Butard, épouse de Louis Quarré de Quintin, procureur général en survivance en parlement de Dijon [4].

Un procès dans lequel lui et sa sœur Marie-Anne, supérieure de l'hospiee Saint-Louis, jouèrent le rôle de défendeur, ouvre une perspective sur les servitudes réelles qui subsistaient encore au milieu du dix-huitièmе siècle. Ayant recueilli un domaine à Charnay-lès-Chalon dans l'héritage de leur parent Jacques Piot, ils l'avaient vendu, le 28 mars 1735, à Claude Perret, juge ordinaire du comté de Verdun-sur-le-Doubs, et celui-ci avait commencé d'en jouir, quand une difficulté surgit inopinément. La seigneurie de Charnay

---

(1) Voir la note... p. 68.
(2) Jean-Baptiste Joly, né vers 1642 de Blaise, avocat en parlement, et de Judith de Thésut; échevin en 1767-1679, maire en 1679-1681.
(3) Armoiries : *d'azur, à deux lettres capitales J et G d'or, rangées en fasce.*
(4) Arch. de Saône-et-Loire, *fonds Le Baull-Le Blanc*, F, 1375.

appartenait alors à Anne-Claude de Thiard, marquis de
Bissy [1], qui l'avait trouvée dans la succession de ses ascendants, dont l'un, Claude, en était devenu possesseur par son
mariage, le 21 mai 1553, avec Guillemette de Montgommery, fille de Louis, chevalier, seigneur de Lantenay,
Perrigny, Charnay [2], etc., et de Michelle de Maillot. Il
actionna Perret, ainsi que ses vendeurs, alléguant que,
Charnay étant une paroisse de main-morte, « nulles personnes de franches conditions n'y peuvent posséder ny
acquérir maisons ny héritages qu'ils ne tiennent feu et lieu
audit Charnay pour y estre de la même condition des habitans de ce lieu ». Aux termes d'une signification du 16 avril
1736, Perret n'avait le choix qu'entre deux partis : ou
« tenir feu et lieu à Charnay » ou remettre le domaine « en
mains habiles à un habitant mainmortable », c'est-à-dire
à un habitant domicilié dans le village et soumis par la
coutume à l'obligation de laisser ses biens au seigneur s'il
n'avait pas d'héritier. En pareil cas, le défendeur devait
s'exécuter dans un délai déterminé. sous peine de voir son
bien passer sans autre formalité au seigneur.

Ce fut une désagréable surprise pour René Boulanger et
les siens. «... Quand Mlle Marie-Anne Boulanger, supérieure
de l'hôpital Saint-Louis, et lui, — lit-on dans une de ses écri-
tures, — ont vendu le domaine de Charnay, provenant de la
succession du sieur Jacques Piot, ils ne s'attendaient pas
d'avoir un procès... Ils savaient que ledit sieur Jacques Piot
et ses auteurs avaient possédé ledit domaine en franchise
en vertu d'un ancien affranchissement... » Et ils produisaient la copie de cet acte daté du 9 mars 1544, signé par
les époux de Montgommery et affranchissant, moyennant
le paiement d'une somme de cinq cents livres, non seulement Jean Piot, notaire royal à Charnay, ascendant de Jacques, mais encore sa femme, la veuve de son frère Antoine
et les cinq fils de ce dernier. L'exception tirée de ce

____

(1) Né en 1681, lieutenant général en 1734, gouverneur des ville et château d'Auxonne ; mort le 20 octobre 1765.

(2) Mort le 23 janvier 1546, à la Vère (Pays-Bas), « venant du royaume
d'Escosse avecq certaine quantité d'archiers et hommes d'armes fran-
coys ». (Acte de sépulture.)

document ne fut pourtant pas accueillie et, le 17 mars 1737, une sentence du juge de Charnay donna raison au demandeur. Ses adversaires n'en restèrent par là. On discuta devant plusieurs juridictions. Anne-Claude de Thiard l'emporta en dernier ressort, et Perret, de guerre lasse, abandonna, le 22 septembre 1782, le bien grevé de servitude. Ce ne fut pas fini. Un de ses héritiers, Jean-Baptiste Perret, assigna à son tour l'héritier du marquis de Bissy, « le citoyen Thiard » ou moins sommairement Claude de Thiard, comte de Bissy, lieutenant général et même membre de l'Académie française, quoiqu'il n'eût jamais rien écrit [1]. Conformément à la loi du 25 août 1792, il lui demanda la restitution des terres que son auteur avait été contraint de céder pour s'affranchir de la servitude de mainmorte, et l'affaire, engagée en 1796, ne reçut une solution qu'en 1799 [2].

D'autres contestations furent soulevées, celles-là par René Boulanger. En 1736, il s'était rendu adjudicataire de la ferme des octrois et, le 12 juillet 1737, il avait obtenu de l'intendant un règlement préventif contre les fraudes qui pourraient être commises à son préjudice [3]. L'année suivante, il entama une poursuite contre un charron, Claude Deschamps, qui, invoquant sa qualité de Chalonnais, avait refusé de payer deux sous pour droit de roulage. Ces deux sous durent se multiplier fort, si l'on en juge par l'énumération des pièces du procès, qui ne dura pas moins de deux longues années, requêtes, mémoires, délibérations municipales, significations diverses, etc. Ce qui dut entraîner la décision de l'affaire, ce fut un certificat du précédent adjucataire, François Paccard, attestant que, pendant une période de trente-deux ans, ni lui ni ses prédécesseurs n'avaient exigé des habitants de Chalon aucun droit de roulage pour les voitures que ceux-ci avaient fait entrer attelées de leurs chevaux [4].

(1) Né le 14 octobre 1721 et mort le 20 septembre 1810. Il avait recueilli tous les biens de la maison de Thiard, à la suite de la mort de son oncle, le marquis de Bissy, dernier représentant de la branche aînée. Il était le père du général de Thiard.

(2) Arch. de Saône-et-Loire, *fonds Thiard*, F. 872, 874, 875.

(3) CC, 22.

(4) FF, 72.

Plusieurs entrées de grains en franchise, opérées en vertu d'une déclaration royale, furent le sujet d'un autre procès. René Boulanger prétendait que le maire et les échevins lui consentissent sur le prix de son bail une diminution équivalente à la somme qu'il aurait perçue si la franchise n'avait pas été accordée, somme qu'il fixait à 2.800 livres pour chacune des quatre années de 1741 à 1744. Le 22 février 1742, il leur fit notifier par huissier que, s'ils n'acceptaient pas la réduction de cette somme sur celle de 25.250 livres dont il était débiteur, il la déduirait de lui-même et déposerait seulement 21.450 livres entre les mains du receveur des consignations. La menace produisit son effet. Le lendemain même, le maire et les échevins, désireux d'éviter de nouveaux frais, acquiescèrent à la demande, en se réservant d'employer plus tard toutes voies de droit à l'effet de se faire rembourser ce que la ville aurait payé en trop. Les années suivantes, il fut procédé de même, toujours avec sommation, notification et acquiescement final, pour le plus grand profit des gens de justice.

En 1740, René Boulanger avait soumissionné l'entretien des pavés et s'était engagé à faire chaque année cent toises de pavé neuf. Il occupait ainsi huit ouvriers et touchait 1.045 livres par semestre. Des différends s'élevèrent plusieurs fois entre lui et la municipalité, qui voulait l'astreindre à choisir un expert pour vérifier, de concert avec le sien, les ouvrages effectués et constater l'état du pavé de certaines rues. Sa concession expira en 1747.

Il avait épousé Catherine Guy, fille de Claude, négociant à Mâcon, et en avait eu quatre enfants :

1° Marie, née en 1721, qui entra au Carmel sous le nom de Sœur Sainte-Thérèse. Une pièce des archives de la Côte-d'Or (E. 277) mentionne « une association de prières accordée en 1766 par le Père Louis Gonnier, général des Chartreux, à Marie de Sainte-Thérèse Boulanger, religieuse carmélite, à la veuve Boulanger, à René et Anne Boulanger de Lacua »,

2° Anne, née le 15 août 1723 ; parrain, Claude Guy, son grand-père ; marraine, Marie-Anne Boulanger, sa grand'tante. Elle épousa Claude-François de Lacua [1], né en 1713,

____

(1) Armoiries : *d'or, à une croix trefflée de sable.*

avocat en parlement, syndic perpétuel de Montluel au bailliage de Bourg. Celui-ci mourut subitement en 1769. Comme le rapporte son acte de sépulture, « arrivé à Chalon par la diligence de Lyon le 26 mai, il fut frappé d'apoplexie qui lui ôta la parole et l'ouïe et toute connaissance, reçut les sacrements et l'extrême-onction, et mourut le 27 à onze heures et demie, agé d'environ cinquante-cinq ans, chez M. Saulieu, aubergiste de l'enseigne du Dauphin », Sa veuve décéda en 1783.

3º René 3º, né le 29 octobre 1733 : parrain, René Darlot; marraine, Marie Boulanger, sa sœur.

4º Catherine, née le 8 avril 1739 ; parrain, Jacques **Leroux**, marchand ; marraine, Anne Boulanger, sa sœur.

CHARLES 2e

Charles, 2e du nom, né le 1er février 1702, de Philippe et d'Anne Carrière, eut pour parrain Charles Lesne, secrétaire en chef de la ville [1], et pour marraine Pierrette Bertinot, veuve de Jacques Bon, procureur au bailliage. Il épousa, vers 1732, Nicole Rozé, veuve de François Amiens, née en 1710 de Rigobert Rozé, négociant, et de Philiberte Champavert [2]. En même temps que le commerce de fers, il exerçait l'office de receveur en la maîtrise des eaux et forêts. Il ne reste de lui aux archives municipales que la mention d'une sentence de police prononcée contre lui, le 3 juin 1738, pour avoir anticipé sur le terrain communal en établissant une cave sous le sol de la rue du Châtelet [3].

-----

(1) En fonction de 1695 à 1703, année de sa mort.

(2) Née de Claude Champavert, négociant à Chalon, et de Marie Ravel, fille de Pierre, apothicaire à Tournus ; mariée, le 8 avril 1709, avec Rigobert Rozé, fils de Claude et de Marie Savoye. Un de leurs fils, Nicolas-Sébastien Rozé, qui fut capitaine de cavalerie et garde du corps, s'intitula écuyer et, ajoutant à son nom celui de sa mère, il l'orna d'une double particule, du Rozé de Champavert. Il eut un fils, également officier, Louis-Rigobert, qui fut arrêté en septembre 1793, à raison de l'émigration de son fils Nicolas, et inscrit lui-même, ainsi que ce dernier, sur la liste du 9 frimaire.

(3) FF, 11.

Quatre enfants, au moins, étaient nés de son mariage :
1º Marie, qui épousa Jacques Michel ; — 2º Bernarde, carmélite à Beaune ; — 3º Charles 3ᵉ, qui suit ; — 4º Henriette,
née le 31 octobre 1736, tenue sur les fonts baptismaux
par Ignace Robert, bourgeois, et Henriette Boulanger,
sa grand'mère. Elle épousa Joseph Guilain Bruchet, orfèvre
à Seurre (Côte-d'Or), et en eut un fils, François, qui
entreprit le même commerce à Autun et s'y maria, le 19 septembre 1786, avec Marie Habert, fille d'Antoine, libraire, et
de Marguerite Boisserand. Ce jeune homme eut une fin tra-
gique. Il s'était engagé, en juillet 1793, dans l'armée lyonnaise, et il y servit comme fusilier pendant le siège. Arrêté
après la capitulation de la ville, il fut traduit, le 5 décembre,
avec deux cent sept autres accusés, devant la Commission
révolutionnaire, qui les engloba dans un arrêt de mort le
5 décembre. Ce fut une de ces atroces tueries qui vouent à
l'exécration les noms de Fouché et de Collot d'Herbois. Conduits dans la plaine des Brotteaux, les condamnés tombèrent
sous les balles des piquets de soldats postés à quatre pas de
chacun d'eux. Collot d'Herbois prisait fort cette rapidité
d'exécution. « Les effets de la justice, disait-il, le 24 décembre, à la Convention, doivent être aussi prompts que la
foudre et ne laisser que le néant et des cendres partout où
elle a passé. » Fouché n'était pas moins satisfait : « Nous
continuons, mandait-il, de frapper les ennemis du peuple ;
nous les anéantissons de la manière la plus éclatante, la
plus terrible et la plus prompte. Il faut que leurs cadavres
ensanglantés, précipités dans le Rhône, offrent sur les deux
rives et à son embouchure l'impression de l'épouvante et
de la toute-puissance du peuple. »

CHARLES 3e

Charles 3e, né le 11 septembre 1735 et fils du précédent, fut tenu sur les fonts baptismaux par Charles Ruzot, bourgeois de Jully, canton de Buxy, et Anne Boulanger, sa tante, Il continua le commerce paternel. Sa signature figure, avec celles de onze notables commerçants (1), au bas d'un rapport du 20 septembre 1770, qui approuve le projet de construire un quai de commerce et propose quelques modifications au devis présenté par l'ingénieur en chef des États de Bourgogne, Thomas Dumorey. Le 14 février 1771, un procès-verbal dressé en présence des officiers municipaux et des mêmes notables constata que ce projet était en parfaite conformité avec leurs vœux, et l'ingénieur fut invité à en poursuivre l'exécution dans le cours des six années suivantes.

Charles Boulanger avait épousé, le 4 janvier 1766, Marthe Grassot, fille de Philibert, notaire, et de Jeanne Michelin, Au nombre des signataires du contrat s'étaient trouvés Guillaume Grassot, frère de la mariée, Claude Desaint, imprimeur libraire, oncle par alliance, et, sa femme Claudine Michelin, tante maternelle, Jacques Ledret, négociant, et sa femme, née Anne Michelin, pareillement oncle et tante, Guillaume Desaint, curé d'Ouroux-sur-Saône, cousin germain. On a vu ci-devant quelle avait été la fécondité des unions précitées. Philippe Cochon avait eu huit enfants, Étienne Grassot, également huit; Guillaume Michelin, neuf; Claude Desaint, dix; Philibert Grassot, douze. Ces époux ignoraient les considérations égoïstes et les calculs restrictifs qui tarissent les sources de la vie et menacent, au xxe siècle, de dépeupler la France. Charles Boulanger suivit leur exemple et, dans l'espace de seize ans, onze enfants vinrent animer son foyer, savoir :

1° Jeanne Claude, née le 8 juillet 1767; parrain, Claude

(1) Savoir : Louis-Vivant Millard, Jacques Guillemardet, Pierre-Louis Royer, Joseph Pion, Toussaint Dujardin, Joseph Boisserand, Gabriel Desarbres, Louvrier, François Rebin, Jean Vacher, Lavaure. Sauf les trois derniers, tous avaient été ou furent échevins entre 1742 et 1789. Cf. DD. 23.

Desaint, son grand-oncle ; marraine, Jeanne Michelin, veuve Philibert Grassot, sa grand'mère ;

2° Claude, né le 17 janvier 1768, mort le 21 juin 1780 ; parrain, Claude Deloisy, docteur en médecine ; marraine, Claudine Daventure, femme de Claude Grassot, ancien notaire ;

3° Charles-Nicolas, né le 26 janvier 1768, mort en bas âge ; parrain, Charles-Nicolas Rozé, marchand limonadier à Paris, son grand-oncle ; marraine, Claudine Michelin, femme Claude Desaint, grand'tante maternelle ;

4° Anne, née le 28 juillet 1771 ; parrain, Jacques Michel, négociant, son oncle par alliance ; marraine, Anne Amiens, fille du premier mariage de Nicole Rozé et femme de Joseph Narjoux, négociant. Elle épousa, le 18 septembre 1797, Jean-Marie Ballofet, commissionnaire en vins, juge au tribunal de commerce. Ils eurent un fils, Jean-François-Marie, qui remplit, du 10 mars 1826 au 18 mars 1843, l'office de trésorier et secrétaire des Dames de la Miséricorde et qui légua sa maison de la place du Châtelet à la fabrique de Saint-Vincent, laquelle l'occupa jusqu'à ce que la loi de séparation l'eût confisquée pour l'attribuer aux hospices. Une fille de ce généreux donateur fut élue vice-présidente de la même association, puis présidente en 1871, et mourut en 1874, laissant une fille, mariée à N. Buffe, négociant, dont les familles Buffe, Dallemagne et Bô représentent aujourd'hui la descendance ;

5° Jeanne, née le 17 août 1772 ; parrain, Philibert Grassot, notaire, son oncle maternel ; marraine, Jeanne Foucherot, femme de Michel Degros, négociant, échevin en 1730-1733 et en 1754-1756.

6° Joseph, né le 25 septembre 1774, dont on lira ci-après les aventures ; parrain, Joseph Lebrun, ancien chirurgien major à la Citadelle ; marraine, Marie Terme, femme de Philibert Grassot 4°.

7° Elisabeth-Jeanne, née le 19 septembre 1775 ; parrain, Jean-Baptiste Robert, curé de Crissey (canton nord de Chalon)[1] ; marraine, Elisabeth Grassot, religieuse hospitalière.

____

(1) Inscrit comme émigré sur la liste du 27 pluviôse an II, alors qu'il

On verra plus loin comment ses charmes faillirent compromettre la carrière politique d'un inflammable représentant.

8° Elisabeth, née en 1776 et morte le 12 octobre 1788.

9° Julie, née le 20 juin 1777 ; parrain et marraine, Philibert et Anne Boulanger, ses frère et sœur.

10° Thérèse-Elisabeth, née le 12 décembre 1780 et morte le 25 avril 1785.

11° Suzanne, née le 30 avril 1783 ; parrain, Joseph Narjoux, épicier, son oncle par alliance ; marraine, Suzanne Bruchet, sa tante. Elle épousa, le 19 juillet 1812, Philippe-Scipion Chaurand, commissionnaire en vins à Chalon, né le 1ᵉʳ mai 1773, à Chambonas (Ardèche), de Jean-Dominique, juge bailli du marquisat de ce lieu, et de Jeanne-Victoire Fabre de Malarce. Elle en eut trois enfants :

A. Auguste, avocat à Chalon, mort sans alliance en 1853.

B. Marthe-Victoire, née le 15 juin 1813, mariée le 10 mars 1834, avec François Guillemin, notaire à Louhans, où il était né, le 17 avril 1808, de Gabriel et de Philippine Duchesneau. Au contrat avaient signé : Auguste Chaurand ; Jean-Marie Ballofet, beau-frère de l'épouse, Jeanne-Françoise Cochon, veuve Montarlot, et Anne Granjon, née Martin, toutes deux cousines, etc. De ce mariage naquit en 1835 Mathilde, qui épousa, le 17 septembre 1856, Léon Lavaivre de Rigny, propriétaire à Chalon, né en 1824 d'Amable-Auguste, ancien garde du corps du duc de Berry, et de Philiberte Compin [1]. Cette famille Lavaivre (*alias* Lavesvre, de Lavaivre) était originaire du Charollais et avait été investie du fief de Rigny (Nièvre) [2] en vertu d'un legs fait à Jean-Claude Lavaivre par les époux Voillot, bourgeois de Marly-sous-Issy, dont il avait épousé la fille unique. Celle-ci étant morte le 20 janvier 1745, Claude se remaria, un an après, avec Charlotte Delongchamp, née en 1725, à la Motte-Saint-Jean, de Henri, bourgeois de ce lieu, contrôleur des

s'était déporté conformément à la loi le 7 septembre 1792, il rentra au début du Consulat et réclama contre son inscription. A la suite d'avis favorables de la municipalité de Chalon et du préfet, datés des 4 et 9 avril 1802, et fondés sur sa moralité, sa tolérance et son grand âge, il fut rayé. (Arch. nat., F⁷, 5601².)

(1) Armoiries : *d'azur, à la fasce d'or.*

(2) Commune de Tazilly, canton de Luzy, arr. de Château-Chinon.

fermes du roi à **Digoin**, et d'Anne Alacoque, fille de Jean-Chrysostome et nièce de la visitandine Marguerite-Marie, canonisée le 13 mai 1920. Les époux Voillot, qui avaient approuvé cette seconde union, testèrent, le 24 janvier 1747, en faveur de leur gendre. Quant à Philiberte Compin, elle descendait d'une ancienne famille qui compte plusieurs branches en Saône-et-Loire [1] et dont un membre, Guillaume Compin (*alias* Compaing), seigneur de Barbezonville-en-Orléanais, fut anobli en 1429 par Charles VII pour services rendus lors du siège d'Orléans.

Sont issus des époux Lavaivre de Rigny, outre deux enfants morts en bas âge : *a*. Augustine-Johanne-Marie-Suzanne, née en 1857, mariée en 1878 avec son cousin Henri-Bruno-Xavier Chaurand, ancien zouave pontifical, né en 1849 de Jean-Dominique-Bruno-Amand Chaurand, avocat à Lyon [2], et de Julie Serre. Elle mourut le 16 juin 1887, à Saint-Genis-Laval (Rhône). Son mari lui survécut vingt ans et laissa deux filles, Mathilde, née en 1879, mariée à N. Goutelle, banquier à Lyon, et Marie, mariée à Paul Sérullaz, fils de N. agent de change, et de N. Guimond de la Touche ; *b*. Pierre, né à Chalon le 9 mai 1869, marié en 1898 avec Marie-Louise Royer et actuellement fixé à New-York ; père de trois enfants, Pierre, né le 27 juillet 1901, Philiberte-Charlotte, née le 29 octobre 1908, et Louise-Elisabeth Henriette, née le 31 juillet 1915.

C. Céline, marié avec Eugène Richard, notaire à Lessard-en-Bresse, fils de Louis, notaire, et de N. Belin ; morte à Alger en 1850, n'ayant eu qu'une fille, Gabrielle, qui entra au Carmel de Chalon et décéda en 1906.

Philippe-Scipion Chaurand mourut en 1828 à Touches (can-

---

[1] Un membre de la même famille, Nicolas Compin, né le 1er juillet 1727, à Maltat (arrondissement de Charolles), de Louis et d'Anne de Chargère, demeurant à Avrée (Nièvre), fut condamné à mort, le 30 mai 1794, par le tribunal révolutionnaire de Paris pour participation à une prétendue conspiration.

[2] Né à Lyon le 28 mars 1813 ; avocat en 1836 ; député de l'Ardèche à l'Assemblée nationale de 1871 ; grand-croix de l'ordre de Charles III, commandeur de l'ordre de Pie IX et de François Ier, chevalier de Saint-Grégoire-le-Grand, décoré de la croix de Mentana et créé baron par bref de Pie IX ; marié : 1º à Julie Serre, dont cinq enfants ; 2º à Athénaïs Malot, des comtes de Granier de Léchard.

ton de Givry. Sa veuve s'éteignit à Chalon, le 28 mars 1876,
à l'âge de quatre-vingt-treize ans.

Quant à Charles Boulanger, chef de cette nombreuse
famille, il était mort le 15 décembre 1820. C'était un commerçant avisé qui avait su mener sa barque à bon port. Le soin
des affaires s'alliait chez lui à des goûts d'une élégance raffi-
née et à la recherche des plaisirs mondains. Parfois sa femme
se préoccupait de ses sorties et ce n'était peut-être pas
sans raisons. Un jour, priée par lui de l'accompagner à un
grand bal masqué, elle déclina l'invitation sous un prétexte
quelconque. Boulanger s'y rendit seul, heureux d'avoir ses
coudées franches et avec la perspective d'une agréable rencontre. Effectivement une femme, dont il n'hésita pas à
reconnaître la voix et le domino, s'accrocha à son bras et
prêta quelque temps une oreille complaisante à ses galants
propos, puis, au cours de la soirée, se perdit dans la foule,
Boulanger la revit plus tôt qu'il ne pensait. Quand il eut
regagné son logis, la première chose qu'il aperçut en rentrant dans la chambre conjugale, ce fut le domino de la femme
qui l'avait abordé, Bien documentée, Mme Boulanger l'avait
pris au piège. On devine l'explication qui suivit. Ce fut assurément une jolie scène de vaudeville. La leçon profita et
Boulanger, mystifié, mais assagi, fut désormais le plus fidèle
des maris.

JOSEPH

En 1792, Joseph Boulanger, alors âgé de dix-sept ans,
s'ennuyait fort au collège, où il suivait les cours de rhétorique. Dans le courant d'avril, il manifesta à ses parents l'intention de ne pas y retourner. Ceux-ci lui firent des remontrances auxquelles il ne prêta nulle attention, et, comme ils
entendaient user de leur autorité, il les menaça de prendre
la fuite. Dans cette querelle de famille, les esprits s'aigrirent
de part et d'autre. Une belle nuit, Joseph disparut : mais
quelques indices trahirent sa retraite ; son père mit les gendarmes sur sa piste, courut lui-même à sa recherche et le
ramena. Ce ne fut que partie remise ; l'ex-rhétoricien s'évada

de nouveau et cette fois sans qu'on pût soupçonner la direction qu'il avait prise. Soucieux de le retrouver, les époux Boulanger allèrent conter l'événement à la municipalité. Le commis chargé de rédiger la déclaration avait, sans doute, l'esprit troublé par les cas d'émigration. Au lieu de consigner que le jeune Boulanger était absent de la maison paternelle, il écrivit bravement : « Absent de la République », et il suffit de cette bévue d'un scribe pour que le collégien fuyard fût considéré pendant huit ans comme un émigré et exposé par suite aux plus terribles pénalités, sans préjudice des vexations auxquelles les siens se trouvèrent soumis. Une première conséquence de son escapade fut, en effet, l'arrestation de son père, de son frère Charles-Nicolas et de sa sœur Jeanne-Claude, qui furent incarcérés le 11 octobre 1793. Cependant, le 16, « vu que Boulanger père est asthmatique et d'une faible santé », le comité chalonnais de Salut public l'élargit provisoirement, en le flanquant toutefois d'un gardien qui devait le suivre au cas où il sortirait de sa maison. Ses enfants bénéficièrent de la même mesure.

Mais voilà qu'un incident très imprévu vint compliquer la situation. Depuis quelques semaines. le représentant Jean-Michel Chambon-Latour [1], délégué près l'armée des Alpes, séjournait à Chalon pour y comprimer définitivement l'esprit fédéraliste. Il était enchanté du résultat de sa mission. Le 30 septembre, il écrivait au comité de Salut public de Paris :

Qu'il fut beau le jour d'hier à Chalon-sur-Saône ! J'avais invité la Société populaire vendredi dernier à tenir sa séance à Saint-Vincent et à faire un appel au peuple. Ce ne fut pas sans succès que j'eus l'espoir de réunir les Châlonnais. Déjà longtemps avant la séance, un peuple immense était dans l'église. Là on ne distinguait plus le riche du pauvre ; les uns abjuraient leurs erreurs, les autres ouvraient leurs trésors à la patrie, et le temple sacré ne retentissait que des cris de « Vive la République ! Vive la

---

(1) Né le 22 août 1739, à Uzès (Gard), maire de cette ville, élu en 1789 député du tiers état de la sénéchaussée de Nîmes aux États généraux et, le 10 septembre 1792, député suppléant du Gard à la Convention, où il fut admis comme titulaire le 2 mai 1792 ; passé en 1795 au conseil des Anciens, d'où il sortit le 20 mai 1797 ; mort en 1815. Les détails de l'incident Boulanger sont tirés du deuxième registre du comité chalonnais de Salut public, fol. 29, 45 et 286, et du dossier des archives nationales, F[7], 5589.

Montagne sainte qui a sauvé le peuple ! » Les cœurs étaient ainsi préparés lorsque j'ai paru à la tribune pour annoncer la mission honorable que je venais remplir.

Un des objets de cette mission consistait à trouver de l'argent pour habiller huit cents volontaires et distribuer quelques secours à leurs familles, Les bourses, paraît-il, s'ouvrirent plus largement que ne l'espérait le conventionnel.

L'unique ressource reposait dans le coffre des riches. Eh bien ! l'événement a répondu à mon attente. La situation de tant d'infortunés a été vivement sentie des riches, et l'autel de la patrie offre déjà à la main indigente les secours que la nature lui a promis...

Et, après avoir célébré sur le mode lyrique le patriotisme des Chalonnais :

Que les habitants de cette ville ne soient donc plus regardés comme des modérés ! Les voilà à la hauteur des circonstances, et il sera facile de les y maintenir, si la nation reconnaissante compte leurs sacrifices. Oui, cette ville a bien mérité de la patrie.

La conclusion témoignait d'un louable esprit de conciliation :

Citoyens, le peuple a ouvert son cœur au pardon ; le baiser de paix a été donné. Je crois qu'il faut tirer le rideau de l'indulgence sur les citoyens égarés. Les traîtres seuls doivent être punis, parce que le cœur de ceux-ci est inconvertissable.

Un post-scriptum rendait hommage à la munificence du député suppléant qu'une démission venait d'appeler à siéger :

Je dois à la justice des vertus républicaines d'ajouter que le citoyen Charles Millard, qui part pour remplacer le citoyen Jacob [1], fut le premier à donner son habit. Recevez-le à la Montagne ; l'homme qui a su si bien écraser le fédéralisme mérite de figurer parmi les sauveurs de la République [2].

_____

(1) Claude Jacob, notaire à Marcigny (arrondissement de Charolles), élu député suppléant à la Convention, admis à y siéger le 26 mai 1793, démissionnaire le 16 septembre suivant.

(2) Le comité de Salut public répondit à Chambon-Latour : « Votre lettre du 30 septembre a fait le plus grand plaisir au comité. Rien de plus intéressant que le tableau que vous tracez du dévouement et du patriotisme dont vous êtes l'heureux témoin... Nous ne pouvons qu'applaudir à votre zèle et nous vous invitons à propager, comme vous le faites, les vrais principes consacrés par l'acte constitutionnel ». (Arch. nat., AF, II, 184).

Le comité chalonnais de Salut public admirait sans réserve le représentant. « Rien n'échappe à l'activité de cet ardent républicain, écrivait-il, le 4 octobre, aux Jacobins de Paris : subsistances, équipement, armement, administration, rien ne lui échappe. Il tente tout, vient à bout de tout, et nous lui devons la justice de vous dire qu'il remplit parfaitement sa mission. »

Elle ne l'absorbait pas cependant tout entier. Dans les loisirs qu'elle lui laissait, ce quinquagénaire très mûr s'éprit des dix-huit printemps d'Élisabeth Boulanger et, avec la spontanéité des gens du Midi, il se résolut aussitôt à l'épouser. La négociation ne traîna pas et le prétendant, semble-t-il, ne trouva pas d'opposition du côté de la famille Boulanger. Ailleurs il en fut autrement, Quand la nouvelle de ce projet transpira, elle mit en émoi tout le clan jacobin. Le 1er novembre, un débat très vif s'éleva à la Société populaire. Il paraissait intolérable qu'un membre de la Convention contractât mariage avec la sœur d'un émigré, Le scandale dépassait même les prévisions humaines. Cinq commissaires — pas un de moins — furent dépêchés le jour même au comité de surveillance pour l'inviter à prendre des mesures immédiates, dont la première et la plus efficace serait la réincarcération de la famille Boulanger.

D'autres y avaient déjà pensé. La veille, le comité de Salut public, réuni sous la présidence du traiteur Biot, avait décidé que Boulanger serait réintégré à la maison d'arrêt avec sa fille et son fils, sous le spécieux prétexte qu' « au lieu de garder sa maison, il sortait journellement ». Quand les commissaires rapportèrent cette nouvelle, la Société populaire arrêta qu' « il serait fait une lettre à la Convention, une au comité de Salut public et une aux représentants près l'armée des Alpes pour lui apprendre la conduitte que le citoyen Chambon avait tenu dans nos murs au sujet de son mariage avec la fille du citoyen Boulanger ». Cinq autres commissaires, Georgerat, Gayet, Bottex, Tarlet et Mielle, furent chargés de rédiger cette correspondance.

L'affaire paraissait avoir une telle gravité qu'une seconde séance fut tenue le même jour. Chambon s'y présenta et fut invité à monter à la tribune « pour se justifier sur les reproches fondés qui allarment les patriotes de cette cité depuis plusieurs jours » ; mais, à son apparition, il se produisit un tel tumulte que le président dut lever la séance. Le lendemain, une perquisition fut opérée dans le logement du conventionnel « pour y vérifier ses papiers ». Il fallait que cette mesure semblât s'imposer bien impérieusement, pour qu'on osât l'exercer sur une personnalité sacro-sainte comme celle d'un représentant en mission. L'explication qui s'ensuivit dénoua la situation. De retour au siège de la Société, les membres du comité de surveillance qui avaient procédé rendirent compte de leur opération. « Ce compte — porte le procès-verbal — a satisfait la Société, qui n'a pas hésité un seul instant à rendre toute la confiance au citoyen Chambon qu'elle avait paru lui ôter dans les séances précédentes. Le citoyen Chambon, qui avait allarmé les patriotes en voulant s'unir à une fille dont le frère est émigré, a fait cesser leurs allarmes en leur annonçant que puisque son mariage inquiétait le peuple, il avait annullé tout ce qu'il avait fait avec la fille Boulanger, attendu qu'il était plus jaloux de l'amour du peuple que de l'amour d'une femme. » Cette dernière phrase eut beaucoup de succès et fut probablement assimilée aux mots les plus sublimes de l'antiquité.

Ainsi finit brusquement le petit roman ébauché par Chambon. Cette conclusion n'avait rien de chevaleresque, mais elle s'accordait à merveille avec le caractère du représentant, dont le trait dominant était la couardise. Toute sa conduite politique avait consisté jusqu'alors à éviter soigneusement les occasions de se compromettre. A la Convention comme à l'Assemblée constituante, comme au club des Jacobins, dont il faisait partie, il n'avait jamais ouvert la bouche. Plus tard il observa le même silence au conseil des Anciens, où s'acheva sa carrière, qu'il serait paradoxal de qualifier de parlementaire. Sa mission à Chalon réussit pourtant à lui desserrer les dents. C'était le cas de les montrer aux hargneux sansculottes qui prétendaient s'immiscer dans ses affaires de cœur ; mais il ne connaissait en fait de résolution que celle que lui dictait la peur. Elle lui suggéra qu'il n'y avait point de risque à faire une injure à la famille Boulanger, tandis qu'il y en avait beaucoup à encourir l'improbation du traiteur Biot, du matelassier Menebœuf ou du gagne petit Lebault. Tout bien pesé, il s'inclina piteusement devant les tyranniques exigences du comité et ne tarda pas à quitter la ville.

Les Boulanger n'en demeurèrent pas moins suspects et, comme tels, détenus dans l'ancien couvent des Cordeliers. Cet édifice, situé dans le quartier Saint-Laurent et reconstruit en 1730, se composait d'un pavillon central flanqué de deux ailes que mettait en communication une vaste galerie voûtée. Au premier étage, de nombreuses cellules s'ouvraient sur un long corridor, Charles Boulanger et son fils en occupaient une sur la façade extérieure, en compagnie de deux autres détenus. La maison contenait une centaine de prisonniers groupés en nombre variable suivant les dimensions des chambres. Beaucoup d'entre eux n'avaient comme Boulanger d'autre tort que d'être pères d'émigrés, les marquis d'Ivry et de Moyria-Châtillon, par exemple, Perrault de Montrevost, Philippe de Riollet de Morteuil, Louis-François-Anne Gauthier et son cousin Gabriel Gauthier de la Tournelle, ces deux derniers, en outre, inscrits personnellement sur la liste des émigrés, alors qu'il étaient sous les verrous. D'autres avaient été mêlés aux affaires publiques, comme l'ex-président du tribunal criminel Commaret et l'ex-accusateur public Dujardin, comme aussi deux anciens députés de la Constituante, Burignot de Varenne, dont le seul crime était de « n'avoir donné aucune preuve d'attachement à la République », et Bernigaud de Granges, accusé d'une émigration qui consistait à avoir séjourné quelques semaines à Amiens et à Boulogne. Il est juste de reconnaître que tous ces détenus étaient traités avec une certaine douceur. Ils communiquaient facilement entre eux et avaient toute latitude pour se promener dans la cour ; mais leur emprisonnement sans jugement et pour un temps indéfini n'en avait pas moins un caractère d'odieuse persécution. Ce n'était pas la peine d'avoir démoli la Bastille pour en rétablir autant qu'il y avait d'arrondissements en France.

Le 11 germinal an II (31 mars 1794), le comité précisa les graves raisons qui militaient en faveur de l'internement de Boulanger. « Quant à l'émigration de son fils, lit-on dans cette note, il est certain qu'il a fait courir après lui et l'a ramené. » Mais alors où est la faute ? Elle est ailleurs. Boulanger est « insouciant », il est « attaché à son commerce » et, ce qui est pire encore, « il n'a pas manifesté son opinion sur la Révolution ouvertement ». Oui, voilà pour quels motifs, sous un régime de liberté et de fraternité, on le retenait indéfiniment en prison. Sa femme paraissait encore plus coupable. « L'opinion publique l'accuse d'avoir favorisé son fils dans sa seconde fuite, cette femme ayant toujours fréquenté des femmes aristocrates et notamment une porteuse de nouvelles contre-révolutionnaires. »

L'administration départementale n'était jamais en retard pour inventer des cas d'émigration. Déjà elle avait inscrit le nom de l'absent, qui prit place dans le troisième supplément de la liste générale, daté du 29 germinal (18 avril). Le jeune étourdi n'était pourtant pas allé bien loin. L'argent lui manquait et tout au plus avait-il franchi les limites du département. Il avait trouvé d'abord asile chez un particulier de Pont-de-Vaux (Ain), et il y résida du 1ᵉʳ mai 1792 au 27 septembre 1794. Il poussa ensuite jusqu'à Bourg, où il s'établit chez un cultivateur, et il y était encore en juin 1797. Dans l'intervalle, aussitôt que la chute de Robespierre eut rendu la liberté à ses parents, il formula, à la date du 26 vendémiaire an III (17 octobre 1794), une réclamation tendant à ce que son nom fût rayé de la liste. Aucune suite n'y fut donnée, et trois années se passèrent sans que Joseph Boulanger pût réintegrer la maison paternelle. La sottise administrative avait assimilé ce collégien en rupture de banc aux émigrés qui combattaient sous les drapeaux de Condé.

Il fallait pourtant sortir de cette situation aussi ridicule qu'elle était douloureuse. En thermidor an V, quand l'application des lois sur l'émigration fut devenue moins sévère, Joseph se décida à reparaître à Chalon. Muni de certificats de résidence, il sollicita de la municipalité un avis favorable à sa radiation. On était alors extrêmement pointilleux. Les certificats furent trouvés insuffisants en ce qu'ils ne précisaient pas assez exactement les deux maisons où avait résidé le fugitif et les noms de leurs propriétaires. C'était une lacune facile à combler. Le prétendu émigré satisfit pleinement à ces exigences et produisit deux actes dressés les 13 et 16 thermidor (31 juillet et 3 août 1797). Toutes les formalités étant ainsi remplies, la municipalité prit, le 18 thermidor, un arrêté par lequel elle émit l'avis qu'il y avait lieu de prononcer la radiation et de lever le séquestre apposé sur les biens des époux Boulanger.

Les pièces sommeillaient dans les bureaux de l'administration centrale, quand éclata le coup d'Etat du 18 fructidor (4 septembre). Aussitôt la faction victorieuse remet en vigueur toutes les lois contre les émigrés. Ceux qui sont rentrés par tolérance et qui n'ont pas obtenu leur radiation définitive doivent quitter le territoire français dans les quinze jours sous peine de mort en cas d'infraction. On leur donne des passeports, mais à la condition qu'ils se retirent en pays neutre. Le cinquième jour complémentaire (21 septembre), Joseph se présente à la municipalité et demande un passeport pour la Suisse. Cette fois, il émigre réellement, mais contraint et forcé. C'est le gouvernement lui-même qui le pousse par les épaules de l'autre côté de la frontière, en même temps qu'il l'inscrit sur la liste du 8 vendémiaire (27 septembre) : *Boulanger fils (Joseph), en réclamation dès le 22 frimaire an III.*

Quinze mois se passent encore. L'exilé réclame ; mais un arrêté du département, daté du 4 ventôse an VII (24 décembre 1798), le maintient sur la liste. Vainement avait-il allégué sa première réclamation ; l'administration centrale la confond avec une réclamation du 22 frimaire an III émanée d'un autre émigré, et son président, Etienne Mauguin — Raifort sous le calendrier républicain — écrit, le 8 nivôse (28 décembre), au ministre de la police que cette pièce a été intercalée dans le registre après l'expiration des délais, que le département vient de déclarer Joseph Boulanger définitivement émigré et qu'il appartient au Directoire de statuer en dernier ressort. A son tour, le ministre de la police fait un rapport le 26 (15 janvier 1799), et finalement le Directoire arrête la maintenue de Joseph Boulanger sur la liste, avec confiscation de biens et défense de rentrer en France.

L'équipée du ci-devant collégien prenait une tournure de plus en plus fâcheuse. Il ne fallut pas moins que le 18 brumaire pour qu'il pût revoir son pays. Si le général Bona-

parte n'avait pas eu la bonne idée de balayer le Directoire,
l'émigré malgré lui aurait soupiré longtemps sur la terre
étrangère. Le 28 brumaire an IX (19 novembre 1800), il obtint
l'autorisation de rentrer à Chalon. Une nouvelle réclamation
fut présentée en sa faveur le 5 germinal suivant (26 mars
1801). Les époux Boulanger énoncèrent les circonstances
dans lesquelles leur fils s'était échappé et firent appuyer leur
déclaration par le témoignages de notables citoyens de la
ville, entre autres, Antoine Perrin de Corval. aide de camp
du général Championnet, Marc-Antoine Pezet de Corval,
ex-conservateur des hypothèques, Guillaume Boysset, médecin, Jean-Baptiste-Marie Chofflet, propriétaire, Guillaume
Chambion, négociant, Antoine Blanc, commandant de la
garde nationale. Michel Dejussieu, imprimeur, etc., et tous
s'accordaient à reconnaître que cette fuite n'avait jamais eu
d'autre caractère que celui d'une escapade de collégien ; que
Joseph Boulanger « n'était qu'un étudiant à peine âgé de
seize ans. qui n'avait aucune opinion sur les événements et
n'avait d'autres projets que celui de ne pas retourner au
collège ; que, fils de parents qui ne tenaient au régime ren-
versé ni par la naissance ni par des privilèges achetés, rien
ne pouvait le porter à prendre parti contre le régime nouveau
qui n'admettait d'autre distinction entre les Français que
celle des vertus et des talents ». C'était, sauf le dernier
membre de phrase, l'évidence même. La radiation fut enfin
prononcée. Joseph Boulanger avait payé sa légèreté de huit
années d'exil.

Sa mère reçut en 1826, à titre d'indemnité pour le séquestre
de ses biens, une rente de 77 francs représentant un capital
de 2.550 fr. 28 dont moitié pour elle et moitié pour ses enfants et petits-enfants.

Joseph Boulanger épousa en 1803 Anne Leschenault du
Villard, fille de Marc-Antoine-Joseph, bourgeois de Chalon,
et de Claudine Prieur [1], demeurant au Villard, commune
de Mellecey. Il en eut quatre enfants : 1° Marthe-Joséphine-
Caroline, née le 25 février 1804 ; 2° Philibert-Prosper, né le

---

[1] Née de Vincent Prieur, bourgeois de Saint-Mard-de-Vaux, et de
Claudine Grachet.

21 juin 1807 ; 3° Louis-Charles-Henri, né le 25 janvier 1815 ; 4° Elisabeth. Il avait continué le commerce de son père et était entré au conseil municipal le 31 mai 1804. Il en faisait encore partie en 1813 et signa en cette qualité une adresse dans laquelle la ville offrait à Napoléon, après la défection des Prussiens, six cavaliers montés et équipés. Il mourut prématurément le 26 mars 1816.

Avec la famille Boulanger se termine cette excursion à travers trois siècles et dix générations. Elle présente, sans doute, des lacunes. Certains de nos devanciers ont passé obscurément dans la vie ; certaines familles alliées se sont éteintes à des dates inconnues ; mais ce serait un labeur inutile que de rechercher leurs vestiges. L'intérêt ne s'attache qu'aux hommes qui ont été mêlés plus ou moins à la vie publique. Comme on l'a vu, c'est le cas du plus grand nombre des chefs de famille dont la mémoire a pu évoquée. Des documents indiscutables permettent de les suivre dans l'exercice de leur profession ou dans l'accomplissement de leur mandat municipal. Ils nous en montrent plusieurs intervenant dans les querelles religieuses ou luttant avec ardeur devant les tribunaux pour la défense de leurs droits ; d'autres se faisant une place éminente dans l'art de la typographie ; d'autres encore payant de leur liberté effective l'avènement d'une liberté imaginaire et subissant d'iniques persécutions sous un régime de prétendue fraternité. Exhumer ces aïeux, ces collatéraux, ces alliés depuis longtemps oubliés si ce n'est même tout à fait ignorés, associer leur existence à celle de leurs contemporains, les remettre aux prises avec les périls et les difficultés de leur époque, c'est satisfaire assurément la pieuse curiosité de leurs descendants ; mais peut-être aussi le lecteur y verra-t-il un essai de collaboration à l'œuvre toujours inachevée de l'histoire locale.

APPENDICES

I

Acquisition par Jean Robert d'une maison et de pièces de vigne à Saint-Desert [1]

En nom de Notre-Seigneur amen, l'an de l'Incarnation d'iceluy courant mil cinq cent trente un, le vingt-septième jour du mois de May, Je Guillaume Robot de St Dezert sçavoir fais à tous prèsens et avenir que, de ma certaine science et pour ce que ainsy me plait, ay vendu, cédé, quitté, remis, transporté et délivré perpétuellement pour moy et mes hoyrs à honnorable homme Jean Robert, marchand de Chalon, présent, stipulant et acceptant perpétuellement pour luy, ses hoirs et ayans de luy cause au temps avenir : Un Meix, Maison, Grange, Cour, Jardin, une corne étant aud. Jardin, le tout en un tenant au lieu de St Dezert en la rue du Sac, au long dud. Robert acheteur devers soir, et devers matin aussy au long dud. acheteur, et Benoit Charnot, affrontant sur un grand chemin tirant dudit St Dezert à Grange devers vent, et devers bise sur la rivière tirant du Moulin Pausse au Moulin Jacques Mathey ;

Item un verger de vigne contenant environ une ouvrée de vigne devant le meix et maison, au long de Silvestre Pillot devers soir, et devers matin au long d'Etienne P. ollet et Vincent Léonard, affrontant du bout dessous sur la rue du Sac qu'est devers bise, et devers vent sur led. Silvestre Pillot ;

Item deux ouvrées de vigne aud. finage au lieudit au Meix Miraud, au long de Mre Philibert Robot devers matin, et devers soir au long des hoirs de feu Claude Robot de Melcey, affrontant sur la rivière tirant à l'écluse Jacques Mathe y devers bise, et devers vent sur un grand chemin tirant de St Dezert à Granges, sauf auxd. héritages leurs meilleurs et plus vrays confins, ensemble des fonds, tresfonds, aisances et apartenances quelconques, pour en jouir et user par led. acheteur, comme de sa propre chose à luy justement acquise, francs, quittes et déchargés de toutes charges et servitudes quelconques.

(1) Cf. p. 194.

Et laquelle présente vendition, cession et transport, je led. vendeur ay faite et fait aud. acheteur pour le prix et. somme de cent dix francs monnaye courante pour le prix principal et vingt sols pour les vins bûs en faisant la présente marchandise, à moy led. vendeur pour ce par led. acheteur payée, baillée et délivrée…

Desquels Meix, Maison, Grange, Cour, Jardin et autres héritages, Je led. vendeur me suis dévestu et dévêts et led. acheteur en ars investi et invest, mis et met en bonne possession. jouissance et saisine, sans y retenir ni répéter aucuns droits pétitoires, possessoires ny autres choses quelconques. Promettant je led. vendeur par mon serment pour ce donné et presté aux Sts Evangiles de Dieu es mains du No^{re} souscrit et sous l'obligation de tous et singuliers mes biens, mes hoirs et les biens de mesd hoirs, meubles et immeubles présens et avenir quelconques, lesquels pour l'observance et accomplissement des choses dessus j'ay soumis expressément aux Cours du Roy Notre Sire et de sa Chancellerie du Duché de Bourgogne et celle de Mgr l'Official de Chalon, l'exécution de l'une d'icelles ne cessant pour l'autre, pour par icelles qu'autrement estre contraint, compellé et exécuté ainsi comme de chose adjugée notoire et manifeste, à sçavoir par celle de lad. Chan^{rie} par la prise, arrest et exploit de mesd. biens, et par celle de Mond. Sgr Official de Chalon par sentence d'excommunication, aggrégement, réaggrégement et autres censures ecclésiastiques, je led. vendeur admonester de mon consentement de vive voix par le Not^{re} soussigné tout le contenu en cesd. présentes avoir et tenir perpétuellement pour stable, vallable et agréable, sans jamais aller ny venir à l'encontre en quelque manière que ce soit, ains conduire garentir et faire tenir en paix lesd. Meix, Maison, Grange, Cour, Jardin et autres héritages ci-dessus mentionnés aud. acheteur, enverz et contre tous, à mes propres frais, missions et dépens, sous la restitution de tous coûts, intérêts et dommages, j'ai renoncé et renonce à toutes fraudes, barates, cautelles, cavillation et autres choses à cesd. présentes contraires, mesmement au droit disant que générale renonciation ne vaut si la spéciale ne précède.

En témoins desquelles choses dessus d. j'ay requis et obtenu le Scel aux contrats desd. Cours de la Chancellerie et de Mond. Sgr. Official de Chalon être mis à cesd. présentes, qui furent faites et passées à Chalon par devant et en la présence de Pierre Lombard, Not^{re} Royal juré desd. Cours de la Chancellerie et de Mond. Sgr Official dud Chalon. Présens aussi Etienne Pinois et Guillaume Perryère dud. St Dezert, témoins à ce apellés et requis les an et jour que dessus.   [Signé] LOMBARD.

Le 21 février 1562, « honneste femme Dame Marguerite Quarré, veuve de feu honnorable homme Jean Robert, de son

vivant marchand à Chalon », compléta l'acquisition précédente par celle d' « une chambre basse assize au lieu de Saint
Dezert, étant sous la grande salle de la maison de lad. Dame
Marguerite où elle fait sa résidence », et en outre « d'un
petit quartier de jardin, le tout au prix de quarante francs
payés réellement et de fait en pistolles, testons et monnaye
blanche ». Enfin, le 26 mai 1564, par acte reçu Guillaume
Gon, notaire à Chalon, elle acheta des époux Biot « une
maison contenant deux plâtres de maison » et touchant
« devers bise » aux bâtiments qu'elle avait précédemment
acquis.

Les propriétaires successifs de la maison y apportèrent
quelques changements; mais elle ne constitua jamais pour
eux qu'un logement passager à l'époque des vendanges, et
ce n'est qu'à partir de 1854 qu'elle fut sensiblement modifiée.
Sa physionomie actuelle date des années 1885 et 1889.

II

Procès-verbal de répartition des frais de nourriture entre les suspects de Mâcon transférés à Autun

Cejourd'hui 8 de frimaire l'an 2 de la R^que une et indivisible (1), nous commissaires et réviseurs soussignés, chargés par délibération des citoyens et citoyennes de Mâcon détenus en la maison d'arrêt d'Autun, de déterminer à la majorité de six voix sur neuf quels étaient ceux d'entre eux qui devaient contribuer au payement de leurs dépenses communes et pour quelle quotité chacuu d'eux devait y entrer, lecture prise de l'état de contribution à nous adressé par le comité de surveillance d'Autun, portant que, des 4500 livres de frais de bouche pour la 1re décade, 3ooo livres devaient être acquittées par 21 individus riches et 15oo livres par 31 personnes aisées, les autres restant affranchies de toute contribution, et nous étant aperçus de quelques erreurs commises dans cette classification, nous avons demandé au comité de surveillance d'Autun si nous pouvions non seulement d'après nos connaissances plus exactes des différentes fortunes et charges et sur les observations vérifiées des personnes intéressées, rectifier ces erreurs en restituant chacune à sa vraie place, mais même graduer la quotité de ses facultés : à quoi deux membres du comité nous ayant répondu que non seulement nous le pouvions, mais que tel était le vœu de la loi qui, mettant l'entretien des moins fortunés à la charge des riches, désirait atteindre le superflu de préférence au nécessaire des personnes simplement aisées, nous avons procédé ainsi que suit :

Nous étant assemblés à diverses reprises, d'abord au nombre de 5 commissaires, puis de 9, les réviseurs compris, après avoir pesé les observations et réclamations à nous remises, nous avons reconnu, sur la classe des riches formée de 21 pour le comité, que le citoyen Gaillot ne devait pas y être compris, sa fortune étant très inférieure à celle de ceux qui y sont inscrits ;

Que la Vve Desvignes (2), vu le sequestrat des biens de ses enfants et le paiement à elle imposé de 4 hommes au service de la Rép^que , ne pouvait être chargée que de sa portion individuelle. D'autre part, il nous a paru que le citoyen Sancy (3, possédant

(1) 28 novembre 1793.
(2) Anne de la Martine d'Hurigny, veuve Desvignes de Davayé.
(3) Charles Sancy, médecin à Mâcon, arrêté comme suspect, le 23 octobre 1793, à raison de l'émigration de son fils François.

trois immeubles dans le district de Chalon, un vignoble à Juliénas, une maison à Mâcon, ce qui le met au-dessus de l'aisance, n'avait pu que par erreur être placé dans la classe des indigents, et que ce qu'on pourrait faire en considération de ses six enfants, dont un, en s'absentant avait aggravé ses charges, c'était, en lui faisant supporter sa portion individuelle, de n'imposer sa femme et sa fille ensemble que pour une 1/2 portion.

. . . .

Suivent des observations analogues concernant une quarantaine de détenus, et le résultat d'une seconde opération dont l'objet est de répartir entre 22 détenus choisis parmi les plus aisés un excédent de dépenses de 1712 l. 10 s. Conclusion :

Telle est l'opération que nous avons crue la plus juste et la plus propre à remplir les vues de nos commettants. Nous sommes loin d'en donner pour invariables les résultats particuliers ; de nouvelles instructions et plus encore des changements dans les facultés de quelques individus peuvent par la suite nécessiter des corrections plus ou moins considérables ; mais, dans l'état présent, nous avons peine à croire que le comité de surveillance de Mâcon trouve à relever aucune erreur sensible. Au surplus, dût-elle par la suite éprouver quelque modification, nous n'en prions pas moins le comité de surveillance d'Autun d'en ordonner provisoirement l'exécution, attendu la nécessité de pourvoir sans nouveau retard au payement des traiteurs, même de nous authoriser jusqu'à nouvel ordre à faire sur les mêmes bases et dans les mêmes proportions les répartitions des sommes payées ou à payer incessamment.

Fait et clos à Autun, maison d'arrêt, les jour et an susdits.

(Signé) SIRAUDIN [1], RIVET [2], CIRCAUD [3], GUENEBAUD [4], DESGRANGES [5], GRANJON, LAMARTINE [6].

Suit le tableau de la répartition, qu'il serait trop long de transcrire. Vient enfin une délibération relative à la nour-

(1) Jean-Baptiste-Valentin Siraudin, ancien procureur du roi au bailliage de Mâcon, né en 1745, mort en prison le 8 octobre 1793.

(2) Victor Rivet, ex-commissaire des droits seigneuriaux.

(3) Ecclésiastique.

(4) Originaire de Préty, canton de Tournus.

(5) Jean-Baptiste Desgranges, notaire à Mâcon.

(6) François-Louis de la Martine, ancien officier, né en 1753, inscrit comme émigré par le département de la Côte-d'Or ; mort le 29 avril 1827. Il avait ajouté à sa signature : « Sous réserve de mes exceptions contre les articles qui me concernent personnellement et sans y adhérer ».

riture des détenus, prise le 11 pluviose (1ᵉʳ mars 1794) par le directoire du district d'Autun, qui, après avoir exposé la nécessité de donner satisfaction aux réclamations des traiteurs, arrête :

Qu'à compter du 14 du présent mois, les détenus se nourriront à leurs frais jusqu'à ce que la Convention ait statué à cet égard ; que cependant les pauvres seront nourris aux frais des riches à la forme de la loi. Le comité révolutionnaire d'Autun demeure invité à leur donner connaissance du présent arrêté et à ne plus intercepter les fonds qui leur seront envoyés, afin qu'ils puissent eux-mêmes pourvoir à leur subsistance. Pour parvenir au paiement de ce qui est dû aux traiteurs, jusqu'au 14 de ce mois, il sera procédé sans délai à la vente des vins appartenant aux suspects et autres, soit à Autun, soit dans les autres communes du district.

Et le directoire nomme trois commissaires pour procéder à ces rentes, ajoutant que « tous ceux qui oseront y mettre obstacle seront traités comme personnes suspectes ».

III

Poursuites contre les citoyens Montarlot

1º Mandat de dépôt
décerné contre Étienne-Hugues Montarlot et ses fils

Le comité de surveillance des section de la commune de Lons-le-Saunier mande et ordonne à toute exécuteurs des mandemens de justice de traduire dans la maison darai les nommée Montarlot pere et fils hené et fils puine, reconnus suspect par le dit Comité requère tous de positaire de la force armé de preter main forte en cas de besoin pour l'execution du presan mandat en conformité de la loy. Mandons de même au gardien de la maison darai de les garder a ses soin et sous sa responsabilité conformement à la loy.

Fait au Comité de surveillance le 16 nivose de lan deux de la république français une et indivisible. Sui les cinatures : Pisse-leu, prᵗ, Jannin, secr., Guillemin, secr.

Notifié par mois, gandarme sousine audenomme si dessus.

[Signé] Jousserandot.

2º Requête à fin de sursis au transfèrement

Au district de Lons-le-Saunier.

Exposent les frères Montarlot :

Que par un mouvement de tendresse pour leurs parents infortunés et par une suite du dénuement de secours où ils se trouvaient pour subvenir à leur trop fatale existence, ils ont osé abandonner un instant la place que leur avait assignée une mesure de sûreté générale ; mais bientôt le repentir leur a suscité des accès de fièvre qui ont été suivis d'un flux de sang dont l'un d'eux est attaqué. Se voyant dans une situation pénible, réduits dans les conciergeries de Lons-le-Seʳ où ils ont été conduits, et dans l'impossibilité de supporter les fatigues d'un nouveau voyage, ils viennent, au nom de l'humanité réclamer un délay à l'arrêté de l'agent national du district de Besançon ordonnant qu'ils seront réintégrés dans la maison de reclusion à

Besançon, et pour faciliter leur guérison, permettre qu'ils soyent transférés à la maison de détention des cy-devant Cordeliers de cette commune.

Les exposants ne se permettent aucune réflexion sur leur trop longue détention ; les admniistrateurs connaissent et leur conduite et leur civisme ; mais ils espèrent tout de la justice.

MONTARLOT cadet.   MONTARLOT aîné.

[En marge]. Vu pétition : le Conseil permanent du district de Lons-le-Saunier, considérant que son devoir est de faire exécuter la loi sans nul ménagement, arrête, l'agent national entendu, qu'il n'y a pas lieu à délibérer sur la demande des exposants. Fait à Lons-le-Saunier, le 4 messidor, l'an 2 de la république.

[Signé] BOICHOT, PERNOT, C. BENOIT, LAMBERT, JACQUEMIN, TAMÉSI, GAPARD, PANISSET, PETETIN, s. g^{al}.

3° **Pétition de la citoyenne Montarlot**

Aux membres composant le comité de surveillance de la commune de Lons-le-Saunier,

Expose la citoyenne Montarlot-Chevrot dudit lieu :

Qu'il lui est important d'avoir par écrit les dénonciations faites contre Hugues et Désiré Montarlot ses fils, et les noms de leurs dénonciateurs ; le décret authorise l'exposante de vous faire cette demande. C'est pourquoy je vous invite, cytoyens, à lui donner le nom de leurs dénonciateurs, ainsi que les motifs qui les font détenir.

[Signé] CHEVROT-MONTARLOT.

[A la suite] Vu pétition au nom des deux Montarlot aîné et cadet, le Comité déclare que les motifs de leur arrestation ont été 1° pour avoir asisté tous deux à la restation du citoyen Rigeur le vingt-cinq juin 1793 ; 2° pour l'aîné avoir asistés au bris du club, comme l'ont déclaré les citoyens Pierre et François Lombard, Etienne Guennot, Ignace Bonnard et Joseph Barbe ; de plus qu'il avait applaudit à cette acte en claquant des mains et disant qu'il était bien tot tems que lon tint les scelerats. Montarlot aîné est aussi dénoncée par le citoyen et la citoyenne Noir pour avoir été chercher la garde pour saisir le citoyen Camus qui soupoit chez eux ; 3° le cadet Montarlot, le Comité croit qu'il a été aussy détenu pour avoir été ayde de camp dans la force armée départementale.

[En marge] Ces observations ont pu donner lieu à leur arrestation avant le quatre pluviose, tems auquel dix membré actuel netoit point encor au Comite.

Fait au Comité le 28 thermidor l'an deux de la République française une indivisible.

[Signé] Prost, Pisseleu, Derieux, Richard, Fayet, Piard, Bourguignon, Mutot, Delant s^{re}.

4º Certificat de mise en liberté

<table>
<tr><td>DÉPARTEMENT
DU DOUBS</td><td>COMMUNE
DE BESANÇON</td></tr>
</table>

UNITÉ, INDIVISIBILITÉ DE LA RÉPUBLIQUE

ÉGALITÉ, LIBERTÉ OU LA MORT.

> Besançon, le 5º jour des sans-culottides, an 2º de la république française, une et indivisible.

Le Comité de surveillance et révolutionnaire de la Commune de Besançon certifie que les citoyens Montarlot frères, de Lons-le-Saunier, ont été mis en liberté conformément à l'arrêté du représentant du peuple Besson en datte du 4ᵉ jour des sans-culottides, dont la teneur suit :

Les représentant du peuple dans le département du Jura,

Vu la pétition des deux frères Montarlot, de Lons-le-Saunier, détenus à Besançon, et les motifs de leur arrestation,

Arrête que lesdits frères Montarlot seront mis provisoirement en liberté ; charge le comité de surveillance de Besançon de l'exécution de cet arrêté,

Fait à Lons le Saunier le 4ᵉ jour des Sans Culotides l'an 2º de la république une et indivisible.   [Signé] Besson.

Pour copiè conforme à l'original qui depose aux archives du comité revolutionnaire de la commune de Besançon.

[Signé] Ballyet, président. Joly, secrétaire.

Enregistré au livre des délibérations du comité révolutionnaire de Lons-le-Saunier, chef-lieu du district, le douze vendémière lan trois de la République française, une, indivisible.

[Signé] Gayet, Picard, Delant, s^{re} g^{ir}.

5° **Mandat d'amener**

De par la loy, Nous Jean-Joseph Rocher-Deschamps, directeur du jury de l'arrondissement d'Yssengeaux, département de la Haute-Loire, et faisant en cette partie les fonctions d'officier de police judiciaire, en vertu du jugement rendu par le Tribunal de Cassation le 4e jour complémentaire de l'an cinq, et en vertu des articles 56 et 57 du Code des Délits et des Peines :

Mandons et ordonnons à tous exécuteurs de mandement de justice d'amener par devant nous, en se conformant à la loy, le citoyen Montarlot, Défenseur officieux, habitant de la commune de Lons-le-Saunier, pour être entendu sur les inculpatious dont il est prévenu.

Requérons tous dépositaire de la force publique de prêter main forte en cas de nécessité pour l'exécution du présent mandat.

Donné à Yssengeaux le 9 vendémiaire de l'an 7 de la Repque fse une et indivble.

[Signé] ROCHER-DESCHAMPS, Directeur du Jury.

6° **Mandat d'arrêt**

[A la suite] Notifié et copie deslivre du présent par nous gendarme soussigne parlant à la servente. A Lons-le-Saunier le 19 vendémiaire an 7.　　　　　　　[Signé] ROLAND.

De par la loy, Nous Pierre-Joseph Rocher-Deschamps, etc. [comme ci-dessus] mandons et ordonnons à tous exécuteurs de mandemens de justice de conduire dans la maison d'arrêt de la commune dudit Yssengeaux le Cen Montarlot, deffenseur officieux, domicilié à Lons-le-Saunier ;

Prévenu d'être membre de la Compagnie de Jésus qui a existé à Lyon, et d'avoir commis et participé en cette qualité au meurtre de plusieurs citoyens.

Mandons au Gardien de lade maison d'arrêt de le recevoir en se conformant à la loi, requerons tout depositaire de la force publique auquel le présent sera notifié de prêter main forte pour son exécutien en cas de nécessité.

[Signé] ROCHER-DESCHAMPS, dirr du Jury.

[A la suite] Notifié et délivré copie au domicile du dénommé ci-dessus par moi mâ al des logis chef soussigné. A Lons-le-Saunier le 29 des mois et an que dessus.　　[Signé] J. PELLIGUET.

TABLE DES NOMS [1]

(1) Cette table, vu la multiplicité des noms, a été réduite à ceux des chefs ou membres des familles qui ont été l'objet d'une notice.